"十三五"江苏省高等学校重点教材（编号：2016-2-115）

 "十三五"江苏省高等学校重点教材

广播电视编导概论

主编　柳邦坤

Introduction to
Radio and TV Producer

WUHAN UNIVERSITY PRESS
武汉大学出版社

图书在版编目(CIP)数据

广播电视编导概论/柳邦坤主编.—武汉:武汉大学出版社,2019.7
(2023.8重印)
"十三五"江苏省高等学校重点教材
ISBN 978-7-307-20709-7

Ⅰ.广… Ⅱ.柳… Ⅲ.①广播节目—节目制作—高等学校—教材
②电视节目制作—高等学校—教材 Ⅳ.G222.3

中国版本图书馆 CIP 数据核字(2019)第 023997 号

责任编辑:徐胡乡 责任校对:汪欣怡 版式设计:马 佳

出版发行:**武汉大学出版社** (430072 武昌 珞珈山)
(电子邮箱:cbs22@ whu.edu.cn 网址:www.wdp.com.cn)
印刷:武汉图物印刷有限公司
开本:720×1000 1/16 印张:20.75 字数:373 千字 插页:1
版次:2019 年 7 月第 1 版 2023 年 8 月第 4 次印刷
ISBN 978-7-307-20709-7 定价:42.00 元

目 录

第一章　广播电视编导概述

广播电视编导是一种职业，也是一种工作。随着广播电视的诞生，逐步有了各类广播电视节目，也就有了广播电视编导工作，因为有了广播电视编导工作，也就产生了从事这一工作的人——广播电视编导。作为广播电视编导，需要了解自身工作的性质、职责、任务、特征等；需要了解广播电视编导工作的流程，也就是清楚广播电视编导是干什么的？也要清楚如何胜任广播电视编导这一工作，因此还需要了解广播电视编导这一职业的能力与素质要求。

第一节　广播电视编导的界定、性质与任务

一、广播电视编导的界定

（一）广播电视编导的产生

广播电视编导的产生是随着广播电视的产生而产生的，了解广播电视编导的产生，先要从了解广播的产生开始。

1. 广播的诞生与发展简述

广播的诞生是随着无线电波传送声音技术的成功而诞生的。世界上最早的广播节目出自加拿大人之手，1906 年圣诞夜，美国匹兹堡大学教授费森登，主持播出了世界上第一次语言广播，内容包括圣经故事、歌曲演唱和小提琴演奏，虽然只有少数人听到，却标志着人类利用无线电传送声音信息的开始，广播宣告诞生。随后，广播在美国高速发展。1908 年，美国人弗雷斯特在法国埃菲尔铁塔上广播唱片节目，被 25 英里外的法国军事电台收到，以后他还播出了歌剧、音乐节目、谈话节目，以及新闻简报，当然覆盖面有限。之后随着晶体管的发明，以及调频制方法的发明，收音机的研制成功，广播得以迅速发展，广播电台应运而生。到 1922 年，美国的广播电台已发展到四五百家，同一年，法国在埃菲尔铁塔上设立的巴黎广播电台开播，苏联莫斯科中央广播电台开始播音，而且是当时世界上播出功率最强的电台，这年底，英国广播公司

（BBC）正式开播，1923 年，德国开办了广播，加拿大已有 30 个广播电台播出。此后，广播向全世界蔓延，广播事业得到迅速发展。

中国是世界上较早使用广播的国家之一。1923 年初，美国人在上海创办了中国无线电公司广播电台。1926 年，哈尔滨广播电台开播，这是由中国人自己创办的广播电台。1928 年，北伐战争取得胜利，"中国国民党中央执行委员会广播无线电台"在南京正式创办。1939 年，国民党在重庆创办对外广播"中国之声"。1940 年 12 月，延安新华广播电台创建，该电台也就是中央人民广播电台的前身，延安新华广播电台开播标志着中国人民广播事业的诞生。

2. 广播编导的产生

随着广播事业的不断发展，听众需要的不断增长，广播节目也不断增多，从中国广播节目的发展看，除了最早的音乐、新闻节目外，广播剧、广播专题、广播谈话、广播评论、广播直播等形态接连出现，新闻节目也不再是口播新闻一种形式，而是有了实况广播、实况录音、录音报道、录音访问等多种形式。这样从事广播工作的也不单单是记者、编辑、剪辑、播音等，广播编导也随即产生。

凡从事广播栏目、广播专题、广播文艺晚会、广播剧等形态的广播节目的主要创作人员，应该都属于广播编导的范畴。

3. 电视诞生与发展简述

电视的最大优势是打通视听双通道，具有视听双重感染力，但是电视比广播具有更为复杂的技术。电视除了声音之外，还要有活动的图像画面，这就需要图像技术。

几乎与广播同时，英美俄等国家的科学家就致力于电视的研究，人们通常把 1925 年 10 月 2 日苏格兰人约翰·洛吉·贝尔德在伦敦的一次实验中"扫描"出木偶的图像，看作是电视诞生的标志，他被称作电视之父，通常称他发明的电视系统为"机械式电视"。同年，美国人斯福罗金也在西屋公司展示了他的电视系统，被人们称为"电子式电视"。1929 年，英国开始实验性电视广播，1936 年，英国广播公司在伦敦以北的亚历山大宫建成英国第一座电视台，这也是世界上第一座正式电视台，11 月 2 日开始播出具有较高清晰度、步入实用阶段的电视图像，这是电视事业的开端，英国是世界上第一个播出黑白电视的国家。1932 年，法国实验性电视台开始播出，1938 年该电视台实现每天定期播出。1937 年，苏联莫斯科中央电视台建成，1939 年开始定期播出。德国 1935 年开始试播电视节目，1936 年还播出了奥运会比赛。1939 年，日本也试播了电视节目。美国虽然起步早，但由于电讯审查严格，第一家商业电视台开始正式播出已是 1941 年。后来受到"二战"的影响，各国电视事业停滞不前，战后才得以恢复。1954 年，美国得克萨斯仪器公司研制出第一台全晶体管电视接收机，从此电视进入了高速发展的历史阶段。

　　技术的不断进步，给电视节目采录、编辑、播出、接收等带来便利。特别是人造地球卫星的发射成功，给电视传播带来翻天覆地的变化。电视的发展经历了从黑白电视到彩色电视，从模拟电视到数字电视、网络电视、手机电视的发展历程。电视的诞生，使其成为继报纸、广播之后的新兴媒体，它具有传播迅速、及时、形象、生动、直观等特点。

　　我国电视业起步较晚，1958 年 5 月 1 日，我国第一座电视台北京电视台（中央电视台的前身）试验播出黑白电视节目，同年 9 月 2 日正式开播。1958 年 10 月 1 日，上海电视台开播，成为我国第二座电视台，同年 12 月 20 日，哈尔滨电视台（黑龙江电视台的前身）开始试播，成为第三座电视台。以后陆续有天津、沈阳、长春、广州等电视台开办。但"文革"十年，我国电视事业停滞不前。1976 年结束十年动荡，特别是改革开放以后，我国电视事业得到长足发展，如今，无论是电视台数量还是电视从业人员数量，无论是电视机拥有量还是电视覆盖率，无论是电视年播出能力还是电视节目制作量，都已跻身电视大国行列。

　　4. 电视编导的产生

　　我国由于电视出现较晚，电视编导称谓的出现也不是很久。电视较电影出现得晚，因此电视的创作理论，包括创作理念、创作手法等都深受电影影响，但电视编导却是在电视事业发展的过程中应运而生的，电视编导是电视特有的一项工作与职业。电视编导是电视台除了消息类电视新闻节目与电视剧之外，其他所有电视节目内容、节目形态都会涉及的一个工作岗位，或职业门类。最初，我国电视节目以新闻为主，以后有了专题新闻，这样就逐渐把从事专题创作的人与记者、编辑分离出来，逐渐有了编导的称谓。随着电视社教栏目、电视新闻栏目、电视文艺栏目、电视少儿栏目等的陆续开办，电视台里这些栏目的主要创作人员不再叫记者，记者一般是指专门从事消息类电视新闻采访的人员，而电视栏目与电视专题、电视纪录片等节目的核心创作人员，主要是负责选题策划，一个（或一期）节目的统筹、采访、撰稿等内容生产的人员，一般不称为记者，而称为编导。很长一段时间，许多电视台有新闻部、专题部、社教部、文艺部、对外部、少儿部等内设机构，还有的设大型节目部、纪录片部，以后又陆续改为新闻中心、社教中心、文艺中心、少儿中心等，还有的把新闻节目以外的电视节目归入一处——节目生产中心。但不管机构如何改革，

3

各卫视台、城市台的自办节目还是要办，除了消息类新闻之外，还要根据情况办新闻评论、新闻调查、新闻谈话等栏目，也需要办一些公共型栏目与对象型栏目，有时也需要拍摄纪录片以及专题节目，这样，职业分工越发明确，编导工作越发不可或缺。

（二）什么是广播电视编导

1. 广播电视编导与相近职业的区别

（1）编导与记者

记者主要是以采写动态新闻为主，一般广播电视台记者大多在新闻部门，负责日常新闻采访报道，各类消息是记者写作的主要品种，他们是新闻联播、早午晚间新闻等新闻资讯类节目的主要生产者，主要任务是采访、写作，完成新闻报道任务。编导一般都在栏目工作，如社教栏目、综艺栏目、少儿栏目等栏目的主要创作者，新闻部门除新闻资讯类节目外的新闻评论栏目、新闻专题栏目等栏目的主要创作者，也称为编导，一般不叫记者。

（2）编导与编辑

编辑包括文字编辑、文艺编辑、音乐编辑、音响编辑、电子编辑（也有称图像编辑）、通联编辑、字幕编辑等。严格讲，编辑不是艺术产品的直接创造者，而是艺术产品生产流程中的一个中间环节，主要是修改、加工别人的作品，或者为编导做一些辅助工作。如电视台的栏目生产，编导是栏目里每一期节目的主要创作者，负责协调策划、节目创意、组织拍摄、撰写解说词等，还有人负责文字或文案的处理，负责文字把关、润色修改、导向及政策把关，这个人就是文字编辑，不是编导，如果说编导是一线创作人员，经常要外出创作的话，编辑工作则是二线，主要是在台里坐班，负责案头工作。通联编辑主要是负责与通讯员联络，处理通讯员的稿件，比如来稿登记、文字修改、音视频处理等。栏目的编辑还要负责写主播或主持人的串联词。再如节目有时需要专人进行剪辑、合成、配乐、添加字幕等，这就是电子编辑、音乐编辑、字幕编辑的职责所在。从事此类性质工作的人，统称为编辑。

（3）编导与编剧

编剧是影视剧的剧本创作者，如果说编辑主要是修改、加工别人的作品，编剧则是直接创作作品，一般是指广播剧、电视剧的撰写人，主要负责剧本写作。编剧要运用形象思维，要有艺术想象力，善于写故事，富于创新精神，当然还需要有生活经历，这样才能写出有生活气息及有新意的广播剧、电视剧、动画片的脚本。编导是影视剧之外的广播电视节目（资讯类节目除外），负责从编到导的组织工作、领导工作、管理工作。

（4）编导与广播电视导演

编导主要是进行广播电视节目的创作，包括节目的选题策划、采访拍摄及录制、剪辑制作等，广播电视导演则以完成广播剧、电视剧、动画片、各类晚会、各类大型活动、各类综艺娱乐节目等的创作为主。广播电视导演的称谓来源于电影、戏剧，广播电视导演与电影、戏剧导演又不尽相同，在广播电视节目生产中，综艺娱乐节目需要导演，录制广播剧、拍摄电视剧等也需要导演。如电视剧、广播剧的创作，导演要把编剧撰写的剧本改写成分镜头剧本，然后遴选演员，协调、调集如摄影、录音、灯光、音响、美工、置景等各个工种，现场组织、调度、指挥"按剧本进行拍摄、录制"，然后还要进行剪辑制作，完成供播出的成品。电视文艺晚会、大型活动等，导演也是节目直播或录制现场的组织者、指挥者、执行者。除各类资讯节目，其他各类节目都需要或部分需要导演，主要是两类，一类是广播电视文艺导演，还有一类是电视剧（广播剧）导演。广播电视文艺导演指的是艺术类节目导演，主要是综艺娱乐节目、晚会节目、戏曲节目、音乐节目、舞蹈节目、真人秀节目、赛季节目、竞赛节目、曲艺及杂技节目等，文艺导演常用夸张、联想、悬念、象征、变形、戏仿、情景再现等艺术手法，有时需要运用纪实手法，如选秀节目，也会加入对选手台下的纪实采访与拍摄。广播剧、电视剧导演则更需要形象思维、艺术加工，充分调动各种艺术手段，进行艺术创造，以增强作品的感染力、吸引力。纪录片的主创人员通常也称编导，但负责情景再现部分的主创则称为导演，因为情景再现的拍摄就如同拍摄电视剧一样。

（5）编导与导播

"导播是节目录制或直播的灯光、音响、摄像以及视频、音频等方面的现场指挥者。"① 例如晚会节目录制时，导播坐切换台上，通过耳麦对各机位摄像以及灯光等进行调度与指挥，然后进行镜头切换。有的时候是导演兼导播，有时是专职导播。导播主要是现场指导播出和指挥录制，导播要反应快，应变能力强；要善于沟通、协调、统筹能力强；导播要有艺术功底，还要懂技术，掌握先进的设备性能；导播要熟悉节目的生产流程，知晓音乐、镜头语言以及构图、机位、蒙太奇等知识；导播要熟练掌握场景的切换、景别的处理、灯光的运用、音响的配合等技能，善于调动一切因素确保节目的精良录制。还以晚会节目为例，如果说导演侧重负责指导演员在录制现场的出色表演的话，那么导播则是指挥摄录人员把演员的表演录制下来。导演是做"放"的工作，导

---

① 李燕临，等. 电视编导艺术 [M]. 北京：国防工业出版社，2011：112.

播做的是"收"的工作。

（6）编导与制片人

制片人可以兼职编导，但制片人不等于编导。制片人是代表出品人负责具体的广播电视节目以及广播剧、电视剧的项目策划与组织，落实资金、生产、营销、发行的负责人，他直接决定一个项目的成败。制片人负责节目组人、财、物的全面管理，负责节目的质量，关注收视率，考虑后勤保障，进行栏目内外联络。编导一般是在制片人的领导下工作，一个栏目、一个项目一般会有制片人，制片人下面可以有多个编导。如电视台定期播出的栏目，会有一个制片人（有的栏目也设副制片人），但编导会有多个，编导是确保栏目正常播出的最主要的力量，不可或缺。

2. 广播电视编导的含义

广播电视编导在广播电视节目创作中起着核心作用，是对整个节目完成创作的组织者、管理者、执行者，是一期节目的主要责任人。

广播电视编导是广播电视台的业务骨干，是广播电视节目的核心创作者。除资讯类节目以及赛季节目、真人秀节目外，广播电台、电视台里所有的栏目都是编导唱主角，纪录片拍摄也离不开编导。另外电视台临时性的工作如拍摄各类宣传片（包括外宣片）、汇报片、专题片等，也都是以编导为主，进行创作。

（1）广播电视编导是广播电视节目创作的核心。广播电视节目的日常生产创作，没有编导是不行的，一期节目的生产，总要有一个组织者，有一个核心，编导就是这个组织者，就是这个核心。

（2）广播电视编导对节目创作负主要责任。广播电视编导要负责节目的前期选题策划和各项准备工作，中期的采访、拍摄、录制，还要负责后期编辑制作，编导对一期节目的舆论导向要把好第一关，要对节目质量负责，对节目完成进度负责，通过积极有效的工作，确保节目按质按量如期完成创作。

（3）广播电视编导岗位具有一定的综合性。广播电视编导工作的重要性自不必说，其工作岗位具有综合性特征，这就要求编导人员素质全面，能应对复杂的局面，编导要对自身负责的团队进行管理，对自身负责的节目进行运作，要以创作为主，也要有经营意识；要对外协调关系，也要对内调动员工积极性；要以艺术创作为主，也要主动承担或熟知摄制、制作等涉及电视技术的工作。

（4）广播电视编导工作贯穿节目创作的全过程。从项目选题开始，广播电视编导就要及时介入，对选题进行策划，然后申报选题，选题策划通过后，涉及案头准备、资料收集、协调拍摄对象、租借摄像及录音器材、落实出镜主持人、实地摄录采访、演播室录制、后期编辑制作、请求审片审听审看、再度修改、上交播出，播出后还要注意反馈。总之，编导工作要贯穿节目创作的全过程，就具体的节目创作而言，编导最好直接介入节目的创作，对节目整体构思、结构、立意和主题、节目风格等进行把控。编导的积极主动全程参与是节目质量的有力保证，即便不是事必躬亲，比如拍摄、录音、撰稿、剪辑等，也要及时交代任务，精心安排，把自己的创作意图体现出来。

（三）广播电视编导的职业特征

1. 知识的广博性

广播电视编导既然是综合性很强的工作，需要贯穿节目创作的全过程，就需要宽广的知识面，深厚的学养，需要基础知识、一般知识和社会知识。基础知识包括哲学、文学、经济学、历史学、美学、逻辑学等知识；一般知识包括科技、艺术、社会学、心理学等知识；社会知识包括工业、农业、财贸、金融、国防、教育、医疗以及衣食住行知识等。这就需要不断学习，及时"充电"，努力使自己成为"杂家"，以适应工作需要。节目的质量在很大程度上取决于编导的素质与修养，提高并丰富编导的素质与知识，是提高节目质量的关键。

2. 政治的敏感性

无论广播还是电视，都是党和政府的喉舌。广播电视节目编导是节目生产的主要责任人，需要对节目在舆论导向上把好第一关。不仅是做新闻节目和社教节目需要具备政治敏感性，就是做综艺娱乐、生活服务节目以及广告，也都要保持清醒的头脑，做到不出现导向错误，不出现价值观错误。为此编导要具备较高的政治素养，熟悉党的方针、路线、政策，要有眼光，有远见卓识，政治立场坚定，用马克思列宁主义、毛泽东思想、邓小平理论、"三个代表"重要思想、科学发展观、习近平新时代中国特色社会主义思想武装头脑。

3. 艺术的审美性

优秀的广播电视节目的重要标准是内容精深、艺术精湛、制作精良、社会效益好，其中要做到艺术精湛，就要求广播电视编导具备较高的审美能力。罗丹说，美是到处都有的，对于我们的眼睛，不是缺少美，而是缺少发现。编导要独具慧眼，在生活中善于发现美，在节目中善于表现美，给人带来审美享受。编导的艺术风格，会直接影响节目的艺术风格，广播电视编导必须重视审美追求，提高审美品格，加强审美观培养。

4. 创作的艰辛性

广播电视编导是一项复杂工作，广播电视节目生产是一项复杂工程，在节目创作过程中，需要付出辛劳，"得来全不费工夫"，需要"踏破铁鞋"，没有一个节目是不用付出任何辛苦就唾手可得的。一般而言，编导要参与节目生产全过程，要亲力亲为，这就很费时间和精力，许多精品之作，正是编导辛勤汗水的结晶。编导要从宏观上把握一个节目的宗旨策划，制订报道计划，又要从细节上具体负责每一个环节，包括拍摄、撰稿、改稿、编录剪辑音频与视频素材、撰写节目提要、串联词、审听、审看等，从节目的前期准备、拍摄录制，到后期制作合成，一直到最后播出，编导都是最忙碌、最辛苦的，在这一过程中，有时会遇到各种各样的困难和问题，都需要克服、解决。

5. 管理的复杂性

广播电视节目生产，离不开合作，需要团队的力量，而一期（一个）节目的创作，需要整合力量，协调关系，保证进度，提高效率。编导除直接参与创作外，还要对任务、人员、拍摄对象、经费等，进行布置与交代、分工与指挥、沟通与联络、预算与开支等。广播电视编导既是节目的生产者、创作者，同时也是管理者。

二、广播电视编导工作的性质

（一）精心策划，合理布局

策划决定着电视节目的成败，影响着电视节目的质量。中央电视台的《东方时空》《实话实说》栏目，《话说长江》以及《再说长江》《汉字听写大会》《中国诗词大会》《朗读者》《经典咏流传》《舌尖上的中国》系列，《大国工匠》《航拍中国》《国家宝藏》等，之所以受到观众的欢迎，都是因为经过了精心策划。连续办了几十届的中央电视台春节联欢晚会是献给全国人民的一道除夕大餐，每年都能别具一格，出新出奇，满足不同受众的需求，这得益于央视的精心策划。《焦点访谈》《新闻调查》《艺术人生》《百家讲坛》等栏目长盛不衰的秘诀之一就是精心策划。

策划在广播电视编导工作中占有重要地位，必须高度重视。广播电视编导的工作性质决定其主要是进行电视节目生产过程中的策划，也就是具体一期或一个节目的策划。编导应对节目创作有一个宏观考虑，制定策划文案，然后将创作策划实施，要把握节目创作的规律，发挥广播电视的优势，凸显特色，精通广播电视创作的技巧与方法，运用好视听语言，运用声音与画面讲故事，这样才能确保节目质量。

（二）统筹安排，沟通协调

广播电视节目生产是一个系统工程，需要团队的力量，合理分工，密切合作，这都需要编导注意协调好关系，充分调动每一个员工的积极性，进行统筹安排，科学谋划，妥善化解矛盾，解决问题，保证节目生产有序推进。

广播电视编导是节目创作的核心，要对节目生产、运作进行科学管理，肩负着团队管理、统筹协调的重任，需要发挥调度者作用，带领团队成员一道完成节目生产任务。编导要协调好被采访单位，主动联系采访对象，合理调配人员。台内节目录制时，编导要搞好与各个工种的对接，对机位、灯光、音响、导播等处处留意，及时提醒，既要把握全局，宏观掌控局面，又要注意细枝末节，在微观上不马虎。为了完成高质量节目，需全员齐心协力，心往一处想，劲往一处使，优化资源配置，确保高效率、高质量完成节目生产任务。

（三）编辑制作，质量把关

无论广播节目还是电视节目，完成前期采访、录制，只完成了节目生产的一半工作，编导还需要进行节目后期编辑制作，这涉及听、看素材，撰稿或指导、修改稿件，协调主持人、配音员、配乐、音响、美术、道具、置景、灯光、动画制作等许多工种，进行节目粗剪与精剪，合成，注意每一个环节的衔接，对节目精益求精，进行制作精良的追求，达到最佳视听效果，完成创作意图的理想表达，实现广电艺术的完美呈现，为受众提供视听盛宴。

三、广播电视编导的任务

（一）策划任务

策划任务指围绕栏目定位进行选题的策划，创意构思。编导的策划任务主要是立足于一期或一个节目。电视节目的前期策划，如栏目创办的策划、某一重大报道战役的策划，主要是台领导、中心或部门主任、制片人需要考虑并亲自承担的，广播电视编导的策划是已经有了现成的栏目，已经有了报道战役的策划方案，编导的任务是根据已有的栏目，策划其中一期节目，主要是选题策划、采访策划、录制策划；根据战役性报道的策划部署，策划其中一个节目，也主要是选题策划、采访策划、录制策划，或临时交办的节目创作任务以及自己主动要求完成的创作任务，同样主要是选题策划、采访策划、录制策划。

栏目中的节目策划，策划时要考虑栏目定位、栏目宗旨和形象，要想方设法使策划的节目得到受众的认同，赢得收视份额，获得社会效益与经济效益，精心做好每一期节目，努力使栏目形成品牌。编导可以说是栏目创作的骨干和核心力量，没有编导，栏目就难以实现正常播出。

（二）撰稿任务

撰稿任务包括文案写作，解说词写作，分镜头剧本写作。除非大型团队，有专人负责撰稿，一般的节目创作，广播电视编导兼任撰稿人，要在采访摄录前、过程中或之后，撰写选题策划书、串联词、解说词、口播稿、采访大纲、剪辑大纲等。编导文字功底要过硬，能驾驭各类风格的文体，对文字要精雕细刻，反复锤炼、打磨，广播的语言要口语化，语言通俗、生动、形象。广播电视文艺编导还要会写剧本、分镜头脚本。

（三）导演任务

广播电视编导，肯定要做"导"的工作，根据策划文案或节目脚本和工作台本，进行人员调配、设备租借、采访实施、画面造型、声音采制。广播剧、电视剧、广播电视综艺娱乐节目、各类晚会等，都需要专门的导演这一重要工种，导演是上述各类节目创作生产的核心人物，不可或缺。

（四）摄录任务

指导或亲身参与音频录制、视频拍摄等工作，记录声音符号、图像符号。

（五）剪辑任务

指导或亲身参与后期编辑制作，完成可供交流、传播的完整视听作品。

第二节　广播电视编导的工作程序与基本职责

一、广播电视编导的工作程序

广播电视编导工作是一项相对复杂的工作，工作程序包括较多的项目内容，其工作流程大体如下：

申报选题（策划）——确定选题（批准）——制订计划——前期采访——实地拍摄（录制）——编辑制作（撰稿、剪辑、合成）——送审、修改，最后对节目进行把关负责。

广播电视编导工作可以分成以下三个阶段。

（一）筹备阶段（前期）

主要工作包括策划和准备，根据编辑部的报道思想，根据所在栏目的栏目定位，以及台、中心临时交办的创作任务，寻找线索、发现选题、撰写策划文案。然后申报选题，获批后进行人员调配、器材准备，以及相关物资准备。广播电视文艺创作，特别是广播剧、电视剧的导演创作，则包括选择、研究剧本。剧本剧本，一剧之本，找到好剧本，这是关键的第一步，然后是推敲剧本的立意，推敲剧情，为剧本呈现找到恰当的表现方式，形成共识；遴选演员，无论广播剧还是电视剧，都是要靠演员来扮演角色，诠释剧情，因此选好与剧中人物匹配的演员也非常关键，另外还要选好职员；撰写导演阐述，勾画未来广播剧、电视剧的蓝图，阐述创作的主要思想、理念、原则及所要追求的艺术效果，达成的目标；选择拍摄场景，特别是电视剧需要搭建影棚，建拍摄基地，选择外景地等；撰写分镜头剧本，对镜头、用光、声音等进行设计。

（二）摄录阶段（中期）

这一阶段的工作主要是项目启动后的具体实施过程，包括采访、拍摄、录音，完成节目需要的所有素材的搜集，包括文字素材、视频素材、音频素材。导演广播剧、电视剧等，需要合理分配演职员的工作，协调好所有拍摄现场的有关部门及演职人员，进行彩排、拍摄，完成摄录制任务。

（三）制作阶段（后期）

整理文字素材，采集视音频，回看素材，根据节目主题、风格等进行编辑剪辑，配音、配乐、配字幕，加片头、片尾，合成，送审、修改，完成成片。广播剧、电视剧导演要指导剪辑人员进行初剪、精剪，指导相关人员进行片头设计、动画制作、特技制作、音效处理、创作音乐等，进行整体形象包装。后期制作阶段是艺术的再创作阶段，是节目创作的收尾阶段，也是成果验收阶段，编导必须严把质量关。

二、广播电视编导的基本职责

编导是广播电视节目创作的核心人物、灵魂人物，具有如下一些职责。

1. 选题策划

寻找、发现线索，进行创意策划；做好选题的前期调研论证、文案撰写等工作。编导负责考虑拍什么的问题，一个好的选题，是节目成功的保证，因此，编导必须发挥自己的聪明才智，想方设法寻找线索，发现好选题。有了好选题，节目创作才能顺利推进，比如谈话节目，好选题的标志是让嘉宾有话说，话题有张力，能够调动谈话人的积极性，实现互动，形成节目看点。编导要平时多留意，做有心人，从媒体、会议、来信来电、亲友等处获取线索，做到眼观六路，耳听八方，积累人脉，不断拓展选题来源渠道。

2. 选题申报

在台（或公司、中心主任、制片人、栏目主编）召开的会议上陈述、说明选题，并根据提出的意见及建议进行修改、完善。

3. 相关准备

选题获批后，确定创作人员，制订摄录计划，明确节目生产进度及步骤，进行人员分工、设备借用、交通工具、经费筹集等的统筹安排，进行相关准备工作。

4. 沟通联系

联系被采访单位、对象，约定采访、拍摄录制时间。有时需要先期踩点、前期采访，对采访对象要提前进行了解，对采访内容也要尽量做到了然于胸，这样才能节省时间，减少盲目性。涉及舆论监督的选题，要与提供线索的人保持联系，事先做好预案，对可能出现的不配合、不合作，甚至强行干预、阻挠的情况，要预先想好应对之策。

5. 组织摄录

对各岗位人员进行编导阐述，使参与人员了解创作意图、摄录内容和表现主题，提出相关要求。按照进程，组织节目创作的实施与推进，发挥、调动人员积极性，激发每个人的创作潜能。安排、指挥现场采访、摄录，对画面、声音、光线等提出质量要求，获取足够的文字、声音、图像素材，如期完成采访、拍摄工作。有时编导也可能兼摄像、录音、出镜采访等，需要胸有全局，搞好调度、协调。

6. 制作把关

审看素材，撰写或修改他人撰写的解说词，协调配音员配音、主持人录主持词；协调特技人员根据需要设计片头，制作动画；列出剪辑大纲，上机操作，对剪辑人员说明创作构思及具体要求，指导剪辑人员分别完成粗剪与精剪。注意情感、风格、节奏的把握；对作品内容、形式把关，杜绝重大失误，最大限度地减少差错。合成、送审、修改，最终完成可供播出的高质量作品。

第三节 广播电视编导的能力与素质要求

广播电视编导工作是一项综合性很强的工作，因此，思考能力、判段分析能力、决断能力、审美能力、鉴赏能力等，一定要强、要过硬；政治素质、文化素质、艺术素质、技术素质等综合素质要高、要全面。

广播电视编导工作，几乎包括广播电视节目创作的所有环节，如包括节目的策划，也包括对细节的精心加工；包括前期准备工作，也包括后期制作；包括自己的独立创作（自己身兼撰稿、摄像、录音、剪辑，甚至主持），也包括对他人作品的加工（如歌曲的 MTV 拍摄、已有剧本的拍摄）；包括现场拍摄、录制的指导，也包括对后期制作的要求。广播电视编导要对节目质量负责，这就需要具备较好的策划、创作、管理等方面的能力以及思想政治、文化、艺术、专业等方面的素养。

一、广播电视编导的能力要求

（一）发现与分析能力

广播电视编导要有一双善于发现的眼睛，要有强烈的新闻敏感性，要能及时捕捉有价值的线索，要反应机敏，能迅速判断选题是否有新闻价值和艺术生命力。在日常生活中，能够独具慧眼，能从看似寻常的小事中，捕捉有用的信息，发现有价值的事实。能拨开云雾见月明，透过现象看本质，善于去伪存真，去粗取精。

广播电视编导还要有分析和解决问题的能力，能正确面对各种各样的问题和突发情况，及时采取有效措施，采取应对之策，确保节目采制的顺利完成。

当然，这种发现与分析能力养成，得益于高度的政治自觉、政治敏锐性；得益于胸有全局、高瞻远瞩；得益于高度的文化自觉、文化自信；得益于自身孜孜不倦的学习与天长日久的积累。

（二）创意与创作能力

广播电视编导要善于创意与策划，能进行节目的创新，能想出好点子，能够提出节目的策划方案。编导一定要有创意思维、创新思维，节目生产是从策划开始的，编导要想方设法提高自己的创意能力和策划能力，因为广播电视节目要应对市场竞争，离不开策划；广播电视节目要实现精品生产，离不开策划；广播电视节目要有效引导舆论，离不开策划；广播电视节目要带给受众审美享受，离不开策划。因此，编导要成为点子王、策划师，从多方面历练，不断激发创意策划活力，培养创意策划能力，保证好点子频出，好策划不断。

广播电视编导要熟悉节目创作生产的各个环节，要具备撰稿、拍摄、出镜、录音、制作等方面的能力。广播电视编导要成为多面手，特别是在规模小的电视台或电视机构，由于人员少，分工不明确，更需要编导一专多能，身兼数职，这样才能独当一面，成为称职的编导。编导需要写作本领强，文字功底好，能写策划文案，能为各类专题片、艺术片、纪录片写解说词，能写串联词与评述稿。编导要善于编创故事，要把故事写得精彩，一波三折，扣人心弦。编导要会采访，善于提出各种问题。新闻专题栏目、新闻评论栏目的编导，需要到一线去采访，如中央电视台《焦点访谈》栏目，编导往往就是出镜记者，口头表达能力要强，对采访对象提出问题，有时需要单刀直入，有时需要迂回包抄，有时需要引导启发，有时还需要穷追不舍，有时故意错问，给采访对象

"下套儿",特别是舆论监督的节目,更是需要斗智斗勇,反应敏捷,研究采访对象心理。采访过程中,编导有时需要亲自拍摄、录音,因此需要编导熟练掌握各种摄录设备的操作技能,了解机器设备的性能、使用方法,确保视频、音频素材的保质保量摄录、获取。编导需要熟悉影像与声音的编辑、制作与包装的后期生产环节,许多编导都可以独立上机剪片子,这样能够更好地实现自己的创作意图,体现自己的艺术追求。当然深度制作可以交给专业人员完成,但是,编导一般也要跟进,及时告知节目创作设想、节目构思,以及关于字幕、音乐、包装的要求与想法,在创作风格的把握上,实现专业技术人员与编导的趋同与一致。

(三)管理与开拓能力

广播电视编导要有管理能力,善于进行沟通、协调,能对节目拍摄与录制等进行周密安排、部署,能够发挥相关人员的创作热情,充分调动相关人员的积极性。无论广播节目还是电视节目创作生产,说到底,是团队合作的结果,编导就是一期节目或一个节目的领导者、管理者,需要进行组织、统筹,发挥团队精神,激发每一位成员的创作潜能,齐心协力,精诚团结,密切合作,这样才能保证节目生产任务高效、高质量完成。一般而言,创作完成一期节目或一个节目,团队少则两三个人,多则五六个人、七八个人、十多个人,甚至更多,这里有撰稿、摄像、主持人、出镜记者、录音、灯光、音效、剪辑等工种,需要形成合力,编导需要把自己的构思与想法传达给每一个人,灌输创作思想,解决问题,处理矛盾,明确职责,把任务分解,把工作落到实处,这样才能确保不出纰漏,减少失误,圆满完成节目的生产创作。除了以上这些内部管理外,编导还要善于对外交往,主动与外界进行联络,公关能力要强,广播电视节目生产创作,离不开与人打交道,离不开社会,编导要成为社会活动家,多交朋友,积极融入社会,多接触实际,多到生活一线去,多到人民群众中去。

广播电视编导要善于开拓创新,要能积极实施计划,推进工作,能够克服艰难困苦,按时、高质量完成节目生产任务。广播电视是艺术,艺术需要不断创新。创新是节目保持生命力的一个重要砝码,是保持节目长盛不衰的一个重要秘诀。编导是创作团队的核心,必须具有开拓进取精神,创新求新意识。广播电视编导需要对节目形态、选题内容、表达方式、艺术风格等有独到的见解,独特的感悟,才能做出别具一格的节目。诚然,广播电视节目创作要遵循与恪守栏目定位、节目时长、主题表现、叙事结构、话语系统、风格样式等方面的规制与要求,但是每一期节目还是有展示编导个性和风格的空间与余地的，编导不能循规蹈矩，固步自封，束手束脚，要敢于突破自我，大胆尝试超越。一句话，就是要勇于创新。创新，才能使艺术之树常青；创新，才能使节目打造出精品。广播电视节目生产，不是简单复制，不是工厂化生产，是融入创新精神的创造，是广播电视实践的传播常态。广播电视编导，必须提高开拓创新能力，这样才能立于不败之地。编导还要善于应变，反应机敏，头脑灵活，能够应对突发情况，在错综复杂的拍摄现场，能够把控局面，及时作出判断，临危不乱，处变不惊，从容不迫，这样才能指挥若定，应付自如。

二、广播电视编导的素质要求

（一）思想与政治素质

如果是供职于广播电视台的广播电视编导，他首先是一名新闻工作者，新闻工作者是要讲大局、讲导向的，这就需要有政治头脑。即便是在影视公司从事广播电视编导工作，因为编导是精神产品的生产者和创作者，要提供给人们积极向上的、鼓舞人们士气的、品位高的、格调正确的视听作品，也同样需要具有思想政治素质。思想政治素质主要包括以下几个方面。

1. 树立舆论导向意识

广播电视编导要有眼光，要有远见卓识，具有鲜明、正确、坚定的政治立场；有较高的政治敏感性和政治鉴别力，这样才能有效引导舆论。广播电视媒体是党和政府的喉舌，要"以正确的舆论引导人"，广播电视编导与其他新闻工作者一样，要坚持党性原则，树立马克思主义新闻观，坚定走中国特色社会主义道路，坚持正确的政治方向，站稳政治立场，坚持宣传党的理论和路线方针政策，坚定宣传中央重大工作部署，坚定宣传中央关于形势的重大分析判断，坚持同党中央保持一致，坚决维护中央权威。要牢牢坚持正确舆论导向，做到做出的节目要有利于坚持中国共产党领导和我国社会主义制度，有利于推动改革发展，有利于增进全国各族人民团结，有利于维护社会和谐稳定。要牢牢坚持团结稳定鼓劲、正面宣传为主的基本方针。当前就是要增强宣传十九大精神的主动性、自觉性，宣传把习近平新时代中国特色社会主义思想确立为党必须长期坚持的指导思想的重大意义。引导人们践行社会主义核心价值观，把它转化为人们的情感认同和行为习惯。引导人们树立正确的历史观、民族观、国家观、文化观。做舆论引导正确的节目，就要加强理论修养，打牢理论根底，增强大局观念，自觉与党中央保持一致，成为一名政治家，牢固树立政治意识、大局意识、责任意识，在大是大非面前不动摇，能明辨是非，坚持真理，维护党和人民的根本利益。

若要更好地引导舆论，广播电视编导要加强学习，用马克思列宁主义、毛泽东思想、邓小平理论、"三个代表"重要思想、科学发展观、习近平新时代中国特色社会主义思想武装头脑，不忘初心，牢记使命，高举中国特色社会主义伟大旗帜，更加自觉地增强道路自信、理论自信、制度自信、文化自信。广播电视编导要通过持之以恒的学习，提高政治理论水平，还要注意理论联系实际，特别是要联系自己的工作实际，也就是在自己负责编导的广播电视节目的实际中，结合当前形势，把握工作重点，进行选题策划，确定节目主题，制定节目录制计划，给受众提供高品位、三观正确的艺术作品，统一思想，陶冶情操，使受众在收听收看节目中得到向上向美向善精神的激励，得到为实现中华民族伟大复兴的中国梦而努力奋斗的士气鼓舞，弘扬主旋律，传播正能量，坚持正确舆论导向，提高新闻舆论传播力、引导力、影响力、公信力。

2. 具有使命感与责任感

广播电视编导也要有使命感，就是要记录时代风云，关注社会，关注人民群众的利益。习近平同志强调新闻舆论工作者要做党的政策主张的传播者，时代风云的记录者，社会进步的推动者，公平正义的守望者，这是新时期党中央对新闻舆论工作者的使命提出的新要求。中国特色社会主义进入新时代，广播电视编导也要顺应时代的发展，紧扣时代脉搏，多向广阔的社会聚焦，向人民群众为实现中华民族伟大复兴中国梦而拼搏奋进的精神聚焦，传承和弘扬中华优秀传统文化，坚持思想精深、艺术精湛、制作精良相统一，不断推出讴歌党、讴歌祖国、讴歌人民、讴歌英雄的精品力作。倡导讲品位、讲格调、讲责任，抵制低俗、庸俗、媚俗。正如习近平同志强调的那样，"使命呼唤担当，使命引领未来"。新时代，广播电视编导要不辱使命，做新时代的歌者，要"高举旗帜、引领导向、围绕中心、服务大局"，努力推出有思想、有温度、有品位的作品。

广播电视编导要有责任感，就是牢记社会责任，秉持正义，做时代的瞭望者、公共利益的守望者、社会的监督者。要坚持人民性，就是要把实现好、维护好、发展好最广大人民根本利益作为出发点和落脚点，坚持以民为本、以人为本，解决好"为了谁、依靠谁、我是谁"这个根本问题，坚持以人民为中心的工作导向，把党的理论和路线方针政策变成人民群众的自觉行动，及时把人民群众创造的经验和面临的实际情况反映出来，丰富人民精神世界，增强人民精神力量。编导要为人民群众代言，要关注普通百姓的生存状态，反映人民群众的意见、建议和呼声，维护人民群众的利益，惩恶扬善，弘扬正气。编导要搞好舆论监督，认真做好舆论监督节目。媒体进行正确的舆论监督，也是一项神圣的责任与使命，办好舆论监督节目，可以发挥新闻媒体的舆论监督职能作用，密切党和政府同人民群众的联系，维护党和政府的良好形象，对推动党风廉政建设和社会风气的好转，对化解矛盾、廓清是非、促进和谐，都有重要作用。做舆论监督节目，要注意依法监督、科学监督、公正监督。舆论监督是党和政府赋予新闻工作者的神圣权利，必须妥善利用好。广播电视编导要坚持"团结人民、鼓舞士气，成风化人、凝心聚力，澄清谬误、明辨是非"，更多地肩负起时代的重任，人民的重托，牢记新时代的社会责任，为人民群众提供丰富的精神食粮。

3. 提高政策水平

广播电视编导要懂政策，吃透上级政策，努力提高政策水平。广播电视编导是节目的主要生产者、创作者，生产、创作中需要接触各种题材，也会经常遇到这样或那样的问题，编导需要有较高的政策水平，这样无论何种题材都能驾驭，什么样的问题和复杂情况都能处理、应对，这样才能在策划选题、拍摄录制过程中，做到耳聪目明，游刃有余。在舆论监督节目创作中，也能把握好舆论监督的尺度、角度和火候，帮忙不添乱，帮助党和政府改进工作，在党和政府与人民群众之间架设起桥梁，增强人民群众参加新时代进行伟大斗争、建设伟大工程、推进伟大事业、实现伟大梦想的热情与自觉性。

提高政策水平的途径主要是多加强学习，阅读文件，领会文件精神；多参加相关会议，在会议讲话和会议材料中了解有关政策；学习相关法律法规，做到知法、懂法；随时了解国内外时事动态，关注社会发展动向；多与领导、专业人员、同行交流，不耻下问，虚心求教，拓宽视野，强化对政策的理解。总之，广播电视编导要做一个有心人，通过日积月累，不断总结经验教训，吃一堑长一智，政策水平就一定会提高。

(二) 文化与艺术素质

1. 文化素质

由于工作的特殊性以及报道内容的丰富性，广播电视编导需要具备较高的文化素质。文化素质包括人文社科类的知识，涉及的内容非常多，主要包含哲学、历史、文学、社会学等方面的知识，文化素质直接影响对人物、事物的认知，影响节目质量。比如哲学素质高，就会提升编导的认知能力、思辨能力，因为哲学是研究自然界和人类社会发展中的一切普遍规律的科学，哲学是智慧之学，是世界观与方法论的统一，因此具备较高的哲学素质，对自然、社会与人生的认识就更清楚、更深入，正如李瑞环所言："学了哲学，脑子就灵，眼睛就亮，办法就多。"哲学能使人的眼界拓宽，哲学有助于提高逻辑分析能力，哲学能让人多角度、正反两方面看问题。

历史、文学、社会学等知识对于编导而言，都异常重要。如果编导的文学修养高，文笔好，善于遣词造句，善于运用修辞手法，就会对解说词的撰写产生直接影响，特别是文化类节目，有时需要解说词、串联词等文采斐然，如果编导文学功底深厚，自然会使节目增色，比如时在青海电视台工作的刘郎编导的电视作品《西藏的诱惑》，画面赏心悦目，文字则更让人推崇，刘郎本人还是业余作者，给报纸写了好多文章，喜欢看作家孙犁的作品，喜欢竹枝词，因此，他的作品解说词构思精巧，意境优美，语言充满诗意、诗情。他说，创作这些地域特色鲜明的片子的过程，就是寻找自己的文化修养与西部生活、西部题材的契合点，找得越准，片子才能越成功。这也印证了文化修养的重要。调入浙江电视台后，他又创作了《苏园六记》（六集）、《苏州水》（五集），同样是诗一般的解说词，给人以美的享受。下面是《西藏的诱惑》编导刘郎撰写的解说词片段，可以感受一下如诗般的语言：

（女）我向你走来，捧着一颗真心，走向西藏的高天大地，走向苍凉与奔放。

（男）我向你走来，捧着一路风尘，走向西藏的山魂水魄，走向神秘与辉煌。

（女）令人神往的西藏啊，多少人向你走来——因为"西藏的诱惑"，因为那条绵延的雪域之路。

（男）令人神往的西藏啊，多少人向你走来——因为"西藏的诱惑"，因为神奇的西藏之光……（片名：《西藏的诱惑》）

（女）像旭日诱惑晨曦，像星星诱惑黎明。西藏对人的诱惑，那样强烈，那样不可遏止。对具有献身精神的艺术家来说，像蓝天诱惑雄鹰。

（男）像山野诱惑春风，像草原诱惑骏马，西藏对人的诱惑，那样巨大，那样难以摆脱。对敢于追寻的艺术家来说，像大海诱惑江河。

……

（男）只有在天尽头，你才能看到真正的大自然的壮举。当时的造山运动，一定是有如英雄之崩倒，具有刚烈之美的力度。所以，这里的峻岭崇山，都展现着地球的张力。只有亲临其境，你才会不由自主地感叹：壮哉，地球第三极！

（女）只有在天的尽头，你才能真正看到一个伟大而刚强的民族。这个伟大的民族，就是在这种最恶劣的自然环境中生息繁衍，历尽沧桑。经年累代，他们创造了自己灿烂的文化与深沉的历史，他们的民族风采，焕发着独有的潇洒与俊健，意志如伟岸之高山，心怀如坦荡之莽野。

……

近些年影响较大、广受好评的文化栏目、知识竞赛栏目或节目，如《中国诗词大会》《汉字听写大会》《中国成语大会》《朗读者》《中华好诗词》《见字如面》《经典咏流传》《声临其境》等，以及纪录片《舌尖上的中国》《我在故宫修文物》《国家宝藏》等，需要编导具备文学、历史、地理等知识，国学功底好，有的还需要文物知识，懂艺术品、收藏品鉴赏，了解民俗文化、美食文化。

广播电视编导要增加对哲学、文学、历史、地理、经济以及宗教等知识的学习，广泛涉猎，才能博采众长，做"杂家"。编导知识越丰富，就越能在工作中争取主动，就能张开想象的翅膀，就能在创作中左右逢源，得心应手。提高人文素质的途径与方法就是多阅读，多思考，也要勤记笔记，多练笔。

2. 艺术素质

广播电视是艺术，广播电视编导应该是艺术家，需要具备一定的艺术修养。广播电视节目越来越丰富多彩，节目样式也越来越多元化，比如，许多广播电视台都有音乐、戏曲、电影、摄影、舞蹈、美术、书法等栏目，还有许多综艺栏目。编导在创作节目时，总是会与艺术相遇。电视节目拍摄时涉及构图、用光、蒙太奇手法、画面造型，这就需要编导具备摄影、美术、电影知识；广播电视节目后期制作时需要配乐，编导需要选择合适的音乐。如果是做某个专门艺术类型的节目，就需要编导成为这一艺术门类的专家。这样，广播电视节目编导就应该适应需要，有艺术感受力、审美鉴赏力、艺术创造力。

艺术感受力就是有对艺术的敏感性，悟性好。编导的艺术感受力强，是创作艺术精湛的广播电视作品的关键，因此要注重培养自身对艺术的兴趣，对艺术有一颗赤诚、痴迷的心，始终保持对艺术不懈追求的热情。一般来讲，艺术家思维跳跃快，想象力丰富，这也即艺术家气质，培养艺术家气质，需要加强与艺术相关知识的学习，提高艺术素养。

艺术感受力包括艺术直觉力、艺术感悟力和艺术创新力。广播电视编导经常会与影像和声音打交道，影像和声音是直观的，诉诸我们的视听感官，直觉力是最基础的能力，广播电视感悟、创新，从一定程度上来说，是建立在直觉力之上的。广播电视编导具有较高的艺术感悟力，可以在许多方面发挥作用，如通过感悟，可以提高对选题的判断能力；通过感悟，可以提高对主题的提炼与升华能力；通过感悟，可以提高对节目对象的理解力；通过感悟，可以强化对节目风格样式、话语方式的把握与个性追求。广播电视需要不断创新才会生机勃发，虽然栏目有固定的时长、定位、叙事结构、话语系统的制约，容易形成思维定式，但每一个编导在统一的规制要求下，也是可以追求自己的风格的。另外，随着时代的发展，受众接受习惯、需求的变化，栏目也需要适时改版，这都离不开创新。因此，编导保持创新的热情与动力，是节目得以立足的重要法宝。

广播电视编导需要审美鉴赏力，这源于广播电视节目是重要的精神产品，精神产品不光要有舆论宣传和社会教育功能，还要有审美功能，给人以审美愉悦，带来审美享受。广播电视编导除要把节目做深、做精外，还要做美，因此，编导自身要具备审美意识，鉴赏能力要强，懂得什么是美，怎样表现美，这样才能为受众提高文质兼美的视听作品。编导要有一双发现美的慧眼，要善于运用视听元素来表现美，要善于在看似平凡的人物、事物上挖掘美的内涵。

广播电视编导的艺术创造力包括策划与创意能力、采访与写作能力、拍摄与录制能力、现场执导与场面调度能力、音视频编辑能力、制作与包装能力。这也是广播电视编导需要具备的专业能力，广播电视编导的艺术创造力越强，就越能确保节目的质量。若想成为一名称职的广播电视编导，就要着力培养这种艺术创造力。

总之，广播电视编导的艺术素质，是专业素质的重要方面，它直接影响编导是否适应这一职业，需要在实践中历练，总结经验教训，不断提高艺术素质，成为有较高艺术品位的合格编导。

(三) 道德与法律素质

加强道德修养是广播电视队伍建设的一个重要内容，广播电视编导作为广播电视队伍中的一分子，必须重视道德品质修养的提高，加强职业道德建设，并注意不断强化法律意识。

1. 重视人格修养

具备人格修养是广播电视编导的立身之本，是取得事业成功的必备条件。正如人们常说的那样：先做人后做事。不管干什么工作，做人是第一要务，尤其是从事广播电视宣传工作的人，更要加强自身修为。良好、健全的人格，主要包括正直、热情、善良、勤勉、信义等内涵。应努力做一个正直的人，做一个品行端正的人，做一个忠诚的人，做一个守信的人，自觉践行社会主义核心价值观。广播电视编导要有事业心、同情心、正义感与是非观，不人云亦云，随波逐流；不麻木不仁，高高在上；不夸夸其谈，信口开河。体现在做节目上，就是要恪尽职守，公正客观，秉持正义，积极向上。

广播电视编导的人格，代表着节目的精神风貌，代表着广播电视台的形象，甚至代表着整个传播媒介的形象，必须引起高度重视。广播电视编导的角色与人格的一致性不仅是职业的需要、媒体的要求，也是时代和社会对这一群体的共同要求，要重视人格的养成，实现人格的完善，人格的完善表现在言行一致，表里如一。

2. 遵守职业道德

广播电视编导应时时刻刻注意提高职业道德修养和作风修养，良好的职业道德与人格修养一样，是广播电视编导的立身之本。广播电视编导是新闻战线的一员，党对新闻工作者职业道德建设一直高度重视，先后有《中国新闻工作者职业道德准则》《广播电视管理条例》等发布，对包括广播电视编导在内的新闻工作者提出了规范要求。

职业道德是从职人员在职业活动中应当遵循的道德，它是同人们的职业活动紧密联系的符合职业特点所要求的道德准则、道德情操与道德品质的总和，它既是本职人员在职业活动中的行为标准，又是职业对社会所负的道德责任与义务。

各行各业都有各自的职业道德，广播电视编导作为新闻工作者的一部分，必须遵守《中国新闻工作者职业道德准则》，做中华优秀文化的传承者，主流价值观的引领者，人民群众的代言人。

广播电视编导必须具有崇高的共产主义理想，高尚的道德品质与情操。在工作中，自觉抵制有偿新闻、虚假报道、不良广告和低俗之风，坚持"走基层、转作风、改文风"，坚持"三贴近"原则，牢固树立群众观点，把镜头多向火热的现实生活聚焦，向普通百姓聚焦。要有利于社会的和谐与稳定，有利于国家的长治久安。传播科学理论，传播先进文化，塑造美好心灵，追求绿色收视率，特别是在做娱乐节目时，坚决抵制低俗、庸俗、粗俗。舆论监督节目要把握好"度"，着眼于解决问题，推动工作。提倡树立敬业精神、协作精神和求真务实精神，忠于职守，坚持公平正义，全心全意为人民服务。

广播电视编导要搞好自律，在工作中做到：坚持真理，忠于事实；谦虚谨慎，戒骄戒躁；深入实际，体察民情；互敬互学，积极竞争；摆正位置，不谋私利；甘为人梯，严禁剽窃。

3. 熟悉法律法规

广播电视编导在做节目时，要肩负起宣传法律、普及法律的重任，不光是法律节目，就是在其他类型节目中也要积极灌输法律意识，努力为法治社会建设做出贡献。同时广播电视编导自身也要熟悉相关法律法规，用法律法规他律。

要学法、知法、懂法、守法、用法。要做遵纪守法的模范，做法律的宣传者、维护者和执行者，为人民群众解疑释惑，在节目中普及法律知识，提高受众维权的意识，提高受众拿起法律武器保护自己的意识，促进形成有法可依、违法必究、执法必严的社会氛围。同时，编导也要学会用法律保护自己，在节目创作过程中，避免因为法律意识淡薄而使自己陷于被动、两难境地，比如涉及肖像权、名誉权等问题时，要合理规避，掌握主动权。

此外，广播电视编导还需要注意文明礼仪、心理素质与身体素质的提高，以适应职业的要求。

（四）广播电视技术与全媒体素质

广播电视是艺术，同时也是技术含量较高的工作，因此广播电视编导不单是艺术家，还应是工程师。

1. 学习广播电视技术

广播电视编导要认真学习广播电视技术，懂得一些设备使用常识与操作要领，成为技术控更好，毕竟广播电视节目生产离不开设备，假如外出摄录节目，动辄就是几万、十几万、几十万甚至上百万的设备交到你或者团队手里，要了解机器设备的性能，这样才能确保科学、合理、娴熟地使用，不至于因操作不当影响设备的使用寿命或节目的生产制作。广播电视编导应对常用的设备了如指掌，应像战士热爱自己的武器一样爱惜设备。

广播电视编导需要学习的广播电视技术主要有：摄像技术、录音技术、灯光技术、音频技术、视频技术、节目制作技术、切换技术、导播技术、转播车应用技术、非线性编辑技术、包装技术等。对摄像来说，还需要了解和掌握航拍技术、摇臂技术、飞行器拍摄技术。当然，作为编导，不一定要掌握所有的技术，但需要多了解一点，多掌握一点，多熟悉一些总比一窍不通要好。

2. 掌握新兴媒体技术

新媒体时代，广播电视编导还要学习、了解、掌握新兴媒体技术，适应时代发展的需要，适应广播电视技术飞速发展变化的需要。近几年，如数字技术、音频工作站、非线性编辑技术、高清晰度电视节目制作、卫星新闻采集技术、虚拟演播室技术、虚拟现实技术等，已经在各级广播电视台普及了，在完成了技术与设备的升级换代后，广播电视编导已经适应了新技术变革带来的节目生产的便捷与高效率。

技术不断进步，科技不断发展，广播电视技术也是日新月异，广播电视编导一定要时刻关注这种变化，跟上时代步伐。比如，近年视听新媒体异军突起，网络电视、网络广播、IP电视、车载电视、楼宇电视、"两微一端"，特别是手机电视方兴未艾，这都给广播电视编导提出了挑战。为适应发展需要，广播电视编导应学习各种新兴媒体技术，与时俱进，跟上时代的发展脚步。

3. 适应媒体融合需要

随着互联网技术的突飞猛进，媒体的界限被逐渐打破，进入了媒体融合时代。媒体融合时代，呼唤融合型记者、编导的出现。媒体融合型记者、编导职业带来了新变化和新要求，努力成为适应媒体融合需要的融合型编导，是眼下当务之急。

媒体融合时代，手机的智能化、大数据技术的出现，影响着传播手段、传播方式、传播渠道和信息接收方式，传播的即时性、交互性、立体性更强，这都给包括广播电视编导在内的广播电视人带来了严峻挑战，同时也是一个良好机遇。

融合型广播电视编导，也就是全能型编导，他们应该通晓各种媒介功能，掌握多种传播手段，能创造不同形态的信息作品，通过不同平台传播。融合型编导打破了以往的界限，工作性质不像过去那样泾渭分明，并非只向一个或一种媒体提供作品，为一个或一种媒体服务，提供单一形态的作品，特别是在传媒集团，融合型编导应该是集团内所有媒体的内容提供者。使用多种类报道手段，承担多样性采写任务。融合型编导要善于运用多种手段、方式进行采访报道，为不同媒体提供产品。既要进行文字的采访写作，也要进行图像、声音的采制，一次性完成互联网需要使用的信息资源的搜集、整理，并尽可能提供全面的深度报道和背景资料链接，方便受众延伸、纵深、扩展阅读、观看、收听，为受众提供全方位的信息服务。融合型编导要树立强烈的互动意识，通过广播电视节目互动，通过线上与线下互动，通过"两微一端"互动。

融合型编导能集采、写、摄、录、编、网络技术应用等多种技能于一身，会策划、会判断、会选择、会解析、会评论、会出镜主持；融合型编导能娴熟地使用互联网上的搜索引擎工具查阅和搜集背景资料；能使用图像编辑软件处理素材；能熟练掌握互联网上的一些专用工具，如地图信息网站、交通信息网站、图书资料网站等，以便利采访；能借助互联网建立自己的新闻报道数据库；使用网络数据信息分析工具，如google趋势和百度指数，了解社会运行状态以及社会热点问题；会运用大数据对信息进行深度挖掘。

总之，媒体融合时代，广播电视编导要一专多能，成为多面手。因此要不断学习，加强实践，全面提高素质，这样才能成为新时代广播电视节目生产的行家里手。

◎ 思考与练习

1. 广播电视编导的界定。
2. 简述广播电视编导的主要任务。
3. 广播电视编导的基本职责是什么？
4. 广播电视编导需要具备哪些能力？
5. 广播电视编导需要具备哪些素质？

第二章　广播电视编导观念

第一节　人本观念

一、人是主体

人在许多广播电视节目中是主体，是主题，是重要的表现对象，是直接的主角，没有人物，也即没有故事，没有情节，那样节目也就没有了魅力，没有了吸引人的地方。因此，广播电视编导在选题、创作过程中应坚持以人为本的理念，镜头要更多地向人聚焦，话筒也要更多地伸向一个个鲜活的人。

电视作品《沙与海》是在中央电视台《地方台50分钟》（1990年改为《地方台30分钟》）栏目里播出的一个节目，1991年获得第28届亚洲广播电视联盟奖，评委会的评语为："出色地反映了人类的特性以及全人类基本相似的概念"，"有助于本国发展"。《沙与海》由两条线组成，一条是发生在大西北戈壁滩上的故事，还有一条线讲述的是东北海岛上的故事。但故事离不开人，其中沙漠上表现的是刘泽远一家，海岛上表现的是刘丕成一家，反映了中国人的生存状态，表现了他们与大自然和命运奋力抗战、决不言败的主题。作品里对两户人家的生存环境，对刘泽远、刘丕成两个再平常不过的普通人的性格特征以及内心世界，进行了细腻的描绘与刻画。对两家刘姓少女的采访，则表现了年轻一代对爱情的追求，以及对生活的思考。作品还表现了刘泽远小女儿滑沙玩耍的场面，优美的画面配上激情的音乐，给人带来强烈的震撼。如果没有这些鲜活的人，这部作品就不会成为中国内地第一部获得"亚广联"大奖的作品。

孙曾田的作品《最后的山神》也是在中央电视台《地方台50分钟》（1990年改为《地方台30分钟》）栏目里播出，片子讲述了鄂伦春猎人、萨满孟金福的故事，表现了鄂伦春人的传统习俗和文化，反映了现代文明给民族文化带来的冲击，也表现了年轻一代鄂伦春人对新生活方式的向往。该片获得

1993 年"亚广联"大奖，"亚广联"评委会主席罗伯特先生对这部记录普通人生活的作品如此评价："评委高度赞赏《最后的山神》自始至终形象地表现了一个游猎民族的内心世界。这个民族传统的生活方式伴随着一代又一代人的更迭而改变着，本节目选取这个常见的主题描绘了新的生活。""亚广联"评奖组委会看中的是其表现的人的主题。孙曾田的另一部作品《神鹿呀，我们的神鹿》，也同样是人的主题，该片记录了鄂温克族女画家柳芭的一段奇特生活经历，也讲述了柳芭的姥姥（萨满）的故事，刻画了人们在历史变迁中对以往生活方式的留恋和淡淡的哀伤。该片 1997 年获得第十一届"帕尔努"传记片电影节评委会奖，评委会的评语是："在《神鹿呀，我们的神鹿》一片中，中国的纪录片制作人给我们讲了一个年轻女子和人的自我与所处文化相抗争的故事。"

陈晓卿的作品《远在北京的家》，表现一群安徽姑娘来到北京当保姆的故事，既有她们对外面世界的向往，又有生活的艰辛与不安定。陈晓卿的《龙脊》表现了大山里孩子对知识的渴求。梁碧波的作品《三节草》讲述了摩梭人最后一位土司压寨夫人肖淑明老人的传奇故事。刘郎的作品《西藏的诱惑》内容是表现西藏的美，但是却通过四位艺术家与西藏结下的不解之缘来加以印证和强化。广东电视台的专题节目《中流砥柱》表现的是 2003 年广东抗击非典的故事，该片通过刻画典型人物在典型环境中的典型事例来反映主题，片中出现的人物有党和国家领导人，有省卫生厅和医院领导，特别是对抗击非典的医护人员钟南山、邓练贤、叶欣、张积慧、陈洪光的刻画，让人感动、震动，其中邓练贤、叶欣、陈洪光，或因抢救非典患者感染非典病毒而献身，或因身体透支而倒下，他们的感人事迹无不让听众动容，这些与病魔殊死斗争的共产党员形象，成为激励我们前进的榜样。

中央人民广播电台曾播出的专题《孤岛守塔人》，表现了一个普通人叶中央守护灯塔的故事，叶中央四十年如一日，默默地镇守在祖国东部海域荒无人烟的小岛上，看护小岛上的灯塔，给过往船只点燃希望的灯光。中央人民广播电台播出的新闻专题《杨利伟：21 小时的太空之旅》，注意发挥广播特点以及节目可听性，通过音响，走进了航天英雄的内心世界，使听众了解了 21 小时的飞天旅程经历以及鲜为人知的细节，让英雄更具有亲和力、感染性。获得第十七届中国新闻奖的广播专题《追逐太阳的青春》，由西藏人民广播电台与唐山人民广播电台联合制作，聚焦 15 名大学生，15 名唐山师范学院的大学生到西藏援藏，援藏期满，他们放弃了回到家乡的机会，留下来继续为藏族同胞服务，扎根高原，为西藏的教育事业贡献青春和力量。

现实题材人是主角，历史题材也同样如此，没有人物，历史就变得枯燥、死板。中央电视台为纪念建军六十周年而创作的专题《让历史告诉未来》（12集），规模庞大，线索复杂，人物众多，涉及的有名有姓的人物就达229人，其中正方148人，反方37人，外方38人，历史6人，该片虽不是人物传记片，却在个人的点滴小事中让人领悟出历史的真谛，在精心选择的事件和人物中，回顾了我军六十年走过的道路，如读一部中国人民解放军军史。

无论是广播专题、电视专题，还是电视纪录片，无不是表现了人的主题。如果说人是一本书的话，广播电视编导的工作就是进行翻阅、发掘。大到政治、经济、文化、科技、教育等，小到日常生活的点点滴滴，都离不开人的参与、人的活动，离不开人与自我、人与人、人与社会、人与自然的关系。

不仅是表现人物本身的节目，就是表现事物、景物、动物的广播电视节目，人也是关注的焦点，或者借助对景物、动物的表现，来折射人类的生活。《舌尖上的中国》是美食纪录片，但也是文化纪录片，它不单单是介绍美食，而是把美食与人物结合起来，讲述普通人与美食美味的故事。如第一季《自然的馈赠》里，其中介绍松茸时，不是停留在对松茸的介绍上，而是以香格里拉的藏族女孩小卓玛为焦点，她和妈妈一起去山上采松茸，劳作了一天，收效甚微，妈妈还差点摔倒，看到妈妈身体不好还拼命去找松茸，小卓玛又着急又心疼，表现了小卓玛的懂事、孝顺，传递着血浓于水的亲情，对自然、对父母的感恩冲击着观众的心。其他两季也都是通过讲述人物的故事，通过人的勤劳、质朴、善良、智慧，表现家庭和谐、生态和谐，以及孝道、乡愁等内容，把食物与人物命运紧紧地连在一起。

二、如何表现人

必须充分表现人物的个性化，这样才能成为独立的人。

我国早期的广播电视节目，虽也产生了好节目，但多数缺乏个性，比如我国刚刚兴办电视初期的电视片，以及改革开放前的电视专题片、纪录片、广播专题片等，多以记录事件、介绍新闻、表现党和国家领导人外事活动、表现工农业生产成就、保存历史资料为目的，较少表现人物，人物是次要的，无关紧要的，可有可无的，即便表现人物，人物形象也是笼统的、模糊的，人物缺乏个性，是凹陷的不是丰满的。如以工农业战线新闻人物事迹为主要创作内容的广播电视专题片，人物形象也比较生动，但许多人物形象并不是血肉丰满的，缺乏鲜明的个性和亲和力，往往是"高大全"式的人物，缺乏感染力，也因此缺乏生命力。

　　改革开放以后，人们的思想观念发生了巨大变化，也给广播电视编导带来了巨大冲击，让人物成为主角的改变，是从中央电视台 1983 年摄制播出的专题片《雕塑家刘焕章》开始的。这部陈汉元等创作的作品，用自然真实的画面和娓娓道来的解说词，刻画了一位有理想、有个性的艺术家形象，他爱雕塑、爱艺术如同自己的生命，那样痴迷，那样执着，表现了一个知识分子、艺术家，在"文革"后要夺回丢失的时间、夺回失去的损失，加倍地工作、劳动、创作。当然，该片在国外放映的时候，也有电视专家提出疑问，为什么刘焕章总是不停地工作、工作，没有休息，没有娱乐。这样，就使得人物变得有些不近人情。当然作品在塑造人物方面是功不可没的，刘焕章这一人物形象还是栩栩如生的，给人的印象是深刻的，特别是作品在表现人物的手法上，取得了突破，用"哐哐哐"的凿击雕塑材料的声音贯穿全片，成为电视专题片里的一个亮点。

　　1989 年开拍，1991 年播出的《望长城》，是中国电视史上里程碑式的作品。《望长城》看的并非是长城本身，而是长城两边的人，关注长城脚下中国人的生存状态，一改之前播出的内容主要是介绍我国的山川风光、名胜古迹、民族风情等，向普通人聚焦。一段时间，《祖国各地》《中华民族》《神州风采》《地方台 50 分钟》等栏目热播，直到中央电视台《东方时空》开播，由以介绍风光名胜、文物古迹等为主向以表现人为主转变，如其子栏目《东方之子》的推出，特别是子栏目《生活空间》的推出，更是具有非同寻常的意义，该板块提出了"讲述老百姓自己的故事"，这一平凡却又具有开创之举的口号以及创作理念，为中国电视专题带来了一阵清新之风。真正把原来高高在上的视角彻底地平移下来，关注普通百姓的生活，它给观众传递的是百姓故事背后的思想、哲理以及发现的思考空间。通过讲小人物的小故事，来展现时代的大背景。

　　后来随着 DV 电视摄像机的普及，促使 DV 电视专题兴起，DV 电视专题是对《生活空间》创作理念的一个延续，既有平民意识又有个性化创作的主观色彩。DV 电视专题的取材大多是创作者身边熟悉的百姓故事，如杨天乙的《老头》、王芬的《不快乐的不止一个》、段锦川的《八廓南街 16 号》、吴文光的《流浪北京：最后的梦想者》、张丽玲的《我们的留学生活》等，都是记录创作者身边熟悉的人物。《我们的留学生活》制片人、编导张丽玲本身就是留学生，她先期采访了 300 多名留学生，最后选取 66 位作为拍摄对象。

　　如果说电视节目关注了人，注重对人的命运的表现的话，广播节目也是如此，同样走到"人"面前。获得第 19 届中国新闻奖一等奖的广播专题《信访局长的 24 小时》，成功塑造了一个忠诚党的事业、恪尽职守、不畏艰难、热情为民的优秀信访干部潘作良的人物形象。广播专题《悠然说南山》讲述的是中国工程院院士、著名呼吸病专家钟南山抗击非典的故事，展现了钟南山具有人性美、人格美的一面，使我们感知到他是一个散发着传统文化力量和科学理性力量的人。广播专题《沙漠里飞出绿色的歌》，讲述了蒙古族青年鲍永新夫妇在荒漠里植树种草的故事，他们用 15 年的青春岁月把荒芜的沙漠变成了绿洲。广播访谈节目《请跟我回家》获得第 23 届中国新闻奖一等奖，通过专访"老兵回家"活动发起人孙春龙，展现了远征军老兵杨建达、李溪泉等对回国的热切期盼，对祖国的一往情深。

　　这些广播节目、电视节目传递的力量、传播的正能量，之所以让人铭刻在心，与节目中的人物形象密不可分，这些是真实的人，是有血有肉的人，不是概念化的，不是社会生活的抽象体现，而是具有审美价值的具有个性化的真实的人物形象，是"这一个"，是独一无二的。

第二节　情感观念

一、广播电视节目不能没有情感

　　许多广播电视节目播出时，让听（观）众感动，如 20 世纪 60 年代广播里播出《县委书记的榜样焦裕禄》，许多听众在广播喇叭下驻足倾听，很多人被焦裕禄的事迹深深打动，泣不成声；播送《人民的好医生李月华》时，也同样如此。这是因为节目充满情感，或者说是人物本身的情感故事、人生故事打动了听众。许多电视栏目更是以表现情感取胜，以传递情感见长，比如中央电视台以及其他电视台播出的《等着我》《朗读者》《信中国》《开讲啦》《见字如面》《我是演说家》等栏目，分别是寻人、朗读、读信、演讲等主题，栏目定位虽不同，却都是以情感的力量震撼人心。央视的《夕阳红》《半边天》等对象型栏目，也注重情感交流；央视的年播节目《感动中国》，就是主打情感牌；许多晚会，如《风雨同舟》《爱的奉献》，从晚会名称就能看出蕴涵的情感，《爱的奉献》是中央电视台 2008 年为汶川大地震举办的赈灾文艺汇演，节目从始至终都贯穿着地震后灾民撕心裂肺的悲痛之情，更传达了灾区百姓的坚韧不拔、不屈不挠的精神，节目里洋溢着一方有难八方支援的大爱无疆情感。

　　就是近年热播的娱乐节目也都重视情感，娱乐谈话栏目如《艺术人生》

《超级访问》《爱传万家·说出你的故事》等；真人秀类节目如《中国好歌曲》、《我是歌手》、《中国好声音》（后改为《中国新声音》）、《中国梦想秀》、《中国达人秀》、《舞林大会》、《变形计》等，无不高度重视情感的表达与呈现。

电视纪录片、电视专题片更是注重情感力量的展现，如中央电视台以及地方电视台播出的《让历史告诉未来》《毛泽东》《在大海中永生》《邓小平》《西藏的诱惑》《三节草》《半个世纪的乡恋》《毛毛告状》《舟舟的世界》《俺爹俺娘》《方荣翔》《壁画后面的故事》《好人丛飞》《大鲁艺》等，或是表达大人物的普通人情怀，或是表达小人物的大情怀，或是表达故乡情、对祖国的赤子情、对艺术的执着情怀，或是表达儿女对父母、学生对老师的感恩之情。当然还有爱情、友情……

广播电视节目要有情感，广播电视节目要以情感人，情感成为广播电视节目不可或缺的表现内容、主题，"情感已挤入到电视屏幕的每一个角落"。①

二、情感的体验与具体化

广播电视编导要善于表达情感，自己先要有情感体验，也即要想用情感打动人，自己要先被情感打动。

情感可以说无处不在，凡是有人类、有生命的地方，就存在情感，人们的一举一动、一颦一笑，都会流露出情感。广播电视编导要有情感，要成为一个感情丰富的人，这样才不会对情感麻木不仁、无动于衷，这就要求广播电视编导在创作中，要心中有大爱，要有悲天悯人的情怀，要爱憎分明，要有惩恶扬善的信念。

广播电视编导要善于发现情感，挖掘情感，在作品里表现情感，正是有了情感，作品才会有吸引力，冲击力，生命力。正是有了情感的力量，才会使作品打动人，感染人，激励人。广播电视编导要成为一名感情丰富的人，要努力把情感注入自己的作品中。如果说刘郎对西藏没有那种一往情深的情感，他也不会在《西藏的诱惑》里尽情抒发对西藏的热爱，对西藏人民特有的朝圣精神表示赞扬；同样他若不是有着对江南文化的热爱、痴迷，也就不能创作出《江南》《苏园六记》《苏州水》等一批具有思想品位、文化品格和审美品质的电视专题。康建宁若不是走进生活在沙漠深处的刘泽远一家，近距离体验沙漠人家的生活，也就不能创作出《沙与海》。陈汉元等若没有对长江流域风土

① 高鑫，周文.电视专题［M］.北京：中国广播电视出版社，2008：12.

人情的体验，对长江壮丽、辉煌的美的感受，也无法创作出引发收视狂潮的电视专题《话说长江》。

发掘情感，体验情感，然后就是把情感具体化。情感本身是抽象的，是心理活动、心理现象。情感要有所附着，通过实实在在的人或物，来承载情感，寄托情感，比如《舌尖上的中国》里，香格里拉采松茸的小卓玛和她妈妈、查干湖冬捕的捕鱼人、湖北嘉鱼职业挖藕人等，都是情感具体化对象，正是有了人物，才会让情感以及美食故事和中华饮食文化有了承载。

三、如何表达情感

广播电视编导需要在作品中表达情感，那么情感该怎样表达呢？情感的表达方式有许多，但主要依靠细节、音响、解说词、空镜头、特写、慢动作与定格、镜头蒙太奇组接等。

广播节目主要是诉诸听觉，因此表达情感方式主要是细节、情节、音响与解说词等。

第三节　文　化　观　念

广播电视台又被人们称为文化部门，从事广播电视工作的人也被人们称为文化人，同时，广播电视工作者又是文化的传播者，特别是广播电视编导，更是与文化打交道最多，与文化关联度最高。一段时间，也因为广播电视节目存在内容粗俗、艺术拙劣、制作粗糙等现象而受到诟病，批评者或受众指出广播电视节目缺少文化，其实这是受众不满足于广播电视台提供的快餐文化，表现了人们对高层次、高品位文化的需求与期待。当然存在问题最多的节目类型主要是综艺娱乐节目，而且是个别现象。实际上，广播电视台是先进文化的代表，众多的广播电视编导也以创作文化品位高的作品为己任。

一、文化的定义与分类

（一）文化的概念界定

说到文化，必须先搞清什么是文化？文化应该如何定义？我们经常谈论文化，这是个看似简单却又很复杂的问题。

对文化的讨论，古今中外都非常多，定义可能不止一百种。那么文化是什么？实际上是不好给予一个科学准确的界定的，因文化概念有多重含义，我们对文化也要进行多层次理解。

第一个层次，文化是涵盖人类所有文明成果的大文化观。文化包含人类所有的知识、能力、习惯、生活以及物质上、精神上的成绩与进步，也即涵盖物质文明与精神文明的总体。第二个层次，主张文化主要是指人类精神文明方面所创造的成果。就是认为文化不包括物质文明成果，强调文化精神方面的界说。第三个层次，把文化的范围大大缩小。把文化界定为文学、艺术，如音乐、戏剧、舞蹈等为主的艺术文化。由上面三个层次的理解可以看出，文化是多层次的，广义的，大文化观与"文明"概念相接近，涵盖文化的所有内容，而一般学界认同在文化多层次的基础上，主要是指人类的精神形态、观念形态方面的内涵。

《辞海》把文化分为广义的文化与狭义的文化，广义的文化，指人类社会历史实践过程中所创造的物质财富和精神财富的总和；狭义的文化，指社会的意识形态，以及与之相适应的制度和组织机构。

我们这里将文化理解为物质文化与精神文化的总和，唯有如此，广播电视编导才能在更全面、更深刻、更细致的创作中表现文化的多元，彰显文化的魅力。

(二) 文化包括的范围

文化可以说是包罗万象的，从广义文化看，例如典章制度、生产交换、生产工具、生活器皿、衣食住行、风俗习惯等，凡是由长期的劳动创造以及实践积累的物质文化与精神文化成果都包括在内；狭义的文化主要是指哲学、文学、艺术、宗教等与精神层面相关联的东西。其实，文化涉及的范畴极其广泛，凡是与人有关的一切都包含在文化中。

如果对文化进行分类的话，一般分为物质文化、制度文化、精神文化三部分。

1. 物质文化

物质文化是指人类所创造的物质财富的总和，主要包括："由劳动者、劳动资料、劳动对象构成的现实生产力，满足人类最基本的衣、食、住、行的生存需要的消费资料。"[①] 主要体现在技术装备、交通联络工具、建筑物等具体实物上，如与衣食住行有关的农业、纺织、房屋家具、车辆以及冶金、印刷、玉器、瓷器、漆器、文具、武备、科学技术等。

2. 制度文化

制度文化是指人类依据一定的思想观念建立起来的制度、规章、组织形式

---

① 金元浦 . 中国文化概论［M］. 北京：中国人民大学出版社，2015：6.

以及风俗习惯等。包括经济制度、法律制度、政治制度、社会制度、婚姻制度、教育制度等。另外，还包括交往礼仪、节庆典礼等。

3. 精神文化

精神文化是由人类社会实践和意识活动长期孕育而成的价值观念、思维方式、审美趣味、宗教感情、民族性格等因素构成。存在于人类记忆中的信息，包括人类的知识、风俗、文学、宗教、艺术等。

我们常常见到关于物质文化遗产与非物质文化遗产这样的表述，凡是与物质文化相关的遗产则为物质文化遗产，而凡是包括精神文化以及制度文化在内的文化遗产即为非物质文化遗产。

二、为什么要树立文化观念

广播电视工作是一项文化色彩很强的工作，广播电视编导需要树立文化观念，坚定文化自觉，增强文化自信。

文化自信是建立在对文化认知的基础之上的，中华文化博大精深，丰富多彩，我们应加强对中华优秀传统文化的学习，了解文化的精髓，积极主动地传播文化。我国各级政府都对文化建设高度重视，包括广播电视在内的传媒机构肩负着文化传承的责任与使命，传媒工作者必须牢固树立文化观念，从事广播电视编导工作的人员，只有树立文化观念，才能通过我们的创作，传播先进文化，普及文化知识，提高公众的文化素养，增强文化自信。

三、如何彰显文化观念

（一）挖掘文化内涵

挖掘文化内涵，是指在新媒体崛起加速媒体竞争、受众欣赏水平提高、无论城市还是乡村都高度重视文化建设的环境下，广播电视编导必须在作品中提高文化意蕴、提升文化品位。

文化观念的彰显，需要广播电视编导在创作中挖掘文化内涵，如何挖掘文化内涵？需要广播电视编导关注人，人是文化的最集中体现，彰显文化观念，要把对人的关注放在首位。

前面提到的被称为中国电视史上具有里程碑式意义的电视纪录片《望长城》，望的不是长城，是长城两边的人，关注的是人物命运，如片中的农村妇女李秀云、歌手王向荣的母亲等，都是普普通通的农民，专题片正是向他们聚焦，表现中国人的生存状态，刻画了普通中国人的乐观向上、坚韧不拔、自强不息、淳朴善良的性格特征及内心世界。近些年热播的电视纪录片《舌尖上的中国》《我在故宫修文物》等无不是关注中国普通百姓的乐观向上、积极进取、爱岗敬业的精神与追求。

彰显文化观念，还要求广播电视编导要在创作中，对作品要深度挖掘，揭示文化意蕴，表现文化之魂。这就需要广播电视编导加强自身学习，勤于思考，有不屈不挠的探求精神。

广播电视编导的最终劳动成果是完整的、可供传播的视听作品，那么作品本身也是文化产品，需要给受众提供内容精深、艺术精湛、制作精良、社会效益好的精品，完成这样高质量的作品并非易事，必须做到自身文化底蕴丰厚，在作品里表现文化，自己要有文化、文学、艺术等方面的高素养，比如《话说运河》《话说长江》《再说长江》这样的作品，编导没有对运河文化、长江文化的深入理解，是难以创作出这些具有文化韵味的作品的。许多广播电视编导都具备这样良好的素养，如《西藏的诱惑》编导刘郎写过文学作品、爱好摄影，《龙之江》《河之南》的撰稿杨晓民同时是诗人，《山洞里的村庄》的编导郝跃骏是学者出身，《小人国》《成长的秘密》的编导张同道是大学教授，《潜伏行动》《女特警雷敏》的编导冷冶夫写过许多文学作品，还对纪录片、微电影理论有一定研究。正是因为他们有着丰厚的文化积淀以及对现代视听技术的熟练掌握，才能创作出高品位、有厚重感的文化产品来。

文化作为价值观念、思维方式、审美趣味、民族性格等的体现，是具有抽象性、潜在性、隐秘性等特征的，需要深入揭示与挖掘。

例如，关于表现美食的节目，只是展示美食的制作流程、美食的色香味等，还远远不够，还应揭示美食产生的环境与背景，特别是揭示美食与地域文化、风俗习惯等的关系；创作表现戏剧艺术的作品，仅仅表现其唱腔、念白、服装、脸谱等还不够，还应揭示它对民族心理的影响，对真善美文化心态的塑造、对为人处世的影响等进行深度开掘；表现传统建筑的作品，不单单是展现建筑的外形、建筑风格、建造工艺以及地理环境、气候、建筑材料、使用功能等对建筑的影响，还应揭示建筑的文化根基，反映劳动人民的勤劳智慧、富于创造、审美追求，揭示建筑与朝代、当时的生活水准、信仰以及人的关系，揭示隐藏其间的民族文化气质、心理和精神。开掘隐藏的、内在的文化蕴涵，能够保证作品的内容含量与深度，这是广播电视编导应该努力达到的境界。

（二）拓展文化表现形式

彰显文化观念，除了挖掘文化内涵外，广播电视编导还要在创作中，不断拓展文化表现形式，在艺术手法、叙事方法等方面进行探索。有好的内容，也需要有形式的外衣，因此，一部优秀的广播电视作品，需要内容精深，也需要艺术精湛，还需要制作精良。

电视纪录片从《话说长江》到《再说长江》，同样是挖掘长江文化底蕴，但艺术形式迥然不同。《话说长江》拍摄于20世纪80年代初期，采用古典话本小说章回体的形式与电视纪录片有机结合，由陈汉元、赵化勇、田本相等著名电视艺术家以及著名散文诗人柯蓝等撰写解说词，解说词写得既诗意盎然，优美隽永，又亲切自然，娓娓道来；由广播电视播音主持大家虹云、陈铎主持并解说，这也是电视主持人在纪录片中出现的最早尝试，发挥了主持人对节目的贯穿作用；纪录片的摄影与后期制作也让人称道，摄影构图讲究，画面具有视觉冲击力，后期制作主要是确定了按照空间线索来结构作品，即按地理空间来排列、搭配各部分内容，从源头一路下来说到入海口。另外，按说书的"回目"进行编辑剪辑，用了抠像、叠画等当时的技术手法，加大了单位面积视觉信息量；同期声的大量运用，如第6回《成都漫步》表现成都特色之一的茶馆的场景，就有茶馆里嘈杂的声音、倒水的声音、说书的声音、小孩打呼噜的声音，生活气息扑面而来，让人印象深刻。就是这样一部共25回的电视纪录片，创造了40%收视率的收视奇迹，掀起了中国纪录片发展史上第一次纪实节目收视高潮，成为载入中国电视史册的里程碑。这部纪录片取得成功的最主要的原因是其表现的思想内容，赞颂了祖国河山壮丽，抒发了爱国情怀，此外纪录片在艺术手法、表现形式等方面进行了大胆的尝试与创新，这也是该片获得广泛赞誉的一个重要原因。

过了20多年，中央电视台又拍摄制作了33集电视纪录片《再说长江》，全景式展现了长江波澜壮阔的壮丽景象、多姿多彩的人文景观，反映20年来长江流域的最新面貌，表现长江历史文化传承、民族精神的不变和社会民生、经济建设的巨变，《再说长江》以长江为载体，融合了长江沿岸历史、人文、现实、自然等各方面内容。在表现形式方面，坚持以人为本，以纯纪实手法讲故事，片中有许多人物故事，如高原上布杂玉一家的生活，丽江人李实夫妻等，通过他们的故事，给人们带来关于长江资源的保护及长江文化的传承等问题的思考；结构上运用对比手法展现长江的变化、中国的变化，让观众看到变化的背后其实是不变，20年巨变的根源在于中华文化血脉相承的不变；利用技术的变革来弥补《话说长江》拍摄与制作的不足，如高清摄像机的使用，使画面指标提高，还用了军用高空直升机、高清摄像机拍摄到了长江源头，第一次运用了电脑动画制作了一幅长江脉络图，它的主干、支流、流向等都一目了然，这是20年前无法做到的；还用真实再现的方式演绎了一些历史事件；声音采用解说词加同期声的混音模式，也加大了同期声的比重，增强了现场感、真实感。

由于互联网的崛起，受众可以选择的媒介日益多元化，就电视而言，频道增多、节目丰富，因此，收视率与20年前不可同日而语，但是，《再说长江》在视觉艺术呈现、叙事方法等方面还是取得了突破。

第四节　美　学　观　念

广播电视是艺术，艺术离不开审美，美学观念是广播电视编导需要重视的一个观念。

一、什么是美

探讨美学，首先遇到的一个问题是：美是什么？我们很难下一个准确的定义，关于美的定义可谓众说纷纭，成为千年难解之题。古希腊的毕达哥拉斯学派认为"美是和谐"；亚里士多德认为美是"秩序、匀称与明确"；柏拉图认为美是理念，美本身是一种绝对的美，"这种美是永恒的，无始无终，不生不灭，不增不减的"；黑格尔给美下的定义称"美就是理念的感性显现"；休谟说美"只存在于观赏者的心里，每一个人心见出一种不同的美"。我国美学家对美的本质进行了讨论，蔡仪主张美是客观的；吕荧、高尔泰说美是主观的；李泽厚认为美是客观性和社会性的统一；朱光潜主张美是主客观的统一。

纵观各种关于美的认知及讨论，可以明确的一点是：美具有复杂性、丰富性等特征。我们对美的认识，也就应该从多方面、多角度、多层次来考察，探究美的本质。美的无限丰富性、情感性、体验性，也产生了美的不可言传性。

美不能离开人的审美活动，美是照亮，美是创造，美是生成。美在意象。美有多种形态，包括自然美、社会美、艺术美、科学美、技术美等。就艺术美而言，包括内容美、形式美。广播电视作品，离不开内容美与形式美，广播作品，有声音的美、意蕴的美；电视作品，兼具声音美、形态美、画面美、意蕴美。声音、画面的美，就属于形式美，意蕴美属于内容美，广播电视作品的美，就是内容美与形式美的交汇与融合。

生活中不缺少美，正如罗丹所言，到处都有美，关键是缺少发现美的眼睛。广播电视编导，就是美的发现者、追求者、表现者。广播电视编导要有美学观念、审美意识，努力在作品中提高美学品位，给受众带来美的享受。

二、内容的美

广播电视作品的内容美，是由作品的题材与主题构成。由此可以看出选择题材与开掘主题的重要。

选题即确定采访拍摄什么，美的题材更能形成内容美，举凡大自然的神奇炫美、传统文化博大精深的美、人物的行为美与心灵美、民俗风情的独特奇美、各类艺术作品给视觉听觉带来冲击的美、科学与技术给我们带来的美感等，都是我们的选题对象与范围。阳刚是美，阴柔也是美；喜剧是美，悲剧也是美；丑也有美感，荒诞也有审美价值；沉郁是美，飘逸更具美感，空灵则给人平静、恬淡与愉悦的美感。

主题的提炼，就如写文章一样，要精心练"意"。广播电视编导要通过探索研究、纵深开掘、正反对比、概括浓缩等方法，进行去粗取精、由表及里的分析，找寻规律，挖掘事物本质，提炼和升华主题。

广播电视编导不仅是美的发现者，最重要的还是美的探索者、美的代言人、美的传播者、美的发布人。

中央电视台的电视政论片《大国崛起》《复兴之路》《百年潮·中国梦》等呈现出哲思之美；电视新闻专题《雪战》（共包括第一集《暴雪突击》、第二集《千里融冰》、第三集《雪寒血热》），《震撼——汶川大地震》（包括第一集《灾难降临》、第二集《挺进孤城》、第三集《生死竞速》、第四集《托起希望》、第五集《生命礼赞》、第六集《大爱无疆》），两部新闻专题表现了中国人团结一致、抗灾自救的坚强不屈之美。《话说长江》《话说运河》《西藏的诱惑》《再说长江》《舌尖上的中国》等片，表现了中国的河山之美、传统文化之美。纪录片《沙与海》《最后的山神》《藏北人家》《远在北京的家》《老头》《俺爹俺娘》，电视社教专题《凉皮苗老太传奇》《老夫老妻》《愚公云福祥》《张玲兴和她的三位母亲》，表现了世俗之美、人性之美、平凡之美、心灵之美。

三、形式的美

广播电视节目不仅需要内容美，也需要形式美，电视作品如果没有声音、画面的美感，没有精致的包装制作，内容再好，也无法吸引人、打动人、感染人。

戏剧的形式是脸谱、服装、唱腔、招式、念白；舞蹈的形式是形体、动作；相声的形式是说学逗唱。广播是声音的艺术，广播节目的形式是解说、音响。电视是声画合一的艺术，电视节目的形式一是声音，包括同期声、解说词、音乐、音响；二是画面，包括色彩、构图、造型、用光，以及蒙太奇组接。形式美具体表现为各形式要素之间构成的关系，如平衡、和谐、对称、反差等。

获得中国新闻奖的广播新闻节目《我向总理讲真话》，充分发挥广播的特点，音响元素丰富生动，处理得当，尽显"讲真话"的底蕴魅力。中央人民广播电台的录音通讯《明月照山河》也是中国新闻奖的获奖作品，这篇反映农村改革的作品，另辟蹊径，通过明月携手山河两村齐头并进的事迹告诉我们，允许一部分人先富起来，但社会主义绝不是一部分人富，一部分人穷。该作品在写法上，看似朴拙，但拙中藏巧，韵味无穷，有朴实之美。中央人民广播电台的广播通讯《孤岛守塔人》获得中国新闻奖一等奖，该作品选材精到，注重细节的运用，把人物刻画得生动传神，尽显主人公叶中央的境界之美。电视纪录片《沙与海》，把海岛上的人家与沙漠深处的人家放入一个片子里，形成强烈的对比，同期声、音乐的运用也让人称道。《西藏的诱惑》文学韵味十足的解说词给人留下深刻印象。《话说运河》开篇一撇一捺，称大运河与万里长城共同构成一个大大的人字，是神来之笔。8 集电视纪录片《中华之剑》，精心选择最具代表性的人物和细节，戏剧化地表现缉毒工作的艰巨性、复杂性和危险性，该片大量运用了同期声和现场画面，增强了现场感和真实感。

诚然，广播电视编导对广播电视的艺术表现形式进行了许多可贵的尝试与实践，但对艺术的探索永无止境，如今在移动新媒体崛起的时代，广播电视节目要更加注重声音，更加注重画面。电视节目在动画、再现等手法的运用上，在新技术的运用上，还需要进一步大胆摸索，适应受众口味，满足受众需要。产品质量再好，也需要一个精美的包装，节目也一样，好的作品选题，也要有好的形式，这是编导等创作人员需要去下工夫的。

四、美的融合

一部成功的作品，一个优秀的节目，一定是内容美与形式美的高度融合，两者不可或缺。

广播专题节目《丽江纪事》获得中国广播电视新闻奖 2003 年度广播社教节目公众性节目一等奖，该作品在题材选取、提炼主题、制作手法的运用方面都取得了成功，是一部具有较高启迪意义和审美价值的广播作品。作品由东巴古籍文献入选"世界记忆名录"为由头，通过游人的视角，以记者一天在丽江游历的见闻为线索，通过游人、日常生活场景、学者的叙述展示了丽江的文化现状，揭示搞好传统文化传承与发展的重要意义。今天来看这部作品，仍然有意义，有启示。该作品在艺术表现方面也很有创新，充分发挥广播的优势，运用文字、音响等广播要素来谋篇布局，如开篇就是运用音响先声夺人，然后就是对音响里出现的人物——上海一家公司的职员张文的采访，音响里他谈到与丽江的不解之缘。然后出现了教授朱良文、民族文化学者石安达、84 岁的大东巴和学文、东巴文化学者和在旭、东巴文化传习院里 70 岁的和钧、民族语言培训测试工作者和洁珍、东巴文化博物馆馆长李锡等众多人物，围绕东巴文化这一纳西族代表性传统文化的保护与传承问题，进行了深入细致的采访，选取了极具说服力的录音素材，使声音节目具有强烈的画面感，是一部内容美与艺术美相融合的优秀作品。

中央电视台《新闻调查》栏目播出的《大官村里选村官》，从内容上看，选题具有重大性、前瞻性，反映了农村基层政权换届选举的情况。吉林省镇赉县大官营子村直选村民委员会主任这一事件有价值、有意义，大官营子这个特别的村名给节目增强了故事性。从艺术上看，作品故事生动，情节精彩，一波三折，极有吸引力，有如看电视剧一样扣人心弦，但该片并非虚构，而是真实的记录。在艺术表现上，该片编导胡劲草有对艺术美的执着追求，通过采访同期声和画面，刻画了两个竞选者的心态，一个是在外面闯荡多年、有点儿资产的王臣，代表着新时尚、新潮流，但他从未当过干部；一个是现村委会主任刘晓波，老主任对自己当选充满自信，话里话外流露出对王臣的不屑一顾。王臣虽意识到自身与老主任有差距，但也信心满满。村民对二人也褒贬不一，因此使正式选举充满悬念。选举当天，老主任换上了新洗干净的衣服，但还是难掩内心的忐忑。王臣则踌躇满志，志在必得。二人演讲也是牵动人心，然后是激烈的现场提问。总之，《大官村里选村官》可以说实现了内容与形式的完美融合，是一部立意深远、艺术表现精到的优秀作品，获得第 39 届蒙特卡洛国际电视节银奖也就不足为奇了。

纪录片《俺爹俺娘》通过摄影家焦波坚持为自己的父母拍照的日常生活故事，反映了一对普通的中国农民勤劳、平凡的一生，同时也表达了远离故乡的游子对年迈父母的思念和愧疚之情。纪录片记录了焦波为父母拍照的缘起，然后用照片定格了父母金婚照，拍父亲吟诵唐诗，拍父母平平常常的劳作、生活，刻画了朴实、慈祥的父母的内心世界。纪录片一直记录到请已经年迈、身体大不如从前的父母来北京，为以他们为拍摄对象的专题摄影展"俺爹俺娘"剪彩，此后不久老父亲就去世了。片子结束时焦波回忆童年时母亲在山野里呼唤他的情景，然后他大声呼唤："爹……娘……"对父母的声声呼唤在山野里回荡。看到此，观者无不为之动容。该片构思独特，拍出了人物个性，反映了生活的真实。"《俺爹俺娘》在平静质朴的镜头语言的叙事中，透视出平淡的诗情画意；在平稳而有节奏的同期声和解说词的讲述中，渗透出平和的美学追求。"① 纪录片无论画面还是声音都给人印象深刻，画面拍摄与现场采访相互穿插，视觉语言与同期声、解说词的声音语言互为依托。纪录片运用了许多指向性很强的空镜头，如远山、石碾子等，都富有韵味。另外，长镜头的运用、细节的抓拍等，都很好地表现了普通、平凡的老父亲老母亲的一生相守，相濡以沫，相亲相爱，淳朴善良，纪录片感人至深，魅力无限，正是内容美与形式美实现高度融合的经典之作。

第五节　思　辨　观　念

思辨色彩是广播电视作品应该具备的一个重要因素，作品有了思辨性，就有了深度，有了灵魂，因此，广播电视编导要具备思辨观念。

一、思辨的重要性

（一）思辨出哲理

思辨出真知，思辨出哲理，思辨对于作品的重要性是不言而喻的。中央电视台的电视纪录片《让历史告诉未来》，电视政论片《大国崛起》《复兴之路》《百年潮·中国梦》等呈现出哲思之美，引人深思。许多广播电视作品之所以产生重大影响，与它们蕴涵的发人深思的思辨色彩与哲理意味是分不开的。

《让历史告诉未来》回顾了我军六十年走过的道路，该片激情与深沉同在，歌颂与思考并行。系列片《世纪行》由《智慧篇·真理的召唤》《意志篇·民族的脊梁》《团结篇·伟大的磐石》《道路篇·选择与挑战》四篇构成，分别对应于"四项基本原则"。该片以无可辩驳的事实、以高屋建瓴的气势、以充满激情的论说、以深邃独到的思辨，告诉人们这样的道理：四项基本原则是历史经验的总结，是百年革命的见证，是中国革命走向胜利的基石，是社会主义走向繁荣富强的保证。济南电视台编导宋是鲁创作的、被称为"三录"的电视片《少年启示录》《土地忧思录》《住房见闻录》，针对社会上最为常

---

① 吴煜. 真实·真情·真功——评获奖纪录片《俺爹俺娘》[J]. 视听纵横, 2004 (6).

见的三个领域展开了思考。《少年启示录》非常尖锐地提出了对青少年的培养教育问题，而这正是关乎我们国家未来发展的热门问题；《土地忧思录》提出了大量土地被占用，可耕地逐年大面积减少的重大社会问题；《住房见闻录》尖锐地提出人们普遍关注、涉及千家万户及每一个人的重大社会问题。

中央电视台 2006 年播出的《大国崛起》，之所以引起轰动，也是与其强烈的思辨性分不开的。《大国崛起》将历史考察与现实关怀相结合，学术思考与电视呈现相结合，全球意识与本土立场相结合，用镜头触摸历史，用历史感悟未来，为观众提供了一个在 500 年历史跨越中反思人类现代化进程、反思国家兴衰规律、反思今天的世界从何处来向何处去的问题。该片的许多思想对于飞速发展的中国来说都可资借鉴，而且也正好契合了我们民族复兴的伟大梦想，因此，在观众中产生强烈共鸣也就在情理之中了。

并非重大题材才具有思辨意义，记录和表现日常生活的广播电视节目也同样可以蕴含哲理。电视纪录片《阮奶奶征婚》，通过家住安徽合肥独居的阮永兰老奶奶在媒体上公开征婚的故事，揭示了老年人再婚的问题。阮奶奶 82 岁，十多年前丈夫去世，子女们都已成家，另立门户，她衣食无忧，但总觉得生活中缺少什么，她为了找一个可以说话的伴儿，大胆走出了人生的一步，最终与一位比自己小 6 岁的江苏南京老人喜结连理。故事虽然简单，话题却很沉重，因为老年人再婚涉及对人们固有的道德观念的冲击。传统观念的束缚，外人的非议，家人的不理解，都成为孤寡老人们追求幸福的藩篱，阮奶奶勇于面对世俗的偏见，公开征婚，就有了不同寻常的意义，该片不仅吸引了观众的眼球，也使观众对老年人的婚姻问题多了一些认识，引发内心的思考。《西藏的诱惑》一片从去西藏寻找灵感的几位艺术家身上，从西藏当地藏族同胞虔诚的宗教信仰中，发现了蕴涵的哲理："人人心中有真神，不是真神不显灵，只怕是半心半意的人。"电视纪录片《远在北京的家》，通过几位安徽姑娘从家乡来到北京当保姆的故事，折射出农村生活的巨大变迁。1991 年获得亚广联大奖的电视纪录片《沙与海》，通过对两个家庭的描述，带给我们关于人生的思考：不管人生活在哪里，都会受到自然界的限制，都要和自然、命运做顽强的抗争才能生存。1993 年获得亚广联大奖的电视纪录片《最后的山神》，通过真实记录鄂伦春族老萨满孟金福的独特生活过程、独特的文化心理，表现了他对古老文化的依恋和执着，反映了社会变迁中的人的心态，揭示出现代文明对传统文化的冲击，以及历史发展的不可抗拒性。

（二）思辨的意义

具有思辨色彩的广播电视节目是受众所需要的，广播电视编导应该在节目中增强思辨性，给受众更多的思考与启迪。

人们不拒绝思辨，而是拒绝空洞的说教。如果广播电视作品没有思辨，只是声音和画面，即便声音和画面再精致，也没有什么意义。反过来，有思辨，但用事实说话不够充分，缺乏艺术表现手段，不免枯燥乏味，传播效果也会大打折扣。

思辨使广播电视节目有分量、有深度、有竞争力，这也是中央电视台诸如《焦点访谈》《新闻调查》《深度国际》等栏目长盛不衰的奥秘所在。

打铁还需自身硬，若要创作出思辨色彩强的作品，广播电视编导要聪明、睿智、犀利，要加深自身修炼，加强思辨修养，提高对事物敏锐的洞察力，善于发现问题、分析问题、解读问题。还要充分发挥广播电视的视听优势，用事实说话，在创作的节目中，给受众更多的教益、思考与启示。

二、如何体现思辨

思辨是思想，难免会抽象；广播电视是声画合一的艺术，艺术是具有感染力的。广播电视编导要善于在作品里表达思辨，这就要求广播电视编导要努力把思想与艺术融合起来。

创作者应摆脱说教者面孔，要以平等的身份出现，亲切、热情、自然，不高高在上，不板着面孔，就如朋友一样，面对面交流、拉家常。

（一）思辨性与形象化完美结合

《焦点访谈》播出的一期节目《"罚"要依法》，反映山西黎城、潞城地段交通民警乱罚款的事实，引发公众、相关部门对公路"三乱"的思考与关注。该节目主要是通过演播室主持人点评的方式深化主题，引人深思。另外，该栏目的节目宗旨是"用事实说话"，它不是简单说教，而是注重现场采访，注重画面的运用。

《"罚"要依法》片段：

> 山西黎城县境内。
>
> 309 国道上。
>
> 一辆卡车被交警刘代江截住，刘不由分说撕下一张 20 元的罚款单递给司机。
>
> 司机：多少钱？
>
> 刘代江：20。
>
> 司机（祈求地）：给 10 块算了。这是什么钱？

刘代江：来，来，你下来我告诉你。

司机：你给我写吧。

刘代江：我给你写的有啊。

司机（可怜地）：照顾一下吧！

刘代江（蛮横地又撕下一张罚款单递过来）：再来20！

司机（惊恐地）：谢谢。

刘代江（凶狠地吼道）：拿来！

司机（无可奈何地）：你照顾一下好吗？

刘代江（怒吼）：快点！

司机（哀求地）：空车，谢谢。

刘代江（愤怒地把罚款单扔进驾驶室）：40。

不难看出，现场画面传递出丰富的信息，使我们对乱罚款、野蛮罚款者的行为有了十分清晰、真实的了解，事实胜于雄辩，一切都在这简单的对话和画面中。

《大国崛起》以世界性大国的强国历史为题，探索了15世纪以来9个强国崛起的历史，探究其兴衰背后的原因，以历史的眼光、全球的视野，为当下中国的发展寻找镜鉴。该作品在表现大国崛起的历史场景时，因没有影像资料，运用了许多动画，避免了画面贫乏，增强了作品的形象化。《沙与海》通过对刘泽远一家面对不期而至的沙尘暴、刘丕成一家在海上与风浪搏击的画面，开掘出人生哲理，即"人要活，风要来，想躲算是躲不开"。从而启示人们，只要是在世界任何一个地方生活，总会面对各种严酷的挑战，要生存就要直面现实，与自然环境抗争，与社会环境抗争。《让历史告诉未来》的哲理性表现在画面与解说上，用史论结合的方法提出哲理性问题，给观众留下思考与想象的余地。

（二）哲理性与情感化水乳交融

广播电视作品，应是既有思维的火花闪耀，又有诗情的火苗燃烧；既有哲理的启示，又有情感的萦绕。

《话说长江》第25回《走向大海》中，创作者用解说词直抒胸臆，表达对长江及长江沿岸的儿女们的礼赞之情：

长江滋润着九州大地，长江和黄河一道培育着中华文化。长江造就的土地——不论过去、现在，还是久远的未来，都长满金灿灿的稻谷、香喷喷的鲜花。

长江啊，伟大的长江，你以浩瀚而甜蜜的乳汁养育着世世代代的炎黄子孙。

儿女啊，伟大的中华儿女，必将以非凡的聪明才智制定并实施治理长江的最佳规划！

不废江河万古流。不愧为世界巨川的长江，必将永远托举着一对又一对名副其实的巨轮，驶向世界五大洲、四大洋！

长江，伟大的长江，你流经神圣的中华大地，你永远奔流在亿万中华儿女的心上！

这意气风发、能激发起中华儿女爱国情怀的文字，充满激情，诗意盎然。这一情感的抒发，使观众产生共鸣，实现民族精神的升华。

《舌尖上的中国》在第二集《主食的故事》中，借助中国人特别是中国北方人过年必吃饺子的习俗，揭示了家对于中国人的重要性，表达了中华民族的除夕传统习俗，以及渴望团圆的情感。

春节，对于中国人来说，是一个属于家庭的节日。2012 年春节，白波跟全家人一起在北京过年。从小在山西长大的白波，大学毕业后留在北京。把自己的父母、妹妹和岳父母一起接到北京的家里过春节，十年来，这还是第一次。

白波有一对 5 岁的双胞胎女儿，小名叫吉祥和如意。作为一名职业摄影师的白波，常年在各地摄制组工作。吉祥如意和妈妈生活在外婆家。一年中，也只有在过年这样难得的日子里，儿女们能回到父亲身边。

擀好的面皮中放上馅儿，捏成月牙形，就成了一个既简单又讲究的饺子。

饺子寓意更岁交子。无论一年过得怎样，除夕夜阖家团圆吃"饺子"，是任何山珍海味所无法替代的年终盛宴。

当众多的手工食品被放到流水线上复制，中国人，这个全世界最重视家庭观念的群体，依然在各自的屋檐下一年又一年地重复着同样的故事。

对于白波和他的家人来说，这一刻是一年中最幸福的时光。其实，在这样一个晚上，吃的是什么都不重要了。此时，在中国人心里，没有什么是比跟家人在一起更重要的，这是他们全部的希望。

这就是中国人，这就是中国人的传统，这就是中国人关于主食的故事。

这段文字，配以摄影师白波一家过年大人在一起包饺子、小孩儿在一旁嬉戏玩耍的画面，其乐融融，祥和欢乐，让人们十分强烈地感受到中华传统文化的魅力，体会到中国人大家庭浓浓亲情中的那种独特氛围，同时，也能领悟到中国饮食文化中蕴含着的巨大凝聚力。

我们在创作时，作品所要揭示和表达的哲理与情感应水乳交融，有情有理，动之以情，晓之以理，以情动人，以理服人。

我们再看看电视政论片《百年潮·中国梦》第三集《中国精神》里关于社会主义道德建设的解说词：

道德模范是社会主义道德建设的重要旗帜。弘扬真善美，传播正能量，激励人民群众崇德向善、见贤思齐，鼓励全社会积善成德、明德惟馨，必将为实现中华民族伟大复兴的中国梦凝聚起强大的精神力量和有力的道德支撑。

"最美妈妈"吴菊萍——杭州一名妈妈徒手接住坠楼女童。

"最美婆婆"陈贤妹——广州佛山一名拾荒阿婆从车下救出两岁女童。

"最美教师"张丽莉——80后女教师为救学生失去双腿。

"最美司机"吴斌——忍着剧痛，以超人的意志力减速停车，用生命的最后一丝力气挽救了全车人的性命。

"最美爸爸"黄小荣、"最美乡村教师"马复兴、"最美乡村医生"周月华、"最美洗脚妹"刘丽……"最美现象"从开始的一株株"盆景"发展成为一片引人入胜的"风景"，形成"美"的种子随风飘扬、处处生根、生命力极强的"蒲公英效应"，绽放出姹紫嫣红春天的美丽。

解说词用一连串的"最美"铺排，还有形象生动的比喻，抒发了对"最美"现象的赞美。我们通过这些"最美"的人，认识到道德典范给公众的一种示范引领作用，同时也带给我们社会需要正能量的启示，可以说有情感、有哲思，既让我们认识到道德建设的重要性，也让我们热血沸腾，榜样的力量是无穷的。

总之，要实现思辨性与形象化的完美结合，哲理性与情感化的水乳交融，这样，才能使节目有思想、有深度、有品位，历久不衰，保持生命活力。

第六节　世俗化观念

世俗化，原本是西方宗教社会学提出的一个理论概念。我们这里所说的世俗化，是指平民化、生活化、日常化以及普通化，是对广播电视编导提出的创作要求，就是要善于表现平凡、烟火气息浓的内容，把话筒和镜头对准和聚焦平常的生活、普通的人物，把"讲述老百姓自己的故事"作为追求的目标。

一、世俗化是回归本真

广播电视的出现，特别是电视的出现，以及随着互联网、手机等新媒体的崛起，互联网电视、手机电视的出现，实现了与生活的同步，打开收音机、电视机、手机电视，我们可以听到、看到异彩纷呈的新闻节目、综艺娱乐节目、广播剧、影视剧，除此之外，就是和我们日常生活息息相关的节目，比如家庭理财、天气预报、消费指南、健康养生知识、生活小窍门、衣食住行知识等，可以说无所不包，应有尽有。我们与广播电视、手机须臾不可分，我国网民规模已突破 8 亿人，手机网民规模达 7.88 亿人，网民通过手机接入互联网的比例高达 98.3%。① 电视、手机电视成了我们生活的一部分。

现代技术让广播电视节目与生活保持了零距离、实现了同步，世俗化就这样渗透到了传媒之中，可以说无处不在，如影相随。其实，我们曾经对世俗化认识记忆模糊或视而不见，不承认或不敢承认世俗也是一种美，在作品里也不把世俗的内容作为表现对象，打开广播或电视，听到或看到的是节目远离世俗，脱离生活，表现的人物都是不食人间烟火的"高大全"式。实行改革开放以后，我们逐渐实现世俗化的回归，这一点，电视节目功不可没，如中央电视台《东方时空》子栏目《生活空间》的推出，《望长城》《沙与海》《最后的山神》《藏北人家》《德兴坊》《三节草》等纪录片的播出，标志着电视节目返璞归真的实现。

二、世俗化的表现方式

1. 平民化

---

① 数据来源：中国互联网络信息中心（CNNIC）发布第四十二次《中国互联网络发展状况统计报告》，新华社北京 2018 年 8 月 20 日电。

平民化是世俗化最主要的表现，平民百姓应该是广播电视各类节目的主角。各类专题节目、纪录片等早已放下身段，把话筒、镜头对准了平凡的小人物，不只盯着官员、名人、伟人。真人秀节目也进行了探索，努力向平民化之路迈进。真人秀节目曾有一段时间出现争抢明星大腕、不惜砸钱烧钱的状况，因此，2015 年，国家新闻出版广电总局发出了"限真令"，对真人秀亮出了"限明星、限奢靡、限娱乐"的"三板斧"，主要目的是为了提升此类节目的层次与品位。有关部门"提高普通群众参与真人秀节目人数比例"的要求也引起关注和讨论。立足群众，实现平民化，打造接地气、聚人气的"中国特色"真人秀节目应该是传媒机构的一个努力方向。不以明星为嘉宾的真人秀节目，陆续出现了《星光大道》《出彩中国人》《挑战不可能》《中国好声音》《中国梦想秀》《中国达人秀》等，参赛选手都是普通百姓，节目给普通人提供了一个舞台参与竞赛或挑战。如中央电视台的《挑战不可能》每期选择 8 位来自国内外的平民选手，围绕体能、技巧、智力、记忆等项目进行挑战，节目在展示选手超凡技艺的同时，还穿插选手的励志故事或情感故事，产生了激励人、感动人的效果，节目着力刻画选手敢于挑战自我的非凡勇气和不屈不挠的精神，传递正能量。除了参与选手平民化之外，节目主持风格也能体现平民化的特征，即主持人的自然、亲切。另外强调观众参与、重视互动也是接地气的表现。真人秀等综艺娱乐节目应该提高普通群众的参与比例，在推进平民化的路上继续开拓创新。

2. 生活化

所谓生活化就是表现原汁原味、平平常常的生活，不经雕琢，是生活的真实反映。

纪录片《沙与海》《家在向海》《最后的山神》《远在北京的家》《八廓南街 16 号》《好大一个家》《毛毛告状》等，都是表现平平常常的日常生活，与百姓生活密切相关。许多电视栏目诸如《生活导报》《生活无限》《伴你生活》《日子》《服务》《服务在线》等，从名字命名就可以看出其平民化的宗旨、定位。中央电视台的《夕阳红》、《半边天》、《为您服务》（后改版为《生活》）、《当代工人》、《健康之路》、《致富经》等栏目也是以聚焦百姓生活、为百姓提供服务为主打。

3. 普通化

主要是表现伟人、名人普通的一面。世俗化即让伟人、名人还原成普通人，他们也有七情六欲、儿女情长。对此，我们不会再有异议，但是在很长一段时间里，作品是不能表现伟人、名人作为平常人的一面的，我们看到的人物都是完美无缺、不食人间烟火的。改革开放以后，伟人走下神坛，名人也可以是普通化的平常人。

以领袖人物为拍摄对象的文献纪录片取得突破，如《毛泽东》《走近毛泽东》《共和国主席刘少奇》《周恩来》《周恩来外交风云》《朱德》《邓小平》《小平你好》《让历史告诉未来》等文献纪录片，不单单是表现伟人辉煌、顺利的一面，也表现他们遇到的挫折，他们内心的痛苦和情感世界。《让历史告诉未来》第七集《为了和平》，面对美军入侵朝鲜，是出兵迎战还是坐视不动？最高领导层如何决策？该片刻画了领袖人物面临难关的心理活动，彭德怀整晚睡不着觉，从沙发床搬到地上睡，还是睡不着；毛泽东闭门思考了三天三夜。从中可以看到，领袖也是有血有肉、有喜有忧的凡人，这样就把观众与领袖人物的距离拉近了。《毛泽东》在展现毛泽东伟大一生的时候，也没有回避毛泽东晚年的错误，做到客观、真实、可信。如果说《毛泽东》基于毛泽东是人，不是神，但绝不是一个普通的人的创作思路的话，在《邓小平》一片的创作中，创作人员强化了走近邓小平的愿望，具体做法上把握大感觉，把思考、情感以及对创作主体的认识有机融合。如邓小平的早年岁月，他也曾是一个普普通通的青年，是逐步走上革命道路的。他父亲为他选择留洋的路，而后来的道路是他自己走出来的，经历了"三落三起"，最终成长为党的领袖，成为改革开放总设计师。在刻画他作为世纪伟人坚定、果断、执着的性格特征的同时，也表现了他富有幽默感、可亲、可敬的一面。

雷锋是一个优秀军人的典型，是全国人民学习的好榜样，原来我们熟知的雷锋，可以说只知道做好事，是一个不懂生活情趣的人，近些年，媒体把雷锋还原成平凡人，他也有普通化的一面，雷锋也谈过恋爱，雷锋也爱美，也买时尚用品。名人不只是整天工作工作，也有喜怒哀乐，也要买菜做饭。在创作中，就是要表现一个真实的人，一个活生生的人，而不是神，不是"高大全"式的人物，他也要社交，也要娱乐，也有业余爱好，这样作品才不会失真，这样才能拉近与受众的距离。

三、世俗化也是一种美

老百姓的日常生活看似琐碎、杂乱、单调，衣食住行、婚丧嫁娶、春种秋收、开店经商、摆摊子、打渔、放羊……就是在这些平常、普通的生活中，也包含着丰富的历史文化内涵和人生哲理，如果以审美的眼光去观察、审视，也会发现美的世界。老百姓的日常生活是社会美的一个方面，世俗化也是创作者的一种美学追求。

锦衣玉食固然是一种美，粗茶淡饭同样是一种美；山珍海味是一种美，萝卜青菜也是一种美；阳春白雪是一种美，下里巴人也是一种美。市井生活、民俗风情、节庆狂欢、旅游休闲，都有美的存在，世俗里有美，美在我们生活中无处不在。正如车尔尼雪夫斯基说的：美是生活。

第七节　风格化观念

广播电视编导要树立风格化观念，打造差异化，追求多样性，形成自己作品的独特艺术风格。

一、什么是艺术风格

"风格化"的风格，是指艺术风格。艺术风格是指艺术作品在内容与形式的和谐统一中所呈现的稳定而独特的整体风貌与艺术特色。艺术风格是由艺术家创造，但必须是通过艺术作品才能呈现出来。我们看一个艺术家的艺术风格，主要是看其艺术作品，并结合其人生阅历、个人修养、创作方法以及所处的时代、环境等因素来分析其艺术风格。

广播电视编导要开掘作品的深刻意蕴，探索多样化的表现形式，形成作品的特色和个性，打造艺术风格。

广播电视艺术作品，与其他样式的艺术作品一样，呈现多元化风格，或雄奇、豪放，或清丽、婉约；或阳刚、粗犷，或阴柔、细腻；或质朴、自然，或华丽、精巧；或含蓄、优美，或直白、平实。广播电视编导就是要努力实践与探索，逐步形成自己的艺术风格。

二、艺术需要风格

优秀的艺术作品，都是五彩缤纷的，都是独具魅力的，也即都是有独特风格的。广播电视是艺术，作品自然也是艺术作品，纵观优秀的广播电视作品，可以说都打上了作者的鲜明烙印。广播电视编导要有自己的风格，形成自己的特色，体现独特的审美追求和价值取向。从电视纪录片创作看，无不可以看出创作主体对风格化的追求，如陈汉元、刘效礼、孙曾田、康建宁、刘郎、陈晓卿、段锦川、王海兵、梁碧波、周兵、顾桃等，他们创作的作品，无不是有自己的艺术风格和特色。如陈汉元作品平实、质朴，但平实中见气势，质朴中见艺术功力；刘效礼的作品大气恢宏，充满诗意；孙曾田注重对人物内心的开掘，表现人物的心灵世界；康建宁注重对人性的把握，注意挖掘哲学深度；刘郎的作品诗情浓郁，富于哲思，取势恢宏，张扬写意；陈晓卿朴素、生活化，对平凡人充满尊敬；段锦川冷静、真实，注重细节；王海兵关注人与自然的关系，作品有诗情画意；梁碧波作品质朴、厚重，带有浓郁的乡土气息；周兵对传统文化充满敬畏，作品凝重，叙事宏大，文化底蕴深厚；顾桃执着于北疆少数民族文化，作品自然、淳朴，人物个性鲜明。这些编导的作品之所以在国内外获得奖项，作品的名字连同编导的名字让人们牢牢记住，主要是因为他们和他们的作品形成了独特风格。

如果作品没有风格，就容易千人一面，千部一腔，没有辨识度，没有特色，时间一长，自然让人觉得乏味，从而让广播电视节目失去受众，自然影响力也就大为降低。

三、风格如何形成

（一）创作主体决定风格

1. 创作者的世界观、人生观、价值观以及艺术观、审美趣味、思想、人格与风格形成紧密相连

广播电视编导若想要形成自己的艺术风格，首先要强化思想修养，立鸿鹄之志，"三观"正确，进步的人生观、世界观、价值观影响到主体对创作内容的选择、把关，编导要做一个高尚的人，做一个有理想的人，做一个有爱心的人。要提高发现问题、分析问题的能力，提高思想水平，加强人格修炼。有艺术追求，提高审美水准。

2. 创作者的气质性格、禀赋才情等精神个性与风格形成密切相关

每个人的性格、脾气、秉性，决定了每个人的不同行事风格、为人风格，如果他是一位创作者，这也直接影响到他的创作风格。创作者不同的性格、气质、才能、禀赋和心理等先天特征，会自觉或不自觉地在作品中体现出来，就形成了各自的艺术风格。纪录片《龙之江》《河之南》的策划人、撰稿杨晓民是个管理者，对理论颇有偏好，同时又是个诗人，具有诗人气质，对作品风格就有影响，如《龙之江》既有哲学揭示，又有诗情荡漾。

3. 创作者的人生阅历、生活经验等也影响着风格的形成

郝跃骏能拍出纪录片《山洞里的村庄》《最后的马帮》，是和他人生阅历、生活经历有关系的，他本身是学者出身，熟稔民族学，有田野工作经历，这样的阅历让他有思考、有内涵，有独特的对社会的观察方法与角度，他创作的作品自然与众不同，形成自身的艺术风格。张以庆在手表厂当过10年工人，从事纪录片创作以后，把在手表厂工作时形成的严谨、细腻的工作作风带到创作

中，这样他创作的作品《舟舟的世界》《英和白》《幼儿园》《君紫檀》等，都打上了鲜明的印记，形成了他精致、细腻、工巧的艺术风格，他虽没有上过大学，但许多大学请他去开讲座，他的作品也经常在大学课堂的案例教学环节播放。

长期在一个地方体验生活、深入生活也很重要，这样可以细致观察社会、观察自然、观察人，加深对创作对象的认识和了解，真正走进创作对象的内心世界，这样创作出来的作品，才会有真实、鲜活、生动等风格特质。

4. 创作者的知识积累、艺术修养与风格形成也有关联

孙曾田是学摄影出身，这样的知识背景影响到他作品画面的构图、用光，他创作的《最后的山神》《神鹿呀，我们的神鹿》等作品，画面语言丰富，注重生活气氛的营造，细节的抓拍。如在《最后的山神》里，拍摄了大量表现作品主人公孟金福饮食起居、狩猎、祭祀的镜头，可以让观众了解到鄂伦春族传统的狩猎方式、生活方式，认识鄂伦春族的民风习俗，走进一个游猎民族的内心世界。

刘郎虽说学的是编导专业，但他的中国传统文化功底扎实，熟读唐诗、宋词、元杂剧、明传奇，爱好书法、绘画、摄影、音乐等，具有非常深厚的艺术素养，知识面宽，艺术感悟力强，文笔具有诗意，因此才创作出《西藏的诱惑》《江南》《苏园六记》《苏州水》等一大批脍炙人口的电视佳作，形成了他取势恢弘、张扬写意的创作风格，在后两部作品中，他以编导的艺术敏感，对苏州古城的文化精髓，进行了深入的哲理探究与美丽再现，他运用比喻、象征、烘托等艺术手法，表现了苏州地域文化，传播了中国传统文化。

广播电视是综合艺术，广播电视编导首先需要成为广电艺术家，然后还要成为"杂家"。因此，要不断学习，经常"充电"，向书本学习，向社会生活学习，向自然学习，不断充实自己、提升自己。丰厚的知识储备，是形成艺术风格的必备条件。只有具有广博的知识，丰富的学养，才能在创作中游刃有余，在艺术的天地里自由驰骋，创作出优秀的作品，形成艺术风格。

5. 创作者对题材内容、话语形式的选择与风格形成也有密切联系

艺术风格的形成，还与创作者对题材内容把握、话语形式的选择有关。创作者长期关注某一个题材内容，细心观察，深入体验，反复揣摩，用心感悟，必然会有所思，有所得，最终在这一内容上取得突破，打造独树一帜的风格。比如刘郎在青海电视台工作，就关注西部题材，选择极具区域特色的西北风情题材，完成了《西藏的诱惑》《天驹》等作品，形成了自己的风格。调入浙江电视台后，他又醉心于江南文化，相继创作了《江南》《西湖》等反响强烈的

纪录片。以苏州古城为创作对象，潜心研究，完成精美雅致、意境幽远的《苏园六记》，之后又苦读深思，推敲打磨，用两年时间为观众奉献出《苏州水》，从《苏园六记》到《苏州水》，刘郎秉承他的探索，对江南苏州园林文化、水乡文化的深入探索，其"取势恢宏、张扬写意"的风格是一致的。

如果说写意构成了刘郎作品的风格，那么孙曾田、康建宁、王海兵、冷冶夫、彭辉等人的作品则以写实风格见长。

同一个题材，不同的创作者由于开掘角度的不同，也会出现风格的差异，如同样是拍摄鄂温克族题材纪录片，孙曾田在《神鹿呀，我们的神鹿》一片中，表现的是一个鄂温克族年轻的女画家柳芭和人的自我与所处文化抗争的故事，呈现出伤感之美；顾桃在《犴达罕》里，表现了主人公维佳酗酒，但同时还有诗人身份的一面，虽然同样带有悲剧色彩，但我们也能看到透露出的明朗与力量的光。

创作者话语形式的选择和处理方式，也影响着艺术风格。如果说刘郎、康建宁等人的作品以画面加解说词见长，张以庆的作品却主要是靠画面语言和同期声来完成叙事，他的好多作品没有解说词，也没有完整的故事情节，只有十分精练的字幕提示，却表现了耐人寻味的主题，形成了他独特的艺术风格。

（二）风格带有时代印记

1. 风格是时代环境的产物

艺术风格的形成，和时代紧密相关。艺术风格的形成，不只是创作主体的体现，也是时代生活、社会环境的产物。作品风格的形成，离不开创作者的人生阅历、性格特征、艺术修养。同时，时代和社会环境，也深深影响着作品风格。

从《丝绸之路》《话说长江》《话说运河》《唐蕃古道》《黄河》《蜀道》《黄金之路》到《再说长江》《大运河》《故宫》《京剧》《茶，一片树叶的故事》《舌尖上的中国》《我在故宫修文物》《河西走廊》，我们可以看出时代对文化类电视纪录片创作风格的影响。《丝绸之路》1980年播出，《话说长江》创作、播出时是20世纪80年代初期，《话说运河》创作、播出是80年代中期，这时电视刚刚崛起，历史文化专题节目出现并引起极大反响，这一时期的创作，更强调作品的文学韵味，如《话说运河》，集合了王蒙、蒋子龙、从维熙、田本相、韩少华、高晓声、李存葆、冯骥才、汪浙成等一大批当红作家、学者作为撰稿人，加上画面拍摄，著名专家学者及区域文化研究专家的解读，为大运河带来了丰富多彩的影像呈现，《话说长江》的创作模式也大体相同，都借鉴了古典章回小说的讲故事方式，解说词华美、抒情，文学色彩浓郁，极具感染力,形成了这一时期作品大气恢宏、优美庄重、和谐明快的风格。《再说长江》播出时,已经是跨入新世纪以后,时代与社会环境都发生了翻天覆地的变化,就连收视环境都发生了变化,新媒体崛起,电视节目异彩纷呈,《再说长江》2006 年播出时,正值"选秀""PK"的电视娱乐热潮,这也影响了节目的创作观念、创作方法、创作手段,自然也会影响作品的艺术风格。《再说长江》表现和反映了长江流域 20 多年里的考古新发现、文化新发展、经济新成就、人物新变化、环境新面貌、江山新景观,创作风格呈现纪实不乏写意、叙事又见抒情的特征。2012 年播出的《舌尖上的中国》,以及 2014 年播出的第二季、2018 年播出的第三季,不同于之前美食节目侧重对食物本身的介绍,而是探究中国人与食物的关系,该片通过美食来挖掘中华美食文化的独特魅力,尽显中华文化的仪式、和谐、传承、伦理、趣味等方面的文化特质。2016 年播出的《大运河》是在中国大运河成功申遗之后,该片在宏大叙事之中,注重微观描述。

2. 风格随时代变化而变化

时代风云变幻、社会环境变迁,也深深影响着创作者与作品风格的变化。就是同一个创作者,作品风格也会发生变化,出现前后不一致的状况。

陈汉元在电视创作方面探索了几十年,时代前进,他也跟随时代的脚步,作品风格与时俱进,他任主创的《收租院》完成于 1965 年,突出表现在其社会功能上,具有较强的思想性与政治寓意,这是与当时开展的社会主义教育运动合拍的,作品风格精练、直抒胸臆。1982 年开始拍摄、1983 年播出的《话说长江》,以及 1984 年开始拍摄、1986 年播出的《话说运河》,分别表现了长江文化、运河文化的绚烂多姿,这两部电视鸿篇巨制,陈汉元都是主创之一,承担多集撰稿任务,作品内容风格豪放、雄浑,表现了中国文化的博大精深,激发了人们的爱国之情;形式上以叙述为主,发挥解说词的作用,彰显文学性,设置主持人增强了互动性。

从《远在北京的家》的近距离跟随拍摄、加入主观式干预,到《龙脊》的旁观式拍摄,可以看出陈晓卿创作风格的变化,而到创作《舌尖上的中国》时,则注重节目的人文气息,地域空间自由跨越,介绍一种美食,都会有人物故事穿插其中,增强了作品张力,我们看到优美,也看到崇高;看到谨严,也看到疏放。纪录片制作人冷冶夫早期的作品以解说词为主,如 1986 年的《牧牛人》、1987 年的《教书先生来了》,之后的作品以纪实为主,如 1991 年的《押运兵》,1994 年以后的创作仍然以纪实为主,但更加重视画面的故事性、冲突性，使节目吸引力进一步增强，如 1993 年的《潜伏行动》、1993 年的《女子特警队》、1995 年的《女特警雷敏》。

广播电视编导要保持创新精神，坚持与时俱进，不断超越自我，确立个人的艺术风格，打造出作品的艺术魅力。在形成艺术风格的道路上，要努力探求，不断开拓，持之以恒，追求独特性，增强作品的辨识度；注重多样性，满足不同的审美需求；保持稳定性，在稳定中求变化。

第八节　融　合　观　念

提出融合观念，主要是因为媒体融合时代给我们带来了新机遇、新挑战，必须面对新形势下出现的新变化，适应媒体融合发展的需要。广播电视编导要树立融合观念，这样才能在激烈的竞争中掌握主动权，适应不断更新变化的媒介生态环境。

一、理解媒体融合

媒体融合，也称为"媒介融合"。关于媒体融合的概念，有十分热烈的讨论，普遍认为最早是由美国马萨诸塞州理工大学教授 I. 浦尔提出的，指各种媒介呈现出多功能一体化的趋势。国内有许多学者给媒体融合进行了界定，蔡雯对媒体融合的界定是："媒体融合是指在数字技术、网络技术和电子通讯技术为核心的科学技术的推动下，组成大媒体业的各产业组织在经济利益和社会需求的驱动下通过合作、并购和整合等手段，实现不同媒介形态的内容融合、传播渠道融合和媒体终端融合的过程。"[1] 她强调融合形态主要是内容融合、传播渠道融合和媒体终端融合。也有人提出媒体融合包括组织融合、资本融合和媒介形态融合，以及技术融合、产品融合、业务融合、市场融合等方面的融合。

媒体融合是由于现代科学技术的发展与推动，对媒体间的界限、媒体的组织形式、内容产品的生产方式与传输方式等，带来的根本性变化，是一种合作、共生、融汇、整合过程。

媒体融合加速了传媒市场一体化的趋势，引发了内容跨平台自由流动和传统媒体界限逐渐消融等状况，使媒介生态发生了深刻变化。媒体融合包括多种

---

① 蔡雯. 媒体融合与融合新闻 [M]. 北京：人民出版社，2012：6.

形态，其中最重要的是内容和产品的融合。

二、媒体融合给广播电视编导带来机遇

融合新闻的出现，给新闻报道带来了许多历史性变革，它颠覆了原有的报道理念，冲击了原有的报道机制，打破了原有的报道思维，但是也给新闻报道的效果优化、扩大影响力以及报道从业者大显身手带来许多宝贵的机遇。媒体融合也给广播电视编导的新闻报道和艺术创作带来机遇。

（一）传播效果更加优化

新媒介写作，可以把报道做得更深、更透、更全面。即时性让它可以随时更新、补充、修正，可以同步播出，也可以进行深度报道；交互性让它可以通过互动平台进行网上调查、开展讨论，使沟通交流无极限；多媒体性让它从视觉、听觉等方面最大满足受众的需求。一个事实的报道，可以集文字、图片、图表、音频、视频于一体，广播电视编导在创作时，可以充分发挥多媒体的优势。媒体融合促使媒体提升影响力、公信力，使报道产生最大效益和最佳效果得到保障，媒体融合也给广播电视编导创作节目获得最优化的传播效果提供保证。

（二）报道时空更加扩展

以互联网为平台的融合新闻报道，是不受版面、时段制约的，是以每周7天、每天24小时的全天候循环往复、周而复始的报道。通过链接可以提供扩展延伸阅读服务，如通过开设专题、设置相关页面等，将过往信息、背景资料等，全部提供给受众。上海东方卫视推出的时事辩论民意调查类节目《东方直播室》，除发挥电视手段外，还融合网络、短信、微博、微信等传播方式，全方位反映各方意见，使报道空间得到拓宽，为观众提供了一个畅所欲言的平台。记者和编导通过全时态写作、全天候写作，使新闻不再有时间节点，真正将新闻资源"吃干榨净"。

（三）创作热情更加积极

做融合报道，形式的多样性、信息的海量性，给记者和编导提供了更多施展才能的机会。记者和编导需要更超强的本领，更机动灵活、雷厉风行的作风，更吃苦耐劳的禀赋。在媒体融合时代，记者和编导有了纵横驰骋的更加壮阔的天地，有了能一展身手的更加宽广的舞台，创作热情得到激发。当然，这也给融合型记者和编导提出了更高的标准、更严的要求。

（四）互动交流更加便利

新兴媒体交互性强的优势显著，通过融合发展，传统媒体建立起反馈机

制，加强与受众的交流、互动，如通过开通微博、微信进行互动，这是现如今许多传统媒体都正在进行的实践，广电媒体通过发展视听新媒体，如视听网、互动电视、视频点播、在线广播等，积极与受众互动。传统媒体因为受版面、播出时间段的限制，互动有限，过去只有来信、打电话等互动方式，现如今传统媒体通过与互联网、移动新媒体的结合，就可以拓展互动渠道，受众可以通过跟帖、留言、评论互动，通过"两微一端"互动。电视综艺娱乐节目、纪实节目、新闻专题节目、社教节目等，都通过开通"两微一端"等方式，进行与受众的互动，增强了节目吸引力，稳定了受众群。如江苏卫视的《非诚勿扰》，新一期节目开播前，节目组编导、主持人等，通过微博发布下一期节目嘉宾的情况以及牵手成功与否的悬念，让观众充满期待。广播节目也在积极拓展互动渠道，如开通语音留言、让听众参与讨论等，彰显了广播的声音优势和特色。

三、努力成为融合型编导

（一）如何理解融合型广播电视编导

有融合型记者，当然也就有融合型编导。融合型记者也叫多技能记者、全媒体记者、超级记者、全能记者、移动记者、背包记者。融合型记者，相对先前的记者，在工作的性质、职责、任务、规律、方式方法等方面，都有了全新的变化。比如，在印刷媒体工作的记者，主要是完成采写文字、拍摄图片的报道作品；在广播电视台工作的记者，主要是录制、拍摄音频和视频节目。融合型记者打破了以往的界限，工作性质不像过去那样泾渭分明，并非专向一个或一种媒体供稿，为一个或一种媒体服务，特别是在传媒集团，融合型记者应该是集团内所有媒体的内容提供者。

一般而言，融合型记者是指基于互联网的数字平台采写新闻、传递信息、提供服务而进行传播的新型传媒人。融合型记者，也包括依托传统媒体采写复合型信息的媒体人。比如，在印刷媒体工作的记者，在媒介融合时代，也需要进行全方位报道，在完成文字报道的同时，也需要采制图像、声音等素材，提供给新媒体，特别是当置身于突发事件现场时或进行独家报道时。

融合型编导与融合型记者一样，在创作思维、创作理念、工作流程上都有全新的变化，媒体融合使传者与受者之间的互动性更强，这是互联网技术和移动媒体技术带来的变革和优势。融合型编导录制、拍摄节目就要时刻考虑互动的特性，为受众创造参与条件。在媒体融合时代，受众不再像过去那样只是被动接收信息，不能或无法参与互动，受众对信息除了强烈的需求外，还有选择权，还可以发表观点和看法，这就要求编导尽量提供全面、丰富的信息，还要让受众来补充、完善甚至深化信息，让受众也参与其中。融合型编导要树立强烈的互动意识，互动要贯穿于创作之前、创作之中、创作之后的节目创作全过程。

融合型编导还要增强技术意识，除了熟练应对常规选题策划、采访拍摄、后期制作等工作外，还要善于运用无人机拍摄、大数据挖掘、动画制作等手段，这样使节目内容开掘更深刻，艺术表现更丰富。近年热播的《我在故宫修文物》《如果国宝会说话》《国家宝藏》等，都体现出编导的融合能力。

（二）如何成为融合型编导

媒体融合对广播电视编导是个挑战，在政治头脑、知识结构、职业能力、技能水平、身心素质等方面，给融合型编导提出了更高要求。

1. 敏锐的政治头脑

一个合格的融合型编导，特别是主流媒体的融合型编导，一定要政治素质过硬，在大是大非面前旗帜鲜明，立场坚定。爱党爱国爱社会主义，坚持四项基本原则，坚持党的基本路线。不传播小道消息，正确引导舆论，坚持正面宣传为主，唱响主旋律，传递正能量。特别是面对网络上的各种鱼龙混杂的信息，能够及时辨别真假，判断正误。

2. 合理的知识结构

当好一名融合型编导，阅历要广，知识结构要合理，知识面要宽，涉猎广泛，既要成为专家，又要成为"杂家"。

融合型编导要具备丰厚的理论知识，能够对形势和复杂的问题做出正确判断，能分辨是非；要具备科学知识，具有科学精神、科学态度，采用科学方法进行调查研究；要具有专业知识，除了新闻学、传播学、艺术学等知识外，还要强化网络与新媒体知识的学习；要掌握社会知识和一般知识。广播电视编导要不断给自己加压、充电，进行知识更新。

3. 超强的职业能力

要有发现判断力、思考鉴别力，有组织协调能力、调查研究能力、社会活动能力，有采访写作能力、新闻敏感能力、策划能力、文字和图像编辑处理能力、播音和节目主持能力、传稿能力、摄影摄像能力、录音录像能力、设备操纵使用能力、设备安装检修能力、管理能力等。融合型编导是"全才"，需要尽可能多地具备各种能力。当然，做到样样精通也是不现实的，但成为多面手是努力的方向。融合型编导需要更敏锐的发现能力，更要独具慧眼，有较强的观察能力；需要雷厉风行的作风，能快速反应，应变能力强；需要攻坚克难的勇气，敢打硬仗，敬业精神强。

4. 过硬的技能水平

技能包括写作技能、语言技能、摄录技能、图像处理技能、电脑技能等，要"笔头、口头、镜头、机头"功夫过硬。融合型编导特别需要一专多能，会十八般武艺。融合型编导特别需要对互联网技术、信息技术、数字技术的娴熟了解与运用，善于运用大数据进行分析与深度挖掘。

5. 良好的身心素质

做一名融合型编导，由于特定情况下工作的超负荷、高强度，需要一定的身体素质和心理素质。身体方面能应对各种环境和条件下的报道工作；能适应全天候、全时态采访写作的需要。心理方面要有坚强的意志、充分的自信心，能够顶住各种压力，在各种困难和考验面前不屈服；要有求新的心态和勇于创新的精神，有丰富的情感以及强烈的竞争意识。

媒体融合给新闻记者、给广播电视编导带来的影响是巨大的，必须从容面对和努力适应，要全面地提高素质、能力，加强修养，缩短差距，勤学习、多锻炼，尽快成长为合格的融合型、全媒型、专家型编导。

此外，广播电视编导还应有互动观念、市场观念、产业观念等，只有树立这些观念，才能在创作实践中，游刃有余，掌握主动权，提高作品的影响力。

◎ **思考与练习**

1. 广播电视编导为什么要树立人是主体的观念？广播电视编导如何在作品中表现人？

2. 谈谈广播电视编导情感观念的重要性。广播电视编导应该如何表达情感？

3. 为什么要树立文化观念？如何彰显文化观念？

4. 广播电视作品的内容美与形式美都包括什么？如何实现美的融合？

5. 思辨的重要性是什么？如何在创作中体现思辨？

6. 谈谈你对世俗化的理解。世俗化的表现方式有哪些？

7. 什么是艺术风格？为什么艺术需要风格？试述风格的形成。

8. 什么是媒体融合？媒体融合给广播电视编导带来怎样的机遇？

9. 如何成为融合型编导？

第三章 广播电视编导思维

第一节 蒙太奇思维

一、蒙太奇的概念

"蒙太奇"是法语"montage"的译音,原是建筑学上的用语,是"装配""构成"的意思,即把各种建筑材料、构件安装装配起来,构成一个完整的建筑物。"蒙太奇"的术语引申到影视创作中,最基本的含义是剪辑和组合的意思。影视创作者为了塑造完整的影视艺术形象,第一步是把现实生活中的故事情节分解成许多小片断,通过摄像机分别拍摄下来。拍摄下来的一个个零散的镜头,就如同为准备制作精美的项链而挑选出来的一个个珍珠一样,在没有经过适当的装配之前,它们并不构成完整的项链,于是创作的第二步,就要把这些零散的镜头根据一定的规则或创意"装配"起来,组装成为一个表现一定思想内容的有机整体,如同把选择好的零散的珍珠串成一个精美的项链一样。

苏联电影大师库里肖夫指出,把动作的各个镜头在一定顺序下连接(装配)成一个完整的艺术作品,这就叫蒙太奇。

我国电影理论家夏衍指出,所谓蒙太奇,就是依照情节的发展,和观众注意力和关心的程序,把一个个镜头合乎逻辑地、有节奏地连接起来,使观众得到一个明确、生动的印象或感觉,从而使他们正确地了解一件事情的发展的一种技法。

美国电影导演格里菲斯开创了电影的蒙太奇时代。在他的代表作品《一个国家的诞生》和《党同伐异》中,他把蒙太奇的技巧应用得非常纯熟,如在表现两军打仗的情景时,既用全景表现战斗场面的恢弘气势,又有近景和特写的具体描写。他改变了电影的构成单位,用镜头的剪辑代替了以往的戏剧舞台幕起幕落的场景转换;他证明了剪接不仅起镜头的连接作用,而且可以把时间和空间打乱,扩大和深化电影表现的可能性。格里菲斯创造了许多典型的剪辑手法，例如表现一个家庭遭到暴徒围困时，先用远景显示一座孤零零的坐落在原野上的房屋，然后用中景表现屋里人从窗户窥看屋外的景象，再用近景表现片中各主人公的面貌，最后用特写表现室内的物品。镜头由远到近、由外到里，景别由大到小、由人到物，充满了节奏感，成为电影叙事的经典手法之一。他还用闪回的镜头把现在和过去的情节连接在一起；用交叉组接来造成紧张加剧的效果，创造了著名的格里菲斯"最后一分钟营救"等，并一直为后来的电影人所使用。

苏联导演深入地研究了格里菲斯的创作经验，他们把蒙太奇发展成为一套完整的电影理论体系，从而形成了苏联蒙太奇学派，代表人物是库里肖夫、普多夫金和爱森斯坦。他们认为蕴含在剪辑中的更重要的意义还在于，通过剪辑使上下镜头间产生新的关系、新的意义，产生电影最基本的创作力量。库里肖夫、爱森斯坦与普多夫金等人做了大量的视觉实验工作，研究蒙太奇的功能。

著名的"库里肖夫效应"是蒙太奇理论的有力证据，普多夫金曾对"库里肖夫效应"试验作了如下描述：

> 我们从某一部影片中选了苏联著名演员莫兹尤辛的几个特写镜头，我们选的都是静止的没有任何表情的特写。我们把这些完全相同的特写与其他影片的小片断连接成三个组合。
>
> 第一个组合是莫兹尤辛的特写后面紧接着一张桌上摆了一盘汤的镜头。
>
> 第二个组合是莫兹尤辛的镜头与一个棺材里面躺着一个女尸的镜头紧紧相连。
>
> 第三个组合是这个特写后面紧接着一个小女孩在玩着一个滑稽的玩具狗熊。

当我们把这三种不同的组合放映给一些不知道此中秘密的观众看的时候，效果是非常惊人的。观众对艺术家的表演大为赞赏。他们指出："莫兹尤辛看着那盘在桌上没喝的汤时，表现出沉思的心情；他们因为莫兹尤辛看着女尸那幅沉重悲伤的面孔而异常激动；他们还赞赏莫兹尤辛在观察女孩玩耍时的那种轻松愉快的微笑。但我们知道，在所有这三个组合中，特写镜头中的脸都是完全一样的。"

二、蒙太奇思维的含义

所谓的蒙太奇思维，其实就是如何通过一组镜头的选择与组接，来完成一个故事情节的叙述或表现的思维活动。从根本上说，蒙太奇思维的展开便是如何解决镜头与镜头之间分割与连接的问题。之所以可以从一个镜头切换到另一个镜头，是因为这两个镜头之间可以建立起某种关系。

人们的思维过程是凭借已有的经验，往往能把看到的东西有机地结合起来进行分析、综合、加以联想，形成概念，这也是人的一种天性和本能。例如，听到救护车的警报声，联想到有伤重病人需要抢救；看到晃晃悠悠走路的人，联想到酗酒的醉汉；站在倾斜的电线杆下，联想到不安全而产生惧怕感等。

另外，日常生活中人们在观察事物时总是不停地变换观看的角度与距离。时而走近观察局部细节，时而站远统观整体全貌；时而正面看，时而侧面看；或俯视，或仰望，或摇头环视，或走动巡视……这就是一般人观察事物经常采用的方法，也是人类的一种本能和天性。固定一个视点，用固定的方向和角度观察事物，既满足不了人们的视觉心理要求，也不符合眼球的生理卫生。电影、电视里的蒙太奇镜头，之所以经常是活动着的、变化着的，不断地从一个景别转化为另一个景别，不断地改变拍摄角度，正是适应了观众的视觉心理需求，把最佳的视距和观察角度呈现给观众，以最大程度地满足观众的视觉心理要求。

镜头的对列要能够产生呼应、对比、暗示的作用，产生新的含义，也必须符合人们的联想习惯，符合人们思维的规律。例如，一个穿着华丽的胖子在豪宅大吃大喝的画面和一个衣衫褴褛的小孩在街头乞讨的画面，接到一起能产生对比的效果；河道里一侧的管口在不停地排放污水的画面接上一群漂浮死鱼的画面，能够产生暗示的含义。

镜头剪辑的节奏，也是以人们观察生活的心理活动为依据的。人们以平静的心情观察周围的活动时，注意力的转移是以缓慢的速度进行的，相应的镜头转换的速度就舒缓一些（镜头的长度相应的长一些）；在观察激烈运动或碰到激动人心的事件时，人们反映的节奏就大大加强，相应地也就采用短镜头快切。这都是蒙太奇思维的重要组成。

作为一种思维的技巧，蒙太奇思维实际上包含着两个操作的程序：其一，分解，即如何把一个观看到的或想象到的完整的事件或场面分解成多个零散的镜头；其二，合成，即如何把零散的镜头重新连接组合成影视作品中一个连续的事件或一个完整的场景。

苏联导演普多夫金曾以拍摄游行队伍为例来加以说明："例如，在拍摄示威游行的时候，摄影机从高处拍了一个群众的远景之后，它就推到人丛中把最具有特征的选拍下来，这些细节不是随便拍摄的，而是经过选择的，选择的标准是：各个细节的综合要像各个因素的综合一样，能够构成整个动作的形象。假定说，那个被拍摄的示威游行队伍的特征是表现在它的参加成员上的：首先是红军战士，其后是工人，最后是少先队员，而摄影师只是把摄影机放在一个固定的地点，让游行的行列川流不息地在镜头前面走过去。要是像这样来把示威游行的成员详细地介绍给观众的话，那么观众看银幕上所表现的游行，就必然要像他们看游行队伍真正从面前走过所费的时间一样久了。而且，如果用这样的方法来拍摄游行队伍的话，那他让观众所了解的一大堆细节，就要像实际的游行队伍从观众面前走过时他们所看到的一样，从中看不出主要的东西，看不出特征来。可是，要用电影的独特手法，就可以分别地把红军战士、工人和少先队员的三个不同的短的片断拍摄下来，然后把这三个片断同那个俯拍的群众全貌的远景连接起来，就构成了这个游行队伍的完整的形象。这个形象既可使观众了解参加示威游行的是些什么人，又可使他们了解整个游行队伍的规模，只是观众对游行的了解所费的时间缩短了而已。"[①] 示威游行作为一个完整的过程，导演在进行拍摄设计时，除了拍摄整个场面之外，还分别拍摄了红军战士、工人和少先队员的几个独立的镜头，这就是第一个操作程序——分解，将完整的过程进行分解拍摄；然后，再把这几个独立的镜头和俯拍的群众游行示威的远景、全景镜头连接起来，这就是第二个操作程序——合成，将分解的镜头合成以讲解完整的过程。

广播电视编导在展开思维活动的过程中，其所采用的蒙太奇思维和在电影中采用的蒙太奇思维类似，二者没有本质的区别。广播电视编导既可以通过蒙太奇思维完成叙事的任务，也可以用来实现表现的目的。

三、两种典型的蒙太奇思维方式

蒙太奇可以分为叙事蒙太奇和表现蒙太奇两种基本类型。叙事蒙太奇也称"连续蒙太奇"，是影视片中最常用的一种叙事方法，它的特征是以交代情节、展示事件为主旨，按照情节发展的时间流程、逻辑顺序、因果关系来分切组合镜头、场面和段落，从而引导观众理解剧情，它着重于动作、形态及造型的连

---

① [苏]普多夫金. 论电影的编剧、导演和演员 [M]. 北京：中国电影出版社，1980：54.

贯性。这种蒙太奇组接脉络清楚，逻辑连贯，明白易懂，是影视剪辑中最常用的形式。

表现蒙太奇也叫"对列蒙太奇"，它按照画面或者画面与声音之间的相互呼应、对比、比喻、暗示等关系来连接镜头，通过相连或相叠镜头在形式或者内容上的相互对照、冲击，从而产生单独一个镜头本身不具有的或者更为丰富的涵义，用以造成某种概念或寓意。表现蒙太奇不是为了叙述情节，而是为了表达情绪、表现寓意和揭示内在含义，是艺术表现的需要；它不以事件发生、发展的顺序作为镜头连接的依据，而是根据事物之间内在逻辑关系把不同的镜头对列起来，表现一个原来不曾有的新含义，以表达创作者的某种情感情绪，也给观众在视觉上和心理上造成强烈的印象，增加情绪的感染力，其美学作用在于激发观众的联想，启迪观众的思考。

与这两种蒙太奇形式对应的思维方式分别为叙事蒙太奇思维方式与表现蒙太奇思维方式。

1. 叙事蒙太奇思维方式

在广播电视节目制作中，运用叙事的蒙太奇思维主要解决如何展开叙事的问题，镜头的切换主要服从于叙事的进程，切换的根据也主要来自于事件本身的发展逻辑，去寻找和揭示镜头之间的叙事联系。一般情况下，广播电视编导往往会根据事件发展的真实进程，按照事件推进的时间顺序，用完整而顺畅的方式来组织起一段故事的讲述。在纪录片《我们的孩子足够坚强吗？中式学校》中，为了更好地开展体育教学，体育老师对学生进行了体能测试。在这里，编导用了以下一些镜头：镜头一，教师吹哨子；镜头二，男生开始跑步；镜头三，跑得快的学生；镜头四，跑得慢的学生；镜头五，女孩在旁边欢呼、加油；镜头六，跑得快的学生；镜头七，跑得慢的学生；镜头八，跑得快的学生到达终点，教师报时；镜头九，跑得慢的学生还在跑；镜头十，教师鼓励跑得慢的学生，希望他能坚持跑完。这一系列镜头之间有明显的时间顺序和故事发展的逻辑性，明白无误地表达了体能测试的过程。这是最简单，同时也是最常见、最基本的一种叙事蒙太奇。

广播电视编导的叙事蒙太奇思维有两种基本的形式：

（1）递进式叙事思维：镜头与镜头之间按照事情发生的时间先后顺序来组接，每个镜头形成叙事内容的一次递进，从而形成故事发展的过程。上述的《我们的孩子足够坚强吗？中式学校》纪录片中教师对学生进行体能测试就属于这种情况。

（2）叠加式叙事：在广播电视节目制作时，对于有些内容，在事件的整体进程中有着更重要的意义，这时以单一的镜头表达单一的含义，以一组镜头表达一个连贯的叙事内容就不够了。在这种情况下，编导往往会采用一组镜头来呈现同一个叙事内容，镜头与镜头之间没有明显的时间先后顺序，形成同一个叙事内容的不断叠加，进而产生积累、强化、渲染、凝聚等效果。在《我们的孩子足够坚强吗？中式学校》纪录片中，表现学生们破解中国九连环时，编导拍摄了男孩 Joe 和其他同学破解的镜头，不是仅仅用一个镜头来交代如何破解九连环，或者 Joe 如何帮助一个同学破解九连环，而是拍摄了 Joe 将九连环解法传授给多个同学的镜头，然后将这些相似的镜头叠加在一起进行组接，这些类似的镜头本身没有先后的顺序，但是叠加在一起后，将擅长九连环的男孩 Joe 展示在大家面前，虽然体能测试时跑在了最后，但是在其他方面他却做得很出色，九连环让他找回了自信。

对于电视编导而言，必须做出适当的选择：什么时候用递进的叙事思维，什么时候用叠加的叙事思维，对叙事方式需要有一个准确把握。另外，编导为什么要有这段叙事，他运用这段叙事是要让观众对哪些故事内容留下深刻、强烈的印象，要在哪些方面对观众产生影响，这和叙事内容本身同样重要，是编导需要作出的判断和处理，目的是让一段叙事在观众那里能够得到最佳的传播效果。

除了对声音和影视画面的处理之外，电视编导的叙事蒙太奇思维还涉及其他不同形态的表现方式，如解说、字幕、情景再现、音乐、音响等资料形式。在这种情况下，需要解决的就不仅是画面与声音的关系问题，更有诸多叙事元素的调用与配合的问题。编导需要运用蒙太奇的思维来组织这些不同的元素，从而完成叙事的任务。一般而言，在完成叙事的任务时，诸多的叙事元素中往往会有一个元素是主要的、起贯穿作用的，其他元素则处于从属的位置，起配合的作用。在不同的场景段落中，有时是以解说词为主，有时是以访谈为主，有时是以音乐为主，如此等等。当某个元素被确定为主要的或起贯穿作用之时，通常是针对叙事的内容而言，它处于更为有利和更有表现力的地位。另外，还需要处理好不同叙事元素之间的转换、过渡的问题。以纪录片《黑暗之心》为例，《黑暗之心》是一部表现美国著名导演科波拉女士拍摄《现代启示录》的纪录片。在纪录片的开头部分，一段《现代启示录》电影中的土风舞表演，同时配上打击乐形成的热烈节拍，渐渐地，打击乐转换成了打字机的敲击声，随着敲击声逐渐加强，土风舞的画面消失，画面被科波拉敲击打字机的手的画面代替。随后切换到她专注的表情，同时响起画外音，她开始交代为什么要拍摄这部纪录片，纪录片由此进入……在这一纪录片的开头部分，导演通过原电影镜头导入，然后非常流畅地进入纪录片的正题，成功实现了不同叙事元素的转换与过渡。

2. 表现蒙太奇思维方式

表现蒙太奇主要用于实现表情达意的目的，表现的蒙太奇思维关注在切换的镜头之间如何寻找和揭示可用于表情达意的种种联系。两个或两个以上的镜头连接后，如果可以达到一种主观的表现，那么这种蒙太奇效果就是表现性的。

在电影艺术领域，苏联蒙太奇学派以爱森斯坦为代表的理性蒙太奇和以普多夫金为代表的抒情蒙太奇，分别探索了运用蒙太奇手段来表达思想和抒发感情的可能性。不管是采用蒙太奇思维来表达思想，还是抒发感情，根本的问题都在于如何发掘和利用镜头与镜头之间的组接所潜在的表现可能性。电视编导所借助的表现蒙太奇的思维方式，与电影导演所采用的没有根本性的区别，都在于寻找镜头与镜头之间的表现性的逻辑联系。

除此之外，还有对比性的、象征性的、隐喻式的蒙太奇组接，都体现出编导思维展开的过程。这些都属于表现性的蒙太奇思维，着眼于探索镜头与镜头之间表情达意的可能性。

在微纪录片《江南制造》中，为了让观众理解杭州，了解杭州城市的性格，编导不是选择杭州的人文风光、城市建设，而是分别选取了杭州王星记扇厂的黑纸扇、九曲红梅茶叶产地的九曲红梅茶、江南驿青年旅社、文华工艺伞厂的油纸伞，选择探访这些藏匿于杭州城的老手艺，通过这些镜头表达了传承：精工细作的城市精神；创造：精益求精的不断创新；坚守：浑然天成的工艺品质；执着：追求极致的用户体验；倾注：矢志不移的工匠情结。画面最后分别定格在王星记黑纸扇制作技艺传承人潘春年、非物质文化遗产王星记纸扇技艺传承人杜鹃、杭州九曲红梅茶制作技艺传承人冯赞玉、杭州江南驿青年旅社经营者兔子、杭州富阳纸伞工艺传承人闻士善五个人，生活在这里的人，造就了这座城市的性格。理解他们，就是理解杭州，这也是了解杭州最好的方式。这是一种典型的表现性蒙太奇思维的表达。

四、蒙太奇思维的运用

爱森斯坦指出："蒙太奇的基本目的和任务就是条理贯通地阐述主题、情节、动作、行为，阐述整场戏、整部影片。"没有蒙太奇思维的运用，所有的单个镜头就如同是一盘散沙。因此，可以说蒙太奇是影视作品构成形式、构成方法的总称。以镜头作为物质材料，通过剪辑，由几个镜头构成场面，由不同的场面构成段落，再由若干的段落构成整部作品。这是蒙太奇思维在影视创作中的基本运用。

1. 激发新的思维

单独的画面镜头很难完整地表达一个抽象的概念，通过不同镜头的连接，却可以在不同画面形象的组接之后，激发起理性的思维，这是蒙太奇思维最重要的运用。苏联电影学派把格里菲斯的蒙太奇技法，发展成为完整的蒙太奇理论，其中最核心的问题就是通过镜头的重新剪辑，激发一种新的思维，产生一种新的概念。

2. 创造影视时空

蒙太奇思维的运用使影视作品获得了表现时空的高度自由。早期的电影只是机械地记录现实或原封不动地重现舞台艺术，当时的银幕时空和现实的时空是等同的。蒙太奇技巧产生后，影片以镜头为单位，把完整的场景分割成几个部分或几个镜头分别加以拍摄，然后再按创作者的意图重新剪辑起来，电影便打破了现实时空的束缚，创造了独特的银幕时空。

由蒙太奇造成的影视时间，不同于动作、事件完成的实际时间。根据拍摄的总体规划，在导演的支配下，被表现对象（动作、事件）可以根据剧作的需要进行或详或略、或长或短的处理，因而可以使被表现对象和事件在银幕上的时间显得比实际过程的时间更长或更短。

为了叙述的简洁和清晰，电影可以"压缩"实际时间，用几个镜头，代表几年、几十年的历程。在武侠片《倚天屠龙记》中，少年张无忌在荡秋千，前一个镜头中秋千从屏幕左边荡到右边，下一个镜头中秋千从屏幕右边荡到屏幕左边。第一个镜头中，我们看到秋千上的张无忌是少年，第二个镜头中秋千上的张无忌已是青年模样了，两个镜头跨越几年的时间，张无忌已经长大了。

为了强调、渲染气氛，深刻鲜明地揭示主题，影视作品也可以"延长"实际时间和空间。《战舰波将金号》中敖德萨阶梯的处理是延长时间、扩大空间的经典案例。影片中，通过反复出现人群往下奔走，军队从上到下的步伐、举枪射击……141 个镜头，从特写到全景，从人群混乱的运动到士兵的整齐运动，从向下运动到向上运动又到向下运动，从人的运动到小车的机械运动，从人群的奔走到小车的跳跃，从未出现阶梯的全景。镜头反复交替，扩大了阶梯的空间，延长了大屠杀的时间，渲染了气氛，鲜明、深刻地揭示了主题。

蒙太奇剪辑可以再造电影空间。库里肖夫在一次实验中，把下面几个镜头连接在一起：

（1）一个青年男子从左向右走来。（2）一个青年女子从右向左走来。（3）

他们相遇了，握手。（4）一幢有宽阔台阶的白色大建筑物。（5）两人走向台阶。

　　上述这组镜头是在不同的场地拍摄的。前三个镜头是在不同的时间、在俄国的不同地方拍摄的，第四个镜头则是从电影资料里剪下来的美国白宫。但这五个镜头连接起来，观众看起来却是一个统一的场面，这就是库里肖夫蓄意创造出来的新的电影空间。

　　同样的道理，在电影中，第一个镜头拍摄嵩山少林寺的大全景，以下的镜头分别拍摄念经诵佛、和尚挑水、禅房打斗、武术操练等各种场景镜头，最后组接起来，人们仍然会感到这一切都是在嵩山少林寺发生的，虽然实际上这些镜头可能是在杭州或者北京拍摄的。

　　3. 创造蒙太奇节奏

　　镜头的剪辑会产生影片所需要的节奏——"蒙太奇节奏"。所谓"蒙太奇节奏"是指影视镜头转换所产生的一种节奏，它是由镜头按不同的时间长度、不同景别大小以及不同的运动方式连接后产生的。蒙太奇通过镜头的组接和运动，使影片刚柔相济，张弛有道，产生影响观众情绪的节奏。一般地说，短镜头相接，造成的节奏较快；长镜头相接，造成的节奏较慢；相邻镜头之间景别变化大，节奏跳跃激烈；镜头之间景别变化小，节奏舒缓流畅。《战舰波将金号》中，"敖德萨阶梯"的那一段就是通过剪辑创造出鲜明的蒙太奇节奏的经典案例。

第二节　视听性思维

一、广播电视作品中的视听元素

　　广播电视艺术是"视觉"和"听觉"相辅相成的艺术形式，画面和声音是影视艺术最基本的表达语言。

　　1. 视觉元素

　　视觉元素包括摄像（构图、景别、角度、运动）、光线、色彩等。

　　摄像元素是视听元素中最重要的元素形式。构图，指摄像画面中各个物体的配置，构图的基本原则是必须具有画面趣味中心，构图需要符合画面的黄金分割率，尽量突出画面纵深感和立体感。

　　构图的基本形式，通常来讲有"斜线式构图"，比如影视画面中斜向的道路桥梁；"横长形构图"，比如拍摄草原、海洋、大地等；"S形构图"，比如爱森斯坦的影片《战舰波将军号》中的游行队伍等；"积累式构图"，比如表现菜市场中的水果、粮食、禽蛋等。无论哪种构图，都要考虑将观众引向画面的趣味中心，构图依据是来自画面需要，需要将完美的构图与剧情表达结合起来，构图是为剧情表达服务的。

景别，即表现主体在画面中的大小，包括远景、全景、中景、近景和特写。远景通常用俯拍的方式拍摄，表现恢弘的气势；全景一般表现的是人物或某一场景的全貌，是一个场景段落中必不可少的"定位镜头"，起着交代全局和人物方位的作用；中景表现人物的动作和情绪交流；近景和特写可近距离的表现人物的复杂心理状态和面部表情。

拍摄角度包括平拍、俯拍、仰拍等，是达到不同画面造型效果的手段之一。平拍，最接近人们真实的视线效果，可客观地表现场景和人物；仰拍，通常能使物体显得高大威武，使人物充满英雄气概，所以，多用来拍摄正面人物，但有时也可用来反衬人物内心的落寞，比如影片《公民凯恩》中当凯恩的第二任妻子离他而去时，凯恩一人在屋里跟跟跄跄地把家里所有东西砸坏的情景，就采用了大幅度的仰拍角度，目的是反衬凯恩虽然外表不可一世，其实内心落寞凄凉；俯拍，可使空间充满压迫感，使人物显得渺小或猥琐。不同的拍摄角度可起到不同的剧情表达效果。

运动摄像，是最重要的画面造型手段。摄像机的运动方式包括：推、拉、摇、移、跟五种基本方式。推镜头可引领观众视线，带领观众走进画面人物或剧情；拉镜头给人一种结束的感觉；摇镜头和移镜头能造成强烈的运动效果；跟镜头带有纪实性，能真实的细致入微地观察被摄主体。运动镜头在影视拍摄中被频繁使用，它不仅可以用来描写人物、环境、叙述故事，而且可以创造节奏，是一种重要的艺术表现形式，是影视艺术审美创造的重要手段。

光线，是影像造型的核心元素。在电影的视觉画面中，每一个镜头的信息传递中，光线的表达，能够使我们从生理上的视觉直观转入形象思维的心理感应，因此，光线是画面视觉信息和视觉造型的基础。例如，影片《菊豆》中，前半部分，染坊的拍摄运用逆光、顶光相互交织，通过光线造型表达出一种扑朔迷离、热气腾腾、生机无限的感觉，而后半部分，染坊的拍摄则多使用侧光、顺光，呈现出一种平淡无味的感觉，以光线造型预示着染坊的衰败和人物情感的变化。

色彩，本身就具有丰富的含义，带给人直观的审美感受。影片中的色彩，既是语言，又是思想，既能表达情感，还能创造节奏。色彩既能表现影片风格，又能传达影片内在主旨，还具有多种象征意义。例如，《黄土地》用深黄的色彩基调表达对我们民族的眷恋之情；《红高粱》中，始终弥漫银幕的是大片大片的红色，红色的高粱，红色的棉袄，红色的太阳，红色的天空，红色在影片中成为生命血性的象征。

2. 听觉元素

广播电视作品的听觉元素中，包括人声、音响和音乐。

人声是广播电视节目及电影中人物交流的主要手段，既包括台词，也包括抽泣、咳嗽、笑声等其他声音。好的作品都有一些经典的对白或台词，如影片《乱世佳人》中，结尾处，斯嘉丽那句"明天又是新的一天"，传达给人们无限的希望，也使影片的主题更加深刻。

音响，既可以写实，又可以写意。一部好的作品，在音响的配置方面总是会充满亮点。例如，宁浩的作品《疯狂的赛车》中，男主角手拿尿检结果，此时镜头推了个尿检结果阳性的特写，伴随着这个推特写的过程，观众耳边听到的是打雷声和霹雳声，但画面中并不是雨天，所以，此时，打雷声和霹雳声这种音响的配置和使用，象征了尿检结果对当事人来讲，无异于晴天霹雳，加深了观众对剧情的理解，起到了一种很好的象征作用。

音乐，可以烘托渲染画面气氛，可以抒情，好的音乐融化于作品总体艺术构思之中，更是广播电视及电影作品不可缺少的灵魂。例如，影片《城南旧事》以 20 世纪 20 年代流传于学堂的歌曲《送别》"长亭外、古道边，芳草碧连天，晚风拂柳笛声残，夕阳山外山……"及其旋律贯穿全片，音乐的运用和发展，赋予了影片强烈的历史时代感，将影片的离别之情渲染到极致，深刻表达了片中人物的思想感情，同时也非常吻合片中"淡淡的哀愁，沉沉的相思"的风格，通过音乐传神地表达了主题。

3. 声画结合方式

影视作品的声画结合方式有三种：第一种，声画同步，这是声音和画面、情绪、气氛、内容上保持一致的关系，比如，教堂结婚的画面配上一组庄严的婚礼进行曲；第二种，声画并行，例如影片《青蛇》中，白蛇和青蛇刚由蛇变成人形，青蛇去娱乐场所跳舞，白蛇游到许仙读书的学堂外，看到许仙，此时配的插曲和音乐仍是若隐若现的青蛇在娱乐场所的舞曲，音乐看似和许仙读书的画面不搭，但却有着内在联系，表明当时情节的发展；第三种，声画对立，声音与画面的情绪是一种相反的关系，比如影片《疯狂的赛车》中，李法拉杀死妻子那一个场面，画面是李法拉杀死妻子，惊恐地将妻子从身上推开，血流了一地，但音乐却是蔡琴温柔缠绵的情歌"在这个春风沉醉的夜晚，我抱你入怀，你羞红了脸庞，百媚千娇……"音乐的情绪和风格看似和画面对立，但却更加反衬出夫妻恩爱却反目成仇的这种悲剧，起到更好的艺术效果。

视听元素是贯穿整个广播电视作品的元素，也是广播电视创作中每时每刻都要考虑的元素，好的广播电视作品，在每个画面、每段声音上精雕细琢，才能带给观众视听上美好的享受。

二、视听性思维的概念

所谓视听思维，即是指：不是以文字语言作为表达手段和连接方式，而是以画面与声音作为表达手段和连接方式来展开的思维活动。

对编导来说，视听不仅是感知的方式，不仅是呈现的方式，而且要成为思维的方式。也就是说，视听信息不仅用来组合成某个形象或画面，复现现实或非现实的各种景观，更重要的是，电视节目还直接地运用视听形象来作为思维操作的工具。编导必须掌握从画面中线条的排列、面积的对比、位置的经营、光与色的处理、音乐与音响的运用，还有运动和运动的组合等视听方式来进行思维的方法。

视听思维不同于视听感知、视听呈现的地方，就在于它是运用视听形象来实现表情达意的目的。不管是表露情感还是传达意念，作为思维的方式它都只能通过视听形象所建立的某种关系或某些关系来实现。一张普通的照片或一段婚礼的录像，之所以只是呈现某个形象或某个场面出来，却达不到表情达意的目的，原因就在于没能有意识地通过画面各影像之间、各声音之间、影像与声音之间的关系的苦心经营，来展开思维。

在纪录片《英与白》中，有一个段落表现熊猫"英"在大厅里接受训练。编导在拍摄这个场面时，不是把镜头直接对准英，而是把摄像机的机位放在专门用来关住"英"的那个铁笼子后面来拍。这样，"英"接受训练的画面就被铁笼子上的一根根铁条所布满，产生了整个大厅都被铁条封闭的画面效果。于是，在接受训练的"英"和关住它的铁笼子之间就建立起一种关系。不管是接受训练，还是关住它，都是对"英"的生存状态的一种表现——总之它失去了自己的自由，被人所控制和利用。接下来，当"英"被关进铁笼之后，编导突然插入一个在院子里枯坐的小女孩的镜头。这时镜头也不是直接对准小女孩拍摄的，而是透过旁边的一道水泥栅栏去拍的。同样地，在慢慢推近的过程中，小女孩的画面同样被一条条的水泥栅栏所分割、所封闭。与此同时，画面响起"找朋友"的童声合唱，这首"找朋友"的歌曲无形中诠释了这个枯坐的小女孩渴望交朋友的心情。小女孩、水泥栅栏、"找朋友"的歌声，这些影像和声音之间建立的关系，清晰地传达出小女孩孤独和无聊的状态。它恰恰和前面熊猫"英"静静地趴在铁笼子里的状态形成了一种类比。这样，编导就把同情"英"被人类所控制、所利用的处境表现出来。

电视编导在展开视听思维的过程中，不像电影导演那样，可以通过想象来设计场景和道具，可以调度演员和摄影机。一般而言，他只能根据真实的现场中包括人物、场景、摆设等种种规定性来发掘和利用，再通过对摄像机机位的设定来建立影像之间的关系，通过现场声音的选择和处理来刻画听觉的形象。这就意味着，视听思维的展开有着相对普适性的过程：其一，对现场中各影像与声音的形态及要素进行必要的分析；其二，针对特定的表达内容，选择有表现力的拍摄对象和环境要素；其三，建立起画面影像与声音之间各要素的恰当关系。

通过视听思维可以建立的影像与声音的关系，大致有如下几种：画面中不同影像之间的关系、画面中影像与声音之间的关系、画面中不同声音之间的关系等。

电视制作的视听特性并不意味着只是着眼于把画面拍摄得特别富于美感，让声音的还原特别真实与富于表现力，而是要善于运用视听的手段来展开思维。电视画面中视觉与听觉的各种手段都具有可以挖掘的潜在功能，关键在于编导如何通过活跃的视听思维去发现、去取舍、去组织。

三、视听性思维的训练

为了更好地发挥广播电视作品的视听特性，作为一名初学者，可以从以下几个方面加强视听性思维的训练。

1. 强调声音意识

可以用录音机录一段素材，如一个人开车从远处驶来，刹车，停下，拿包，关车门，上楼梯，开门，换鞋，放钥匙，脱外衣，坐在沙发上，打开电视机，进卫生间，冲马桶等。通过听素材，做出分析。在这里，骑自行车车轮声、上楼梯的脚步声速度不同则表现的情绪不同，速度快表现情绪急，慢则体现出悠闲；汽车驶过来、停下、关门、上楼梯这一系列动作如果是连续的则说明是熟门熟路，不连续会体现出心理活动；开门，如果是敲门说明里面可能有人，也可能是别人家，自己拿钥匙开则是自己家；关门，轻轻地关则怕打扰别人，体现人物的性格，如果是狠狠地关，则说明心情坏，体现人物情绪；放钥匙，如果是轻放，表现刻意，体现心理，如果是扔，可能是随意的日常生活行为，有时也表现心情坏，体现人物的性格与情绪。

通过声音还可以知道，楼梯的材质是水泥还是木板，开电视机调台，不同的声音可以得知是不同的节目，如体育、新闻、文艺、动画片等。不同的电视节目体现出人物不同的关注点或是兴趣，即使同是体育节目，台球、赛车所表现出的情绪是不相同的；同样是新闻，民生新闻与军事新闻、国际新闻表现出的状态不同，所体现出的人物性格亦不同。

人物所处环境也可以通过声音表现出来。如操场边、街道边、胡同内……单纯的声音就可以有这样大的表现力，我们创作时不可不考虑。对于初学者要经过系统训练，久而久之，使声音意识融入创作者的血液中。

2. 注重空间立体构成设计

电视编导要有一定的绘画功底和绘画艺术的理论修养。通过绘制出创作图纸，较形象、完美地表达自己的意图。在看剧本、分析人物、理解剧情时，脑海里即刻浮现出未来电影的连续画面，能够设计画面造型方案。实际上这也是许多电影总设计师在其创作过程中必须完成的一项创作内容。

3. 加强专业实践

手中的工具不是笔和纸，而是摄录系统和编辑系统。从业人员必须拿起手中的机器去拍、去录、去剪。澳大利亚电影电视学校有两条经验：第一，一个学生，你让他看过取景器，上过剪辑台，再让他写剧本，他绝不会写成初入学时那样。第二，学生只写到段落，不写一个完整的电影剧本，并且写出来就要自己去拍，那时摄像师就会告诉他："你那样写，我没法拍。"演员会告诉他："你那样写我没法演。"这些都可以成为从业人员训练借鉴的经验。训练每天写个一百字的事件。只能写一百字，只能写动作。动作就是人物，动作就是冲突，动作就是情节。人物的性格与个性的塑造全靠动作。

4. 观察力的培养

要出真正的作品就要具有观察力。作为广播电视创作者更应如此，否则广播里及电视屏幕上的内容就会缺乏真实感或者空有外壳而没有血肉与灵魂。广播电视编导应从日常生活入手，观察社会、感悟情感，从生活的点滴开始积累。

对人物行为特点的观察。观察失明者是怎样走路，哑巴怎样与人交流，人悲伤、快乐时外在的行为特点是怎样的，紧张、压抑、烦躁时又是怎样的。国际著名影星尼古拉斯·凯奇为了演好电影中的酗酒者，花钱雇了一个酒鬼，每天观察他的举止神情，因而在银幕上成功地塑造了一个酗酒者的形象。

对人物之间关系的观察。恋人之间、同事之间、亲戚之间的言行、动作、空间关系都各有特点。空间关系交代人物间的情感关系，行为动作体现出人物的性格特征。

对对话的观察。生活中不同年龄、不同性格的人的语言是不尽相同的。如电影《克莱默夫妇》中：儿子比利在回答父亲"几点了"的问话时，比利的回答是（看父亲的手表）：长针指向九，短针指向七。这是小孩的语言。

对空间的观察。通过一个镜头中的时空关系（如人物和环境）就能使观众非常明确地感到热闹或孤单的情绪，把人物置于环境之中是很有表现力的。

对人物身份、职业特点的观察。要求从业者能够在生活中、社会中认真观察不同身份、不同职业的人物的特点，去捕捉、提炼，进而去表现。

第三节　故事化思维

故事化的思维方法在近年来的广播电视编导特别是电视编导中应用得比较多，而且在实际应用中取得了不错的效果，编导在进行电视创作的过程中，根据节目的情况有针对性地选择使用一些故事化的方法，可以更有效地抓住观众的眼球。

所谓利用故事化的思维进行广播电视节目创作，就是要像写作一样，在节目报道中有具体的人物和情节，要有比较鲜明的人物个性，便于观众接受。在独家新闻越来越少的今天，如何把广播电视节目做得更加生动形象，把故事讲述得活灵活现，已经成为了广播电视编导关注的焦点。要把广播电视节目中的故事讲好，比较重要的有两个方面，那就是要有细节和悬念。

对于广播电视节目来说，最能够打动观众的就是在故事化节目中的细节，对广播电视节目编导来说，任何时候都不能够忽略掉细节的作用，也只有细节才能真实地还原出新闻的独特性和深刻性。所以在利用故事化的思维方法进行广播电视节目创作的时候，不能忽略掉细节的作用，在细节的处理方面要足够的细致和人性化，真正实现以小博大的境界。细节能够使原本平凡无奇的场景变得生动有趣，使过程充满曲折多变，增强了可看性。比如电视，电视是声画合一的艺术，细节用得好，细节就不再只是一个细节了，它能使观众产生情感共鸣，能让节目更精致，更具有可视性。

例如，电视栏目《快乐大本营》的编导很注意用细节来丰富节目。有时候抓住稍纵即逝的精彩瞬间来刻画和表现，比如当嘉宾有精彩表现时，镜头会抓住观众或者几位主持人的表情。表情能表达人心中所想，通过镜头捕捉每个人的表情，组合成无声的语言，创造意境，可以达到某种想要的效果。有时候会采用慢镜头精彩回放嘉宾游戏的动作。比如一个嘉宾在介绍中说自己做平板支撑很厉害，主持人就会让他和其他主持人与嘉宾比赛，逗得大家笑了，节目中同时回放他的镜头，满足了观众对细节的要求，让观众看得过瘾。有时候会充分调动一切包装手段，如字幕、特技、音乐、音效等。字幕和特技可以使画面变得更加丰富，音乐可以烘托故事的主题，而音效可以对重要的故事细节进行强化处理，运用好这些元素将会为节目增色不少。

故事化思维也少不了悬念的利用，对于广播电视节目来说，可以适当地参考电影故事的讲述方法，根据节目的实际情况设置种种悬念，并且让故事情节能够达到环环相扣、扣人心弦的效果。在节目创作过程中可以适当地将故事情节制作得跌宕起伏，从而缓解观众在被平铺直叙的广播电视节目所包围时的听觉与视觉疲劳。

例如，中央电视台《新闻调查》栏目有一期《追索十六年的名誉》，故事的主人公是一位名叫李明芝的老人，他和老伴住在大连瓦房店市一个偏远的村落。16年前，身为职业学校校长的李明芝被认定犯有嫖娼罪，随后被开除党籍和公职，他的人生从那时起被彻底地改变了。但是李明芝一直认为自己是被冤枉的，为讨还自己的清白，他坚持上访，一晃就是16年。《追索十六年的名誉》在节目的开头就抛出悬念，名誉比生命更重要，这听上去只是一种说法，但是在辽宁有一个人用了十几年的时间几乎用了他生命中的一切来证明这句话，他要追索的是多年前失去的名誉，但是十几年来上访无获，而当年所有的当事人都已经无法寻找，全国公安机关开展大接访工作，这位65岁的老人把对于生命、对于名誉的最后希望寄托其中。节目在故事开端迅速地抛出悬念，谜底并不急于在节目进行中解开，而是一直延续到节目结尾处才出人意外地给予揭示。悬念的运用吸引着受众关注这个节目，并遵循着作者的思路，去领会并接受作品的思想主题，从而使自己受到感染，引起内心的共鸣，由此也达到了最好的传播效果。

在利用故事化思维创作广播电视节目的过程中，还要考虑一些温情环节，节目要紧紧地结合生活的实际，向观众传达出广播电视制作人内心的温暖，让整个节目变得温情脉脉，这样不仅向社会传达了积极和正面的力量，而且还能够紧紧地抓住观众的心，进而提高节目的收听率、收视率。

《中国诗词大会》设置了很多温情的故事环节，讲了很多诗词达人的个人故事，其精彩故事与诗词名句交相辉映，激发了大家共同的文化情怀。例如，内蒙古的修自行车大爷王海军对诗词的热爱非常令人感动。他三年写了一千多首诗，为提高写诗水平，想出绝招，竟在车摊前挂了块小黑板，发动路人帮他改诗，改好了，他就会请对方喝一瓶啤酒。河北邢台40岁农民白茹云的弟弟长了脑瘤，头痛难忍时，她只能靠给弟弟背诗来安抚他。这段经历让她积累了很多诗词。她患淋巴癌后，欣赏诗词帮助她渡过了艰难岁月……

故事化作为广播电视节目创作的一种手段和方法，是为了节目的主题而服务的，它不能够替代对主题的分析和揭示，因此广播电视编导要把握好故事化思维的度。

随着信息化媒体的快速发展，媒体之间的竞争也越来越激烈，网络媒体以及各种智能媒体的发展，对广播电视的生存空间带来了巨大的冲击。广播电视节目如果不能够及时地改变其思维观念和策略，那么其传统的优势将难以存在。在这种残酷的竞争环境中，广播电视节目要想脱颖而出，广播电视编导要主动地更新自己的思维观念和方法，进一步提高广播电视节目的制作质量。在故事化的广播电视节目中要主动地利用创新思维，提高节目的竞争力。

以电视为例，对于电视编导来说，电视信息的表达不仅仅需要技术的支持，更需要在思维和观念上的突破，建立在故事化思维上的创新是电视编导的必经之路。电视节目要改变以前那种高高在上的做法，主动地拉近和人民群众的距离，电视编导要有平民化的思维。要主动地关注老百姓自己的想法，并且通过电视节目来展现老百姓自己的生活，在电视编导中可以考虑使用平民化的思维方法将电视栏目制作得更加精彩，和人民的生活息息相关。在节目的制作过程中要主动地了解观众的需求，按照观众的思维方法来进行电视创作，主动为广大观众提供良好的视觉服务。在故事化的电视编导过程中，要突出和表现出自己的创造性，使电视节目具有新颖的特点。

在对当事人的采访中可以采取和以前不同的采访技巧、方法和落脚点，可以创新故事的角度。对于电视编导来说，虽然素材是固定的，但是在叙事方法上是可以变化的，例如对于故事情节的安排、叙述的节奏和着重点的安排等，通过新颖的叙事角度可以有效地改变电视节目的面貌，通过好的叙事角度可以创造出电视节目新的价值。

第四节　创新性思维

创新是一种以新思维、新描述、新发明为特点的能为社会发展和文明进步创造出对社会有价值的全新产品（包括精神产品和物质产品）的一种思维活动。创新思维是在创造的过程中，对新发明产生的方法和手段进行独立思考的过程，从而在某些方面产生自己独到的见解。这种高级的心理活动，需要付出艰苦的脑力劳动才能够完成，而要形成这种能力就要有一定的知识储量和优秀的素质，通过运用已有的知识又不被已有的知识所束缚，在某一事物上取得新的发现，在某一领域内取得新的突破。创新性思维的重要意义在于能够为实践活动开辟新的局面，能够为人类社会创造出有价值的新的物质产品和精神产品。

就广播电视节目而言，创新思维能够丰富节目的形式，突破原有的方法，增加新的功能，并以此来创造出更为优秀的广播电视作品。

广播电视编导的创造性思维就是将创新思维运用到实际生产运作的过程中，为广播电视创造出更多有价值的、崭新的节目，即精神产品，从而丰富人们的精神文化需求。广播电视编导是整个节目的灵魂和思想，在整个广播电视节目的制作过程中发挥着重要的作用。广播电视节目在制作过程中，要求广播电视编导充分发挥其文化、艺术等才能，因此对其所应具备的素质也提出了很高的要求。

广播电视节目的新颖性是广播电视编导创新思维的首要标志，编导在节目的制作中，以新的观念、新的表现方法，让广播电视节目在众多节目中脱颖而出。同时，广播电视编导在制作节目时要不断借鉴其他优秀的广播电视节目的方式方法，取其精华，去其糟粕，要与其他文化和知识广泛融合，不能只在自己的圈子里寻求突破。

艺术来源于生活，电视节目往往是对现实生活某一方面的展示和显露，广播电视编导要融入社会生活，把握时代风貌和社会潮流，从社会生活中寻找创作的灵感，这样的节目才会引起观众的共鸣，受到观众的喜爱，从而推动节目的发展。

传统的广播电视节目越来越无法满足人们对于娱乐生活的急切需求。现阶段，一切事物都在以飞快的速度发展，鉴于这种时代背景，广播电视节目的创新，显得越来越重要，只有不断地创新，适应时代发展的脚步，满足人们的娱乐需求，才能够推动广播电视事业的健康发展。因此，广播电视编导在广播电视节目创作中的责任就越来越大。若要使自己创作的作品赢得一定的市场，就必须不断进行创新，发挥创新思维在广播电视节目制作中的重要作用。

作为广播电视编导，必须要留心观察生活，感悟生活，在生活中寻找创新的元素。对以下几个方面进行重新的审视和思考，探究创新的本质和方法，为广播电视事业的蓬勃发展服务。

1. 推陈出新，通过借鉴，不重复自己

为了提高收听率、收视率，广播电视台会不断培养优秀的广播电视编导，希望他们通过更多的新颖理念，拓宽收听收视群体。当今时代，是彼此相互学习的时代，特别是广播电视艺术的相容性是很强的，艺术内容和艺术表现形式多种多样，许多广播电视节目不是真正地进入死刑判决，而是应改变原有旧的模式。人们接触的新事物的方式越来越多，思维越来越活跃。所以，对广播电视受众来说，广播电视节目不但要内容丰富和形式多种多样，而且要标新立异，这样才能吸引他们。

为了让受众欣赏自己创作的电视节目，广播电视编导也可以尝试对其他媒体形式和艺术类型进行广泛的学习和有效的借鉴，像电影、网络、报纸等不同形式的媒体，文学、音乐、舞蹈、戏剧等不同形式的艺术，都拥有他们的艺术表现力和技巧，广播电视编导可通过借鉴其精华优势，为自己的艺术创作注入新鲜的元素，实现创新节目制作。

2. 重视心理需求，激发创新动机

广播电视节目的艺术创作发展，是永无止境的，是层出不穷的。要想创作高端、大气上档次的广播电视节目，广播电视编导要在一次创作结束后，深刻的反思和总结，促使下一次创作站在更高的起点，这是广播电视编导创新思维的有效延伸，是激发创新思维、提高广播电视编导艺术素质和创作能力的重要手段。

在总结阶段，要进行梳理和比较创作思维的整个过程，要以客观公正的心态，全面而深刻地审视，找出本次创作的成功与不足之处，同时尝试提出改进思路和新的策略，争取将自己的创作经验上升到理论层面，为今后艺术创作做出有效指导。广播电视节目很难长期的生存发展，广播电视编导要想让自己制作的广播电视节目拥有市场立足之地，则需要不断更新，进行改版，这对提高创新意识起到了积极的推动作用。

3. 把握节目走向，从生活中提取创新素材

这是一个海纳百川的时代，广播电视编导可以将各种艺术类型加以改造、使之有机融合，烹制出别样味道的节目，让观众在熟悉中体会陌生的审美情趣，产生意想不到的创新效果，准确的栏目定位是获得观众喜爱的生命之根。

在制作节目前，要对节目进行定位，制作过程中，要把握好节目的走向，在此基础上，才能对节目有所创新，有所提高。明确节目定位和把握节目走向对节目创新具有指导意义，只有将前期的基础工作做好，后期的创新工作才更容易开展。

当然，仅仅有创新想法还不够，还要有创新素材，好的创新素材都源于生活，在实践过程中，创新想法与创新素材是紧密相关的，缺少创新素材，创新想法也就成了无本之木。因此，广播电视编导平时要注意观察生活，从生活中

挖掘素材，制作出贴近群众生活、群众喜闻乐见的节目。

4. 留意生活细节，尝试用逆向思维分析问题

广播电视节目的内容要反映社会的要求和满足群众的需要，要体现时代的精神。广播电视编导要打破惯性思维，对生活中一些司空见惯似乎已成定论的事物进行逆向思考或求异思考，从问题的反方向进行探索，从而树立新思想，创立新形象。

广播电视编导平时多留意生活细节，尝试用逆向思维分析问题，时间久了，也会产生司马光砸缸式的想法，找到真正具有创新意识的办法，去丰富节目的内容，突破节目发展的瓶颈。

5. 激发新动机，将经验理论与直觉灵感相结合

广播电视节目编制的过程实际上是一个艺术创作的过程，它需要经验理性与直接灵感的有效结合。因此，要实现节目的创新，经验理论与直觉灵感缺一不可。在节目编制过程中，编导一定要坚持推陈与出新相结合，使节目更具观赏性，其中，推陈是建立在经验理论的基础上，出新则是建立在直觉灵感的基础上。创新思维的原动力是观众的需求，广播电视编导要以观众的需求为创作动机，使创新活动始终保持旺盛的状态。

另外，广播电视台建立良好的管理机制，一定程度上能起到积极的作用。广播电视台建立竞争与协作机制，包括群体内部的竞争机制和群体之间的竞争机制，两方面缺一不可，从而保持创新活力。广播电视台建立独立制片的制度，给广播电视编导独立创造的机会，有利于形成个人风格，激发自身的奋斗目标，使创新活动始终保持旺盛的状态，及时纠正偏离目标的行为。

在广播电视节目编制过程中，编导起到了举足轻重的作用，具有创新思维和创新能力的编导能够对节目进行整体性的构思，创作出更多具有时代意义和创新理念的优秀节目。因此，加强广播电视编导创新思维培养，对我国广播电视事业的发展具有重要的现实意义。

◎ 思考与练习

1. 何为广播电视编导的蒙太奇思维？如何训练蒙太奇思维？
2. 广播电视作品中基本的视听元素有哪些？
3. 作为一名广播电视编导的初学者，如何训练自己的视听性思维？
4. 作为一名广播电视编导，如何利用故事化思维创作精彩的电视节目？
5. 广播电视编导的创新性思维主要体现在哪些方面？

第四章　广播电视编导业务

第一节　选题与策划

广播与电视编导必须掌握业务技巧，在展开工作之前，必须充分了解其语言系统的特点，因为，语言系统的特点决定了业务能力要求。由于电视画面的语言系统是由两种语言系统相互作用所构成的：由文字和解说词等组成的抽象语言系统，由光影、色彩所组成的具象语言系统。所以，广播电视编导也应该同时具备抽象思维和形象思维的能力，而这一点主要体现在广播电视的选题与策划的过程中。

广播电视的选题与策划活动是整个广播电视编导业务链条的正式起点，是由构思迈向行动的第一步。单纯地从概念上来阐述，广播电视的选题与策划活动本身就是多种多样的，既可以表述为"用一种平凡的方式做一件不平凡的事情"这样的通俗言语，也可以规范化表述为"在行动之前系统化的制定行动方案"。阐释的多样性体现出选题与策划活动的复杂性。如果笼统地来概括这样一种行为的话，广播电视的选题与策划活动是选择具有可行性的项目并制定具体的实施方案。在这一过程之中，要求编导人员能够依照广播电视语言系统的特点，运用形象思维和抽象思维将方案转变成最终可供视听的广播电视节目或其他作品。

一、广播电视节目选题

（一）什么是选题

"人"是一种很神奇的动物，他们的很多特征都使其区别于其他物种。其中有一种特征就是——人是喜欢听故事的动物。所谓"故事"，就是已经发生的事情。从生活周遭的琐事到国际大事，从新闻新近报道的"新鲜事"到历经千年的旧闻钩沉，都是"故事"。这些"故事"往往都可以成为广播电视的表现对象。所以，"选题"活动的本质就是一次"找故事"。一般来讲，一个广播电视节目最终呈现出什么样子，很大程度上是由一开始所确立的主题所决定的。因此，作为广播电视节目的编导人员，要先确立好主题。所谓"选题"，就是选"主题"。广播电视节目的主题就好像议论文当中的"论点"，它是支撑起一个广播电视节目的关键，主题不明确，就会出现"跑题"的现象。因此，选题环节就要明确主题。一般来讲，"主题"应该被表述为一个"概念"。在一个广播电视节目当中，如果把"主题"比作"论点"，那么所拍摄的"事件"则相当于"论据"。因此，还是应该贯彻"主题先行"的原则。

（二）广播电视节目选题原则

接下来，将通过对电视纪录片《舌尖上的中国》的分析，来阐述广播电视节目的选题原则。《舌尖上的中国》所展现的是中国各地美食生态，但其实是想通过这些来展现中华饮食文化的精致和源远流长，而这些内容则是通过对不同地区的饮食活动的细致展现来传递的。抽象的主题在这些事件中变得具体起来，每一集的不同内容都是对中华饮食内涵的表达。

一般来讲，三个检验标准是我们在做选题时可以参考的：一是文化价值，二是历史价值，三是现实价值。

还是以《舌尖上的中国》为例，在第一季第六集《五味的调和》中，首先，导演依次展现了"甜""苦""咸""酸""辣"五种味道，每种味道都以具有地方特色的具体食材为对象进行展现，这些食材遍布潮州、澳门、无锡、四川、镇江等地区，这就从"空间性"上体现了中华饮食的文化价值。其次，在每个小板块当中，每种食物的加工制作都经历了时间的积淀，例如，"从阿植记事起，门前这个木桶散发出的甜蜜烟熏味一路伴随他长大。阿植家一直保持着最传统的熏鸭古法，这种方法已经有300年的历史，阿植从父亲那里继承了独门秘方"。或者，"从曾祖父那一代起，陈柏忠一家就做陈皮生意。在新会，像他这样靠陈皮谋生的人家很多"。再如，"阿刘的家在粤东海边，村民世代以晒盐为生。至今沿用着古老的制盐方法。用海水晒盐的盐田法可以追溯到400多年前的古代中国。而中国人发明的海水煮盐则早在5000多年之前"。这些又从"时间性"的角度体现了中华饮食的文化价值。再次，本片在讲完五种味道之后的最后一个板块是"鲜"。把"鲜"放在最后，一方面，是为了和之前的一个板块"辣"形成一个鲜明的对比；另一方面，"鲜"既在"五味"之内，又超越了"五味"，成为中国饮食最平常但又最玄妙的一种境界。保持原汁原味的健康烹饪，回归质朴本真的平淡生活，这种理念经常重复在庄臣的节目和美食专栏中，更是他多年来对美食、对人生的总结。这一板块在这里即起到了"点题"的作用，也是这一集的主题所具有的现实价值。

本集先讲"五味"而关键是在"调和",通过展现不同地区那些具有历史传承的饮食技艺和风俗来体现中华饮食文化的丰富内涵,并从中进一步提炼出了"中国人在为人处事,甚至在治国经世上所追求的理想境界"。

因此,"选题"之时如何明确选题,可以依照之前所提供的三个标准作为参照。

(三)广播电视节目如何选题

在进行广播电视节目选题的时候,主要考虑的是诸多外部规定性要素,第一个需要思考的就是时代特点。

例如,中央电视台《对话-7》栏目之《新闻出版广播影视业改革》:十一届三中全会以来,改革给新闻出版广播影视业带来了巨大变化;规模有了很大的发展,新闻报道的领域也在不断扩大;同时内容越来越丰富,形式更加生动活泼。2001年12月6日,中国最大的新闻传媒集团——中国广播电影电视集团正式挂牌成立,标志着中国实施以组建传媒"联合舰队"、打造传媒"航空母舰"为重点的新闻出版广播影视改革进入了一个新的发展阶段。这一阶段改革的基本思路、主要任务和目标是什么?组建集团之后是否发生了期待中的化学变化?我国加入世贸组织后新闻出版广播影视业面临着哪些机遇与挑战?时任中宣部副部长、广电总局局长徐光春,时任中宣部副部长李从军和时任新闻出版总署署长石宗源做客《对话》演播现场。阐明我国新闻出版广播影视业改革的基本思路、主要任务和目标。用大量数据资料、典型经验和故事,有针对性地回答业界关注和群众关心的问题。①

《对话》栏目的这次选题活动紧扣时事热点,基于重大事件的发生,捕捉作为"转折事件"的前后变化,从而引出话题加以探讨。

第二个外在规定性是栏目的自身特点。

所谓"栏目的自身特点"就是栏目的本体属性,是一个栏目之所以区别于另一个栏目而独立存在的原因,通俗地讲它就是栏目的"定位"。"定位"作为一个理论术语来源于市场营销学,由美国营销专家艾里斯和杰克·特劳特于1972年提出,主要指产品要做好市场定位,就要为产品制造一定的特色,树立一定的形象,以满足消费者的某种需求和偏好,"定位的观念被广泛应用于各个领域,在传播学特别是媒介组织研究中,媒介定位研究是一个专有的研究内容"。美国传播学家托尼·哈里森在其著作《传播技巧》一书中提出,"媒介定位是指一个传媒的特点在受众心目中的总体反映,它包括媒体的地

---

① 来源:《对话-7》之《新闻出版广播影视业改革》碟片封底。

位，报道的质量，受众的类型以及该媒体有别于其他传媒的特质或价值"。① 一档好的栏目一定要有一些属于自己的东西，即所谓的"独创性"，从而体现出自己不同的地方。而这种"独创性"首先就体现在"选题策划"上。中央电视台的王牌栏目《焦点访谈》结合自身定位的特点，将栏目的选题标准概括为："政府重视 群众关心 普遍存在。"② "这里头其实透出了时机的把握问题，当一个选题成立的时候，一定是这三者结合的时候：领导要重视，领导不重视只是群众关心和普遍存在，你这个时候制作和播出效应不大；如果只是领导重视，社会普遍存在群众不关心，这个时候可能还是时机不成熟；假如说领导重视，群众也关心，但只是个案，并不带有普遍意义，那么它也可能是时机不成熟。"③ 这种在选题策划时，既要考虑上层关注，又要兼顾下层关心，所反映的问题还要是典型案例的思路，始终是围绕着《焦点访谈》栏目运用"访谈"透析"焦点"的专题报道性质而展开的。④

附：《焦点访谈》部分节目表

《焦点访谈》20141207 隐患不除 灾祸难逃

《焦点访谈》20141206 造谣牟利者戒

《焦点访谈》20141206 禁不住的"最低消费"

《焦点访谈》20141205 说走就走出境游

《焦点访谈》20141205 手机话费藏猫腻

《焦点访谈》20141204 农牧民和他们的"亲戚"

《焦点访谈》20141204 让宪法走进生活

《焦点访谈》20141203 夜幕下的交易

《焦点访谈》20141203 强冷空气来袭

《焦点访谈》20141202 出逃境外 难逃法网

《焦点访谈》20141202 肇事逃逸终难逃

《焦点访谈》20141201 车展还是"色"展

---

① 张凌云. 凤凰卫视的国际传播特色分析 [J]. 浙江传媒学院学报，2013 (3).

② 梁建增.《焦点访谈》红皮书 [M]. 北京：文化艺术出版社，2002. 转引自胡智锋. 电视节目策划学 [M]. 上海：复旦大学出版社，2001：34.

③ 关注当前电视内容生产的潮流与趋势——与胡智锋教授的对话 [J]. 北方传媒研究，2006 (2).

④ 相关探讨还可参见：杨新敏. "用事实说话"还是"用事实说话"——《焦点访谈》节目定位的再思考 [J]. 现代传播，2003 (4).

《焦点访谈》20141201 致命的超载

《焦点访谈》20141130 假"征婚"真"吸金"

《焦点访谈》20141130 依法治国的历史性跨越（八）

《焦点访谈》20141129 老马一出马 调解有办法

《焦点访谈》20141129 滞销是假 伤"心"是真

《焦点访谈》20141128 澄迈的生态农业经

《焦点访谈》20141127 居民楼为何碰了头

（来源：央视网 http：//cctv. cntv. cn/lm/jiaodianfangtan/jiemushipin/index. shtml）

在这其中不难发现，既有关于政治性话题的，如《依法治国的历史性跨越（八）》系列报道、《让宪法走进生活》；也有百姓关注的民生话题《手机话费藏猫腻》《禁不住的"最低消费"》；还有反映"安全生产"这种典型问题的《隐患不除 灾祸难逃》。

二、广播电视节目策划

（一）什么是策划

如果说"选题"活动是"找故事"的过程，那么"策划"活动就是预设怎么"讲故事"的过程，就是在具体活动没有展开的时候对可能出现的结果有一个预期，对活动流程有一个总体把握，而关键就是这"预设"二字上，"预设"就是为了消除未来行动当中可能出现的不确定性。

（二）广播电视节目策划的原则

广播电视节目的编导在策划活动的时候要考虑诸多内在因素的牵涉。

（1）视听呈现的可能性。根据之前的论述，广播电视编导最终是要将策划的活动付诸听觉文本——广播，或是视听文本——电视的。所以，广播电视编导在进行策划活动的时候必须预先考虑该方案"是否能够"以及"如何能够"进行视听呈现。

在考虑"是否能够"以及"如何能够"进行视听呈现的问题时，实际上是回答另一个问题——如果不用视听手段呈现，能否将这个之前确定好的选题交代清楚？这就要求广播电视的编导在具体的选题与策划活动中考虑是否具有运用视听手段呈现的必要性，如果不然，就会使最终呈现的作品缺乏视听媒介应有的生动性和逼真性。所以，广播电视编导在进行策划活动的时候要能够充分把握视听媒介的独特属性，准确捕捉运用视听媒介进行呈现的可能性。例如，东方卫视 2010 年 12 月 12 日的《深度 105》"说旧闻"板块以《张学良的内心世界》为题，以"西安事变"74 周年为契机，回顾了自"9·18"事变之后张学良的人生经历与内心活动。编导充分利用电视媒介的特点和优势，在节目当中穿插了大量的访谈录像和珍贵的影像画面，不仅增强了节目的看点，而且突出了作为一档深度报道类型节目的真实性。

（2）内容的延展性。在明确了一个选题是否有运用视听媒介进行展现的必要之后，接下来的策划活动就要思考该选题是否具有可供展现的深度。如果一个话题无法满足受众的好奇心和求知欲，缺乏一定的思辨性，使受众感觉"没有继续看（听）下去的必要"了，那么这就是一次失败的选题策划活动。此处，可以借用从事新闻业长达 60 年的美国著名主播唐·休伊特的一句话："我对新闻的理解是——从未听说过的故事。"同样的道理，选题策划活动也必须保证能够提供给受众足够的新鲜度，始终呈现出一些"想不到"的东西，或是闻所未闻的事件，或是另辟蹊径的见解。

接下来将通过分析两个具体的节目，来说明内容延展性的两个维度，以供读者参考。

第一种是利用时间的维度增加内容的延展性。2013 年 5 月 18 日，中央电视台新闻频道播出了《新闻调查·头号难题》，这一期选题策划的背景是中央电视台于 2011 年 8 月全面启动的"走基层"报道行动，同年 11 月，这组走基层记者来到嘉善寻找基层选题，在一次县信访局的座谈会上，他们接触到了"头号难题"的主角熊海峰。于是，报道组以这一次接触为起点，在时间的维度上既回溯过去，以求探明事情发生的背景，又坚持继续跟进，坚持"难才有报道的必要性，问题没解决才是介入拍摄的最好时机"，"案子不结，采访不止"。①

最后，历经三年，这一组报道才与观众见面。

这一期《新闻调查》将事件发生的前因后果充分展开，在时间的链条上将事件的前后变化一一呈现，编导人员始终对于事件的发展保持高度的关注和旺盛的好奇心，最终将最初对于选题的"预设"演变成结果。据这一期主创人员的介绍，他们不能当一个急于完成任务的记者。蹲点时，摄像机一上身，一扛就是十多个小时。他们深知这扛着摄像机的肩膀，要学会担当，去体会！反映难以言传的真实。而这份真实，需要新闻人顶得住压力！背得起责任！放

---

① 胡培新. 直击"头号难题"架起沟通桥梁 央视新闻调查《头号难题》的启示 [J]. 新闻实践，2013（7）.

得下功利，不唯远，不唯苦，只唯实。①

第二种利用空间维度也是策划活动时增加内容深度的有效手段。

获得"第十六届两岸新闻报导奖·电视专题报导奖"、由凤凰卫视策划的《六百年画里画外——富春山居图合璧传奇》的报道就是一次典型的利用内容所具有的空间上的跨度来增加选题策划深度的案例。凤凰卫视从创立之初就希望打破这种区域的间隔，成为一个环球的华人电视台。凤凰卫视的"大中华"定位就是要面向全球的华人，坚持用普通话播报，力图传达"大中华"理念。正是基于这样的空间视野，凤凰卫视在推出了如《千禧之旅》《欧洲之旅》以及《凤凰号下西洋》等一系列文化探寻类节目之后，又进一步推动了《富春山居图》的两岸合璧。② 在节目当中，编导采用了一种类似于"平行蒙太奇"的表现手法，在介绍了《富春山居图》的"前世"之后，就开始分别交代隔海相望的《无用师卷》和《剩山图》的颠沛流离，直到最后的"合璧"。整个报道过程沿着《富春山居图》的"合"—"分"—"合"为线索，以历史变迁为背景，将视角着眼于画卷的迁移过程，通过画卷的"分""合"过程拉近两岸的心理距离。凤凰卫视策划的这次"合璧"报道，不仅仅展示了地理空间上的历程，更重要的在于对文化空间和心理认同上的"合璧"，这种看不见的空间，有时候会显得更重要。作为广播电视的编导人员，地理上的空间是无法更改的，但是心理上的空间和文化上的空间却是我们可以大显身手的地方。以这次报道的策划为例，从构思的萌发到最终的呈现前后历经了近八年时间，编导人员不断地在历史和文化的空间上展开深度挖掘，从而增强内容的话题性，始终紧抓华人心中对于历史和文化的认同基因，着力凸显华人文化的"想象共同体"。③

实际上，时间上的维度或是空间上的维度是衡量一个选题策划活动是否"有趣"的一个重要标尺。说到底，人是一种喜欢"听故事"的动物，那么选题策划活动就是"找故事"的阶段。而所有的"好故事"都有一个共同特点——"复杂性"。无论是时间上的维度还是空间上的维度，其核心都在于表

---

① 胡培新．直击"头号难题"架起沟通桥梁 央视新闻调查《头号难题》的启示［J］．新闻实践，2013（7）．

② 张凌云．凤凰卫视的国际传播特色分析［J］．浙江传媒学院学报，2013（3）．

③ 延伸阅读：1. 凤凰网．《富春山居图》历经传奇分隔两岸 凤凰推动完成合璧，http：//phtv. ifeng. com/program/zmdfs/detail_2011_08/29/8763388_6. shtml；2. 凤凰情报站．《富春山居图》合璧：如果画有灵魂，http：//blog. sina. com. cn/s/blog_ 61fd04330102e09x. html.

现选题和策划过程的复杂性，只有那些"不简单"，不会让人一眼望穿的话题才会激起受众的欲望，引发其兴趣，从而想继续观看（收听）。因此，广播电视编导在进行选题策划时可以充分利用时间上的维度或是空间上的维度来增加选题和策划的复杂性。借用《头号难题》在结尾时候的解说词，"最能打动人心的，不是成功之时的掌声，而是为难之处的求索；最有借鉴意义的，不是终局之时的总结，而是过程之中的磨砺"。

（三）广播电视节目策划的方法

1. 宏观方法——广播电视策划活动的基本策略

囿于广播电视策划活动的几个制约条件的影响，在接下来具体展开活动的时候就必须充分认识到选题与策划活动所面临的情况。

其中最关键的是认知环境，主要是指认知时间环境和空间环境。选题策划的内容应该结合时代背景，紧密结合当下的热点话题，同时还可以借助"周年"这样的契机，站在现今视角回顾历史，通过历史事件反观当下。如东方卫视2010年12月12日的《深度105》"说旧闻"板块以《张学良的内心世界》为题，以"西安事变"74周年为契机，回顾了自"9·18"事变之后张学良的人生经历与内心活动，这样一次选题策划活动，尽可能重新整理或深入挖掘事件，从而呈现出一些"从未听说过的故事"。这种情况，就需要编导人员对于事件具有敏锐的捕捉能力。

对于空间的认知则包括以下几个方面：

（1）媒介环境的认知，"电视媒体是宣传国家意识形态极为重要的手段，是国家政策、思想的导向。媒体的定位及理念一定要考虑现实的、时代的、特定的政治环境，必须根据政治经济环境有针对性地策划与设计媒体的方略与思路"。[1]"电视媒体的产品属于文化艺术的领域，由于电视媒体自身的强大功能，对于文化艺术当前的形势与发展趋势都产生了深远的影响。而文化环境对于电视的承载作用，决定了电视内容的品质和走向：如何处理'精英文化'和'通俗文化'的关系与比例，正是媒体占领市场、获取受众的关键所在。"[2]

（2）媒介自身认知，即明确自身定位，随着当前媒介精细化划分的趋势，指向性越具体的媒介越容易被归类，被检索，也就更加容易被发觉。因此，从

---

[1] 胡智锋. 电视节目策划学［M］. 上海：复旦大学出版社，2008.

[2] 林吾. 电视栏目策划与编导［M］. 重庆：重庆大学出版社，2013：21.

内在的内容到外在的形象包装所呈现出来的整体特点，都应被贯彻于具体的选题策划活动之中。以前面提到的 2013 年 5 月 18 日中央电视台新闻频道播出的《新闻调查·头号难题》为例，这一期节目将"强拆""信访"和"城镇化"等关键词贯穿于整个话题之中，通过持续拍摄从而对应其"深度报道"的定位，加上用画外音解说和无出镜记者采访的配合，以强化该栏目的"客观"和"真实"的特点。

（3）竞争环境认知，由于受众资源的有限性，因此在进行选题策划时，广播电视编导必须了解当前其他竞争对手的选题策划活动是如何展开的。在具体进行选题策划时，广播电视编导可以大致沿着以下的思路推进，"人无我有"—"人有我优"—"人优我新"。即"别人没有的我有"—"大家都有的我做得最好"—"大家都做得好的我有新视角或新材料"。以《百家讲坛》为例，其成功经验可概括为："一是坚持自主创新的理念；二是挖掘主讲人和中国传统文化两大电视节目资源的成功；三是坚持科学性、教育性、收视率三项指标的评价标准；四是坚持让专家学者为百姓服务的宗旨；五是追求用现代的视角诠释传统文化。"① 其中的第一点属于"人无我有"；第二、三、四点为"人有我优"；第五点为"人优我新"。

2. 微观方法——广播电视策划活动的基本步骤

广播电视的选题与策划活动的具体展开，需要有一个指导性思想作为基本方针，即"标准化操作"与"创新性思维"。其中，"标准化操作"是"创新性思维"的基础和重要保障。

首先，来解释一下什么是"标准化操作"。采用"标准化操作"的目的就是为了尽可能地减少操作过程当中的不确定性。"操作"二字在策划活动中有多重要，可以参考如下论述："整体上看，当前我国电视策划方案创意的可操作性及可持续性依然存在不少问题。虽然有很多想法好、点子新的节目策划方案，但策划人不懂节目流程设计，内在环节不过关，或者把制作效果估计得过高，但对制作难度、选角难度却忽略不计，缺乏进一步论证和精细化阐述。比如在策划选秀节目时却不谈选手渠道、策划新媒体节目却不谈视频来源构成、策划模式引进节目却不谈本土化手段、策划综艺类节目却不谈核心创意、策划益智类节目却不谈题库组成等等。这种种不够全面的策划方案使得方案的可操

---

① 林畐. 电视栏目策划与编导［M］. 重庆：重庆大学出版社，2013：26.

作性和可持续性都大打折扣，致使很多优秀的创意点不能脱颖而出。"① "一个最浅显的道理：电视节目策划方案是做出来用于实施，而不是用来专门给人看的。因此可操作性就成为任何一位电视节目策划者必须把握的原则。这一点，对于带有投标性质的电视节目策划方案，就显得更加重要，甚至有时会具有决定性的意义。"② 因此，在策划活动具体展开的时候，就必须无时无刻不联系着随之而来的具体操作过程，将抽象活动具体化，将思维活动对象化。在策划的过程当中明确操作流程，使其"标准化"，这时，广播电视编导需要认真研究策划对象，在策划活动中制定统一的操作标准，尽可能的"量化""具体化"操作流程，设计合理而又明确的目标，从而减少操作过程中的不确定性。

由于每个具体对象之间的个体差异，策划活动是不可能有一套"标准答案"的，接下来仅介绍一种具有普遍性的活动步骤：广播电视策划活动的基本步骤可以概括为三个"W"，即 What "是什么"、Why "为什么"和 How "怎么样"。

（1）"是什么"——树立策划的对象：对象就是活动实施的客体，要充分明确对象的性质和特点，从而使策划活动能够具有针对性，"对症下药"。

（2）"为什么"——明确策划的目标：这里要求从事策划的广播电视编导能够对所策划的内容有一个全局把握，根据实际情况，对目标提出合理化预期，从而使整个策划活动能够具有方向性。

（3）"怎么样"——形成策划的方案：这里就是要求在前两个步骤的基础之上结合前期构思，采集相关素材，然后进行整理，编制和完善并明确未来行动的具体步骤，从而使策划活动能够具有整体性。

其次，是"创新性思维"，这是所有策划活动的生命之源。让所有策划人员绞尽脑汁的一件事就是如何"创新"，这件事情说到底其实很简单，就是要讲一个别人没听过的"故事"，就是要使策划出来的产品和别人的不一样，但是实际过程却很难。之前介绍过的"人无我有"—"人有我优"—"人优我新"的思维策略就是一种，接下来我们将通过三档同类型节目之间的对比分析来体现"创新性思维"是如何确立不同理念与追求的：

（1）湖南卫视《我是歌手》：该栏目采用了让普通大众评选专业歌手的模

---

① 冷淞. 从"纸上谈兵"到"运筹帷幄"——电视节目策划提案中的问题与对策 ［J］. 中国电视，2013（10）：72.

② 胡晓静. 对电视节目策划的研究 ［M］. 南京：南京师范大学出版社，2004：23.

式，通过高超的声音、灯光和舞台配置凸显出该栏目所具有的"专业性"。

（2）湖南卫视《快乐男声》：该栏目的主要特色是"大众化"，参赛选手和目标受众指向明确，在音乐元素中糅合了适合当下年轻人的主题——"青春""梦想"，从而凸显出其平民气质。

（3）浙江卫视《中国好声音》：该栏目颠覆了传统意义上的音乐类竞技真人秀的选拔模式，仅仅以声音作为评判标准，并将比赛重点由选手之间的角逐延伸到导师之间的角逐，体现了其对"好声音"追求的"专一性"。

接下来通过关于湖南卫视《我是歌手》的栏目特色分析，来展现"创新性思维"在策划活动中的一些具体应用：

1. 节目定位：回归音乐本质

在观众对"快男快女"等一批音乐选秀类节目出现收视疲劳的时候，湖南卫视积极寻找歌唱节目新的突破点。《我是歌手》节目邀请已发片的成名实力歌手，配备顶级乐队、音响、调音师、灯光师，让歌手在最优的音乐设备配置环境中尽情发挥，让节目现场及电视机前的观众在家也能享受到绝无仅有的超震撼豪华演出，真正带观众回归音乐的本质。节目总导演洪涛表示，"观众不需要知道歌手背后的故事、经历，启用这样的配置，就是要让普通的老百姓被现场歌声打动，完完全全靠现场音乐的冲击力去打分投票"。节目良好的收视证明只要真正尊重音乐，体现真诚的态度，不需要编故事、不需要炒新闻、不需要假唱假弹，音乐本身的力量就足以聚焦大家的关注。

2. 歌手配置：混搭出新鲜感

由于不是从平民中挖掘草根明星，参加节目的都是已经成名的实力歌手，第一季的参赛歌手包括羽泉、林志炫、杨宗纬、黄绮珊、彭佳慧、辛晓琪、周晓鸥、沙宝亮、尚雯婕、陈明、黄贯中。第二季邀请了韩磊、周笔畅、张宇、邓紫棋、罗琦、韦唯、曹格、张杰、茜拉、动力火车、满文军、品冠。他（她）们成名的年代不同，粉丝及听众也有一定的差异，但他们的歌唱实力都曾经得到市场的认可。节目本身通过对不同年龄段、不同风格歌手的混合搭配，有效地扩大了节目的受众面。连续两季节目在55 岁及以下年龄段观众中的收视率都在 2% 以上，集中度也都高于 100 的平均水平。把湖南卫视高收视人群从相对年轻的观众群有效地延伸到40、50 岁的中年观众，这也是节目最终获得高收视的重要保证。不同类型歌手的混搭，不仅让观众有新鲜感，也让不同歌手在差异化的演唱风格碰撞中激发出更大的能量。

3. 制作手法：突出歌手与保持悬念

与其他歌唱节目的突出模式不同，《我是歌手》更多地展现参加节目的歌手本身，首先是特别设置了经纪人环节，保证歌手回到熟悉的日常环境，有利于歌手更真实地展现自我。其次拍摄他们从赛前准备到候场、观战、登台、下台聚到休息室、最终知晓排名全过程，将歌手"台前幕后"的全景真实展现，让观众能全方位地体验。再次，通过歌手对精心选择的不同风格歌曲的演绎，将歌手的个人魅力全方位地展现，观众也重新发现了歌手。其中部分歌手从大家不太熟悉到红遍大江南北，有些从逐渐被淡忘到强势回归，还有一些歌手极大开拓了新的歌迷群体。将聚光灯集中投在歌手身上，让歌手珍视这个舞台，才能让歌手迸发出更多的能量。

悬念的设置是电视节目制作时提高节目收视的重要手段。带有悬念的电视节目普遍受到观众的欢迎与喜爱，这种电视节目能够有效地调动观众的感官，产生愉悦的观看感受。《我是歌手》在节目制作时也在各环节加强悬念的设置，打破观众的预期从而调动观众。首先，参加节目的歌手在首次演唱前都不知道其他参与节目的歌手都有谁，选手淘汰后替补上来的歌手会是谁也是悬念。其次，在选歌上，除了第一次参赛可以唱自己的代表作外，其他场次一定要翻唱其他歌手的歌曲，其他歌手会演唱什么歌曲也都没有更多信息，观众对歌手的翻唱效果也都有全新的期待。再次，由于是录播节目，为了保持悬念，参与录制的现场观众都需要签署保密文件，公布排名的时候也只有歌手没有现场观众。在网络信息快速传播的环境下，电视机前的观众在看到电视节目前仍保有足够的悬念感，并不会通过网络获得太多"剧透"信息。

《我是歌手》作为广电总局推选的典型节目形态之一，它定位准确、让音乐本身的力量真正感动了大家，因此在激烈的综艺节目竞争中占有了自己的一席之地，也凸显了湖南卫视在综艺节目创新上的能力。①

"创新"是整个策划活动的灵魂，广播电视的"创新"主要有以下两个方面：首先是内容创新，包括选题创新、观点创新等，主要是集中在"说什么"层面上进行创新；其次是表现形态层面上的创新，包括角度创新、制作手段创

① 吴凡.《我是歌手》——顶级歌手的巅峰音乐对决 [J]. 收视中国，2014（7）.

新等，主要是集中在"怎么说"层面，即在"视听元素""技巧手段"和"叙事方式"等层面上进行创新。而广播电视节目的选题与策划活动创新的关键就是凸显栏目"个性化"，通过"个性化"支撑栏目的"可识别度"，从而进一步打造栏目的品牌影响力和传播效应，培养受众的忠诚度。

广播电视的选题与策划活动的展开，首先起于认知阶段，包括对于选题价值的几个维度的判断，对于选题性质的认知，对于所处时代环境的认知和编导对于自我能力的认知等；其次是定位阶段，即"对症下药"环节，依据前期的认知对可能出现的结果进行"预设"，从而明确整个选题与策划活动的基本走向，使目标具体化；最后就是策划活动的具体展开阶段，是对于所要叙述的"故事"进行设置的阶段，这一过程有其较为统一的操作规范，但其最终目的则是为了彰显策划活动的"个性"。因此，只有贯彻"标准化操作"与"创新性思维"的思想，才能既保证选题与策划活动的顺利展开，也能保证"创新"效果得以实现。

此外，有必要强调一点，事件的发生是客观存在的，是不能策划的，这本身也是违反职业操守的，但是报道形式、叙述方式是可以预先设置的，而我们这里所有讨论的，就是如何甄选"内容"，如何预先设置"形式"。

第二节 采访与摄录

采访与摄录是进行广播电视创作时需要用到的主要业务，特别是采访，需要广播电视编导娴熟掌握。广播电视编导需要懂摄像与录音，以便指导相关人员进行工作，有时广播电视编导也需要自己摄像或录音。

一、广播电视采访

（一）广播采访

1. 什么是广播采访

广播采访是记者、编导就某一特定的话题对特定的采访对象进行录音访谈或访问。广播采访以广播技术为手段、以听觉为主要诉求点，相对于其他媒介，广播采访用声音与语言的魅力实现信息传播并体现价值。

2. 广播采访的特点

（1）广播采访便捷高效

广播采访包含文字与声音的采访，其采制设备相对比较简单，尤其是目前数码技术的快速发展为广播从业人员采制高质量的声音提供了便利，因此在广播采访过程中，采访更具有隐蔽性，对被采访对象干扰非常小，广播采访成本也比较低，素材的采集和制作比较灵活，因此在信息的快速获取上具有非常独特的优势。

由于广播本身的特点，在新媒体技术快速发展的今天，广播的材质也越来越依赖于与其他通信技术的结合，从而实现信息的及时传播与发布。比如手机短信、微信、微博等业务的介入。短信、微信、微博业务的使用，给广播采制带来了新的方式。编导和主持人可以将听众发来的短信、微信、微博直接作为内容进行播报，不仅扩展了素材源，也加强了媒体与听众之间的互动，提高了对广播节目的参与积极性。短信、微信、微博的可操作性比较强，避免了广播主持人在直播热线电话中受到有些听众恶意无聊的骚扰。主持人可以充分利用短信、微信、微博平台，选择有价值的信息，屏蔽无价值的信息，比如在城市文艺广播中多播报有关文艺的听众短信、微信、微博内容等，交通广播中多发布不同区域的城市交通即时信息等。

（2）广播采访能充分发挥声音的表现力

在广播作品中有声语言是叙述事实、表达思想的重要内容，故事的诸多要素几乎都是通过声音来阐释并交代的。声音作用的对象是广大听众，是广大听众的听觉器官。在日常生活中，听话的对象一般说来都比较习惯于通过语言所设计的情境来辨别与理解话语所表达的含义。那么在联系语音语言情境时，我们必然要有一个联想的思维转化过程，这个过程是需要短暂的时间来作为保证的。作为接受的主体，听众的心理需求是所听到的信息必须清晰明白、便于接受的，不能过急过快。因此，广播创作人员在创作广播类节目时必须要调整自己的心理，注意与听众心理相呼应，服务于听众，让观众更好地接收，更好地发挥声音的表现力。

相对于纸质媒介和电视媒介而言，广播用声音语言的魅力实现信息传播与价值体现，其语言的音质、节奏、现场音响以及后期音效等成为吸引听众的要素。因此，在广播媒介中依靠言语支撑的信息内容占了大多数，比如连线报道，广播脱口秀等节目在广播节目中占有重要比例。因此，如何发挥声音的表现力，在声音元素上面做文章，成为广播记者、编导首要考虑的问题。

3. 广播采访的方法

在信息技术快速发展的今天，虽然广播受到了电视和网络媒体的挑战，但这就像当年广播挑战印刷媒体一样，最终他们是各得其所，并非你死我活。广播是特有的声音的艺术，而人的听觉是获取外部信息的天然的方式之一。那么，广播作品里的声音需要如何采集呢？这就需要我们进行录音采访。广播的采访不同于平面纸质媒体的采访，首先，要做好录音采访前的充分准备；其次，我们要掌握一定的录音技巧，争取能够一次性的采访成功；最后，还需要深入现场同步进行各类音响的采集录制、编辑。

（1）做好采访之前的充分准备

采访如同打仗一样，必须要有所准备，并且是充分的准备。从事广播采访的记者、编导，应该在日常工作中注重各种理论知识的学习，注重各类操作技能的练习，掌握各项政策，积累各种知识，做好随时准备出发采访的准备。大量的实践也充分地证明有准备和无准备对于采访来讲是完全不同的，准备充分和准备不充分也是完全不同的。

那么对于一次采访我们到底应该做哪些准备呢？一般来说主要有以下几个方面。

相关政策准备。广播编导需要就采访的问题学习和掌握相关的政策，保证在采访过程当中，在政策表述上不出任何问题。

采访对象准备。广播编导需要充分了解采访对象方方面面的情况，了解得越多、越细、越深入越好。

背景材料准备。需要准备尽量详实的书面材料，包括采访对象的事迹报道材料、工作总结材料、个人阅历材料、已经发过的各种报道等，甚至包括家庭背景、学业背景等。

知识准备。广播编导需要广泛搜集有关采访对象和采访话题的专业知识及其他相关知识，以确保在采访过程当中与采访对象能产生更多的共同语言，能够找到共同交流的话题，不至于显得过于外行，甚至闹出了笑话。

采访计划准备。在采访出发之前一定要制定一个大致的采访计划。计划中应该包括采访内容、采访日程、采访对象、采访的问题、报道的形式、经费的预算、注意事项等。采访计划制定出来之后，需要向主管部门的领导做出汇报，使计划更加完善，并在得到领导认可之后，严格执行。需要特别提醒的是，事先制定的采访计划在采访的过程当中也有可能需要改变。尤其是采访的话题，在采访过程当中需要根据具体情况灵活地做出变化。计划绝不是困住自己思路的死框框，应该根据情况实时做出更改。当然，如果是重大采访项目，如重大政治事件、重要会议等采访，如果计划有变，应及时向主管领导进行报告。一般采访如计划有变，可以在采访完成之后，再向主管领导做出详细的说明。

（2）做好人物采访

人物采访是广播采访当中经常遇到的一种采访情况。人物谈话在广播报道当中有着非常重要的地位和作用。我们在人物采访报道的过程中需要对人物谈话予以充分的重视和把握，需要看这个谈话的人物是否具有典型性、谈话内容是否具有针对性、言语表达是否具有生动性，我们在后期制作时可以根据这三点确定选择哪些作为我们最终播出的内容。

首先，选择典型人物作为谈话对象。一般非典型人物不太可能作为典型的广播形象。典型谈话对象的选择是广播采访具有典型性的基本条件。从受众的收听需求看，从报道表现主题看，合适的典型对象一般包括先进模范人物、典型新闻人物、事件的目击者等，是具有权威性的人物。

其次，确定具有针对性的谈话内容。这是采访具有针对性和说服力的关键所在。要做好这一点，前提就是谈话的内容应尽可能与主题要求相一致。不管最终广播表现的是人还是事，都需要具有针对性，而且要力求言之有物，避免空泛的交流和采访，力求表现真实思想，表现鲜明的个性，力求采访简明扼要，突出重点。另外，对于谈话内容还要避免采访名人时打官腔，采访普通人时表述不清楚等情况。

最后，还需要采访对象能够表达清楚。虽然表面上看这是对谈话者的要求，实际上也是对于广播编导的要求。被采访者能否谈得清楚，谈得自然流畅，关键还在于采访者引导、帮助和提醒，切忌念稿子，并且避免重复。随意而不失控的交流形式是比较好的方式。

（3）深入现场

首先，要深入典型事件的现场。对于新闻广播而言，新闻事实具有典型性、代表性，新闻的价值才大。另外，现场采访的新闻事件应该符合现场报道采录播同时进行的特点，也就是新闻事实的发展过程主线要求单一，层次分明，所展开的画面集中清晰，便于记者观察采访和录音。事件的发展过程严格按照重大事件的顺序推进，层次清楚，画面也很集中，一切活动都是围绕中心事件进行。对于这样的重大场合比较适合搞现场报道，而有些题材缺乏热烈的现场气氛，要么由于时空跨度较大，要么地域范围较广，现场报道往往难以胜任，这都是非典型性事件。

其次，要选择典型的环境。现场采访要求广播编导对现场做形象的描述，如果所要报道的现场缺乏特点，很难找到生动的镜头，这样的现场报道很难吸引观众。新闻事件的发生现场是广播编导进行采访工作的场所，它本身应有能使听众感兴趣的典型环境。

最后，需要选择突出的具有典型性的音响。典型性的音响是在特定的时间、特定的环境能够揭示事物特征的环境声。录制广播节目时，其典型的声音应该根据主题的需要精心选择，这往往是文字无法替代的。在选择声音时要做到心中有数，并且在运用环境声时充分突出典型的声音。

（二）电视采访

1. 什么是电视采访

电视采访是就某一特定的话题对采访对象进行电视访谈或访问。电视采访是对人的个性心理、情感，人性本质、弱点和优点的揣摩、印证与对质。人们使用的电视媒介工具和手段，只是为了更有助于人们展现、揭示被访事件以及事件当中的人。可以说电视采访是求知探索的过程，电视采访是为了获取事实真相、传达事实信息。

相对于其他媒介的采访，电视采访是运用画面和声音选择适时的活动，其本质特点还是不变的，只是选择的手段、媒介技术发生了变化。因此，电视采访的概念可以概括为电视编导综合运用电视技术手段为电视报道而进行的素材采集活动。具体来说，电视采访工作可以分为三个部分，这三个部分是建立在电视媒介技术特性基础之上的，主要有拍摄、出镜采访报道、画外采访。

拍摄指的是使用摄像机拍摄声画一体的现场形象。基于摄像机与采访话筒，把现场信息转换成可视、可听的信息符号传达给观众，这是电视采访最基本、最有效、最常见的信息表达与传递方式，也是电视采访的核心工作方式。

出镜采访报道指的是编导出镜提问、访谈以及与被摄对象交流等动态的过程。编导的出镜采访报道实际上也是围绕拍摄而展开的工作环节，是通过人性化的交流过程，引导、激发、传递事件信息。

画外采访指的是电视编导围绕某一事件所进行的文字背景资料等非视听素材的采集。电视采访对资料的收集体现出与其他媒介采访的相似性，但这种相似性是相对的，因为电视采访的文字资料的收集与选择仍然具有自身的特点，那就是建立在形象叙事的基础上，即电视编导者的素材收集要围绕如何让视听媒介直观形象地传达信息这一核心问题展开。围绕这一核心点，编导在挖掘背景、人物关系、选取影像素材等方面的工作才会更好地发挥电视媒介的优势。

2. 电视采访的特点

第一，电视采访的纪实性。

人们一般不会怀疑摄像机对客观现实的如实记录。纪实性指电视采访与电视传播融为一体，电视采访的实录性使得这种获取信息的手段成为传播信息的方式。尽管人们在后期制作中可以取舍和裁剪，却无法改变特定时空环境中的人与物、声与形的自然关系。因此采访时的状态和情景，也就是传播时的状态和情景。

编导除了要考虑主题角度、熟悉被采访者的全部情况，还需要在采访前对整个采访活动进行整体构思和精心设计，这其中就包括对采访的逻辑结构、情绪结构以及声像结构做细致周密的组织和安排。采访的逻辑结构指采访的整个程序的设计、内容间的逻辑联系以及详略轻重的安排、选择和处理。采访的情绪结构指采访双方情绪的把握，一般来讲，采访中的信息和情感交流是双向的，交谈双方很自然地形成一种相互影响、相互制约的关系，一个人情绪的变化不仅影响其自身的言语表现，同时也影响着对方。因此，编导有目的、有意识地控制和把握自身的情绪变化，无论对于创作自然活跃的采访氛围、控制采访节奏，还是对于增强新闻报道的感染力和说服力、取得理想的视听效果，都具有决定性的作用。采访的声像结构指采访的整体设计中所有声像元素的组织、利用和处理，包括声像元素巧妙搭配和结合，声音和画面各有自己的表现优势和局限，重视并善于发挥他们的互补作用，是深入反映新闻事实、揭示其内在意义、引导视听、增强传播效果的重要保证。

第二，电视采访的表现性。

电视采访的表现性指充分调动声画兼备的优势，生动形象的强化，突出现场信息，从而使电视报道重点突出、可视性强。

电视采访是在摄像机前进行的，它的表现性既在于摄像机同步摄录画面和声音，更在于编导有意识地利用和适应这一特点，充分调动画面和声音的功能，为表现新闻事实服务。

电视采访中所有声像元素和采访方式无一不处于观众感觉器官的监视之下，这意味着出现在电视屏幕上的所有声像元素都将成为视听信息作用于观众的感官，从而引起相应的心理反应和思维判断，产生某种社会效果。也就是说，在电视采访中所有声像因素都会被人们注意，都会对内容和主题产生影响。

尽管采访内容相同，但由于采访环境、气氛、人物情绪以及采访方式不同，给人的视觉感受也是不尽相同的，因此在电视采访中采访者在思考采访内容、对象和主题时，不能无视采访环境、人物情绪和采访方式对内容和主题的表现以及对被访者心理上可能产生的作用和影响。这也是由于声像自身的表现性以及这一表现性与采访内容之间的必然联系所决定的。毫无疑问，善于调动和发挥声"像"并茂的表现优势，是电视现场采访成功的关键。

电视采访的中心既在于寻求新闻信息，也在于寻求表现和传播信息的恰当方式，争取更好的视听效果。

第三，电视的采访完全公开化。

电视采访时的时空环境、访谈的真实情境以及访谈双方的形象和声音都如实地呈现在观众面前，观众无需凭借联想和想象，也不必像广播那样单纯地通过声音去感知采访过程，因此可以这样说，电视采访是一种可视性的采访，这种向观众公开采访过程的独特采访方式有利于增强电视节目的客观性和可信度。

3. 电视采访的方法

电视采访是一门艺术，和其他媒体一样，都要准确、客观地了解事实，向公众报道事实。应该如何报道事实，如何采访才能满足观众的需求？这是每一位电视从业人员必须面临的首要问题。

第一，做好电视采访的观察。

当拿到采访线索判断其价值后，接着就要进行观察采访，观察就要学会用眼睛去采访。观察作为一种新闻采访的方式，就是编导对客观事实进行由表及里的查看与思考活动，借以印证与收集素材和线索。不仅仅是眼见为实，还要观察得深、观察得细，力求生动、逼真地反映事物的本质，有深入现场练就的一双火眼金睛。优秀的编导者就是一名优秀的观察家，编导要在现场抓取最有价值的事实。因此，要想把现场的信息告诉观众，就必须到现场实地观察。观众为什么要看我们的电视节目？是因为观众到不了现场。所以我们强调现场的发现是在别人发现的基础上再有新的发现，我们把我们看到的事实告诉给观众。在电视节目现场，编导既要迅速地看清全貌，又要能够明察秋毫，捕捉一些典型的细节。随着事件的进展，编导还要能够抓住新出现的人物，随时抓住一些新的闪光点。

第二，注意电视采访角度的选择。

采访角度是指编导发掘事实和表现事实的角度。对于电视资讯节目而言，报道内容的趋同已经难以避免。在同质化现象越来越严重的今天，没有一个好的角度，很难吸引观众的注意力。针对同一事件挖掘比别人更深入的事实，产出更新的观点，通过对已知事实的重新安排组合亮出新的观点和思想，具体而言可以从以下几方面来选择电视采访的角度。

一是能够反映事物本质特征的角度。每一件事都有许多观察角度，只有选择那些最能反映事物本质特征的角度，发现事物的个性，才能够客观揭示事实的内在规律，做出富有新意的具有吸引力的电视作品。二是选择最有创新性的角度。实践证明，创新性是衡量电视作品价值大小的一条标准，也是最具诱惑力、最能吸引观众的首要因素，只有选择最具新意的角度，做出的电视作品才容易出新。这不仅体现在表现形式上，更多的是体现在内容上，也就是说所采访的内容只有在观众事先并不知晓，甚至连想都想不到的情况之下才有新意。有些信息尽管已经被人知晓或者很容易被人预料到，但如果能从中选择出不被人知晓和出人意料的信息，同样也具有创新。三是选择能够反映人们关心的热点问题的角度。每一个媒体都有自己特定的受众，要想被受众所认可，就必须坚持"三贴近"的原则，努力反映广大新闻受众最为关心的问题，特别是要反应与大家切身利益密切相关的问题，满足受众的求新心理与求近心理。百姓的住房问题、孩子上学的问题、医疗的问题等，这些都是百姓关注的问题，也应该成为我们电视报道的中心。四是选择最富有人情味的角度。一般来说，富有感染力的节目大都是个性化较强的独家报道，因此，在选择角度时要注意发现那些人情味较浓的感人细节，捕捉容易激发人们思想情感的敏感地带，以此影响观众的思想情感。在这一方面，许多电视工作者曾做出有益的探索，收到较好的宣传效果。

第三，电视采访还需要关注细节。

细节能揭示事物的本质特征，有助于体现深化主题思想，起到画龙点睛的作用。细节虽小，但往往能起到以小见大、以点带面和丰富表现力的作用，使节目有血有肉，形成电视报道的兴奋点，提高节目的可视性。有时一个细节比千言万语生动得多、深刻得多、有力得多，要擅长通过镜头展示生动传神的生活细节，形成强大的视觉冲击力，牢牢地吸引观众。生动传神地传达事实真相，揭示事物的本质，使观众有强烈的现场感，并给受众营造想象的空间。加加林是苏联著名的宇航员，中央台曾有一篇纪念加加林逝世 40 周年的报道，为体现人们对加加林的怀念，该报道用了一个细节：克林姆林宫墙下安放着他的骨灰，这里的鲜花每天都是新的，40 年了，人们从来没有忘记他。这一细节很好地说明了主题。

第四，做好电视采访的提问。

提问作为一种采访活动形式，是指编导同采访对象交谈，从中弄清事实真相及其来龙去脉，进而收集构成新闻的事实材料。编导必须学会并善于提问，否则绝对当不了好编导。编导提问要与报道的主题密切相关，并且能够引起采访对象的兴趣。编导提问要融入自己的思考，有一定的指向性，才会得到有价值的回答。提问的成功与否直接关系到新闻报道质量的优劣。因此，能否掌握提问的技巧与风格，实现有效的提问是采访的关键。

一般要求提问要做到自然、简明扼要。所谓做到自然，也就是提问不勉强也不呆板，要求采访者与被采访者都处于放松的状态。作为编导，要使自己在提问时自然，就要善于发现自己与访问对象之间的联系点、共同点和契合点，比如和被采访者之间性别、年龄、经历、情感、兴趣等方面的契合点，这都是拉近双方距离的有效手段。简明扼要要求编导提问时要言简意赅，尤其是电视节目容量有限，在提问时更要简明扼要，否则显得拖沓冗长。提问要一针见血，对众多采访对象来说，非问这个人才行；对这个人来说，非问这个问题不可。抓住这两点，编导就抓住了提问的要害，所提问题就不会空泛和外行，所提问题就更有针对性，有说服力。

为了更好地更准确地获取信息，提问需要遵循以下原则：一是礼貌的原则，提问时用语要礼貌。采访对象如果是长者、权威人士、有关的领导要使用敬语。对于少数民族要尊重其民族习俗。编导在采访时，站立、蹲坐都要有一定之规，这也是体现编导素质的重要表现。二是平等的原则。编导与采访对象是平等的关系，不管被采访者是位居高官，还是平民百姓，甚至罪犯，他和你在人格上都是平等的。采访时不能以居高临下的态度采访对象，趾高气扬和低三下四都是应该避免的，人和人之间的关系是平等的，编导和被采访对象之间的关系也是平等的。提问时要做到四平：语言要平实，语气要平和，情绪要平静，态度要平等。三是热情的原则。编导在采访时要保持较好的精神状态，热情引导采访对象，让对方感觉你对他的回答比较满意。需要强调的是，编导不能任由采访对象信马由缰的自由发挥，需要进行一定的引导，把话题及时的拉回来。

电视采访的提问没有固定的方法，不同的采访对象、不同的采访内容中有不同的要求，从采访规律上来讲，一些常用的提问方式可以为我们提供一定的参考，帮助我们顺利完成采访。常见的采访方法有：

开门见山式提问。这种形式一般适合于编导熟悉的人，或者是文化层次高、社会经验丰富、善于表达的人。开门见山的提问需要编导事先准备比较周密，对各方面背景资料有充分的把握。

启发引导式提问。一些采访对象面对编导不免有些紧张，特别是面对摄像机镜头时常常对自己的提问表现得茫然不知所措。这时编导要循循善诱，以引导的方式使对方消除紧张，以交谈、谈心的方式进行提问。

讨教式提问。用讨教的态度与对方共同探讨问题，在探讨的过程当中不断揭示事物的本质与特点，尤其是一些比较专业的话题，用这种方式可以进行很好的提问。

追问式提问。这是编导常用的一种提问方法，其目的在于捕捉那些我们觉察不到的细节和事实，追根溯源，寻找问题的本质，挖掘更多我们所不知道的一些东西。

激将法式提问。编导可以通过一定强度的刺激使采访对象感觉自己必须要谈，从而打开采访的通道，这是在对方不愿意回答时采用的一种强硬的手法——激将法。当然，使用激将法式提问需要编导对被采访对象有深入的了解，否则有可能适得其反。

二、广播电视摄录

(一) 广播录音

1. 声音的录制

当空气中某物体通过前后位移产生振动，它将引起压力波，当到达人耳时，我们会感受到这种压力的变化（振动），这就是声音。

多媒体技术所处理的声音主要是人耳可听到的 20Hz～20kHz 的音频信号，称为全频带声音，包括音乐声、风雨声、汽车声等各种声音。语音是指人说话的声音，其频率范围为 300Hz～3400Hz。

根据所采用的录音设备的不同，声音的录制方法有很多。比如可以通过录音机、录音笔或者是计算机进行录制。这里介绍一下通过计算机声卡录音的简单方法。

计算机声卡后面一般有几个接口，标有"Midi"的接口是接 Midi 键盘和游戏手柄的，可以实现 Midi 音乐信号的直接传输，也可以配接游戏摇杆、模拟方向盘。标有"Line In"的接口是接线路输入接口，用于外接辅助音源，如影碟机、收音机、录像机等，可以将音质较好的声音、音乐信号输入，通过计算机的控制将该信号录制为一个音频文件。标有"Line Out"的接口是线性输出端口，用于外接音箱或者是功放，标有"Mic"的接口是麦克风输入接口，用于连接麦克风，实现将语音信号输入。

在完成硬件设备的连接之后，就可以进行相应的声音录制了。目前录制声音的软件很多，这里以最简单的 Windows 录音机为例，介绍录制的基本操作。

先打开附件中的录音机程序，如图所示打开麦克风，单击"开始录制"按钮，对着麦克风讲话，开始录制。此时"开始录制"按钮变为"停止录制"按钮，表示正在录音。录音结束后，单击"停止录制"按钮，在弹出的保存对话框中将录制的声音保存到计算机硬盘中。

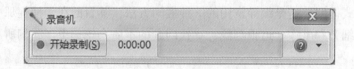

2. 广播声音素材的采录

广播声音素材的内容与质量明显影响着录音报道的效果。作为一名广播从业人员需要注重广播声音的选择，能够录制好广播声音，并且在平时工作当中注意积累广播声音素材。

首先，广播声音素材的选择。广播声音素材的选择需要注重以下几条原则：第一，真切性原则。除了遵循广播报道的真实性原则之外，还要选择真切并能代表事物本质的声音。有时在现场实况报道时，可能有多种声音的存在。哪个能代表所报道事实的本质？编导用耳朵迅速挑选出来，并及时开机采录。有些声音在现场听时是一个样子，录下来之后听却是另外一个样子，觉得不太像、不真切。这除了录音技术方面的原因之外，还有一个声源选择的问题。例如，我们要录制平时感受到的那种真切的风声，就必须就近找到发出风的声音的典型的阻力点，如建筑的缝隙、树木等，将话筒对着这些地方录制，才可以录到理想的风声。第二，动听性原则。录音报道要注意报道声音的质量，它所使用的音响除了要具有新闻价值，声音还必须是悦耳的，起码是耳朵可以接受的，不能有太多的环境噪声。第三，丰富性原则。声音素材越丰富多彩，越符合录音报道的特征。当然，我们说声音要丰富，并不是说要滥用声音，如果将与所报道内容关系不大，甚至毫不相关的声音拉入录音报道，其效果会适得其反。

其次，广播声音的现场录制。在了解声音录制的原则之后，就需要进入声音录制的操作阶段。第一，要做好录音前的准备。做好录制前的准备工作，具体来讲有四条：确认题材适合进行录音报道，音响构成比较丰富，声音容易采集；充分占有相关的资料，包括声音资料和文字资料等；确实需要采集的实况声音；要做好技术性的准备工作，如设备的数量、设备的种类、采集的时间、采集的地点等。第二，录音时要做到早开机、晚关机。这样可以保证录音开始和结束的音录制完整。并且在前后都加上现场的环境声，避免做节目过渡时让人产生突兀的感觉。第三，录制大场面声音时，话筒不要离声源太近。如果只使用一个话筒，就要站在多个声源的中间，将话筒朝上，这样录到的声音就可以反映出现场较为热烈的气氛。第四，发现和捕捉典型的声音素材。在新闻广播报道的现场，任何实况声音都有可能成为报道中典型的声音。所以，一方面要有相当的敏感性，熟悉广播报道内容所涉及领域的工作特点和声音特点，清楚现场声音与报道主题的关系。另一方面，要勤于思考，勤于探索，勤于实践。所谓勤于思考，就是在实践当中要多琢磨实况音响及其特点与主题表现的关系，与内容的关系。所谓勤于探索，就是在实践中要多对现场的各种声音元素进行探查，明确各类声音使用的合理性。所谓勤于实践，指在广播报道时要把握采集实况声音的技巧，尽可能多的实践。

另外，在平时日常工作中应该注意各类声音素材的积累。有些重大事件，声音素材随着时间的延伸，年代越久远越显得珍贵。选用这样的历史素材会使报道增色不少。因此，广播编导应该养成平时积累声音素材的习惯，一是将每次采录下来比较重要的声音保存下来，并登记造册；二是广播编导外出，即使没有采访任务，也要随身带着录音机，发现重要的音响随时记录保存下来；三是声音素材积累多了以后，要加以分类，经常温习所录制内容，考虑在自己的广播作品当中随时使用这些素材。

（二）电视摄录

1. 电视画面

（1）电视画面概述

电视画面是构成电视节目的基本组成单位，它是电视语言的基本视觉元素。在表现一个人物、一个事件或创作者的思想观念时，都需要若干画面连接起来才能给观众一个完整的视觉印象。所以，任何一个电视节目不论长短都是由一定数量的电视画面组接在一起构成的，画面的质量直接影响到电视节目的质量。因此，从视觉感知的心理特征来看，电视画面是人的视觉的延伸，具有"百闻不如一见"的优势。电视节目可以没有声音、没有色彩、没有语言，但不可以没有画面。

爱森斯坦指出："画面将我们引向感情，又从感情引向思想。"可见画面不仅能够准确地再现客观现实，同时还承载了创作者的思想和情感。在电视叙事这种艺术形式中，事件的发展、人物的活动以及作者所想要表达的观念和思想，都必须以画面作为载体。电视画面正是通过具体的现实的形象来传达深层的思想含义的。所以，电视画面在电视中并不是随意的，它必须为电视节目的整体结构而服务，并受其制约。每一个具体的画面，除了要表现自身的意义外，还必须注意对前后画面的衔接。因此，我们不能单独地从一个画面来评判其好坏，还应该要结合它在整个节目中所起的作用。

每一个电视画面都同时具有空间和时间这两个特征。电视画面能再现客观事物的空间感和立体感，也能再现运动物体的节奏感和连贯性。所以，电视画面不仅是空间的艺术，也是时间的艺术，缺少哪一个特征，都会使电视失去它区别于其他媒体的优势。

因此，电视画面是电视这一艺术形式中最重要的造型因素，它的表现元素是多种多样的，在一个具体画面中同时具有光线、色调、影调、摄像机运动所造成的画面外部的运动等表现元素，如果创作者能把这些表现元素掌握运用得好，就能充分展露电视叙事观念的独特风采，反之就会使得电视归于平淡和庸俗。同时，画面作为一种视觉语言形态，对电视节目的风格形成也起着重要的作用，它是创作者不同的审美情趣和艺术追求的反映。

电视画面传输视觉信息的优势体现在变片面的线性的传播为全方位的立体的信息场传播，即在瞬间能够提供大量丰富的直观信息，给观众以直接的视觉冲击，在单位时间里传输的信息量远大于声音和文字。

我们知道，电视不仅为视觉提供直观形象，还为听觉提供借助想象、通感形成的内心视像，解说、对话、音乐、音响和现场声等与画面配合，融为一体，摆脱了单一造型手段的束缚，使屏幕形象有声有色。只有把画面、声音和文字作为一个有机整体来看待时，电视画面才具有它真正的价值。人们在观看电视节目时，由不同感官形成的作用知觉是不一样的，如调动情感世界，激发想象空间，引发思考领域等。这种视听结合的表现力常常互为条件和补充，画面为声音提供形象与气氛，声音为画面创造意境与想象。

在电视画面中的任何一个场景，都是由一个具体的空间（地点）和特定的时间构成的。时间是运动的延续性，而空间则是运动的广延性，电视画面的时间和空间是密切联系的。所以有人说，电视是时空的艺术。

（2）电视画面的时间特征

电视是时间的艺术。在客观世界中，真实的时间是线性的，连续的，永远向前的，而在电视画面中记录的是事件发生的时间而不是在真实的时间中。真实的时间是客观的，是不可更改的，而电视画面中的时间可以根据需要进行延长、压缩等处理。把现实中不可控制的永远流逝的时间用电视表现出来，就会呈现多种复杂的形态。

电视的时间构成包括放映时间、叙事时间、观众的心理时间等。

（3）电视画面的空间特征

电视是时间的艺术，也是空间的艺术。在电视艺术中，空间的概念不仅局限于人们存在的现实空间上，它有现实空间的含义，也有更深刻的影视艺术空间所表现的假定性的非生活空间。

观众的心理空间也是存在的，它是现实空间经过人们的思想意识活动而改造过的视知表象。心理空间虽然符合视觉感受经验，但带有一定的主观色彩。了解观众一定的心理空间，对影视创作者的工作是很有帮助的。

平面构成、屏幕空间这两个方面构成了电视画面特定的空间形态。

电视画面的造型形式属于平面造型的艺术。电视艺术的主要特点之一是在两维空间的平面上表现三维空间。在现实生活中，任何物体的空间形态都具有长、宽、高三个维度，而电视画面表现形象的空间只具有长、宽两个维度，这就需要电视艺术突破自身局限，利用各种方法和手段来完成三维造型目的。

（4）电视画面的时空表达。

首先，电视画面的时间表达。电视画面的时间顺序不同于客观世界中真实的时间顺序，后者是连续的，永远向前运动的，前者只是给观众一种感觉上的连续，而实际上是打乱的，在电视节目中呈现出各种复杂的形态。主要有延伸（拉长）、压缩、冻结、时间变形等形态。

其次，电视画面的空间表达。电视画面的空间表达方式主要有对空间的再现、表现与转换等。再现空间是以取得视知真实感为基础的，它通过摄像机的记录特性和运动特性，再现直观行为空间。表现空间是以人的心理空间为基础的，心理空间是主观化的空间，它包含了人的心态、情感和意念等方面的因素，虽然在一定程度上符合视觉感受经验，但它带有一定的主观色彩。转换空间，人的感知不是专一的、连续的，而是在知觉选择和转移中不停地跳跃、变换，所以人不仅对时间的感知是不连续的、中断的，而且对空间的感知也是跳跃的；从人的心理方面来看，也有因疲惫而造成的休息过程。因此，不论从人的视知觉方面，还是从人的心理方面，时空的跳跃都是客观存在、无法避免的。空间的重复，在一些作品中，会重复使用同一空间，以达到加深印象和揭示深刻含义的目的。但是要注意的是，空间的重复必须保持空间构图结构的绝对统一，否则是不能揭示深层含义的。

此外还有空间的对照与呼应、多空间的并列出现等空间表达方式。

2. 电视画面构成

根据事物在画面构图中所起作用的不同，一般把它们分为主体、陪体、环境等几个部分。主体是一个画面的主要表现对象，是反映内容和主题的主要载体，它在画面内容中起主导作用，是画面存在的基本条件，是控制全局的焦点，是构图的中心。陪体是相对于主体而言的，是指与画面主体有紧密联系、在画面中与主体构成特定关系或辅助主体表现思想内容的对象，而主体和陪体需要处在一定的环境中。主体、陪体和环境三者之间形成一定的关系，陪体和环境对主体起陪衬和修饰作用，这些作用通过光线、色彩、亮度、位置等来完成。

在电视镜头中，处理好画面的视觉形象是十分重要的。处理好视觉形象，可以增强电视画面构图的表现力，从而产生更大的感染力。

在电视画面的构图中，人物、环境、物件、光线、色彩影调等元素是我们构成视觉形象的"原材料",通过对这些造型元素的综合运用来完成构思的实现、立意的表达和情感的抒发等。

（1）人物

人作为认识客观世界和改造客观世界中最主要的社会成员，在电视节目中，有绝大多数镜头是反映人的活动的。人是电视画面中视觉形象的中心。在电视镜头中人物的造型构成屏幕视觉的中心，塑造人物形象是电视艺术创作的核心内容。人物的塑造，可从人物的形体塑造即肖像和动作塑造、人物的性格塑造以及人物的心理塑造三个方面来加以考虑。

首先，人物的形体塑造。在电视节目中，人物的肖像不像在文学剧本、小说中那样具有想象的余地。在某种意义上，文学剧本和小说中的文字刻画是把人物抽象化了。所以，对于小说中描写的人物，不同的读者可以在自己的头脑中勾勒出不同的形象。而电视却不同，因为它是视觉的艺术，相对而言，就具有某种直观性和确定性。文字描写的人物形象再具体、再精细，仍然需要读者加以想象来补充。电视独特的视觉效果可以弥补这一不足，即可以向观众提供真实的、活生生的人物形象，这些人物在容貌、年龄和气质上可以最大限度地接近文学剧本或文字稿本中所创造的人物形象。

除了人物的肖像造型外，人物的动作也是人物造型的一个重要方面。黑格尔说，能把个人的性格、思想和目的最清楚地表现出来的是动作。人的最深刻方面只有通过动作才能见诸现实。

其次，人物的性格塑造。人物塑造的核心是性格塑造。性格刻画鲜明、深刻，人物就栩栩如生；反之，人物就苍白无力。

在电视节目中，如果人物性格的塑造是失败的，那么可以说这个艺术形象的塑造也是失败的。成功塑造人物的性格，才能真正赋予人物形象血肉，展示形象的全部丰富意义。很大程度上，人物性格刻画的深度，也就是形象反映现实所能达到的深度。

最后，人物的心理塑造。人的行为总是以一定的心理内容为依据的，在电视节目中对人物的心理塑造能充分揭示人的内心世界，能对人物的性格和命运做出最合适的解释。电视对人物的心理塑造虽然不能像文字那样细致、精确、自由，但它能给观众留有更多的想象空间。

（2）环境

环境是指画面主体周围事物的时空组合。环境是故事内容得以表现和展开的必要条件，人物的活动、故事情节的发展以及作者想要表达的思想和观念等都不可能脱离一定的环境而独立存在。它在画面中除了能陪衬、突出主体之外，还能表现主体的活动范围、时间特征等，帮助刻画主要人物的性格以及表现一定的气氛，加强画面的空间感、时间感和概括力等。这些作用都是电视画面创作者在实际拍摄中不可忽视的。前景、背景和后景构成了环境。

前景是指在主体前面靠近摄像机镜头位置的人物或景物。前景的作用主要有：

①构成关系。前景在电视画面中可交代人物与事物的关系，交代人物与人物的关系以及交代事物与事物的关系，构成空间具体环境。

②增加画面层次，表现画面的空间深度。电视画面是要在一个二维的平面上表现一个三维的空间。在电视画面的构图中，可以通过有意识地选择一些前景来强化现实空间，营造出三维立体空间的透视感和纵深感，给观众一种身临其境的感觉。

③烘托和突出主体。有时没有前景的主体在某些情况下很难完整地表现作品内容。准确而合理地运用前景，能在一定程度上与主体相互融合，帮助主体说明画面含义。

④均衡和美化画面。为避免电视画面内部的造型形式单一，应使用前景参与构图。它能够与被摄主体相呼应，使构图形式丰富并具有多样性变化，达到视觉效果上的和谐与均衡，从而更好地表现主体和表达创作者的思想观念。

⑤增强画面动感。活动的前景能营造活跃的动态气氛，增强画面的运动节奏感。

背景是画面主体背后的景物。它是画面构图中的重要造型元素和主要空间关系，它既要反映摄像机的调度关系和方位关系，又要体现构图风格。背景在构图中的主要作用有：

①能表现人物和事件所处的特定环境。可以用春、夏、秋、冬等季节来表现主体所处的时间环境；用物件、地域特征来表现主体存在的空间环境。某些背景，具有一定特殊的含义和一定的造型特征，如果能合理地将所要表达的主体结合起来，不仅对电视画面的构图有帮助，也能对衬托主体有一定的作用。

②创造气氛和情调。

③能烘托和突出主体，使主体的特征更为明显。电视画面中，主体是画面的主要表现对象，主体形状的鲜明突出需要背景的衬托，给观众一种强烈的层次感。

④可以使画面在主体之后形成某种造型效果，增加画面的立体感和纵深感。

后景是从背景中派生出来的，它与前景相对应，多处在主要拍摄对象的后面，在背景前面，它可以由人构成，也可以由物构成，可以是主体，也可以是陪体，但后景多数是构成环境的部分。

后景的主要作用是向观众再现环境、时代，交代画面内容的背景性材料，展示环境的氛围和意境。后景的最终目的是衬托主要拍摄对象。

对于后景的应用，也和前景、背景一样，必须要掌握分寸，在处理它和主要拍摄对象的关系时，特别要注意不要太强调后景以至于喧宾夺主。但对于它在电视画面构图中的作用，也是影视创作者所不能忽视的。

总之，要表现好画面内容和得到好的画面构图，必须仔细考虑环境这个重要因素的作用。既要让环境能表现时代和地方特色，又能使环境突出主要表现对象，还能创造气氛，构成符合观众心理的视觉结构。这就必须排除与表现主题无关的内容，以防喧宾夺主，埋没主体，妨碍画面内容和创作意图的表现。

（3）物件

这里的物件，是指除人物以外的事物、景物，它是镜头画面的一个组成部分。在电视作品中，物件单独或者和其他主体一起构成某种特定关系来表现作品主题和创作者的艺术构想。物件根据作品内容，视其作用，在镜头画面中占有不同的地位，从各个方面增强作品主题和画面内容表现力。对于物件的选择，要和作品的内容和所表现的主题相适应。

根据电视作品所要表达的主题和物件在其中所占的比重，物件可以分为主体物件、陪体物件和背景物件几类。

第一，主体物件是一个画面的主要表现对象，是思想和内容的主要体现者，在画面的安排上是处于醒目、突出的位置。主体物件可以是真实的物件，也可以是替代的物件。

在电视节目制作中，采用真实的物件作为主体物件是比较好的。因为这样的物件具有真实性、可靠性，能够真正地反映事物的本质属性，很有说服力，容易使观众信服。这种采用真实物件的拍摄常常被用于科学教育纪录片或者用于制作电视教材中。

例如，在张以庆导演的纪录片《英与白》中，英是一只15岁的雄性大熊猫，它就是该片的一个主体事物，是构成该片表达内容的重要部分，它和它的饲养员白一起，向观众展示了14年来他们朝夕相处的生活状态。通过对英和白的日常生活纪录，真实地反映了人与动物之间的生活异化。主体事物的真实性，更加促进了观众对人类文明发展过程的思考，这就是纪录片的艺术力量和该片的魅力所在。

在很多情况下，难以获得真实的物件来呈现事物的本质属性和反映主题，就可以考虑用替代的物件作为主体物件，如可用图片、模型等。虽然在真实性上，替代的物件不如真实物件，但只要运用处理得当，也能充分体现作品的内容和创作者的思想。

第二，陪体物件是指与画面主体或主体物件有紧密联系、与之构成特定关系的物件，它帮助主体或主体物件阐明主题和表现思想内容。因此，陪体物件也是画面中的有机成分和构图的重要对象。

因此，电视作品的制作中，不仅要考虑好主体物件，也要构思好陪体物件，主体物件和陪体物件要注意主次之分，不能本末倒置，让陪体物件喧宾夺主。因此，处理好主体物件和陪体物件的关系，是作为一个艺术创作者应该重视的问题，这样才能更深刻地反映内容和刻画主题。

第三，背景物件和陪体物件一样，是对主题或主体物件起着陪衬、烘托、对比、解释和说明主体作用的。与陪体物件不同的是，它一般距离主体或主体物件较远，在画面中占次要地位。背景物件的存在，可增加画面的纵深感和立体感，使画面的构图趋于完美。

（4）光线

光线是生活中的一种物质现象，它的存在使我们看清世界万物的外部形态、表面结构、距离和色彩。在构成电视画面的诸多元素中，是画面构图的基础。没有了光线，形象就无法在电视屏幕上显现；光线不理想，画面的构图也失去了本身的意义；光线一旦发生了变化，电视画面的构图效果和艺术氛围也会发生改变。除了基本的照明作用以外，光线还决定了色调差别、轮廓、色彩和质地，它具有造型作用和艺术表现力，可以表现情感、营造氛围和产生视觉连贯性。电视要在一个二维平面上营造三维的立体空间，是要靠光线来获得的。总之，电视画面构图，光线先行，它在视觉构图的各方面都处于中心地位。

第一，光线可以用来表现时间。人对光线最直接的感触来源于太阳。在黑暗的空间里很难凭知觉分辨时间，但在顶光下便可以判断是正午时分，这就是光线的时间概念。因此，摄像人员可以通过对光的选择和布置，利用光影来真实地再现时间概念。如果要在白天拍摄夜晚的画面，可选用偏冷基调如蓝色的光线来模拟。对于光线的模拟，需要对光线的特征仔细研究，避免出现与日常生活经验不相符的用光情况。

第二，光线是表现被摄对象形态、体积、质地和色彩的重要手段。不同的光线照明形式可使被摄对象的形、体、质、色产生丰富的变化：侧光对造型的表现力较强，能使被摄对象受光面与阴影面明显表现，画面明暗配置和反差鲜明清晰，物体层次丰富，有利于表现物体的空间感和立体感，易描绘对象的体积；顺光在造型中使物体受光面均衡，能全面表现物体的质感，靠物体本身的色调来完成影调的配置，易描绘对象的固有色彩；逆光在造型中能表达空间深度及环境气氛的烘托，有利于描绘对象的轮廓形态和表现物体的数量。

第三，光线具有营造空间的能力。它能使具有二维空间的画面造成三维空间效果，如可利用逆光来分离人物和背景，利用光的分布和明暗来对比表现画面空间，利用大气透视来表现画面空间深度关系（如用雾尘、水气来营造立体空间）等。

在一部电视作品中，除了要正确曝光、色彩还原要好、影调层次丰富外，还应用光来体现对作品的艺术构思，完成光的艺术表现作用。

第四，用光来渲染环境气氛。这是利用人们在长期的生活中对光线形成的一种心理反映。环境气氛是观众理解画面内容的重要条件，是给观众的一种情绪反应。相同的场景在不同的光线照明下可形成不同的气氛，不同的气氛给人以不同的感受和情绪。阳光灿烂的日子会让人心情愉悦，阴雨连绵的天气会让人感到凄凉，皎洁的月光会让人心旷神怡，金碧辉煌的大厅会让人心胸开阔……这些都是用光来渲染环境，带给观众一种心理感受和情绪。

第五，光线可用来塑造人物形象。在电视节目中，同样的人物用不同的光线可得到不同的造型效果。比如可以变化使用光线来表现人物性格的变化，偏暗的光线可用于表现人物的阴险毒辣、不择手段等；偏亮的光线可用于表现人物的乐观、积极向上等。

第六，光线可以用来创造节奏。光线的运动可以使画面具有节奏感。

第七，光线还可以形成构图关系，形成影调和色调，以保持全片的视觉平衡和连贯。光线照明产生的明暗效果可以突出主体。有时可利用光的投影平衡构图，增加画面构图的美感。

（5）色彩

如果说光线赋予电视画面以生命，那么，色彩就给电视画面注入了情感。作为电视画面的重要构成元素之一，色彩在构图中也有着举足轻重的地位和作用。色彩的作用主要是真实、生动地表现画面造型，再现五彩缤纷的客观世界，通过对画面形象的色彩设计、提炼和选择搭配，能够形成一定的色彩基调，形成强烈的视觉效果，从而装饰画面、增强美感以及烘托气氛、抒发情感等。对于电视创作者来说，除了要准确还原被摄对象的真实色彩外，还应该充分运用色彩的对比、和谐等来创造出和谐均衡的色彩构图，发挥色彩在强化视觉冲击、传递思想感情等方面的特殊作用。

我们生活在一个五彩缤纷的世界里，各种各样的色彩不知不觉就在人的脑海中留下了深刻的印象。如大海是蓝色的，小草是绿色的，土地是黄色的……

色彩的存在是依赖于光的照射，没有光就没有色彩，色彩不能脱离光而单独存在。各种物体之所以呈现不同的颜色，主要是因为光源照射到物体上后，物体选择性地反射或吸收某些色光，反射的光进入到人眼使我们产生了色彩的感觉。比如物体看上去是红色的，是因为它吸收了光的其他色彩，而仅仅反射了红色。

色相、纯度和明度是构成色彩的三要素。

色相即色彩的相貌，色彩的相貌是以红、橙、黄、绿、青、蓝、紫的光谱色为基本色相，它是色彩的主要特征。

明度是指色彩的明暗程度，它是同一色别的物体受光强弱不同而产生的明暗差别。在无彩色系中，明度最高的是白色，明度最低的是黑色，在黑白之间的色系为灰色；在有彩色系中，明度最高的是黄色，最低的是紫色。在任何一个有彩色中加入白色，明度会提高；加入黑色，明度则会降低；加入灰色时，则根据灰色的明暗程度来得出相应的明度色。

纯度是指色彩的鲜艳程度，也可以说在色彩中混入一定的黑白灰成分的程度。含黑白灰成分越高，则色彩越不饱和，不含黑白灰成分的色彩最饱和。

色彩本身是客观的，但人对色彩的认识有很多心理反映，比如冷的，暖的，远的，近的，这些反映都源自于人们对生活的联想。

色彩的冷暖对比。许多色彩能给人们冷或暖的感觉。如红色、黄色被认为是暖色，蓝色被认为是冷色。这种感觉依赖于人的生活经验和心理，所以人们可能对某些颜色的冷暖程度的感觉有所偏差，但是对大多数的感觉是一样的。

色彩的远近感。色彩的空间距离感存在说明了近暖远寒的规律。红色、黄色给人感觉比蓝色、紫色要近些，而其他色彩都处于这两种色彩之间。

色彩的体积感。暖色体积给人感觉较大，冷色体积给人感觉较小。这可用于在造型上改变演员的形体形象。

色彩的轻重感。暖色和浅色重量感较轻，冷色和深色重量感较大。色彩的轻重感和其他心理反映一样，虽然来自生活，但带有一定的主观性。色的轻重感是取得画面均衡、构成稳定感的重要因素。

有很多实验证明，色彩对人的心理是有作用的，这就是色彩的表现作用。不同的色彩会对人的心理起到不同的作用。所以，色彩能够表现感情，在电视里对色彩的研究，主要是研究如何利用色彩表情达意。色彩在电视作品中都具有丰富的表现力。如何利用色彩，必须了解各种不同色彩对人的心理作用。

色彩的存在使画面的造型更加接近现实，使物体在质感上、空间上的表现力得到加强。色彩不仅能表情达意，创作者还应在运用中体现风格，创造审美情趣，显示艺术魅力。

3. 电视画面角度

在日常生活中，人们是从各种不同的角度观察事物的，在电视创作中则是通过摄像机所处的视点即拍摄角度向观众展现事物的面貌。拍摄角度反映的是摄像机镜头与被摄对象间的空间位置关系，它决定了观众能够看到的画面内容，决定了画面中主体与陪体、环境等各方面因素间的关系以及画面中的光影结构。因此，角度是创作者表达其创作意图的一种手法。通过对拍摄角度的研究，选择最佳的符合观众欣赏心理的角度将信息传递给观众，达到创作的目的。

拍摄角度是由拍摄方向、拍摄高度和拍摄距离三个方面决定的。下面分别讨论这三个方面的拍摄方法、特征及拍摄技巧。

拍摄方向是指拍摄视角在水平方向上的变化，即摄像机围绕被摄对象在水平方向上所形成的一种角度关系，一般可以分为正面角度、侧面角度、斜侧面角度和背面角度。

（1）正面拍摄

正面拍摄是指摄像机对着被摄对象的正面进行拍摄，正面拍摄主要用于表现被摄对象的正面特征，获得比较均衡、庄重、严肃的效果，是一个常用的突出主体特征的拍摄角度。

对于拍摄人物来说，正拍使观众可以很清楚地看到被摄人物完整的脸部特征和神态，有助于拉近观众与被摄人物之间的心理距离，使观众产生参与感和亲近感。在电视节目中，主持人一般是以正面的角度与观众进行面对面交流，影视作品中也大量运用正面拍摄的镜头。

正面拍摄的缺点是缺乏对被摄对象纵深方向的表现，立体效果差，画面中的物体显得比较平。当用正面角度表现运动物体时，由于物体的运动空间被压缩，动势并不是特别明显。

（2）侧面拍摄

侧面拍摄是指摄像机从与被摄对象的正面成 90°角的方向进行拍摄。侧面拍摄主要用于表现被摄对象富有特色的侧面轮廓线条。

侧面拍摄人物时，人物的面部神态降到了次要地位，人物的姿态成为表现的重点。在拍摄如跑步等运动镜头时，常采用侧面角度表现被摄对象的运动姿态。

　　侧面拍摄适合于表现画面中两个或多个人物间交流的情景，此时观众是以旁观者的身份参与到画面人物的交流中。

　　侧面拍摄同样仅表现被摄对象的一个面，不利于表现被摄对象的立体感。侧面拍摄一般是作为正面拍摄的补充，以活跃画面，满足观众的观赏心理。

　　（3）斜侧面拍摄

　　斜侧面拍摄指摄像机处在被摄对象的除正面角度、背面角度和侧面角度之外的任意位置进行拍摄。相对于被摄对象而言，斜侧面角度就是被摄对象的左前方、右前方、左后方和右后方。斜侧面角度拍摄兼有正面拍摄和侧面拍摄的优点，又有自身的特点，能弥补正面和侧面拍摄的不足，是常用的拍摄角度。

　　从斜侧面角度拍摄人物时，人物的形象较为丰满。当表现两个或多个人物时，斜侧面角度容易形成明显的主、陪体关系，使面向镜头的主体得到突出和强调。访谈节目中常采用的"过肩镜头"就是从采访者的后侧角度、被采访者的前侧角度拍摄的，采访者与被采访者同时出现在镜头中，采访者背向镜头作为前景，而被采访者在画面中间稍后的位置，可以使观众的注意力自然地吸引到被采访者身上。

　　斜侧面拍摄有利于表现被摄对象的立体感和空间的透视感。对于一些横向发展的物体，如道路、桥梁等，使用斜侧面角度能使被摄物体水平方向上的线条在画面上形成与画面边框相交的斜线，使物体产生明显的形体透视，增强画面的纵深感，使画面活泼生动。

　　（4）背面拍摄

　　背面拍摄是指摄像机从被摄对象的背后方向进行拍摄。背面拍摄的方向与画面中人物的视线方向一致，画面上的内容即是画面中人物所看到的。如在纪实类节目中，常运用从记者或被摄对象的背后跟随拍摄的镜头，使观众产生很强的现场感。背面拍摄时，由于观众不能看到人物的面部表情，因而会产生一定的悬念，往往具有特殊的寓意，能引起观众的好奇心，调动观众参与思考。运用背面角度拍摄人物，主要体现的是人物的背影，以比较含蓄的方法表现人物的内心世界。在一些惊悚片中常常使用背面拍摄以预示着将有故事从背后发生，制造恐怖的气氛。

　　一般而言，背面拍摄的角度在一个完整的作品中所占的比例很少，但若处理得当则能产生好的效果，补充其他角度在表达上的不足，升华主题。

　　拍摄高度是指摄像机视角在垂直方向上的相对位置，一般可分为平摄、仰摄和俯摄。拍摄高度的不同可导致画面中地平线的位置变化、主体与背景的空间关系变化、透视关系的变化等。通过改变摄像的高度可以获得不同于一般视觉感受的画面效果，同时也能反映出一定的主观色彩。

（1）平摄

平摄是指摄像机在与被摄对象高度相等的位置进行拍摄。平摄的视觉效果符合人眼的正常观察效果，是拍摄中经常使用的拍摄角度。

平摄的角度给人一种平等、客观、亲切和自然的感觉，能使画面产生四平八稳的效果，是最容易被观众接受的视点。平摄画面的透视感比较正常，适用于表现具有明显线条结构或有规则图案的物体。平摄是表现画面中人物间交流的最佳角度，也是被摄人物与观众交流的最佳角度。

平摄时摄像机与被摄对象处在同一高度，与被摄对象处于同一水平线上的前后物体容易重叠在一起，拍摄时应注意选择拍摄方向增强对空间的表现力。同时，由于平摄的视角司空见惯，因此它往往缺少视觉的新奇感，对观众不会产生较大的视觉震撼力。

在运用平角度拍摄人物时，无论被摄人物是站着还是坐着，摄像机都要平行于被摄人物的视线。应注意避免画面中地平线的位置处于中央，产生分割画面的感觉，这样容易造成画面的呆板单调，在构图时可以适当地选择一些前景物体进行遮挡。

（2）仰摄

仰摄是指摄像机从低于被摄对象的角度向上方拍摄。仰摄用于交代被摄对象的高度，模拟人物仰视时的主观感受，常用于一些具有象征意义的镜头中，画面易产生顶天立地的效果。

仰摄时，地平线一般处于画面的下方或是超出下方处于画面之外，近处的景物高耸于地平线上十分醒目，后景景物被前景遮挡，较少或得不到表现，不易进入画面，主体物突出，产生弃乱就简、净化背景的效果。在外景拍摄中，仰摄的背景主要是天空或某种特定景物（森林、高山）；室内场景拍摄中，仰摄的背景则常常是天花板。仰摄时后景景物常被遮挡，因此画面中景物的层次较少，在纵深方向上的空间感比较弱。

由于仰摄可使画面中竖直方向上的线条产生向上透视集中的效果，因此采用仰摄可以增加物体的气势，产生雄伟、高大的感觉，使本来不太高的物体显得高大，本来就高大的物体显得更加挺拔。配合使用广角镜头拍摄，这种效果会更明显，造成强烈的垂直方向上的透视感。运用贴近地面的仰角度拍摄跳跃腾空等动作时，能够夸张跳跃高度和腾空动作，产生比实际生活更强的视觉冲击力。

（3）俯摄

俯摄是指摄像机从高于拍摄对象的角度向下方拍摄，俯摄能较好地展现事物的全貌，交代被摄对象之间的方位关系，表现场景的布局和规模，画面具有居高临下的意味。

俯摄时，地平线处于画面上端或超出画面上端出画，有利于表现地面景物的层次和位置，适合于拍摄大场面，给人以开阔的感觉。俯摄有利于表现具有结构线条的物体，展示出图案美，并使物体纵深方向上的线条得到舒展，能获得较好的空间感和透视感，如城市的建筑布局、舞蹈表演的队形变化、优美的田园风光等。对于运动的物体，俯摄也能很好地表现出物体运动的轨迹和方向。

在运用俯角度拍摄人物时，画面会比较压抑，人物在垂直方向上的高度被压缩，比正常情况下显得萎缩和低矮，因而俯摄会表现出对被摄人物蔑视的态度，不利于表现人物的表情和交流。

拍摄距离是指摄像机与被摄对象之间的距离。在摄像机光学镜头焦距固定的情况下，拍摄距离变化的直接结果是导致景别的变化。景别是指画面中主体所占据的范围大小。拍摄距离越小（即摄像机离被摄对象越近），被摄主体在画面中呈现的范围就越大，周围环境的范围就越少，景别就小；反之，拍摄距离越大，画面中包容的景物数量越多，景别就越大。景别还受摄像机光学镜头焦距的影响。镜头焦距越长，视角越小，景别越小；反之，镜头焦距越短，视角越大，景别越大。

4. 电视画面景别

景别是影视造型艺术设计的一个重要表现因素，景别的处理是电视作品创作的重要组成部分。不同景别的画面所包含的画面信息是不同的，通过对不同景别的综合运用，引导观众的注意力，明确主题的表达，满足观众从各种不同视距观察事物的心理要求。

由于参照物的不同，人们对画面中主体理解的角度不同，会造成对景别理解的差异，为了分析和研究的方便，有必要对景别进行划分。景别的划分一般是以成年人的身体在画面上所占据的范围大小为依据，常用的分类方法有"五分法"和"七分法"两种。"五分法"把景别划分为五种，即远景、全景、中景、近景和特写，"七分法"则是在"五分法"的基础上增加了大远景和大特写两种。这里我们以"五分法"的划分标准对各种不同的景别加以分析。

（1）远景

远景是人物在画面上占据的范围约为从一个点到不超过画面高度的三分之

一的取景范围，是景别中表现空间范围最大的一种景别，画面提供的视觉信息较多，具有造势的作用。

远景中人物在画面中所占的范围很小，难以看清其外部特征，人物形象下降为次要地位。远景以大自然为主要表现对象，如浩瀚的海洋、连绵不断的群山、广阔的草原等，主要表现整体的结构线条，细微的细节均消失，画面显得比较简洁、空灵，表现出开阔、壮观、恢弘的气势，有较强的抒情性。

远景主要用于交代故事发生的地点及环境，力求在一个画面中尽可能多地展现景物和事件的空间、规模、气势等视觉信息，带来视觉和心理的冲击和震撼。远景画面用在节目开头能开门见山地点明故事发生的背景，若放在结尾，则能使画面留有余韵，给人回味、想象的空间。也可用于表现场景气势的磅礴，如人群聚集的场面、城市的规划、万马奔腾等。

（2）全景

全景是人物在画面上占据的范围约为从画面高度的二分之一到不超出画面的取景范围，是造型表现元素最多的一种景别，可包含有主体、陪体、前景、背景等元素，主要表现被摄对象的全貌。

全景画面的特点是既有对环境的交代，又有较完整的人物行动的描写。与远景相比，有了较明确的表现中心，要么人物上升为画面的主体，环境成为补充，表现典型环境中的特定人物；要么反过来表现人物所处的特定环境。

全景画面能够完整地表现人物的形体动作，可以反映出人物的内心情感和心理状态，但却不利于表现一些细微的动作变化。全景画面还具有定位的作用，在一组画面中，常常用全景镜头来展现被摄对象间的空间位置关系。如在谈话节目中，常常会运用全景镜头交代各个人物间的位置关系，当出现每个人物的近景或特写时，观众就不易产生对人物位置关系的混乱。

（3）中景

中景是人物在画面上占据的范围约为膝盖以上或腰部以上的取景范围，主要表现人物上半身的动作，兼顾环境，它的叙述性强，是常用的镜头。

中景可以很好地表现人物之间的关系，体现人与人之间的交流，也可以表现物体的运动。与其他景别相比，中景是一个比较特殊的景别。它在表现人物的全貌和环境的整体性上不如全景，但又能表现人物的主要部分和环境的主要特征；在刻画人物的表情和细微动作方面不如近景突出，但也能有所表现。因此可以利用中景代替全景来交代环境，减少场景搭建的费用，防止穿帮。这种居中的、兼而有之的特点可以使中景镜头灵活地向两极的景别过渡，这既是中景的优点同时也是它的缺点，中景具有比较模糊、中庸的特性。

（4）近景

近景是人物在画面上占据的范围约为胸部以上的取景范围，主要表现人物的表情和物体的质地，环境因素基本淡出，是肖像的景别。

在近景拍摄中，被摄对象所处的环境空间几乎被排除在画面以外，空间特征基本消失，画面内容比较单一，主体显得非常醒目。近景对人物的面部神态和情绪有很强的表现力，眼睛成为视觉的重点，观众可以从被摄人物的目光中观察到人物的喜悦和悲伤等情绪，增强观众与人物的交流。

由于近景画面所表现的范围较小，物体的动作往往会出画，很难捕捉到，因此一般不宜表现快速运动的物体。

（5）特写

特写是人物在画面上占据的范围约为肩部以上的取景范围，或是被摄体的某一局部，具有突出、强调局部的作用，揭示事物的本质、深化主题。

特写放大了人物的神态的变化，一些细微的、不易觉察到的动作，如面部肌肉的颤动，皱眉、眼角的泪花、颤抖的手等都会变得十分醒目。通过对人物表情的特写，淋漓尽致地表现人物的内心活动，有力地刻画人物的性格，使观众获得很强的心灵上的触动，引发观众对主题的思索。

特写画面的背景常常是虚化的，有利于从杂乱的环境中突出主体，淡化了环境因素，弱化了时空概念，可以用特写镜头进行相似体转场而不会引起视觉上的跳跃。特写可以很好地表现被摄对象的质感，调动观众的触觉体验，增强画面的感染力。特写的景别最小，不适宜表现被摄对象的大幅度动作。

5. 采访镜头拍摄

采访型节目往往是以拍摄人物为主，在拍摄人物时对角度有着特殊的要求，摄像师不仅要考虑把拍摄对象拍得清晰，塑造出色的屏幕形象，而且需要考虑由于拍摄角度变化带来的交流感觉的变化以及情感因素。

（1）采访时拍摄角度的选择

在采访画面拍摄时，可以从三个方面设计拍摄画面的角度：拍摄方向、拍摄距离和拍摄高度。

在采访型节目中，拍摄方向的选择主要在于如何突出采访对象的正面特征与表情变化，常选择的拍摄角度是正面拍摄或者左前、右前侧拍摄，这些角度可使观众看到被采访者的眼睛，眼睛是心灵的窗户，看着对方的眼睛和表情进行交流符合人们正常的交流习惯，能够让采访充分而自然。采访型节目非常注重使接受采访的人与观众之间建立一种自然和谐的交流关系，正面拍摄或者左前、右前侧拍摄能够有助于交流关系的建立，符合日常生活中人与人自然的交谈，因而被广泛运用于采访场景的拍摄。

拍摄距离指摄像机围绕被摄体沿纵深方向选择拍摄位置，拍摄距离不同产生拍摄景别的不同。在采访段落中常用的景别包括中景、近景和特写。中景主要表现人与人之间的交流，既能够展示口型，也能够表现人物表情和手势姿态，特别是在某些事件现场，观众不仅期望看到事件当事人声情并茂的描述，而且希望看到事件的现场情况。中景不仅可以充分展现讲话的人，而且可以同时交代环境，从多方面满足观众的心理需求。近景侧重于揭示人物的内心世界。在近景画面里，人物的手势姿态被弱化甚至完全被排除在画面外面，但是人物的表情被强化了，被清晰地呈现在镜头里。通过近景，观众不仅可以感受被采访者的喜怒哀乐，而且能看到被采访者的每一个细微的表情变化，观众可以通过这些细微的表情变化揣摩他们的心理活动。所以，当问到"你有什么打算""你当前的计划有哪些""谈谈你的想法好吗""你当时是怎么想的"等这些问题时，拍摄被采访者的近景是比较合适的。特写镜头是在近景基础上又进了一步的景别，当被采访者回答的是记者追踪的问题时，或强调被采访者的表情神态时，常用特写镜头来表现。采访段落的精彩之处常常是采访者追踪挖掘出来的，精彩之处自然会吸引观众的注意力，在观众吸气凝神、全神贯注倾听时，此时的特写镜头就与观众的心理要求相吻合了。观众不仅希望听得清，而且希望看得清，特写镜头完全满足了观众此时的心理愿望。试想，如果在一些关键问题上，镜头拍摄的是全景景别，虽然此时声音也能听得清，但是由于视觉上不够近，总觉得似乎看不清，视觉和听觉的不一致性必然影响人们的观感和对相应问题的理解。

拍摄高度是指摄像机围绕被摄体在垂直方向上的拍摄点的选择。在采访型节目中，为了使报道显得客观、公正，常用平视角度拍摄采访对象，以表明报道的公正和纯粹，增强采访的真实性和可信性。由于俯视角度和仰视角度在表现人物时，常带有一定的主观色彩，例如，仰视角度常使人联想到崇高、仰慕、敬仰等，具有褒义；而俯视角度常使人联想到渺小、看不起、轻视等意思，具有一些贬义。在采访型节目中，习惯于用平视角度拍摄，这样能使观众与被采访对象处于同一水平线上，进行平等、亲切的交谈，彼此平视能够使谈话深入。

另外，在采访镜头拍摄时，过肩镜头是电视工作者常用的一类镜头。过肩镜头有着其他镜头无可比拟的优越之处。首先，过肩镜头强调了采访的现场感和真实感。记者在镜头中出现，说明记者是亲自面对新闻事件的目击者或者当事人，聆听他们的表述，脚踏实地的采访报道。其次，过肩镜头能够有效地突出主体，主体与陪体的关系一目了然。另外，过肩镜头使画面富于变化，增强了画面的活力。采访谈话一般容易说得较长，面对较长的谈话，拍摄者常常苦于镜头缺乏变化，没有吸引力，此时过肩镜头是个很好的选择。而且运用过肩镜头在现场抓拍，搜寻新闻事件的目击者和当事人，有着强烈的现场感，能有效地确保镜头抓得准，顺利完成报道采访任务。

（2）采访时运动镜头的运用

在采访拍摄时，常用的镜头运动的形式包括推镜头、拉镜头和摇镜头。

推镜头是突出强调的一种手段，推的过程是把观众的视线从大范围的各个分散的点逐渐集中到某个对象身上，使这个对象逐渐由小变大、由远变近、由模糊到清晰，并越来越醒目的过程。推镜头在采访段落中要想办法用在值得强调的关键内容上。可以是被采访者的表情和动作值得关注，也可以是谈话内容本身非常重要。在采访段落中，比较忌讳的是不管谈话的主题，不顾谈话的关键环节，随意地推拉镜头，不注意镜头语言的表意功能。推镜头的随意使用容易形成视觉上的误导。特别是当镜头推上之后，观众认为即将看到或听到精彩内容了，可实际上仍然是平淡的内容。此后观众的注意力会下降。这样的推镜头破坏了节目的整体性和连续性，对观众的收视心理形成负面效果。

拉镜头的画面效果是景物由大变小，由清晰变得模糊，所形成的视觉和心理感受是远离感、退出感。在采访段落即将结束时，可以适时地运用拉镜头，但在采访段落中间使用，往往显得不合时宜。另外，在采访中有记者提问或插话时，镜头可以顺势拉出，此时不会使观众产生远离感，而是顺应观众心理，把提问的记者拉出来，让观众看到，同时变换镜头的景别，丰富画面的形式。

摇镜头在采访中一般用于表明讲话者与现场环境处于同一时空。例如，看到记者深入火灾现场，将自己亲耳所闻和亲眼所见的内容传达给观众。摄像师可以将镜头从被采访者或记者摇向周围的环境，用摇镜头验证讲话者所讲内容的可靠性和真实性。另外，将镜头从讲话的人摇向周围群众，可以用于观察周围人的反应和态度，是反对还是赞同，是愤怒地挥舞着拳头还是会意的微笑，这种镜头能真实地洞察观众的态度。

6. 电视声音的录制

电视形象的塑造中，画面需要声音的支持，声音也离不开视觉形象。在影视作品的制作过程中，声音的录制有三种方式。

（1）前期录音

镜头拍摄前，录音师先把歌词、乐曲等录制好，在实际拍摄现场，播放录音。演员根据播放的唱段或乐曲同步表演。前期录音的方式常用于对语言要求较高的戏曲片、音乐片、大型的文艺晚会等的录制过程。

（2）同期录音

就是在实际拍摄中，将演员的对话及环境音响同时录制。这种方式对录音设备要求较高，通常用于音响效果逼真的电视节目的录制。

（3）后期配音

镜头画面拍完之后，根据画面进行配音。配音人员在录音棚里，按照画面人物的口型，以保证口型与语言的一致，并且要求配音人员按照画面要求模拟音响效果。这种方式在旁白、解说性的科教片、纪录片中运用得较多。

电视作品制作流程中，这三种方式通常是综合运用的。另外，在声音录制时，可以利用声音的特性，产生特殊的艺术效果。试举几例：

声音的空间感：利用混响和延时效应，表现声音所处的具体空间，给人真实亲切的感受。在山谷中叫一声"你好"，声音渐渐地飘远，减弱，"你好"的回声，从远处传来，越来越近，同一个声音在山谷中的回旋，使人感觉空旷，层次丰富。

声音的环境感：使人感知画面所处的环境。例如，听到蛙声，人们自然会想起夏天的农村池塘边或小河边。听到行驶车辆的嘈杂声，人们联想到繁华的城市马路。炒菜声、剁馅声等形成"厨房交响曲"。或者足球赛场的加油声、狂喜声、叹息声等。

声音的距离感和特写：配合画面的透视感，扩大画面的空间容量，丰富画面的层次。人们依据耳朵的听觉特性判断声音的远近，例如根据火车的鸣声，判断火车进站或者出发，随着技术的发展和设备的完善，能够模拟远处传来缥缈的乐音等多种效果。

关于声音的特写，电视作品中经常看到，表现定时炸弹对建筑物的爆炸，特意强化定时装置嘀、嘀、嘀、嘀……的声音，以制造一种紧张的气氛。

第三节　结构与写作

一、广播电视作品结构

（一）理解广播电视作品结构

在拉丁文当中，"结构"一词有"归纳在一起""使有序"的意思。一般来说，"结构"是指"事物系统的诸要素所固有的相对稳定的组织方式或联结方式。体现为要素的组织、总合、集合。诸多要素借助于结构形成系统"。①在广播电视节目当中，作品的"结构"体现了编导人员的创作构思，合理的"结构"设计能够强化节目的整体性，使作品的表意性、艺术性得以提升，使节目的价值最大化。广播电视节目的结构既能反映出编导人员的政治觉悟、审美品位、写作技巧和技术手段，又是节目构思和主题的体现。广播电视节目的"结构"是整个节目的"骨架"，只有拥有明确的"结构"，才能使广播电视节目看起来就像一篇好的文章那样，拥有清晰的层次、突出的主题和合理的流程；反之，如果"结构"不清晰，那么广播电视节目看起来就会杂乱无章，支离破碎。

（二）广播作品结构的艺术

广播作品的结构要求广播节目的编导人员必须注重整体目标和整体设计。在处理节目的时候要考虑到广播媒介的传播特性、频道定位、地域特色、节目系统的整体目标、整体设计，要能够在总体宣传上体现鲜明的时代特征和引领时代进步的功效，让媒介更好地为政治和经济服务。这就要求广播节目的编导人员具有前瞻意识、大局意识、创新意识，在决策和运作中准确把握受众消费市场的新变化和新挑战。

广播节目最直观的特点体现在其线性传播上。也就是说，广播节目的传播以时间为序，在单位时间内按照一定的顺序传达信息。听众按顺序收听，其接收过程与广播信息的传播是同步的。根据这一特点，就要求广播节目的编导人员要依照时间顺序或者逻辑顺序结构节目，这样才能脉络流畅、清晰。广播节目的结构要单一，不适合用并列结构、散文式结构、纵横交叉式结构，要符合听觉的规律，线索不能过多，层次要分明，过渡要自然。

以广播新闻节目为例，一般来讲，"依时间顺序结构安排新闻中的各项事实，要求按照新闻事件发生的先后顺序来表现，脉络自然、清晰。逻辑顺序结构是按照事物的状况以及人们认识事物的过程，由此及彼、由表及里安排新闻事实。例如倒金字塔结构的新闻，它是按照新闻事实重要性递减的顺序加以报道的。还有非事件性新闻，采用的是提出问题、分析问题、解决问题这么一种逻辑思路。此外，还有时间与逻辑结合的顺序，这种结构在广播中应用时需谨慎，因其时空交错、结构较为复杂、线性特征不显明，广播时不容易把握好。总之，广播节目不论采用何种形式，关键是如何使听众头脑中产生线型感觉，

---

① 中国大百科全书编辑部. 中国大百科全书·哲学卷 ［M］. 北京：中国大百科全书出版社，1985：358.

能顺着线性的延伸，较轻松地把握新闻的内容。事实一段一段要交代清楚，材料之间要有必要的关联照应，要摆脱报刊文字稿的影响。报纸读者在阅读时可以上下、前后反复搜索信息，其结构可以枝蔓穿插、经纬交织，形成一个比较复杂的网状式样"。① 在这其中，"引导"和"重复"就是针对广播线性传播特点进行结构强化的有效手段。引导这一环节非常重要，其功能如同报刊的引题一样。在听众进行收听活动的时候，进行听觉先导，通过这条引线把听众的注意力给调动起来，并自然地导引到反映新闻事实核心的主线上去。另外，在处理节目结构的时候，还要适当地进行强调性重复，"重复"在广播线性结构中，好比是线头，使听众因种种原因收听断线后，又能立即重新抓到线头，建立起收听联系，从而避免了断线后不知所云的情况，使得听众的思路与广播的内容保持一致。

（三）电视作品结构的艺术

结构，是所有电视节目都必须要考虑并实施的一个重要问题。电视节目的结构有两层含义：一是整体布局，对整体形式的把握，通过对节目内容的编排，使作品层次分明，结构完整；二是内部的构造，就是节目中各个局部的构成和转换的把握，使作品上下贯通，过渡自然。电视节目的结构注重从整体出发，调动一切可以调动的元素，从画面到解说，从音乐到音响，从字幕到特技，只有全盘考虑了各方面的关系，才能把握整体效果。在我们看来，电视媒介不仅仅是一个影像空间概念，也是一个时间的概念。电视播出时间与人们日常生活的自然时间具有同步性，所以电视的传媒特质就是"日常生活的伴生物"。

结构在电视节目中具有举足轻重的作用，归纳起来，有以下两点：

1. 内容条理化

在电视节目拍摄之前，内容往往杂乱无章，主旨不可能明晰地表达出来。随着结构设计的深入，在主旨的统一下，对观点、材料进行定位，显示出了大的层次，电视节目轮廓逐渐鲜明。继而对小的层次进行设计，使小观点、小层次中含的材料也确定了位置。这样多次反复、多次斟酌，电视节目内容便具有条理性、层次性。

2. 使电视节目整体化

在结构的作用下，电视节目各个局部有机地联系在一起，散乱的材料组织

---

① 吕萌，左靖. 当代广播电视概论（第2版）［M］. 合肥：合肥工业大学出版社，2012：83.

起来，各个小观点按照一定规律来说明总的主旨，全片形成了一个严谨的整体。

举个例子，有表现周总理永垂不朽、人们对周总理的怀念之情的电视片。片子气势磅礴，从整体布局上，是以时间的进程为主要线索，分为四大块：一是开始向遗体告别；二是送周总理的灵车；三是灵堂吊唁；四是表现周总理的功绩。向遗体告别、灵堂吊唁，进行了大幅度的空间展开。向遗体告别穿插全国各地的吊唁活动，在时间跳跃上，穿插一些历史上周总理到各地参加的一些活动，例如邢台地震、云南泼水节等。这是一种结构方式。同类的题材，表现对领袖的怀念，南斯拉夫有一个纪录片片名叫《永远的怀念》，这是当南斯拉夫的领袖铁托去世，他们要表现人们对他的怀念的一个片子，全片没有解说，影片开始的时候，是黎明时刻，一位老人从乡间小路缓缓走来，然后在朝霞中采摘野花，老人穿着游击队的队服，拿着花走在乡间小路上，车辆穿梭，人来人往，一辆车停在老人身边。全景当中隐约可见有人和老人在交谈，老人摆摆手向前走。最后老人走向立交桥，此时烟雾消散，背景出现首都的高楼，老人在楼前停下来同一位行人讲话，这个时候行人用手指指，老人向手指的方向走去，镜头在移动，移动到草坪上，那里停满汽车和排长队等待吊唁领袖的人们。这个时候镜头推上去，一个穿军装的卫兵走进人群，用手扶着老人走向墓前，接着鞠躬默哀。此时插入欢腾的群众背景，铁托与老人拥抱的资料镜头。这个片子给人虚幻的感觉，艺术性更强一点，与同类题材的表现手法是不一样的。结构的意义，对一个片子来说具有十分重要的作用。

一般来讲，确定电视节目结构的时候要遵从以下原则：①要服从主题表现的需要；②要考虑节目类型的特点要求；③要反映客观事物的发展规律和内在联系。① 常见的结构处理方法包括以下几种：

1. 纵式结构

即按照时间先后和事物变化的顺序来安排层次。这种结构还可以分以下几个小类：

（1）按时间的推移来安排层次。这种安排层次的方法容易掌握，只要时间顺序不乱，效果一般比较好。

（2）按事物的发展演变过程安排层次。如某些专题经验报告、反映阶段变化的总结等。这种结构形式能够清晰地反映出事物的发展演变脉络。

（3）按事理的层递关系安排层次。这种层递关系包括主从、因果、种属

---

① 李林，刘万军. 电视编导实务 [M]. 北京：中国传媒大学出版社，2013：84.

等。以层递关系安排电视节目,其内容螺旋式层层深入,由表及里,说理透,说服力较强。

2. 横式结构

即横向铺排电视节目的内容,或按事物的组成部分展开,或按事物性质归纳关系展开。横式结构有以下两种:

(1)条款式安排。它把同类问题归纳在一起,独立成章;而同一类中又分若干条、若干项,条与条之间、项与项之间相对独立。

(2)块块式安排。把一个完整思想分成几部分来表达,每一部分又分别从不同的角度来反映电视节目整体思想的某一个侧面,几部分加在一起等于电视节目思想的全部外延。但是块块的安排不是可以随意地放前摆后,而是具有相对的独立性,层与层之间还是有着某些主从、层递等关系的。

3. 纵横交叉式结构

将不同时空的两条或两条以上的有内在联系的线索按照一定的艺术构思交叉来组合安排,并以此组织情节,推动事件发展。其特点是组织材料时,既考虑其时间、发展演变和事理层递等因素,又考虑其内在联系,按问题的不同性质组织材料,形成纵横交叉、经纬结合的结构形式。打破正常生活时空的连续性、顺序性,形成具有深度和广度的网状结构。当然,有的横中有纵,有的纵中含横,需横当横,需纵当纵,开合自如。这种安排结构的方式比较灵活,适应性强,能够不拘一格。篇幅比较长的电视节目,如经济活动分析、市场预测报告等,往往运用这种形式安排结构。

二、广播电视作品写作

(一)广播写作的特点

对于广播编导来说,进行广播写作的时候必须充分了解广播写作的特点。广播节目写作有这样几个特点:诉诸听觉,及时快捷,语言通俗,脉络清晰。语言特征是通俗化、大众化、简洁化、口语化、生动化。

(二)电视写作的特点

电视节目包含图像和语言等多种要素,图像和语言等符号同时作用于受众的视觉和听觉,其特点是直观性、形象性、综合性、亲和性、及时性。最突出的特点是视听结合,声画合一,现场感强。

(三)广播作品写作的方法

1. 为听而写,考虑收听习惯

了解听众的收听习惯和心理特征,语言表达应该注重口语化、通俗化。在

123

写作时，可根据报道范围、受众对象特点，采用与之符合的语言文字。应当注意，口语化、通俗化是将日常口语加工提炼，变成符合广播电视的语体。口语化关键在于音律排列、词汇组合和句式表达上。注意韵母、平仄搭配，使声音有起伏，读起来抑扬顿挫，富有感染力。作品脉络一定要清晰，可按新闻发生的时间顺序来写（顺序法），可在开头设置悬念（广播新闻作品要特别重视导语写作）。用具体、形象的事实说话，用细节说话。

2. 扬长避短，发挥音响优势

广播节目的主要优势是诉诸听觉，先声夺人，劣势是按时传播，选择性差，转瞬即逝，不留痕迹。音响是广播的一大优势，应扬长避短，充分发挥音响优势，多用音响，多做音响报道，把听众带入现场。

3. 语言明白晓畅，通俗易懂

多写"话"，即人物说的话；用数字，能用数字说明时尽量多用数字；因广播作品诉诸于听觉，过耳不留，特别重要的内容及语句可以适当重复；多用短句，少用长句、复合句和倒装句，有助于受众听起来顺耳和容易理解；巧用修辞，如比喻、对偶、反复、排比等，可以提高新闻的形象力和表达力；注意用词，多用双音词，少用不用单音词，如不用"即"，用"即使"，少用半文半白的词，如不用"须臾"，少用同音异义词，如"夕阳——西洋"。写作时还要注意重音、停顿、节奏和语气的技巧。

（四）电视作品写作的方法

这里主要结合电视解说词的写作来谈电视作品的写作，但在实际当中，电视编导创作电视作品时，不单单面临解说词的写作，还有节目台本的写作，如晚会类节目的台词脚本；策划案的写作，如谈话节目的策划文案；编导阐述的写作等。本教材重点谈谈解说词的写作。

原本解说词所属于的文学语言与电视所使用的视听语言是两套表意系统，但是电视同时也是一种综合性极强的传播媒介，因此，在实际的操作中二者被巧妙地结合在了一起。这种结合是基于以下的原因：首先，解说词所属的语言系统具有一种"锚定"的作用，即通过语音或者文字来"固定"画面的含义，根据法国社会评论家及文学评论家罗兰·巴特的阐述，这种作用不引向认同而是引向解释，从而锁定视觉信息的深层次含义。[①] 其次，是作为画面的补充说明，这种作用不同于之前的"锚定"的作用，这是一种保证画面意义完整性

---

① 参见：[法] 雅克·奥蒙，米歇尔·玛利. 电影理论与批评词典 [M]. 上海：上海人民出版社，2011.

的作用，而前者是为了保证画面意义的精确性。除了以上两点，英国电影档案专家林格伦在《论电影艺术》一书中还认为，解说词的运用也与人们的教育和思维习惯有关，同时也方便项目通过审批。① 因此，罗森塔尔在《纪录片编导与制作》当中认为："解说词的功能是加强和澄清画面含义。它对建立片子的主张应该是有帮助的，可以提供画面表达不清的必要信息。它是帮助片子聚焦的简便有效的途径。解说词同样可以帮助建立片子的情绪，它对片子论题转换新方向也特别有效。"②

电视解说词的结构样式比较固定，如果把电视节目比作"珍珠项链"，那么画面就是"珍珠"，而解说词则是串起"珍珠"的"绳子"，"珍珠项链"的美在于"珍珠"，但是没有"绳子"的串联，那只能是一盘散沙。那么这根"绳子"要怎么"串珍珠"呢？

首先，充分掌握电视作品的中心思想和表现手段。这样可以使解说词写作不至于和原先的电视作品风格对立，而是融为一体。例如纪录片《俺爹俺娘》，全片以一种朴实的影像风格讲述了一个简单朴实的故事，故事内容与影像风格高度统一，而解说词的语言无任何华丽的辞藻修饰，偏向口语化，从而使解说词从内容到形式都能与影片融为一体。

其次，切忌"平均用力""面面俱到"。曾经，有人将解说词写作容易出现的问题概括为："两张皮""满堂灌""一锅粥"。所谓"两张皮"是指画面和解说词之间缺乏有机的联系；"满堂灌"是指解说词一味地单向度输出，扰乱画面；"一锅粥"是指解说词的语言缺乏有效提炼，重点不突出，让受众不知言为何物。因此，解说词的写作过程可以简单地概括为：认知对象，树立结构，突出重点，借题发挥。首先，要充分了解写作对象，不要只从一个方面去认知事物，只有多维度地观察，才能全方位地还原事物的原貌。其次，要形成整体结构，解说词在写作的时候，需要明确写作的逻辑顺序，不能完全被画面"牵着鼻子走"，这样会导致整篇解说词过于"碎片化"，成了只言片语的组合。解说词在写作的时候务必要有自身的"起承转合"。再次，解说词不能够面面俱到，因为以声音为载体的解说词，其长度的控制取决于信息量，而解说词的信息量取决于画面节奏。所以，随着画面的流逝，解说词必须重点突出，这样才能起到"四两拨千斤"的效果。最后，解说词应该保持自身的"纯性"，需要考虑自身的"美感"，这不是说解说词可以凭空臆造，而是说解说

---

① 参见：[英]林格伦. 论电影艺术 [M]. 北京：中国电影出版社，1994.

② [美]罗森塔尔. 纪录片编导与制作 [M]. 上海：复旦大学出版社，2008：166.

词应适当运用一些修辞手段，增强语言美，音韵美。这里，尤其应该注意的是避免单调地重复画面信息。例如，解说一位体育明星摄影的画面，解说词写成"体育明星×××在拍照片"就是重复的废话，倘若写成"体育明星×××的业余爱好之一是摄影"或"×××从少年时期就迷恋上摄影"就是恰当的解说词，因为它补充了画面未能表达的内容。

接下来，我们通过具体案例来分析、学习：

【解说词：造船再一次暂停。延误工期是造中国帆船的大忌，古人说"下水三年，岸上半年"。太阳照在太平公主身上，好像听得见木材开裂的声音】①（《造舟记》，第十三届福建省电视艺术奖电视纪录片（长篇）一等奖，福建省广电集团东南卫视）

这一处的解说词观点明确（"延误工期"），还引用了古人俗语来辅助说明（"古人说'下水三年，岸上半年'"），同时还适当地运用了修辞的手法，利用解说词拓展出的声音空间给人营造出一种身临其境的感觉（"好像听得见木材开裂的声音"）。

【解说词：造船的故事，就像一场拔河，一头是梦想，另一头是现实，有时拉近梦想，有时却被拉向现实，快乐和痛苦参半。但只要活着，只要有希望，就不能松手。】

这一处的解说词属于结尾部分，解说词基于画面，又不拘泥于画面，适当地将画面含义进行引申（"像一场拔河"），从而在结尾处升华了全篇的主题（"但只要活着，只要有希望，就不能松手"）。

这两个例子充分体现了解说词不离开画面，但是又不重复画面的鲜明特点。这样，解说词不仅能够和画面完美地结合在一起，还能补充画面以外的信息，或是适当的升华主旨，从而使二者相得益彰。

【解说词：为什么一个男人，到了60岁，还能出神入化地演绎一个女人？为什么梅派京剧，过了半个多世纪，还能让人津津乐道？梅兰芳在

---

① 《造舟记》，第十三届福建省电视艺术奖电视纪录片（长篇）一等奖，福建省广电集团东南卫视。"太平公主"为造船者给船所起的名字。

那个时代，究竟创造了什么？那个时代，又用什么，造就了梅兰芳？】①

此处解说词的运用，已经与之前的不太相同，这里解说词作为一种结构上的手法，通过提出设问的方式引出话题，提升观众兴趣，从而融入整部纪录片的叙事机制当中去。

通过以上几个案例可以看出：解说词来源于画面，但是不等同于画面。作为抽象的文字符号，解说词更加适合传达具象画面无法传达的信息，比如，情绪、感觉等。观众的观看过程是一个被动接受的过程，对于画面信息的接受和对于画面信息的加工思考过程往往不能同时进行，因此，为了保证传播效果的精确性，编导人员可以适时地运用解说词来"锁定"画面含义。

接下来通过对一篇优秀解说词的赏析，来感知解说词写作的基本要领。

《话说长江》第一集《源远流长》的解说词②：

您可能以为，这是大海，这是汪洋吧？不，这是崇明岛外的长江！

您可能会联想到长长的飘带，洁白的哈达，是啊！多么美丽，这也是长江！

如果说是三级跳远的话，我们刚才从长江的入海处起跳，中间在三峡落了一脚，现在已经跳到世界屋脊的青藏高原了。长江就是从这里起步昂首高歌，飘逸豪放地奔向太平洋。

长江已经在这个世界上生活了千千万万个春秋了，但是他依旧这样年轻，这样清秀，他总是像初生的牛犊一样不知疲倦，永远充满着青春的活力。那么，长江的音容笑貌和性格究竟如何呢？

我们准备从长江的源头开始，顺流而下，逐段介绍长江的千姿百态以及长江流域的山水风光、风土人情、历史文化和古往今来的变迁发展。在这第一回里，我们打算对长江的总体形象和长江的身世做一个粗略的介绍，使大家对长江有一个大概印象。

我们更热切地希望朋友们看完了这套节目后，能够激起一腔美化中华大地的热血——有如长江之水，惊涛拍岸！那么有多好啊……

长江发源于唐古拉山山脉的主峰格拉丹冬雪山的西南侧。它由西到

① 《梅兰芳》，十集大型文献纪录片。

② 转引自：彭菊华．广播电视写作教程［M］．北京：中国传媒大学出版社，2011：230.

东，流淌在祖国大地的中部，稍稍偏南。在以前的地理教科书里，说长江的长度是 5000 多公里，近几年来，经过我国科学工作者千辛万苦的实地勘测，获得了比较确切的数据——长江的实际长度是 6380 多公里。从长度来讲，仅次于南美洲的亚马逊河和非洲的尼罗河，是世界上当之无愧的第三大河。

长江的干流从青海出发，流经西藏、四川、云南、湖北、湖南、江西、安徽、江苏、上海一共 10 个省、市、自治区。最后注入东海。

确立位置：解说词的开篇通过人称代词"您"的运用，摆明了一种交流的姿态，拉近与观众之间的距离。锁定含义：虽然第二段运用的是"可能会"这样带有不确定性的表达方式，但是结合画面的直观感受，观众还是"会联想到长长的飘带，洁白的哈达"，从而提升了画面的韵味，这种带有不确定性的表达方式反而使语气更加亲切和自然。气氛渲染：该解说词通过"昂首高歌""飘逸豪放"等词汇，配合画面当中长江之水"惊涛拍岸"，营造出了一种激昂雄壮的磅礴气势，从而激起了观众的"一腔美化中华大地的热血"。拟人化表达："但是他依旧这样年轻，这样清秀，他总是像初生的牛犊一样不知疲倦，永远充满着青春的活力。那么，长江的音容笑貌和性格究竟如何呢？"此处，将无形的长江之水具体化为可知可感的形象，从而使表现对象更加生动。

如果说解说词写作还有什么要注意的，那就是提高文学写作的修养和加强对电视作品相关背景知识的广泛阅读。

导演阐述写作也是广播电视编导经常用到的写作形式，应该娴熟掌握。

如果说编导人员的构思与策划环节是一次"预设"的活动，其目的是为了消除未来活动的不确定性的话，那么，导演阐述则是为了体现编导人员对于活动对象的认知，重点不是交代接下来拍摄活动的实施方案，而是体现主创人员的思想认识，使得接下来的活动能够从总体风格上保持一致，使整个创作团队能够保持思想上的高度统一，起到"纲举目张"的效果，相对于具体的拍摄脚本而言是一次"务虚"的活动。

第四节 编辑与制作

无论广播编导还是电视编导，都要了解编辑与制作要领，有时编导需指导编辑、制作人员进行工作，有时编导要兼做编辑与制作工作。

一、广播电视编辑

（一）广播节目编辑

1. 广播编辑的主要任务

广播编辑的工作是严谨而关键的。其工作的主要任务，首先，要把握好舆论导向。广播编辑把握正确的舆论导向是其重要的职责。广播编辑需要了解全局，能够掌握国际、国内和本地的各种新动态，善于对获得的各种信息进行分析研究；广播编辑需要了解群众，重视处理各方面的邮件及来电来稿，从群众当中了解问题，了解情况；广播编辑需要深入实际做比较充分的调查研究，需要把对上负责和对下负责有机结合起来，不仅仅是对负面报道的把关，更重要的是对正面报道的把握。

其次，广播编辑要负责选校稿件。编辑需要在多方的来稿当中决定哪些该取，哪些该舍，哪些要重点处理及时用出去，哪些可以往后推一推。编辑不仅要把好政治关、事实关，而且还要把好内容关、文字关。编辑对稿件的取舍体现了广播媒体的工作意图。编辑每天的第一项工作就是选择稿件，在选择稿件时需要注意：第一，注意政治原则，政治原则是我们社会标准的一个重要方面，我们的社会是全面发展、全面进步的社会，这个社会的政治原则是以经济建设为中心，坚持四项基本原则和坚持改革开放，编辑在选择稿件时，首先要注意的就是稿件是否遵循了这一原则。广播是舆论宣传媒介，影响面大，因此编辑选择报道新闻人物或者新闻事件的稿件时，应该对所涉及的内容负责，稿件的内容要有益于社会和大众的基本利益。第二，要注意稿件的重要程度，优先选择反映当前热点的稿件。稿件的重要性取决于它所含的意义。广播编辑在选择稿件时，要考虑稿件内容是否抓住了实际生活中亟待解决的问题是不是冲击了当前社会上绷得最紧的弦，优先选择这一稿件能否配合政府解决现实生活中的问题，起到舆论监督的作用。第三，要注意稿件的新鲜性，选择内容上有新意的稿件。有新意的稿件能引发深思，给人以动力，为此，广播编辑要注意反映新动向、新问题、新事情、新见解的稿件，注意显著性，报道显要人物的活动，和听众关系密切的地区发生的事等应当作为选择的对象。第四，还需要注意广播的时效性，挑选时效性强的稿件，之后要尽最大努力及时播出稿件。时效性一是指反映的事实及时，二是指电台播报的及时。最后，要注意广播的听觉特性。要选择适合听众口味的稿件，能够发挥广播优势的稿件。如果不符合听众的口味，他们就会关掉收音机，不管这个节目制作时花了多大的精力，花费了多长的时间，具有多么好的意愿。因此，广播编辑在审原稿件时要选择用事实说话的稿件，有趣味性的稿件，能给人以启示的稿件，与听众能够和平相处、亲切交谈的稿件，形式和表现方法有所创新的稿件等。

编辑还需要对稿件进行适当的校正，要注意检查和校正情节内容与基本事实是否有差错，是否有违反科学，是否有虚构、夸张。在基本事实方面，需要检查人名、组织机构名称、时间、地点、数字、引用语等是否正确，是否前后统一，稿件当中是否有文理不通的地方，注意文字是否简练，是否符合我国民族习惯等。

再次，广播编辑的任务还包括改编稿件。改编稿件指采用压缩、填补、改写等方法，改编各类稿件使其语言结构形式和表达方式符合广播的基本要求。

第一，压缩稿件。压缩稿件一般是为了突出主题，突出重点。有些很重要的主题稿件常常淹没在大量平淡的素材当中，编辑要帮助作者去粗取精，删除那些与主题无关或关系不太大的情节，使稿件的主题更加突出。另外，编辑要能够从稿件中抓住重点。从结构、叙事方面以及用词方面突出重点，避免面面俱到铺得太开。另外压缩稿件还能够精选事例，在稿件的播报构成当中突出主要环节，忽略次要环节，使过程的叙述详略有当，详略得当。另外还需要删除一些不合时宜的抒情，多余的解释等空话、套话。第二，增补稿件。指的是稿件当中如有事实不清楚、问题不明白或者是重要问题的背景交代不清楚，过于简单，编辑应该增加一些内容。增加的内容可以请记者补充采访，也可以通过编辑查阅现有的素材来进行适当的增补。第三，改写稿件。有的时候可能需要对稿件进行改写，改写的目的是为了让稿件更符合某一平台的播出。可以改变稿件的角度，也可以改变稿件的结构。稿件的结构安排，要使听众感到清晰、有条理，从听的角度，可以按照时间的顺序来进行编写，按照事情的发展过程编写，按照事情的因果关系进行编写。第四，综合稿件。把几条同一主题的新闻集中起来进行分析，找出它们之间的内在联系，重新安排结构，改编成一条综合新闻。也可以把几条同一主题，但从不同角度进行报道的新闻组编在一起加一总标题，形成一新闻专题，同时可以配上言论和评论，从而突出其主题，增加报道的深度。或者是把有关同一事件、同一主题、同一个人的各方报道综合改编成一条新闻专题。第五，广播编辑的任务还包括编排节目。在稿件定稿之后，编辑的工作还远远没有结束。编辑要把许多的内容组编成各种不同的节目，不同的组合会产生不同的传播效果。因此每次节目的内容如何搭配，如何开头，如何结尾，整个节目如何串联，中间穿插什么片花？编辑都要精心设计、精心安排。广播编辑的工作性质相当于报纸编辑拟定标题和安排版面。

2. 广播编辑的节目串联

在广播工作中，使用串联的方式可以使广播节目尽可能完整、全面地报道各种事件，以求达到最大的传播效果。所谓串联，也就是从不同的角度排列组合每一个节目，并且给这种组合一个说法，可以根据地区将节目分类，也可以根据事件的性质分类或根据对比的原则组合等。广播编辑的节目串联是能够体现广播编辑意识水平、品位和综合艺术能力的重要方面。在实践工作中，广播编辑们创作出了许多有效的节目串联方法。

一是通过播报消息来源的方法串联。我们在广播中经常听到这样的串联语句：本台消息……据新华社报道……本台记者从纽约发来消息……人民日报六月消息……这是一种通过播报消息来源，从一条消息转换到另外一条消息最简单的一种节目串联方式。

二是通过串联词把几条新闻组合在一起。采用串联词连接各条消息不但可以加深听众对节目的整体感觉，也可以使节目进展流畅。例如，在处理几条国内外消息时，不妨在国内消息播完之后用这样的串联词：在了解了国内的最新消息以后，让我们再来听听来自世界各地的报道。这样可以起到间隔的作用，提高听众的收听兴趣。

三是用停顿完成节目的转换。用停顿的方式间隔节目不失为一种简单易行的方法。尤其是当这种停顿本身具有某种含义时，这是一种可以优先选择的转换方式。如刚刚播报完一条令人震惊、悲哀的消息时，稍稍停顿一下，会比用串联词马上引出另一条消息要好得多。

四是用音乐做间奏曲，衔接与转换节目。在广播节目中音乐有着十分重要的作用。音乐本身的丰富性也显示出它有广阔的用武之地，即使是新闻节目的编辑，对于音乐和各种声音都应该保持敏感，懂得使用它们，使音乐既可以让听众的听觉稍稍休息，又可以用它把节目划分成不同的版块。

五是用男女播音员轮换播报的方式。在一组节目播出过程中，采用男女播音员轮换播报每条消息的方式，就是以声音的变化来转换节目，这种声音的变化可以给听众以新鲜感，吸引听众的注意力。

3. 广播编辑的编排

广播要讲究编排艺术，增强节目整体播出效果。广播节目题材广泛，内容丰富，信息量大，体裁多样，如编排不当很容易显得杂乱无章，影响播出效果。要讲究编排艺术，充分运用各种编排方法。常用的编排方法有：同类编排，把内容相近和重要性相同的几篇稿件排列在一起；组合编排，把主题相同而题材不同的几篇稿件组合排列在一起；对比编排，把两条内容相同，矛盾性质不同的稿件排列在一起，形成鲜明的对比，从而形成比单篇报道效果大得多的反差效果；栏目化编排，通过设置不同的栏目板块，按照报道内容分成不同的栏目，这些小栏目有机地组合成一个大的板块，能大大增强广播的社会效果。

收听广播的听众只能顺着播音员的声音一条一条的按顺序听下去，因此要求广播节目稿件的排列一定要正确，体现当前的宣传精神，做到主次分明、详略得当、流畅明白，同时需要遵循以下的稿件编排原则：一是遵循价值大小原则。价值大的排在前面，价值小的排在后面，目前广播节目的编排均采用这条原则。新闻价值由重要性、新鲜性、迫切性和趣味性等要素组成，编排时要对这些要素综合考虑，应当把重要性排在首位。二是遵循节目结构组合原则。要注意篇幅长短的组合，一般说来，无论是长新闻还是短新闻，都尽量避免过于集中在一起，而应该适当的穿插编排。要注意节奏快慢的组合，考虑到不同新闻的内在节奏，在不违背内容整体性的情况下，应做适当的穿插，力求表现出层次感和节奏感。三是遵循单元配套的组合原则。单元配套是指在一次新闻节目中把反映同一方面题材、同一内容和同一范围的几篇稿件集中编排在一组，不搞插花编排。单元配套组合原则是根据广播的传播特点提出来的，它的优点是听起来清楚集中，层次分明，适合听众需要，整体听觉效果好。

（二）电视节目编辑

电视节目编辑的概念是直接从电影剪辑中引用过来的。但是由于电视节目制作的特殊性质，编辑和剪辑的含义已经有了很大的区别。在电影中，剪辑的概念通常是指将素材镜头按照一定的逻辑顺序和表现需要重新组合成为一个完整的节目。从技术的角度讲，它只是后期制作中的一个步骤。而电视编辑通常是指包括画面素材和声音素材在内的处理，同时包括字幕叠加和特技效果制作等在内的一系列工作过程。从设备功能和操作技术上讲，每一个环节都可以在多功能的编辑控制台上完成。因此，电视编辑工作的含义和职责范围要比电影中单纯剪辑的概念丰富得多。

1. 电视节目编辑的特点

电视节目编辑是一个过程。它可以分为一系列步骤，各步骤之间有着内在的逻辑顺序。只有遵循它们的规律，才能创作出最高水平的作品。

电视节目编辑是一项技术性和艺术性兼而有之的工作。它要求编辑人员不仅要掌握技术设备应用的专业知识，还应对镜头剪辑的艺术原则具备运用自如的能力。

电视编辑是一项集体协作完成的任务。它要求与此有关的人员，包括制片人、编导、场记、音响技术员、录像员和编辑本人共同投入、齐心协力地完成。编辑角色呈现多元化。由于电视节目制作各环节工作紧密联系，人员分工虽然精细，但角色界限却逐渐变得模糊，尤其在新闻节目制作中，编辑人员的角色呈现多元化趋向。

编辑的本职特色不但体现在后期制作过程中，而且还融入到前期的报道策划、选题、采访和后期播出的环节中。现代电视编导的培养方向应朝着采、编、播合一的方向发展。

2. 电视节目编辑的任务

"剪辑"是电视节目编辑中最主要的一项任务。电视编辑的许多艺术原则继承了那些由电影摄制者们完善起来的手法和技巧，虽然早已不再使用影片中"剪切"的方式，大部分的编辑工作都已通过电子编辑的方式来完成，人们仍然习惯于将这一环节称为"剪辑"。在电视节目编辑的过程中，对画面素材镜头的处理方式仍与电影的剪辑艺术、技巧有着千丝万缕的联系，编辑的任务也大致相同。

（1）结构的把握

结构的把握是指根据拍摄意图和创作构思确定节目的整体结构方式。

从技术上讲，剪辑只要把一连串镜头连接组合起来即可，但这只是一种纯机械性的工作。对具体的节目要求来说，要将零散的镜头组织成一个完整的节目，就必须在节目结构上有准确的把握，要清楚交代事件发生发展的来龙去脉，反映出一定的内容含义，明确表达节目编辑的意图，使它们成为一个交流事实、思想和感情的整体。

（2）剪接点的选择

剪接点的选择要有章法，镜头的连接要准确、通顺、自然、流畅。

剪接点的选择是电视节目编辑中最关键的一步，它相当于文字写作中的遣词造句、编织成章。就像写文章要有一定的语法修辞要求一样，电视剪辑也有自己独特的章法结构、语言方式和规则技巧。通过剪接点的选择，让一个个镜头组合成有机的整体，让节目中人、事、物、景的运动及其发展流畅连贯地进行，这是编辑最基本的任务之一。流畅和连贯不仅指动作上的连贯，而且在情节表现上和内在结构上也要连贯。

（3）节奏的安排

根据内容和结构要求，安排节奏的起伏，做到节目的外部节奏与内部节奏相一致。

用剪接来改变画面节奏以增强对观众的感染力，是编辑中一个很有效的手法。编辑人员可以运用延长或压缩镜头的方式来改变画面的节奏和视觉效果。编辑在改变镜头运动的自然节奏时，必须以节目主题内容为前提，注意保持节目段落的流畅。

在不同的节目中，对结构安排、剪接点选择、节奏处理有不同的编辑要求。处理方式不同，表达的含义也不一样，即使是同样的镜头，通过不同的连接方式，也会产生不同的外延意义。尤其是声音语言同时发挥着重要的作用，在不同的语言、音响、音乐的配合下，镜头的不同的排列组合、不同的结构方式，会产生比单纯画面组合之外更深层的含义。

如在1998年长江流域抗洪抢险战斗中，同是解放军战士抢险救灾的画面镜头，在新闻节目中，画面连接的方式是按照事件发生发展的顺序，强调事实本身的叙述作用，观众看到的是抗洪大军日夜奋战，保护大堤，保护后方老百姓安全的感人事迹。而在中央电视台举办的"我们万众一心"大型赈灾晚会上，一组组连接成片段的、以特写镜头为主的、节奏安排紧凑的画面被反复播放：传递沙包，与洪水搏斗，大堤上奔跑的战士，洪水中穿行的冲锋舟，被解救出的老百姓。此时画面所起的作用已不单是叙述，其原有的含义获得提升，传达出一种更强烈更丰富更感人的力量。此外，在音乐电视节目"抗洪大军之歌"中，伴随着总政慰问团演员们在抗洪前线激昂洪亮的歌声，我们再次看到一组组和洪水奋战的感人场面，其意义已完全超越了画面本身叙述事件的作用，强调的是画面节奏的力量和这种连接方式带来的外在冲击力。而在洪水过后对灾难进行反思的一些评论性节目中，同样的画面传达的则是发人深省的思辨的力量。

这就说明，镜头组合的不同的连接方式，在不同的声音语言作用下，既可以客观地记录事实，又能传达不同的主题思想和感情内容，并产生更为丰富的外延意义。作为一名编辑人员，要胜任编辑工作，除了应掌握一般的技能技巧外，还要善于挖掘这种外延意义。

此外，电视编辑还包括文字组稿编辑、通联编辑、节目编排与串联等，其工作性质与工作职责等与前面谈到的广播编辑基本相同，这里就不再阐述。

二、广播电视制作

（一）广播节目制作

1. 广播节目制作系统组成

广播节目制作是按节目编排的要求，进行采编、录音和复制、剪辑加工等，最后制作成可供播出使用或者作为资料保存的完整节目录音磁带或硬盘的工艺过程，是广播播放的主要前期工作之一。有些广播节目直接进行现场录制和复制，便可以使用。但是，多数情况之下广播节目制作人员需要利用音频编辑制作系统进行制作。虽然各类音频编辑系统在规模、设备级别等方面有很大的区别，但是声音素材的录制、加工以及编辑系统基本结构功能和组成都是一样的，都包括素材录制、素材加工、编辑、合成几个部分，各个部分的组成关系如下图所示：

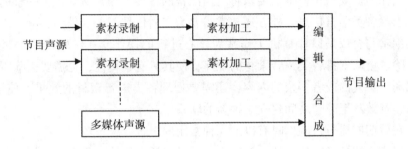

随着计算机数字技术的快速发展，当前音频素材加工、编辑、合成、输出等功能已经可以全部由高性能的数字音频工作站完成。

数字音频工作站（Digital Audio Workstation，简称 DAW）是一种用来处理、交换音频信息的计算机系统。它是随着数字技术的发展和计算机技术的突飞猛进，将两者相结合的新型设备。数字音频工作站的出现，实现了广播系统高质量的节目制作，同时也创造了更加高效的工作环境。

数字音频工作站的构成可以归结为以下几个部分：计算机控制部分、核心音频处理部分、数据存储设备及其他外设设备。音频工作站能够对录入的声音素材进行准确、精细和快速的删除、静音、复制、移位、拼接、淡化、混音、移调、伸缩等操作。

2. 广播节目制作的过程

从工作的实际出发，广播节目制作属于后期工作环节，其基本过程包括声音素材的录制和编辑合成两个环节。

（1）声音素材的录制

有些广播节目直接进行现场录制和复制，但是，大多数情况之下广播节目是需要利用音频编辑制作系统进行制作。虽然个人音频编辑系统在规模、设备等级等方面有很大的区别，但是声音素材的录制、加工和编辑系统基本元素的组成都是一样的。尽管节目制作要求不同，但对于音频质量的要求都是一样的。

要完成一部完整的广播节目，必须根据稿本要求设计、收集和制作有关的声音素材。除了稿本的规定场景必须在现场直接录音之外，一般来说，素材的录制要求在录音室并通过相关的音频录制设备进行录制。在录音室，录音人员利用一路或几路传声器送出信号，导控人员通过调音台的调控，利用录音机或音频工作站相关设备进行录制。

（2）声音素材的编辑与合成

制作人需要根据稿本的要求将之前准备的各类音频素材串接为完整的广播作品。除各类语言信息之外，还常常需要为广播作品配上音乐和音响。声音素材的编辑与合成是以计算机工作站为核心进行的操作。在编辑合成的过程当中，除了重新安排各类声音素材的顺序，使其具有逻辑性，也需要去除听众不感兴趣、重复的或者多余的内容，还需要处理各类声音素材的效果，使语言、音乐、音效甚至静音之间建立某种新的联系。

在后期广播节目制作时有以下几种常用的声音合成技巧。

切换。切换指突然关掉一个声音，并迅速插入另外一段声音，例如，从一个麦克风迅速转到另一个麦克风或其他声源。切换是一种不和谐的中断，经常用于某些特殊效果。

淡入淡出。淡入淡出常用于对话当中处理音乐。例如，播音员在节目开头说完开场白之后，人声渐隐消失，音乐慢慢响起。

交叉淡化。交叉淡化又称为同时淡入淡出。指上一个声音和下一个声音叠化在一块。交叉淡化是一种最常见的声音转场方式。在声音转场时，一个声音慢慢消去，与此同时另一个声音慢慢显现。这样实现前后两个声音平滑自然过渡的效果，下一段声音应该在第一段声音尚未完全消失之前出现。

混合。混合效果指两种或两种以上的声音混合在一起，同时播出。混合一般包括对话与音乐的结合、对话与音响的结合、音响与音乐的结合等。在对话与音乐结合时，一般是将音乐作为语音的背景音乐出现。

3. 广播节目制作的要求

随着音频制作设备的数字化和普及，越来越多的人喜欢参与到广播节目的制作过程当中，这能够给他们带来独特的成就感。为了提高广播节目制作的质量，节目制作人员需要不断地学习，并遵循一些声音制作的基本要求。

首先，必须确保声音清晰而准确。听众依赖于广播提供的单纯的声音传播，因此，在广播节目当中出现任何失真、混浊都会让观众失去继续收听的兴趣。为了保证良好的音质，方便后期制作，在录音阶段一般会以保持原声音作为基础的目标，而在后期制作的过程中，需要对录音进行合成，这就要利用软件或调音台降低录音中的噪音，使音乐更加具有协调性。

其次，在音频编辑使用音量淡入淡出、音色修饰等操作时，需要细致入微，在直播时不能让观众察觉到操作设备的技术痕迹，在录播时需要多次测试并监听，确保将最优的效果提供给听众。

最后，要控制人声与音乐的比例。当有背景音乐时，背景音乐的大小确保不大于人的声音。人声大于音乐的声音，这是最基本的原则。此外，还应考虑受很多因素的影响，例如节目本身的特点、听众可能的收听环境、讲话者的语音特征、音乐的类型等，况且播出的节目音量是有上限的，因此需要适时调整有关音量，确保人的声音能够被听众准确收听到。

（二）电视节目制作

1. 电视制作的镜头组接

电视作品是由镜头组接而成的，这种组接并非是随心所欲的。而是导演通过蒙太奇方法，把单个镜头有机地组接起来，使它们能表达一定的内容和意境，产生一部完整的作品。

镜头组接需要遵循以下一些原则：

第一，镜头组接要符合人类思维与观察规律。镜头组接后所表达的画面内容，必须要符合人们的思维逻辑，以及人们对外部世界的观察规律。因此镜头组接的顺序必须遵循这个原理，保证画面内容的流畅。事物的变化状态有着必然的规律，人类的观察与思维，遵循着事物变化发展的客观规律。

例如，有这样三个镜头：

（1）熟睡的小孩的脸。

（2）玩具。

（3）鲜花。

三个镜头组接起来，符合人们的思维规律，观众理解为幸福的童年时代、甜美，小孩生活在温馨的家庭里。反之，如果有下面三个镜头：

（1）熟睡的小孩的脸。

（2）一节电池。

（3）一个打火机。

如果这三个镜头按顺序组接，则不符合人们的思维规律，观众很困惑，对画面所表达的内容也不能理解。

现实生活中，人们观察、理解事物的运动、事件的变化发展过程，总是注意其来龙去脉，由表及里、由浅入深地进行思考、理解。例如有下面三个镜头：

（1）扔铁饼。

（2）飞驰中的铁饼。

（3）铁饼重重地落地。

这样的镜头顺序组接符合人们的观察规律。铁饼扔出去后，人们关注的是铁饼能够抛出多远，在空中的方向、速度等运动状态如何，以及落地的情况等。如果出现如下的镜头组接在一起：

（1）扔铁饼。

（2）天上的风筝。

（3）铁饼重重地落地。

这样安排的镜头顺序，显然不符合人们的观察规律，不满足人们的心理要求，使观众一头雾水。

镜头组接的时候，还应该注意前后两个镜头之间的因果联系。对于存在因果关系的事件，有时可以采取先因后果的组接顺序，即先看到原因，后看到结果；有时也可以采取"由果溯因"的组接顺序，即先看到结果然后再去追寻原因。这两种方法都符合人们的思维逻辑。

例如，下面两个镜头：

（1）病人躺在床上。

（2）飞驰的救护车。

镜头（1）（2）顺序组接或者（2）（1）组接，两种都没有违反逻辑。但是下面的镜头：

（1）某人举枪。

（2）击中空中的飞鸟。

如果镜头组接顺序颠倒为（2）（1），则会引起人们的费解。

电视作品中通常利用主观镜头进行组接，这种方法，符合人类思维与观察规律，而且让观众有参与之感。

（1）老师把投影片放在投影器上。

（2）学生看到银幕上的图像。

当老师把投影片放在投影器上，观众很想知道银幕上的图像，其中镜头（2）是主观镜头，这样的安排，符合思维逻辑，满足观众的心理要求。

第二，镜头组接要符合轴线调度规律。摄制镜头时，如果被摄对象处于运动状态，两台摄像机分别在该对象运动方向的两侧，那么，在所拍摄得的画面中，被摄对象的运动方向相反；如果被摄对象是带有方向性的静止事物，比如，两个人面对面地说话，这时，如果两个摄像机分别处在这两个人的连线两侧，那么，在所拍摄得的画面中，两人的位置关系正好相反。

所谓"轴线"，就是指被拍摄对象的运动方向或者两个被拍摄对象之间的连线所构成的一条虚拟线。所谓"轴线规律"，是指实际拍摄过程中，为了保证被拍摄对象在画面空间中方向的统一，摄像机要在轴线一侧180°之内的区域拍摄。摄像处理镜头调度时，必须遵循轴线规律。

如果拍摄过程中摄像机的位置始终保持在轴线的同一侧，那么不论摄像机的高低俯仰如何变化，镜头的运动如何复杂，不管拍摄多少镜头，从画面来看，被摄主体的位置关系及运动方向总是一致的。倘若摄像机越过轴线，到另一侧区域进行拍摄，即称为"越轴"或者"跳轴"。"越轴"后所拍得的画面，被摄对象与原先所拍画面中的位置和方向是不一致的。一般来说，越轴前所拍画面与越轴后所拍画面无法进行组接。如果强行组接，将会产生视觉上的跳跃。

第三，镜头组接遵循"动接动，静接静"原则。镜头的动和静，受到画面中主体和摄像机两个因素的共同影响。画面中主体是运动状态，可以利用摄像机焦距、机位固定不变的固定镜头进行拍摄，画面主体有运动和静止两种状态。例如，用固定镜头拍摄行驶中的车辆、走路中的人、水中游动的鱼等。用固定镜头拍摄屋外的景物如花草树木、天空、建筑物体、室内的家具等，画面主体处于静止状态。固定镜头是相对于运动镜头而言的，运动镜头，是指利用推、拉、摇、移、跟、升降拍等摄像技巧，通过摄像机的运动拍摄得到的。

"动"是指画面内主体的运动，视觉上有明显动感的镜头。"动接动"是指视觉上有明显动感的镜头，应该和有同样明显动感的其他镜头组接。"动接动"可以是同一主体的运动镜头相组接，也可以是不同主体的运动镜头相组接。

例如，影片《看车人的七月》开始部分，镜头是高架上快速行驶的车流，紧接着的镜头是小吃街上纷纷过往的行人。车流与行人虽然不是同一运动主体，但在这个特定的影视空间中，产生的视觉效果是流畅的。主人公老杜对儿子小宇说完"你先吃吧，我上班了"，起身走出画面，接着的镜头是老杜打手势指挥交通。利用老杜运动幅度较大的动作实现了不同空间中的镜头组接。

拍摄运动镜头时，必须注意录像时最初的一段画面（通常称作"起幅"）和停机前的一段画面（通常称作"落幅"）。如果表现（前一个镜头或者后一个镜头中）静止景物，最好在"起幅"和"落幅"处稍作停顿（大约一两秒），后期编辑中，以便使它能和其他的"静"镜头或者不同程度的"动"镜头（这种镜头在起伏处是"静"的）实现流畅的组接。

另外，还应注意各种运动镜头组接起来后，要尽量保持运动方向一致，和前后画面中主体运动速度的和谐统一，把握好节奏感，即由主体运动、镜头长短和镜头组接而形成的情节发展的轻重缓急。

"静接静"是指视觉上没有明显动感的镜头，应与同样没有明显动感的其他镜头相组接。静，并不是指镜头画面的绝对静止，只是要求在镜头切换的前后，画面没有明显的动感即可。如果要求主体运动的镜头与主体静止的镜头组接，一定要等转身、弯腰、坐等运动的状态停止后，与静止的画面组接，才显得流畅。例如，在一个镜头中，某人迅速走过来，当他走动停止后，才能与静镜头组接。

第四，镜头组接需要考虑机位与景别的变化。人物采访的拍摄中，常常对着被采访人物拍摄，忘记机位和景别的变换。在节目编辑时，这样的镜头只能看作是一个镜头。由于是同机位、同景别，展现被采访人物的镜头，即使画面分切后也不能相互组接，否则使人产生断续或跳动感。

用这种方法所拍摄的素材是十分单调的，如照相馆里拍照，因为同一环境里的同一对象，机位不变而且景别相同，其画面内容雷同，构图缺乏变化。相接后好像一幅画面的重复，使人产生了视觉上的跳动感。

想得到满意的组接效果，应在拍摄之前，对拍摄的目的、被摄对象的变化、时间的发展等方面，事先了解并做出相应的估计，最好拟定拍摄方案，为现场拍摄做好充分的准备。如果是拍摄事物的运动和事件的变化过程，诸如实验过程、比赛过程的镜头拍摄，则要注意记录它的变化，要注意改变机位和景别，使前后镜头的画面构图有所变化。这样，便于在后期编辑时，对原始素材有效取舍。

如果表现同一主体的两个相邻镜头，在镜头组接时，要遵守以下原则：一是景别要有明显变化，不能把同机位、同景别的镜头相接。二是差别不大时，必须改变摄像机的机位。

2. 电视制作的声音处理

电视作品是通过声画结合的手段传送画面内容的。如果没有声音的配合，单独画面所能呈现的信息和传递信息的容量将受到很大的限制。声音的引入，为电视艺术提供了强有力的表现手段。

电视中的声音，是指声音在电视中的艺术存在，是与画面共同构筑荧屏空间和银幕形象的艺术形态。主要的声音元素有三大类：有声语言、效果声和音乐。声音在作品中合理巧妙地应用，能够发挥多样化的艺术表达功效，能够多侧面地塑造人物形象、刻画人物的心理，刻意渲染气氛、增强环境的真实感，表达作者的主观评价，扩展画面空间，精炼影视结构，控制节奏等。

电视艺术是视觉综合的艺术，所以电视作品的创作不仅要重视画面的选取与构思，而且要重视声音的运用，更要做好声音与画面的配合工作。

（1）语言的处理

语言是人际交流的工具，也是信息交流、艺术交流的媒介之一。语言作为电视声音中最活跃、最积极的因素，以对话、旁白或解说、独白三种语言形式出现，与画面结合，它能够起到传递信息、表达思想、叙述内容、刻画人物性格、扩大画面容量、展开情节的作用。使电视声画并茂，生动感人。下面，分别介绍三种语言形式在电视中所起的作用。

形式一：对话。

这里说的对话是指在镜头画面中人物之间的对话，它有以下几种功能：

一是刻画人物的性格。

人物的说话方式、用词以及说话内容，随着年龄、性格、所处的地位不同也会有所不同。老农民和青年学生，做买卖的商人和做学问的学者，性格外向泼辣的人和内向少语的人，他们在说话时的用词、语气语调都不同，可以形成不同的风格。因此，对话中人物的语言是特定性格的产物。

电视连续剧《老房子·新房子》，第一集中泼辣、正直的哈菊和奸猾、顽劣的侯全有在舞池不期而遇，展开了一段对话。

音乐节奏强烈。有几对人严丝合缝的贴面跳舞场景叫哈菊很不顺眼。她踮起脚在旋转的舞男舞女中放眼寻人。

接着一个头发略微卷曲的瘦高个，嬉笑着踱过来。

侯全有冲她一哈腰："阿妹，看不看得起我?"

哈菊听这就不顺耳："看得起，做啥? 看不起，又做啥?"

"哎哟，阿妹开口就像刀儿刮。"侯全有嘿嘿笑。

哈菊吃一惊："抱一曲?"

侯全有："跳舞总是抱牢跳的嘛! 你头一回来?"

哈菊："头一回来，我不会跳。"

侯全有："我只问你一句，阿妹，你看不看得起我?"

哈菊吐字清晰："看得起。"

侯全有得意地一笑，立刻搂上了哈菊。还没踩几步，哈菊就狠狠一脚，踩在对方脚背上。

侯全有："哎呦!"

哈菊："看得起才给你一脚!"

转身就出了舞池。

短短的对话，把哈菊直来直去、气势逼人的泼辣、正直性格，与侯全有油腔滑调、拐弯抹角的奸猾性格刻画得淋漓尽致。

二是扩大画面的容量。

电视是视听艺术，是通过画面和声音共同配合来叙述内容的。有些内容，可以用画面来表达，而有些内容，仅用画面是很难表达清楚的，如人物间的关系、事件发生的背景等。借助于对话，可以扩大画面的容量，使它能表达更多的内容。

三是展开情节内容。

对话不但能刻画人物的性格、交代背景情况，而且，也是整个情节内容必不可少的组成部分。通过对话，展开情节内容。

例如，在纪录片《舟舟的世界》中，开始一段关于舟舟智力情况检查的场景。

问："舟舟我们开始请你回答一些问题好不好? 不知道不要紧，请你告诉我好不好? 懂了吗? 你告诉我……"

舟舟："不知道。"

　　问："我还没问你呢，好，钟表有什么用处啊？钟表？"

　　舟舟："不知道。"

　　问："不知道？想一想？"

　　舟舟："种，看种。"

　　问："球是什么形状的？"

　　舟舟："足球。"

　　问："球是什么形状的？"

　　舟舟："篮球，我不知道，我说不准。"

　　问："你过过国庆节没有？"

　　舟舟："没有。"

　　问："没有？肯定过过了么。"

　　舟舟："没有。"

　　问："你告诉我今年几岁啦？"

　　舟舟："我不知道。"

　　问："你不知道今年几岁啦？"

　　这一段对话本身是剧情内容的一个组成部分。在对话中，观众清楚地了解到主人公舟舟是一个有先天性智力缺陷的人。

　　形式二：旁白和解说。

　　一是旁白的作用。

　　旁白是代表创作者或某个剧（片）中人物对剧情和内容进行介绍或评述的解释性语言，在多数情况下，它以画外音的形式出现，超然于画面所表现的那个时空之外，直接以观众为交流的对象。电视剧《母子情深》画外音（男主人公旁白）："我出生在 1979 年的 8 月 20 日。从我降生到这个世界上之后的两年内所发生的事情，我一无所知。直到我 18 岁那年，我才完全明白了我的身世。"

　　旁白在剧中出现的位置不同，所起的作用也不同。旁白在开头的部分，通常是为了使观众能更好地理解一开始的内容，从而对事件发生的时间、地点、环境、时代背景等作一些简略的交代。

　　旁白作为电视画面的一种辅助手段，在运用时，要避免与画面的内容重复，要力求简洁、含蓄。

　　二是解说的作用。

　　解说是对画面内容的解释和说明，能够弥补画面不足，完善电视形象，调动观众的想象和联想。解说在不同节目内容中所起的作用是不同的，如新闻、专题片等节目以解说为主，画面起辅助作用；而科教片、教学参考片、部分广告片、纪录片等节目是以画面为主，解说起辅助作用。

对于以画面为主、解说为辅的电视节目，解说能够起到补充画面、提示画面、概括画面、强化画面的作用。对画面内容作必要的解释和说明，使观众对它有深刻、正确、全面的理解。例如钟里满创作的《普救蟾声》中：

　　画面：晋南平原，村落（摇）。

　　解说：山西永济，古称蒲坂，民风淳朴，名人辈出。现在的普洲镇里，有个普救寺。电视机旁的诸位看官，且听我说说发生在这个古寺里的两个传奇故事。

　　画面：普救寺（叠字、叠画）。

　　解说：且说这第一件："碧云天，黄花地，西风紧，北雁南飞。"原来《西厢记》的故事，就发生在这里。

　　画面：县志上的两个塔。

　　解说：再说这第二件：也不知哪朝哪代，来了师徒二人。这师傅在普救寺里建舍利塔，那徒弟在山脚下的万固寺去建多宝塔。

　　画面：万固寺宝塔。

　　解说：只见徒弟建的多宝塔玲珑奇伟，铁刹悬空。大家一致认为这"宝塔"名副其实。不料那师傅微微笑道：诸位且看我的这座舍利塔，才是真正的宝塔。这宝塔里压着一对金蛤蟆，只要一敲石头，它就答应。

　　画面：普救寺宝塔（推）。

　　画面：塔（摇）。

　　解说：便有那好奇的人，上前试了一下，果然有一只金蛤蟆在塔底下应声而叫。退后十来丈再试，那金蛤蟆又在塔尖上答应。众百姓一起喝彩道：这可真是个宝塔呢！

　　叠字：普救蟾声

例如，《让历史告诉未来》中的镜头：青藏高原的一段公路上，横亘着一块巨大的岩石，解说词："1975 年，这里发生了一次大滑坡，10 位坚守着自己岗位的年轻的汽车兵被滑动的山体掩埋了，他们的身躯从此和山崖紧紧铸合在一起。大山从此有了灵魂。每当过往的汽车兵看见它，就像看见 10 位战友永存的微笑。"

通过解说词对画面的补充，含义远远超出画面内容，表达出抽象的意思。画面上没有出现汽车兵与他们的微笑，只是一块没有生命的巨石。但观众在解说的引导下，结合眼前的画面，形成一种主动的想象，调动自己以往的经验积累，感受当年的情景和人物的音容笑貌，引发了积极的人生思考。

画面不同于语言，画面所呈现的信息是具体的、直观的、感性的，而解说词能够丰富画面内涵，提升画面表现力。同一个画面镜头，不同的观众会有不同的认识，观众对于画面内容的理解，往往因为各自的文化修养、兴趣爱好、生活经历等而有所不同。有时候含蓄的画面内容，如果不配合解说词作为适当的引导，观众很难达到深刻、正确、全面的理解。

形式三：独白。

独白是以画外音形式出现的表现人物内心活动的一种方法，它以第一人称的方式呈现剧中人物的心理活动。独白区别于旁白，首先，独白不仅是人物的声音，而且是他此时此刻的想法和心理过程的表现，不是直接讲给观众听的。旁白是超然于画面的一种解释性语言，是直接讲给观众听的。其次，独白和画面所表现的总是同一人物主体。旁白则不一定，可以是剧（片）作者或者剧（片）中人物。

（2）音乐的处理

音乐作为表现电视画面内容的一种重要手段，很容易唤起人们的情感反应，可以说音乐是具有感情色彩的，它能够传达喜、怒、哀、乐的情感，能够创造舒缓或紧张的节奏。

音乐的表现形式，根据画面上有无声源的出现，可以分为有声源音乐和无声源音乐两种。有声源音乐，即音乐的出现由画面中的声源提供。如演奏的乐器，正在播放的电视机、收音机、录音机，人在歌唱等，其特点是音乐与画面保持同步的节奏，增强画面的真实感。无声源音乐，即画面中没有出现声源。是为了满足塑造的人物性格和渲染的环境气氛的需要而设计的。补充画面不容易表达的情绪，增强画面的感染力。

广播电视作品中的音乐有许多功能。

一是抒发感情、引导观众的情感。

纪录片《舟舟的世界》开始部分，圆号、长号、小号打击乐器等特写，随后出现字幕"一切生命都具有尊严"，庄严、崇敬的音乐奏响生命的篇章，随着音乐的节奏，主人公舟舟背着书包，推门进来。激昂的音乐声，观众不由对主人公产生主观的敬仰之情，音乐拉开序幕，带领观众进入具体的内容。詹姆斯·卡梅隆导演的影片《泰坦尼克号》中，音乐《我心永恒》伴随着悠扬缠绵的风笛声，哀婉凄美的乐调，结合镜头画面主人公杰克和罗斯的初识、相爱、生死诀别等几个场面响起，撩动观众的心绪，并深受感染。当听到音乐的奏响，眼前就会浮现故事情节，并且与深沉、刻骨铭心的永恒爱情联系在一起。

二是展示时代特点和地方色彩。

音乐也可以作为某个时代的象征，也能够看作是国别或地域的标识。影视作品中的音乐能够给人留下深刻的印象，一提起音乐，脑海中就会浮现相应的内容。人们常常通过音乐判断是哪个时代的影视作品，并且判断是哪个地方发生的故事。

例如，《铁道游击队》中的主题音乐"弹起我心爱的土琵琶，唱起那动人的歌谣"，展示了特定的时期——抗日战争时期，特定的地点——微山湖附近的革命状况。音乐配合画面，给人留下难以忘怀的印象。电视剧《大宅门》从片头开始就以京剧的京胡音乐开始，剧中随时穿插着剧中人物的京剧表演，京剧的锣鼓点也成为一种旋律配合画面内容。电影《花样年华》中的评弹曲调带有浓郁的老上海曲调。

三是表达主题思想。

音乐不仅能够起到表达主题思想的作用，也可以作为镜头组接的"切入点"。

例如，《幼儿园》中刚入园的小女孩眼中噙着泪水，还在委屈地抽泣着，这时，歌曲《茉莉花》响起："好一朵美丽的茉莉花 好一朵美丽的茉莉花芬芳美丽满枝丫 又香又白 人人夸 让我来将你摘下 送给别人家 茉莉花呀茉莉花"……画面上流着泪水吃饭的孩子，引导观众从儿童的角度思考，认为"老师抢我"到幼儿园中。儿童睡觉的时候音乐再次响起，结束时又一次响起。音乐配合画面内容，充分展示了儿童的单纯和可爱。音乐为作品主题的表达增色不少，充分显示了音乐的魅力。

（3）音响的处理

电视中除了语言和音乐之外，所有的声音统称为音响，也叫做效果声。仔细聆听，生活中随时随处都有音响，广播电视作品中音响的范围也非常广，几乎包括了自然界所有的声音。从声源的角度来看，音响分为自然界的声响和非自然界的声响。自然界的声响，例如风声、雷声、雨声、波涛声、流水声、动物叫声等。非自然界的声响，更加复杂多样。可分为机器的音响，如汽车、火车、飞机、大炮、车床、打桩等发出的声音；人的非语言音响，如笑声、哭声、心脏搏动的声音；人为制造的或对自然声音变形处理后的声音等。

电视作品中的音响经过选择、加工等艺术处理，通过削弱或强调，参与作品的表达。

音响在电视作品中的作用，主要是能增加画面形象的真实感。影片《邻居》中，楼道里的炒菜声、剁馅声、谈话声、嘈杂声……纷至沓来，构成了天然的"厨房交响曲"，让观众产生身临其境、如察其情的感觉。

一是烘托气氛，增强生活气息。如乌兰塔娜导演的影片《暖春》开始，蓝黑色的画面中，农田里的庄稼，天黑了，主人公小花的奔跑声、踩在庄稼地里的窸窸窣窣的声音、急促的喘气声、蛐蛐的叫声、远处空谷中传来的鸟叫声，烘托出一种特别令人紧张的气氛，表达出主人公不安的、恐惧的心情。狗的叫声，公鸡的鸣叫声……这些声音揭示了乡村的生活气息。影片《霸王别姬》中，主人公程蝶衣儿时学戏时，高墙外传来的鸽哨声和着悠长的"冰糖葫芦"的叫卖声，体现出浓厚的北京生活气息。

二是扩大视野和加强画面的表现力。情景喜剧《我爱我家》，在精彩部分会有意地增加群众的笑声，这种笑声使现场观众感觉和谐，随着剧情的发展，剧中的笑声响起，呼应了观众的情绪，增强了画面的表现力。

3. 电视制作的合成

根据电视制作的实践来看，视音频合成包含以下几方面的工作。

（1）视音频的采集与剪辑

根据节目的需要，进行素材的导入、素材的出入点（长度）设置、变速等。

（2）转场效果

恰当地运用视频片段之间的转场方式，是弥补拍摄效果之局限的最好方式。许多电视台播放的精彩专题片往往就是配合音乐，精确运用了转场方式，从而给观众带来强烈的视觉冲击感。熟悉转场效果是一门学问，它会让你知道哪种转场效果该何时出现以及如何运用。

（3）画面叠加

这主要指将各种素材叠加在同一个屏幕空间中呈现，它包含：设置素材对象的空间属性变化（如对象的轴心点、缩放、旋转、位移、透明度等）、素材的色彩处理以及其他特殊效果的变化处理等。

（4）音频效果的处理

音频包括解说词、音响、音效，它与画面构成有机的整体，或提示，或补充，或营造气氛。

音频效果的合成主要包括音频素材的剪辑、音频效果的制作、画面与声音的同步与不同步处理等。许多制作者往往是在音乐或解说词的基础上剪辑素材（决定取舍哪些画面），从某种角度来说，音频的剪辑处理是一部影视作品不可缺少的部分。

随着受众对音频效果的要求越来越高，现在的声音后期制作一般需要用专门的音频软件来创作，最后再导入非线性编辑中与画面合成。

（5）字幕制作

字幕素材越来越成为当今电视画面中的一个重要元素，对于字幕的制作也成为非线性编辑工作中一个不可或缺的环节。

正如上面所说，视音频合成要做的工作是很多的，但不同的编辑软件所提供的功能却往往只偏重于某些方面的工作，这其实也正反映了影视制作的不同实际需要。

特效合成软件的主要功能是画面叠加，即针对不同素材而实现在同一画面中的合成，以及对素材进行再处理加工，或进行各种特效创意。对于广播电视制作者来说，影像后期合成的大部分工作是在进行不同素材之间的画面叠加。画面叠加主要是指在同一时间段中有多个不同的素材在画面中按不同的效果呈现出来，其主要包括二维场景的合成与三维场景的合成。

制作复杂的画面叠加效果一般要用到相当专业的特效合成软件，目前市场上主流的合成软件包括 Adobe 公司的 After effects、Discreet 公司的 Combustion、Nothing Real 公司的 Shake、Eyeon 公司的 digital fusion 等。

在进行画面叠加的制作时，制作者利用特效合成软件一般要重复以下一些工作：

第一，二维与三维合成。二维合成主要是关于物理属性的变换，如轴心点、缩放、位移、旋转、透明度等；三维合成不仅仅是在物理属性的变换上增加了 Z 轴的深度，更为重要的是它提供了摄像机与灯光，从而让三维空间更加真实。

电视屏幕往往是以二维平面方式呈现给观众观看的，而合成软件却提供了二维与三维的制作方式；因此，在制作节目片头时，制作者必须明白哪些运动是二维的，哪些是三维的，这样就可以省去许多烦琐环节，从而提高工作效率。

第二，抠像。抠像是影像后期合成工作的一个重点环节。在进行画面叠加的制作时，往往需要决定保留画面的哪一部分，从而让处于其下部的画面显示出某一部分，这时就需要精确的抠像工具来完成。目前主流的特效合成软件都提供了大量的抠像工具以帮助制作者完成精确的画面叠加，如蒙板、遮罩、基于亮度与色彩抠像等。

第三，色彩校正。对于不同时间与环境下拍摄的素材，将它们合成在同一个屏幕中呈现的时候必然会让人感觉色彩不协调，此时就需要用合成软件为素材进行色彩校正。有时为了追求一种特殊的色彩效果，制作者会特意为画面进行色彩校正，从而营造出一种特定的色调情绪气氛，比如，在中央电视台《中国骄傲》栏目的"时代需要这样的英雄"片头广告中，整个片头被赋予了一个红色基调，从而给黑色的画面增加了一份庄严感。

第四，影视特殊效果（特效）。后期影像合成中，特效是不可或缺的。画面与画面的合理衔接、精妙绝伦的特效已构成今天影视片头的一个重头戏，对于后期制作人员来说，熟悉各种转场效果、视频特效的原理将是制作出精彩片头的关键。

第五，跟踪。跟踪是指让一个素材或某特效对象伴随另一个素材中的某一区域运动而运动，最为常见的是屏幕上随人物脸部而移动的马赛克效果，黑白画面中一个彩色区域在闪动，篮球喷射着火焰被投进了篮筐等。

第六，绘图。绘图功能的提供是任意一款强大的特效合成软件所不可缺少的组成部分。有了绘图功能，制作者可任意在合成软件中轻松完成各种图案的绘制，从而不需要再转换到其他图形图像软件中去制作素材；绘图功能还可以针对前期拍摄素材的不足，对画面进行一系列修改工作，比如，对画面中不需要的电线或道具的去除等。

从某种意义上说，在电视制作领域，制作者往往是将影像剪辑以及画面合成这两类软件配合在一起使用来完成制作任务。

电视是艺术与技术的结合体，制作者应具有较高的个人素养，才能不断制作出精彩的作品。作为一名后期合成人员，在进行视音频合成时的努力方向是：

一是团队意识。电视制作是一门融合各种专业知识的领域，如摄影、灯光、声音、设计、化妆等，需要制作者培养团队意识，唯有强大的团队才能制作出精彩的作品。

二是镜头感。了解画面构图的基本概念，能够把握视点的意义，熟知镜头的剪辑规律；熟悉生活逻辑常识，学会以常规或反常规的思想把各种不同的镜头组织在一起；准确把握镜头的运动手段，能够较好地控制作品的运动节奏。

三是设计思维。电视呈现给受众的首先是听（看）到了什么，如何安排画面中的各种元素便成为了关键所在。平面设计、画面元素的运动、整体画面的色彩处理都是值得深入研究的，设计创意成为一切之核心。

四是基本的乐理。"一切的艺术都是趋向音乐的状态"，在电视制作中也不例外。音乐、音响、音效与画面的配合，从而营造出制作者要表现的节奏，这是不可忽略的基本素质。

五是素材的管理与收集。制作涉及许多方面的素材，收集、整理和利用素材是制作者平时应该养成的习惯。例如，平面及动态素材、声音素材（音响、音效等）、各种视频模版库（字幕、转场、特效插件等），都是后期制作需要参考与再创新的源泉。

当然，"艺无定法"，唯有不断地总结，电视制作者才会储备更多创意，最终发现后期合成中的精彩之处。

◎ **思考与练习**

1. 广播电视节目如何选题？

2. 分析广播电视节目策划的方法。

3. 分析专题片《与全世界做生意》的选题与策划技巧。

4. 策划一期广播谈话节目，并写出策划方案。

5. 针对近期发生的社会热点策划一期电视专题报道，并写出方案。

6. 广播采访的特点和方法有哪些？

7. 电视采访的特点和方法有哪些？

8. 什么是电视画面，电视画面的构成元素有哪些？电视画面的角度有哪些？景别有哪些？各有什么表现意义？

9. 采访镜头拍摄包括哪些要点？

10. 电视声音的录制有哪些方式？

11. 简述广播作品结构的艺术。

12. 简述电视作品结构的艺术。

13. 谈谈广播写作和电视写作的特点。

14. 广播作品写作的方法是什么？

15. 试析电视作品解说词写作的方法。

16. 分析专题片《舌尖上的中国》的解说词写作技巧。

17. 试比较广播新闻与电视新闻的写作异同。

18. 广播节目编辑的主要任务有哪些?

19. 电视节目编辑的主要任务有哪些?

20. 广播制作的要求是什么?

21. 电视制作镜头组接需要遵循哪些原则?

22. 电视制作的声音处理包括哪些内容?

23. 电视制作的合成都包括哪些工作?

第五章　广播节目概说

伴随着无线电技术的发展，广播在 20 世纪 20 年代诞生。所谓广播指的是通过无线电波或导线传送声音的媒介传播工具。世界上第一座领有执照的电台，是美国匹兹堡 KDKA 电台，于 1920 年 11 月 2 日正式开播。而我们中国的第一座广播电台始建于 1923 年 1 月，由美国人奥斯邦在上海创办。因为仅仅诉诸听觉渠道来进行信息的传播，广播媒体相对于其他媒体来说不免有些单调，但是也正因为这一点，广播媒体有着它无可替代的优势。

第一，传播方式的快捷性。广播的最大优势体现在"先声夺人"，能快速、及时地把新闻事件报道出去。广播的这一优势是和电视分享的，但比报纸要强。报纸一般有出版周期的限制，就算用电子出版系统出"号外"，也没有广播的速度快。广播的快就快在不需要等待拍摄和制作画面的时间。电视有一套非常复杂的设备，制作的环节也比广播多，发布新闻不如广播灵活。突发性事件发生后，由于客观因素的限制，电视不能马上拍摄到现场画面，更何况有的新闻事件是根本无法拍摄到画面的。这时，广播快捷性的优势就体现出来了，这是其他传统媒体所无法取代的。

第二，传播范围的广泛性。由于广播是采用无线电波来传送信息的，电波可以不受空间的限制，并且广播的发射技术相较于电视简单得多，所以广播的覆盖面积特别广泛，它可以到达全世界的每一个角落。广播覆盖范围的广阔性使得人们不论在城市还是乡村，在陆地还是空中，都可以收听得到节目。广播不受天气、交通、自然灾害的限制，尤其适合于一些自然条件比较复杂的地区。

第三，收听方式的随意性。收听广播最为简便、自由、随意。因为它不受时间地点的限制，不管是白天还是晚上，不管你在哪里，也不管你在干什么，只要打开收音机，都可以收听到广播的内容。科技的进步，使收音机越发向小型化、轻便化发展。有的只有火柴盒大小，尤其是随身听这种为青年人所青睐的收听工具的出现，从某种程度上可以说，广播媒体可以为受众所随身携带。

第四，"真实感人"是广播的另一个优势。声音符号的传真性，提高了新闻传播的准确性。而声音符号的情感性，又进一步强化了新闻事件的感染力。① 关于声音的表情性，有这么一个小故事：一位波兰女演员出国访问，在宴会上，主人请她表演，她就用波兰语念了一段话，悲伤的声音深深打动了在场的每一个人。主人问她，这是哪一出悲剧中的台词。这位女演员回答，她念的是餐桌上的菜单。可见，声音之所以比文字具有更强的感染力，就在于声音里蕴含的感情因素。广播新闻同样也可以产生强烈的感染力。印在报纸上的讣告，读者可能匆匆看一遍就过了，但是由广播播音员播出来，就可能达到催人泪下的效果；电视虽然也由播音员播出，但字幕的存在，会使观众不自觉地以"读"为主，以"听"为辅，所以效果不如广播。好的广播，能在文字符号向声音符号的转换中，准确地表达新闻作品中的思想感情、立场、观点，从而增强新闻的说服力。新闻评论写得再有气势，也比不上播音员的语气、音调直接有力。有了广播，原本渗透在字里行间的感情就直接地渗透到听众的心里去了。

第五，受众群的广泛性。印刷媒介对受众文化水准、受教育程度的要求较高，而广播可使文化程度很低甚至不识字的人也能听得懂广告的内容。所以广播媒体的受众层次更显出多样性和广泛性。在电波覆盖范围之内，只要听力正常，人人都能收听广播，从这个角度而言，广播雅俗共赏、老少咸宜，融合了各个年龄段、各个文化层次的受众群。

当然，面对其他传统媒体和新兴媒体的冲击，广播在其发展过程中也暴露出诸多问题：

第一，线性传播，选择缺乏灵活性。音频信号是顺时连续传播，不宜选择接收，这是广播与生俱来的时序性特质。相对来说，广播听众在收听节目时总处于被动状态。听众可以选择收听哪个台的哪套节目，但不可以选择在哪一时间段收听什么样的节目。

第二，转瞬即逝，保存性差。广播为非实体传播，虽然不受空间等传递条件的限制，但它同时也带来了一些问题，比如只能即时收听、不宜保存，受众稍不留神，就很有可能错过一些重要信息。对于报刊来说，如果一时没有看清楚、没看懂，可以停下来反复读、细琢磨，也可以留下来作资料，有时间随时可以再看。但广播却是一播而过，一时没听清、没听懂、没理解，也只好作罢，这就可能导致在人际传播中出现片面理解、误读的恶循环，传播效果大打折扣。

① 孟建，祈林.广播电视新闻写作［M］.北京：中国广播电视出版社，2007：22.

第三，听觉信息传达的模糊性。广播主要通过声音渠道来进行传播，播音员、主持人的语言、语调的变化可以传达出不同的信息含义，对于听众有效理解信息有着积极的作用。但是通过研究发现，人在信息传递中只有7%用语言，38%用声调，其余55%靠表情。在失去了手势、表情等非语言手段的辅助后，单纯依靠词语、语音、语调、节奏等传达信息可能会产生偏差。同时，由于听众处于一种半接收状态，从无意注意到有意注意，稍不留神难免产生理解上的偏差和误解。

第一节　广播节目的界定

一、广播节目的界定

广播节目类似报纸版面，版面是传达报纸内容的一种手段。同样，"节目"是广播宣传不可分割的基本播出单位，广播节目主要运用电波传送的声音（包括有声语言和音响）表情达意，以说、听为基本传受手段。①"节目"是传播广播内容极其重要的一种手段。节目（programme）这个词来源于古希腊语，原意是"方案""计划"，后引申为戏院中使用的"节目单"。在广播媒体中，节目用来专指一个时间段里的播出内容，它是广播传播的内容主体，广播机构正是通过节目来吸引受众，以实现信息传播以及教育、娱乐、服务等方面的目的，从而服务于受众和社会。综合来看，所谓广播节目是指广播电台所有播出内容的基本组织形式和播出形式，它是一个按时间段划分、按线性结构传播的方式安排和表现内容，依时间顺序播送内容的多层次系统。

二、广播节目的发展变迁

自20世纪初无线电广播产生以来的一百多年间，广播节目总是伴随时代的变迁、技术的进步，发生了一次次可喜的变化。回顾广播节目的发展历程，大致经历了初创期、发展期、繁荣期以及进入新世纪以来的创新期几个阶段。

（一）广播节目初创期

中华人民共和国的广播诞生于抗日战争年代。1940年12月30日，中国共产党领导的第一座广播电台"延安新华广播电台"开始播音。1941年5月25日，《中共中央宣传部关于电台广播工作的指示》中第一条就明文规定：

---

① 蔡凯如. 广播编辑与节目制作 [M]. 武汉：武汉大学出版社，2006：56.

"广播内容应以当地战争、政治、军事、经济、文化教育等方面的具体活动为中心,并以具体事实来宣传根据地的意义与作用。"延安新华电台一开始就以报道新闻为主,尤其是军事新闻,从内容到编排形式都受报纸影响,成为新华社"报纸版"之外的"有声版"。

中华人民共和国成立后,初步建立了以中央人民广播电台为中心的四级广播宣传网。各级广播电台基本上都是综合台,内设新闻部、社教部、文艺部、通联部、农村部等。从各台内部机构基本能看出节目设置的"综合"性质。

(二)广播节目发展期

从 1949 年 10 月 1 日至 1979 年改革开放前,我国广播电台的节目一直由播音员播出,按性质通常分为四大类,即新闻性节目、教育性节目、服务性节目和文艺性节目。各类节目都具有不同的性质结构和规律特点。

新闻性节目的主要任务是传达政令、传播信息,起"上传下达"的作用。有重点新闻节目,如中央人民广播电台的《新闻和报纸摘要》《各地人民广播电台联播》,各省、自治区、直辖市台的新闻性节目,还有一般新闻节目、新闻和通讯、简明新闻、国际新闻等节目。

教育性节目,即"社教节目",主要任务是传播科学文化知识,有教学节目、科技文化节目和"理论"节目等。

服务性节目主要是为听众和社会提供各种服务,在"四化"建设新时期,拓展服务领域、增强服务功能显得更为迫切、重要。它的特点是"突出服务性"、讲究"实用性""贴近性"。

文艺节目担负着向人民群众提供文化娱乐的任务,在社会主义精神文明建设中发挥着重要作用。文艺广播节目的播出量一般占电台总播出时间的一半以上。文艺节目品种多样,有音乐歌曲节目、戏曲节目、曲艺节目、评书、小说连续广播节目、广播剧等。文艺性节目是广播电台播出内容的主要支撑,尽管频率专业化已经有了比较细的分工,但各类电台都离不开文艺性节目。这既是广播宣传的基本规律的反映,也是各个不同专业频率在节目安排上最容易同质化的部分。

如果将上述四类广播节目略加分析,我们不难发现它们具有这样一些基本特点,即稳定性(指节目播出时间和节目名称相对固定)、多样性(节目品种花样繁多,可满足广大听众不同口味的需要)、变换性(节目内容要常变常新,适应听众需要)、多功能性(传达政令、提供信息、传播知识、文化娱乐等),以及节目制作上的综合性,综合了采、编、播、录、放各个环节的成果。这四类广播节目一直是我国各级各类广播电台的重要播出形式。

（三）广播节目繁荣期

党的十一届三中全会召开以后，我国广播进入了繁荣兴旺时期。首次出现了节目主持人与主持人节目，打破了长期以来只有播音节目的格局。1980 年 10 月召开的第十次全国广播工作会议上，提出了广播电视要"坚持自己走路"的思想。会议指出："我们不能躺在别人身上，我们应该像通讯社、报纸那样，成为具有不同特点的，发扬着不同舆论工具作用的新闻机关。"①

1981 年元旦，中央人民广播电台由徐曼主持的《空中之友》节目开播，这是我国广播 40 多年来首次诞生的主持人形式节目，它的出现结束了长期以来只有播音节目的历史。1981 年 4 月，广东人民广播电台由李一萍、李东主持的《大众信箱》节目开播。《大众信箱》是继《空中之友》之后我国出现的第二个广播主持人节目。在 1991 年 4 月出版的《节目主持人概论》一书中被作者称为"徐李"主持节目阶段。"徐李模式"影响了全国广播界，成为这一个阶段广播的重要标志和显著特点。1983 年 3 月召开的第十一次全国广播工作会议的报告中，充分肯定了主持人节目这一形式，指出采用节目主持人形式比念稿子的办法好，主持人可以报道事实，也可以发表议论，再加上音响和图像，可以增强吸引力和信任感。会议提出了要培养优秀节目主持人。这次会议对促进我国主持人节目的发展，起到了积极的推动作用。1986 年 12 月 15 日，广东珠江经济广播电台的开播，使我国广播进入了自己走路的新时期。珠江台一改传统的节目布局，把全天的节目划分为八大板块，每个板块的内容都是综合的，由新闻、专题、文艺、天气预报等多种内容组合而成，多话题、勤转换，适合听众收听。采用以新闻、信息为骨架，以大板块节目为肌体的节目总体结构，"珠江模式"标志着我国广播与报纸模式的决裂，标志着我国广播电台按广播规律和特点办节目，开始走自己的路，它的出现具有划时代的意义。

1989 年，湖北省楚天广播电台主持人节目《吉祥鸟》开播，该节目大胆尝试让电话成为节目与听众之间沟通的桥梁，在听众点歌的同时将各自的情感故事娓娓道来，使听众产生强烈的共鸣。它以鲜明的地方特色、独特的主持风格，赢得了广大听众的喜爱，成为十几年以来该台唯一没有被撤销、被变更节目名称和更改播出时间的品牌节目，在国内广播界具有一定知名度。2004 年 8 月，《吉祥鸟》节目被评为"中国广播文艺奖十佳栏目"。同时，楚天广播电台与时俱进，于 2004 年推出《百姓互联网》节目，在原有的节目形式下，经

---

① 苗棣. 中国广播电视节目概论［M］. 南京：南京师范大学出版社，2010：4.

过全新改版，将老百姓身边的事作为节目的主题，心系民生，一度创下该台的高收听率纪录。

1992 年 10 月 28 日，上海东方广播电台开播，使我国广播再度掀起了改革大潮，它成功地把大规模的听众参与热（包括热线点播、热线专访、热线谈话、热线咨询）推向高潮，电话参与直播，给广播带来了全新传播效应，于是众多媒体评说"广播实现了回归"。上海新闻界人士认为"东方广播电台的诞生是新闻界改革中最新鲜的大事，可称作'东方现象'"。《人民日报》发表专文，称 1993 年为中国广播年。上海东方电台开办的各类电话参与节目，内容贴近生活、手法新颖活泼，广大听众主动参与广播，标志着中国广播由"以传者为中心"向"以受众为中心"转变的改革历程。节目主持人通过热线电话深入千家万户，广大听众通过热线电话参与广播，使广播真正走向群众，走向社会。

（四）广播节目创新期

跨入 21 世纪，随着广播窄播化、频率专业化的趋势，类型化广播引起各地广播电台的重视。类型化广播是频率专业化进一步发展、听众市场细分的必然结果。类型化电台的出现源于日益激烈的传媒竞争，其成功则根植于成功的受众市场调查。从国外的广播业发展来看，当一个受众细分的时代来临的时候，广播要想生存和发展，就必须走频率专业化的道路，而频率专业化要想成功，要么满足具有特定要求的群体，要么满足特定市场上的群体要求。

在美国最早出现的专业化电台是音乐台。从 20 世纪 60 年代开始，各种广播专业台纷纷出现，如新闻广播台、气象广播台、文学台、谈话台、各种音乐台（古典音乐、摇滚乐、爵士乐台）等。在当今美国，最典型的类型化新闻台当属纽约的"1010WINS"。这个台节目由每 20 分钟一个组合体构成，新闻都是提要式的，每条长度不超过 40 秒，它的广告词是"给我们 20 分钟，我们给你整个世界"。在它的节目里，每 20 分钟就有一条重要的头条新闻，每小时播 6 次交通路况，每 4 分钟有一次天气预报，每小时有 2 次专家对天气形势的分析，每小时还有一次专家对体育的点评。吸引听众的主要靠交通、天气、报时和每个组合里的头条新闻。

在我国目前比较典型的专业化电台，有 2002 年改版推出的以音乐为主的中央人民广播电台"音乐之声"。2003 年 12 月 1 日，中央人民广播电台"经济之声"节目全面改版，首次施行"轮盘式节目结构"，在一天人们收听广播的主要时段里，做到将一天里的经济财经信息、相关财经背景和各种动态指数每 20 分钟播出一次，使关注经济的听众随时打开收音机都可以听到一组相对完整的经济信息。2004 年元旦，上海文广新闻传媒集团对所属的东方广播电台新闻综合频率进行全面整合，取消了"综合"，专攻新闻，成为中国大陆第一家纯新闻专业化电台。

专业化广播已成为广播节目发展的主流趋势，其主要优势在于：首先，专业化广播促进了广播发展，增强了广播竞争力，是广播重新成为主流媒体的新策略。其次，专业化广播既可在"大专业"的框架下使节目定位更准确，节目对象更细化，更明确，又可在"小综合"的思路下改变过于单纯的专业化弊端。再次，专业化广播对主持人的专业素质提出了更高的要求。广播电台的专业化程度越来越高，节目主持人的专业分工也越来越明确。主持人要潜心钻研与频率相关的专业知识，成为该领域内的专家，同时还要广泛涉猎有关知识，拓宽知识面，成为"一专多能"的新型人才。如交通频率主持人，不仅要熟悉交通法规、交通知识，还要有点音乐修养、懂点气象生活知识，这样才能适应专业化广播主持的要求。专业化广播的发展虽然会受到体制、受众市场、频率资源、经济文化水平等多种因素制约，但现在已成为我国广播媒体应对新媒体的挑战，凸显自身个性特色最有力的竞争手段。

第二节　广播节目的特征

作为电子传播媒介的广播有着巨大的社会影响力，其节目既为大众提供了各类有效信息，又在不同程度上引导着广大受众的价值观念、思维方式和生活方式。我国的广播电视节目作为一种社会主义精神文化产品，表达党、政府和人民的声音，以为人民服务、为社会主义服务为总的指导思想，服务于国家政治、经济、社会、文化发展的总任务和总目标，已经形成了一系列具有中国特色的节目特征。① 广播节目的特征主要表现在以下几个方面。

一、节目的多元化

广播通过电波传递的方式，把各式各样的文化信息和艺术形态通过声道系统呈现出来复制给受众，将新闻的、纪实的、教育的、娱乐的和服务的信息统一在自己的节目里，为大众提供极其丰富的精神产品。经过一百多年的变迁，节目的形态和内容越来越多元化和丰富化。比如为鼓励广播工作者多创作优秀作品以提高广播宣传的整体质量，国家、省、市、县的广播机构每年都会组织

① 杨伟光. 中国电视论纲［M］. 北京：中国广播电视出版社，1998：107.

优秀广播作品的评选。为便于评选，一般将送评作品分为三大类：广播新闻、广播社教、广播剧和广播文艺。广播新闻包括：短消息（时间在 1 分 30 秒以内）、长消息（时间在 1 分 30 秒到 4 分钟之间）、连续（系列）报道（每集 5 分钟以内）、评论（时间在 8 分钟以内）、广播专题（时间在 15 分钟以内）、现场直播等节目类型。广播社教包括：对象性节目（以目标受众为特定收听群体的节目，包括少儿节目、青年节目、妇女节目、老年节目、残疾人节目等），公众性节目（以社会某一领域、某一方面为报道内容，面向多层次听众广播的节目），知识性节目（以传授科学知识为主旨的节目，包括理论节目、教学节目、经济科技知识讲座等方面的节目），广播特别节目和对港澳台节目。广播剧包括：单本剧、连续剧、儿童剧。广播文艺包括：音乐节目、文学节目、戏曲（曲艺）节目、长篇联播、综艺节目。以上分类尽管在有些项目上有落后于广播发展的一面，但基本上囊括了当前广播电台正在运行的节目。这种分类是从广播实践中总结出来的，并追随广播发展的脚步不断改进，因而总体上符合广播节目运行实际，对广播节目的发展，节目质量和节目制作水平的提高都有着良好的示范和导向作用。

二、传播的即时性

广播曾经以现场直播和最快捷的方式传播新闻而令那个时代震惊，并在第二次世界大战期间取得了骄人的成就。在广播出现之前，新闻在一定程度上还是一种过去了的"旧闻"，而广播则带来了即时传播的新概念。虽然在广播出现之前，直播方式常常是受技术条件限制而采取的不得已而为之的办法，但在录音技术高度发达的今天，在电波技术的介入下，现场直播则主要是为了向受众提供更强烈的现场感和真实感，赋予"当下时间"的意义。对于重要的体育比赛、精彩的文艺演出和重大新闻，直播的意义尤为重大。换句话说，当代的广播直播技术为全世界收听同一节目的人提供了一个跨时区的"广播标准时间"。

三、接收的日常化

广播节目的接收大多是处于客厅、起居室、卧室或者交通工具、公共场所这样一些日常化的环境中。日常化的、富于生活气息的收听状态成为影响广播接收的一个重要因素。听广播不像在戏院或电影院里观赏戏剧和电影，不必担心迟到带来的难堪，不必正襟危坐，也没有黑暗环境和明亮舞台灯光强制观众的关注。在日常化的接收过程中，受众能够在熟悉的环境里按照自己的意志随意选择和寻找节目内容，因而也更倾向于把这些节目当作最生活化、最贴近自己的媒介信息。

第三节　广播节目的分类

传统的广播节目分类指频率专业化之前中央到地方各级人民广播电台所普遍认可的节目分类方法，这种分类方法主要按照节目内容进行区分，与当时的电台节目制作体制相对应。传统的广播节目主要包括：新闻类节目、文艺类节目、教育类节目、服务类节目和广告节目五个主要类型。但随着受众市场需求的变化，原有的分类已难以涵盖越来越多样化的节目实践。国家广电总局所发布的《2008年中国广播电视产业发展报告》将广播节目分为：新闻资讯、专题服务、综艺益智、广告、广播剧、其他类共六个类别。① 以中国广播电视协会为代表的官方广播节目评奖则从关心鼓励基层创作人员的角度出发，以节目内容为主并兼顾电台不同节目制作团队平等参与评奖的可能性，把广播节目分为新闻、社教、文艺、广播剧类和创新类共五个类别。在众多关于广播节目的类别中，新闻类节目和文艺类节目基本涵盖了广播节目中重要的创作编排技巧，而且这两类节目也在电台播出时长中占有绝对的优势，因此本书主要把广播节目划分为新闻节目、专题节目、访谈节目、广播特写、文艺节目和广播剧六个类型来进行分析和阐述。

一、广播新闻节目

我国的广播宣传网在提供新闻信息、文化知识、文艺娱乐和各类服务方面，既是党和政府的得力助手，也是人民群众喜闻乐见的朋友。其中，广播新闻是广播事业发展的核心内容，直接反映出了广播事业发展的历史进程。

（一）广播新闻节目的定义和功能

广播新闻是以有声语言和其他声音符号及时报道新近发生或正在发生的事实的新闻体裁。从这个定义可以看出，广播新闻的特征既包括新闻本质属性所强调的真实性、时效性、价值性原则，又具备自身媒介传播特征（使用有声语言和其他声音符号传播）。从广播本体而言，广播具有传播速度快、范围广、制作相对简单、易于接收、互动性强等传播特点；就新闻本体来说，提供

---

① 徐光春. 中华人民共和国广播电视简史 [M]. 北京：中国广播电视出版社，2003：51.

重要信息、发布政令、宣传与激励、引导舆论等职能标志着新闻的重要作用，而受众对新闻信息的渴求决定了新闻的重要地位。二者的结合使广播新闻节目成为广播电台的骨干节目，其影响力和重要程度都在其他类型节目之上。

广播新闻从体裁上可以分为消息类和专题类，前者短小精悍，以时效性而著称；后者偏重对新闻事件意义的探讨。随着广播新闻形态的发展，板块式的广播新闻节目应运而生，即在相对集中的时间段里，融消息、评论、现场采访、热线互动等多种方式于一身，意在为听众提供多样化的信息服务。但从本质上讲，板块式的广播新闻节目只是编排上的创新，而非新闻体裁上的创新。

我国广播事业诞生之初，传播新闻、为党的各项政策宣传服务就成为一项重要任务。1940 年 12 月，我国第一座人民广播电台——延安新华广播电台在延安正式开播，是中国共产党新闻广播事业的开端。20 世纪 50 年代，中央人民广播电台按新闻总署关于"发布新闻、传达政令、社会教育、文化娱乐"四大任务和广播"要学会自己走路"的要求，陆续开办了一批在全国有重大影响、适合广大听众需要的广播新闻节目，如《各地人民广播电台联播节目》《首都报纸摘要》等，随着中央台、大行政区台、省（直辖市）台及市台四级广播台的建立，以中央台为中心的广播新闻宣传网初步形成。广播新闻通过消息、评论、专题报道、录音报道等多种形式为全国人民传播国内国际新闻消息，宣传党的政策，取得了良好的效果。

受众长期对广播新闻的关注与重视印证了广播新闻的权威性，同时，不断创新、深化的广播新闻报道也从"三贴近"的原则出发，旨在争取更多的听众。高水平高质量的广播新闻培养了越来越多的听众，反过来，听众对新闻信息不断提升的需求也促使广播新闻部门采制出更多的新闻精品。广播新闻节目已经成为广大受众获得信息的不可或缺的重要渠道之一。

我国的广播新闻发展正处于挑战和机遇并存的时期，一方面，媒体间竞争的加剧使得广播新闻与其他媒介新闻在市场占有率、受众影响力等方面相较而言处于弱势地位；而另一方面，随着我国政治、经济、文化事业的不断发展，受众对新闻报道的要求越来越高，广播媒介主动求新求变的步伐也在逐渐加大，在激烈的竞争格局中，广播新闻需要挖掘自身的优势，积极开拓适合自身独特发展的媒介空间。

（二）广播新闻节目的特征

借助广播技术的发展优势，广播新闻节目具有如下几个特征：

1. 受众细分化，传播频率专业化

针对受众细分的需求，广播出现类型化和窄播化的趋势，开始由大众向小众转变，专业化程度不断推进。"广播频率专业化促使国内各级广播电台进行业务改革，由原来的单一频率发展为多个不同功能的专业频率，其中新闻频率是各台的第一频率或者核心频率。"① 虽然，相比较西方发达国家专业化程度而言还有一定差异，但也已把受众尽可能地细分，定位也更加精准。广播新闻告别以往作为某一频率的新闻版块，晋升为拥有自己主阵地的专业频率。中央人民广播电台的"中国之声"，各地方台的第一套节目也基本上为新闻广播、新闻频率或新闻综合广播，虽说法不一，但都是以新闻为核心的广播频率。

中央人民广播电台"中国之声"频率秉承"频率专业化，管理频率化"的改革理念，以早中晚三大新闻密集区为重点支撑，充分彰显"与世界同步，与时代同行"的传播特点。《新闻和报纸摘要》《全国新闻联播》《新闻纵横》《央广新闻》等节目围绕新闻这一关键词，全天候为听众提供全面、快捷的新闻内容。2008 年 8 月 25 日，"中国之声"率先做出轮盘式改革，全天播出的新闻像轮盘一样转动起来，加大了信息的播出量，使听众在任何时候打开收音机都能够及时掌握最新的消息。受此启发，一些地方台节目，也开始化整为零，实现新闻的滚动播出。2011 年 10 月 8 日，"中国之声"再次改版，以"责任至上"为核心，设置常态节目《难忘的中国之声》，把"中国之声"打造成为"24 小时流动的国家级声音档案馆，为中国留存一部独特而丰富的历史传记"。②

2. 内容丰富，传播快捷

1980 年第十次广播工作会议以后，广播界树立了"扬独家之优势，汇天下之精华"的广播新闻业务方针。在这一时期，广播新闻呈现出了"新""短""快"的特点。经过三十多年的发展，现代广播新闻基本上做到了信息充足、内容饱满，重大的新闻事件不遗漏；在信息质量方面尽可能保持新闻价值高，新闻视角独特，新闻立意新颖，符合受众对新闻事件的心理期待，将受众未知、欲知、须知的信息传播到位；在具体新闻构架中，则强调描写的客观、逻辑的严谨、细节的丰富。信息的快速传播是广播媒体的最大优势，广播新闻节目利用记者口播、电话采访等手段力争在第一时间播出新闻。同时，滚动播出与随时更新的播出方式使听众不论何时进入广播新闻节目，都能迅速获得最新的信息资讯。

---

① 邓炘炘，黄京华. 广播频率专业化研究 [M]. 北京：中国传媒大学出版社，2006：102.

② 引自 http：//www. jxradio. cn/xwzx/2011-12-20/21636. htm.

新闻频率的诞生适应了新形势下经济与社会发展的需要，也满足了听众多元化的需求。中央人民广播电台在近年的新闻改革中，将新闻频率"中国之声"的业务功能定位为"汇集天下新闻的大平台，解读重点新闻的思想库"，① 用 50 档新闻构成全天新闻频率的框架，保证了新闻信息的有效传播。而众多地方新闻广播则立足本地，在与当地百姓生活息息相关的内容上寻求契合点，摸准社会脉搏，在快捷性、贴近性、个性化服务上下工夫，以特色鲜明的广播新闻节目稳定目标听众群。比如厦门新闻广播电台在 2009 年 3 月推出了"更快、更动听、更华丽"的宣传口号，全天不间断地更新滚动播报最快的新闻资讯，打造以整点新闻为龙头的大容量新闻频率。每天早上 10 点至晚上 10 点，在长达 12 小时的时间里，每逢整点滚动播出本市、国内外新闻，以大信息量和快节奏的播报风格体现广播"第一时间"播报功能的不可替代性。

3. 形式多元化，互动频繁化

随着传播技术的发展和时代的变迁，听众的收听需求和收听状态也在不断改变。为了在节目形态上更接近群众、接近生活和现实，广播新闻工作者也在不断思考和改进广播新闻节目的传播方式。随着听众自主精神和平等参与意识的成熟，旧有的"我说你听"的单向广播新闻传播模式已不能适应广播受众的要求，诉诸于"多元素构建""高频率互动"的新模式成为当下广播新闻节目发展的一大特征。

1986 年 10 月，珠江经济广播电台的开播带来了全新的广播新闻播报模式和传播思维，大时段综合性节目、主持人主导、直播、听众参与成为广播新闻模式的主要特点。之前，广播新闻播报模式不太考虑听众的收听状态，"照本宣科"的痕迹较重，而新模式在节目板块中不断出现新内容、新话题，使新闻板块与其他文艺板块、知识板块有机结合起来，在快节奏、多转换的模式下有效地向听众传播新闻信息，传播方式契合了广播的"伴随性"行为特点与听众的收听状态。以往新闻播音员给人的印象是抽象、非人性化的，而主持人的出现意味着对个性化交流方式的重视，亲切可感的主持人形象拉近了广播新闻与听众的距离，同时热线电话方式的加入，进一步密切了与听众的联系，实现了听众的直接参与和及时反馈。而直播为主的新闻播报方式，保证了新闻的及时传播与跟踪滚动，使听众与最新发生的新闻事件保持最近的距离，最大限度地发挥了广播快速、广泛、生动的传播特点。

---

① 王明华．探索传播规律，提升引导水平——中央人民广播电台新闻改革的实践与思考［J］．中国广播电视学刊，2007（2）．

目前，广播新闻的传播形式更符合新闻的本质特征，更切合广播传播的特点，更能为听众所接受，较有代表性的有以下几种方式：第一，现场报道。在新闻发生的现场通过现代化的手段进行新闻的传播，现场的音响加上记者的报道，更容易使听众产生身临其境感，从而引发对新闻的信赖和认同。当今广播新闻的常用形式为现场报道，如"中国之声"《央广新闻》就常常采用这样的电话连线，记者以"我看见""我认为"这样的角度进行新闻的传播，使得新闻更加形象，更有感染力。第二，现场直播。对于重大事件采用这种方法，可以增强传播效果，使听众听到的是第一手的信息，事件现场的情况尽收于耳，在这个基础上，主持人再加以辅助说明就能让新闻事件更加客观准确。如"中国之声"对 2008 年北京奥运会的现场直播。第三，突发报道。这一报道形式，由于不是日常化的新闻编排，常常以插播的形式进行，如青海玉树地震发生之后，"中国之声"迅速做出反应，第一时间将抗震救灾的动态传到听众的耳朵里，记者的连线采访及报道就达到了听众和现场的"零距离"。第四，策划新闻。这一形式常常针对即将发展或可预知发生事件的报道，采用这一报道形式能更全面地展现事件原委。第五，新闻互动。这种传播形式往往针对某一新闻，发动受众参与其中，这其中有专业人士，更有普通大众，通过观点的碰撞和思维的摩擦，有新闻、有评论，述评结合，这一过程本身就可以理解为创造"新闻"的过程，常见的如现场互动、电话互动、短信互动、微博互动等。

（三）广播新闻节目类型

在本节中，笔者将广播新闻节目划分为广播时政新闻节目、广播社会新闻节目以及广播新闻评论节目来分别进行介绍。

1. 广播时政新闻节目

广播时政新闻是广播新闻节目的核心内容，是广播新闻的重中之重。我国广播机构一方面要把党和政府的各项精神、决策及时准确地传达给人民大众；另一方面也要及时反映人民群众的工作、生活、思想动态，时政新闻节目正是集中体现了这种"喉舌"与"桥梁"的作用。

中央人民广播电台的《新闻和报纸摘要》和《全国新闻联播》是我国广播时政新闻节目中最具有代表性的。这两档新闻节目以鲜明的政治性、曾经独一无二的传播优势以及特定历史时期的特殊作用，在全国听众和新闻界享有极高的声誉并产生了巨大的影响力。

（1）《新闻和报纸摘要》

《新闻和报纸摘要》是我国历史最长、地位最高的广播时政新闻节目，是中央人民广播电台每天早晨的一档新闻播报类节目，每天清晨 6 点 30 分，伴随着《歌唱祖国》雄壮的乐声开始播出。中华人民共和国成立后，在广播发挥自身特点，不能完全依赖报纸、通讯社，自力更生办广播的精神指导下，中央人民广播电台有了创办一个适合广大听众收听的重点新闻性节目的初衷。1950 年 4 月 10 日，《首都报纸摘要》开播，1955 年 4 月 4 日更名为《中央报纸摘要》节目，同年 7 月 4 日定名为《新闻和报纸摘要》节目。当时我国的国情是幅员辽阔、民族人口众多，而科学文化水平普遍不高，获取新闻信息的途径有限。《新闻和报纸摘要》节目开办以后，全国各电台都按要求进行转播，使节目覆盖面广泛，影响力巨大，成为亿万听众了解国家大事、最新信息的重要渠道，在普及科学文化知识方面也发挥了重要的作用。

《新闻和报纸摘要》始终坚持正面宣传为主，讴歌时代，赞颂英雄，弘扬正气。20 世纪 60 年代，通过这个节目，由著名播音员齐越播出的新华社通讯《县委书记——焦裕禄》，曾经感动了亿万中国人。1998 年该节目又以空前的规模报道了长江、嫩江、松花江地区军民抗洪的全过程，对抗洪战线中涌现出的先进人物和先进事迹进行了及时、生动、翔实的报道。全国各地群众纷纷来信来电，称赞这个节目报道的成功性，其正面的舆论引导和宣传在当下社会产生了强烈反响。

此外，作为中央台的知名品牌栏目，《新闻和报纸摘要》一直坚持发挥广播的音响优势。早在 1953 年节目诞生之初，栏目记者就带着录音机深入朝鲜战场进行战地采访，采制了一批现场感强、音响丰富的广播新闻报道。目前《新闻和报纸摘要》节目中带音响的报道已经占到一半，甚至达到 2/3。另外，现场报道这种能够充分发挥广播新闻特点的体裁也在《新闻和报纸摘要》节目中得到了充分的体现。早在 1979 年 10 月 1 日，该节目就播出了国庆 30 周年联欢晚会的现场报道，之后国家的一些重大活动和事件，比如香港与澳门回归、国庆 60 周年、北京 2008 年奥运会开闭幕式、一年一度的"两会"等，《新闻和报纸摘要》节目都在现场为听众进行充分、生动的报道，以期为听众呈现最具感染力的事件现场。

目前，《新闻和报纸摘要》节目分国内要闻、今日天气、简讯、媒体介绍、国际新闻五大部分。其中，国内要闻主要是独家报道党和国家领导人的重大活动，宣传中央的大政方针、中央各部委的工作思想，报道中宣部下达的重大典型宣传任务以及重大新闻事件；今日天气属于全国独创板块，其以清新幽默的语言介绍当天全国天气情况，极具服务性；简讯则言简意赅，体现大信息量；媒体介绍主要介绍其他媒体的新闻精华，备受同行瞩目；国际新闻则利用时差优势，率先报道北京时间当天早晨发生的国际重大新闻，体现了新闻传播的时效性。

（2）《全国新闻联播》

《全国新闻联播》是中央人民广播电台的一档重点新闻广播节目，每天晚上 8 点钟播出。节目定位为：融天下大事之精粹，集各地要闻之大成，汇总、梳理全天新闻资讯。作为中央台晚间节目的新闻汇总，其内容是以国内外要闻为主的综合性新闻与相关评论，节目荟萃了全天的新闻精华，在发布权威政策信息方面同样具有优势地位。《全国新闻联播》创始于 1951 年 5 月 1 日，当时称《全国各地人民广播电台联播》，1955 年改为《各地人民广播电台联播》，1995 年正式更名为《全国新闻联播》。目前的《全国新闻联播》，整体框架分成四个部分：一是头条板块，包括央广新闻头条和当日各大媒体头条扫描；二是要闻板块，包括当天时政新闻扫描、当天重要新闻、直通现场和媒体聚焦；三是国际板块，以"广播新闻地图"的方式全景扫描五大洲焦点新闻资讯；四是预见新闻板块，包括明日新闻提示和央广记者行动。

2009 年 1 月，中央人民广播电台又对《全国新闻联播》进行了重大改造，恢复中断了的直播，推出了全新版的《全国新闻联播》。与以往宣传色彩浓重，内容不及《新闻和报纸摘要》重大、精致相比，新版的《全国新闻联播》紧紧抓住节目处于新闻高发时段的最大优势，将节目清晰定位于"晚间黄金时段以资讯为主的新闻龙头节目，全天新闻的总汇"；播出方式为中央人民广播电台首播直播，全国电台同步转播、重播录播；提出了"《全国新闻联播》每天为您汇总梳理全天资讯"的全新宣传语。

改版后的《全国新闻联播》，以抓新闻的第一落点为首要任务，确立了"6 小时标准"，即只抓最新、最快的内容，6 小时内没有新进展、新角度的新闻不发。"6 小时标准"要求编辑们快速搜索判断、快速组织报道、快速编辑播发，每天忙得团团转。但是它让《全国新闻联播》保持了"最新鲜"——节目内容几乎 100%是当天的新闻，70%以上是当天下午的新闻，独家报道占到 80%，众多首发的新闻被其他媒体大量转载。

改版后的《全国新闻联播》，不单纯以播发新闻的条数作为考核节目的硬指标，而是更加关注多角度挖掘某一重大新闻的信息量。为此，《全国新闻联播》设置了专岗，每天有人负责关注重点选题，对重点新闻进行多角度挖掘。这种改变，突破了过去"单一形式的报道，长度不超过 2 分钟"的限制，使每天的节目有了亮点，有了深度，有了品质。节目风格不再仿效《新闻和报纸摘要》的"权威、庄重、大气"，而是根据节目的新形象，定位为"明快、锐利"，"客观庄重之中彰显思想的锐气"，内容选择、节目编排、主持人表达均形成统一风格。

作为我国时政新闻的标志性栏目，《新闻和报纸摘要》和《全国新闻联播》在中国广播界乃至新闻界都有着不同寻常的地位，成为各地广播电台做时政新闻节目学习的样板。

2. 广播社会新闻节目

随着我国改革开放的不断深入，社会各阶层的利益在重新调整，多种思想、价值观全面碰撞，直接反映为社会生活中的经济、文化等各个领域的各种社会新闻事件。它们虽看似突发的个案，但其背后反映的往往是当今社会发展过程中的矛盾、瓶颈与焦点问题，是代表发展过程中某种趋势的典型化缩影，这也正是社会新闻的价值所在。因此所谓广播社会新闻是以普通百姓为主要报道对象，以社会事件、社会问题和社会风貌为新闻素材，侧重报道百姓形态、道德风尚、奇闻轶事以及百姓生活中遇到的各种实际问题的广播新闻体裁。

1983 年在第十一届全国广播电视工作会议上，首次提出了"以新闻改革为突破口，推动整个广播电视宣传改革"的口号，在这个指导方针下，广播社会新闻的地位日益得到彰显。各地电台广播新闻都进行了卓有成效的改革与尝试，在开辟新闻源、增加新闻量、增强实效性上下足工夫，并将社会难点、热点问题的报道当作广播新闻报道的一个重要方面加以重视。此外，新闻改革的观念促使广播新闻改变过去那种居高临下的"指导者"与"教育者"的定位，寻求一种能令传受双方平等交流与互动的传播模式。而广播社会新闻报道中的当事人群体与广播新闻的受众是统一的，社会新闻事件所反映的利益冲突、观念冲突直接与受众的切身利益相关，所以，对广播社会新闻报道的加强本身就是这种平等观念的实践。而广播媒体产业"为受众服务"的定位经营理念，也使得广播新闻话题的选择上更加关注当前社会动态、民情舆论，切实有效地反映人民大众的真实心声。

广播社会新闻是涉及人民群众日常生活的社会事件、社会问题、社会风貌的报道，包括社会问题、社会事件和社会生活方面的内容，尤以反映社会风尚的新闻为主。与政治新闻、军事新闻、经济新闻、科技新闻、文化新闻相比，其特点体现在以下几个方面。

（1）独特的报道视角彰显出新闻的个性化

广播社会新闻的发展始终与新闻改革的步伐相一致，一直立足于社会生活的表象层面寻找素材，不做宏观政策分析，不做会议新闻和部委动态，突出刻画新闻当事人的真实感受，突出揭示事件背后蕴涵的社会普遍意义，这种

"从微观看世界、以小见大"的新闻策略建构了社会新闻大众化、鲜活生动、接地气、亲民化的特征。

1987年1月1日，中央人民广播电台按照提高质量、全面改革的设想，以及接近群众、接近生活、接近现实的方针，打造了一个融新闻性、知识性、服务性为一体的板块节目《午间半小时》。节目的新闻视角就定位在听众普遍关心的现实社会问题、热点问题、敏感问题上。一方面积极讴歌社会主义建设和改革开放中的成就，坚持以正面宣传为主；另一方面也积极探索社会生活中的方方面面，批评社会的不正之风和丑恶现象。比如该节目在2005年播出了一篇批评铁路行业不正之风的报道，记者针对"火车上的卧铺票难买"的问题进行了调查式采访，并发挥录音报道的优势，采访了乘客和乘务员。报道中，乘务员的"实言相告"和高声播放的《铁路法》交叉编排，相互对照，是非立判，记者无须多言。在这里，节目一方面以听众的身份对百姓关心的问题进行质疑与调查，通过这种新闻采集手法，体现了广播社会新闻纪实风格的魅力；另一方面，精心选择的具有代表性的现场同期声也为新闻说理提供了强有力的客观依据，进一步增强了说服力。

（2）亲民化风格拉近与听众心理距离

和时政新闻的权威性、严肃性、宏观性报道特点不同，广播社会新闻的话语形态是鲜活、亲切、平民化、口语化的。《午间半小时》以其大众化的新闻视角、活泼的语态和亲切自然的主持风格成为广播新闻改革初期的代表性节目。该节目中设有主持人，形式上采取述评形式，有事实有议论，主持人的基调庄重而不刻板，活泼而不媚俗，幽默而不粗俗，表现出一定的文化品位。主持人以"说新闻"的方式评说当日上午以及近期发生的社会新闻，力求贴近百姓日常生活，同时强化串联和点评。在"说新闻"的板块之后，主持人还和几位嘉宾一起，围绕新近发生的新闻事件或近期人们关心的某个社会话题以"脱口秀"的形式展开讨论，嘉宾包括新闻事件的当事人、各行各业的名人、专家和权威人士，谈话过程中听众可以即时参与进来进行讨论。《午间半小时》的片头语就是"关注身边事、国家事、天下事；说说心里话、真情话、大实话"，充分体现了节目追求的亲切自然的风格。所有这些节目结构的设置都体现了广播社会新闻"以听众为本"的传播策略，主持人在新闻中或快速及时播报新闻，或张弛有度侃侃而谈，这种亲切自然的播报风格极大地拉近了节目与观众间的距离。

（3）多元化渠道提高听众节目参与性，强化民众的舆论监督

一直以来听众关心的诸多社会热点、难点问题通过热线方式能及时得到解

答与反馈，这既是广播媒体作为舆论监督工具的功能体现，也是社会新闻符合接近性、显著性、重要性的新闻价值体现。而近年来即时通讯软件、微博、微信等沟通渠道的完善与发展为广播社会新闻节目带来了新的发展空间。北京人民广播电台的《新闻热线》是一档以听众拨打电话向电台提供新闻或新闻线索的栏目，节目以时效性强、贴近百姓生活、为百姓排忧解难为特色，听众在节目中的角色不仅仅是收听者更是参与者，此外微博微信平台的设置，让更多的听众可以通过这些平台提供更多的独家新闻和猛料，使得节目知名度迅速攀升，连续几年被评为"听众喜爱的名牌栏目"。

新闻媒体应该是社会公平与正义的旗帜。在构建和谐社会的过程中，新闻媒体不仅要发挥传播信息的功能，也要承担监督职能部门的行为与为民解忧排难的责任。因此，广播社会新闻传播功能与监督功能的结合使得其成为民意代言者与舆论监督者，对受众利益的关注换来的是受众更大的支持，节目影响力的进一步加强又反过来促进着职能部门作风的建设与社会风气的改善。可以说，广播社会新闻的良性发展影响和推动着和谐社会的建设和发展。习近平总书记强调新闻舆论工作者要牢记社会责任，提高业务能力，转作风改文风，努力推出有思想、有温度、有品质的作品。广播社会新闻的宗旨即是在关注民生的基础上实现正确导向，在平等交流的基础上搭建文明进步的公共平台。广播社会新闻要争取更广泛人群的关注，就必须树立听众意识和人本意识，关注民生民情，给听众以真诚的新闻关怀和人文尊重，维护社会公平与正义。

3. 广播新闻评论节目

广播新闻评论是专门供广播使用的新闻评论，是通过广播发表的对新近的或正在变动的新闻事实的评论分析，属于论说文的范畴。广播新闻评论，顾名思义就是通过广播发表的对新近的或正在变动的新闻事实的评论与分析。广播新闻评论节目是广播电台宣传的旗帜，是广播新闻宣传的灵魂。在我国的广播新闻宣传中，舆论工作主要通过广播新闻评论的形式来开展，通过广播新闻评论来引导正确的舆论导向，进行舆论监督。

2000 年 3 月 29 日，中央人民广播电台将原有的评论部与《新闻纵横》栏目合并，成立了新闻评论部，这种合并，增强了新闻信息的开发深度与力度。而《新闻纵横》栏目，在继续以《今日观察》为主打子栏目的同时，加强了新闻背景分析、专家权威访谈和节目信息反馈，主要措施是突出音响、突出实效、突出深度、突出结构变化四大优势。与此同时，各省、市电台都陆续推出了一批新闻评论性专栏，也称热点、焦点节目。如北京人民广播电台的主要新闻杂志节目《新闻·2001》，在保持及时提供信息、适时做出评点、适当提供背景等特色的同时，开辟了一个开放式"听众来论"的子栏目，让北京各行各业、各个阶层的老百姓，通过拨打电话的方式，发表他们对新闻事件、社会现象和身边问题的看法。上海电台的类似节目《市民与社会》等也是有口皆碑。

中国的广播评论于 20 世纪 80 年代初期蹒跚起步，80 年代中期蓬勃发展，90 年代开始走向成熟，其发展变化包括以下几个方面：

一是内容创新。在广播评论中，新闻评论的选题范围不断拓宽，从以政治思想领域为主，扩展到经济领域、文化领域和社会生活的各个领域；从对新闻事件的及时评析，对社会问题的敏锐捕捉，到对百姓话题的密切关注。由于广播评论没有报纸评论出版周期的限制和电视评论可视性的要求，可以有更为快捷、灵活的施展空间。

二是形式创新。广播评论从对报刊评论的播报，到对报刊评论体裁的移植，继而进行广播所特有的评论样式的创新和探索，如今，主持人评论、谈话类评论及音响评论已成为较为成熟的广播评论节目类型。

三是理念创新。在选题方式上，由过去常有的"被动反映"，到现在经常性的"主动策划"；在评论功能上，由"耳目喉舌"式的反映舆论，到进行有效的舆论监督和舆论引导；在评论方式上，由代表媒介的"一家之言"，到收集整合各种意见性信息的"百家争鸣"；在媒介追求上，由强调观点的鲜明性与正确性，到讲求观点的公正性、议论的互动性和结论的开放性。

广播新闻评论同电视新闻评论一样，是广播电视新闻媒介对当前具有普遍意义的新闻事件和重大问题发议论、讲道理，有着鲜明针对性和指导性的一种政论文体。与报刊评论是"报纸的旗帜""报纸的灵魂"一样，广播新闻评论、电视新闻评论应是电台、电视台的"旗帜"与"灵魂"。所有新闻媒介中的新闻评论都有它们的共性：有的放矢，具有强烈的新闻性；观点鲜明，具有高度的思想性；面向基层，具有广泛的群众性。广播新闻评论与电视新闻评论又有各自的个性：广播新闻评论是"有声评论""口语化评论"；电视新闻评论是"形象化评论"。然而，广播新闻评论毕竟是口播的，是说话，不是文章；是听的，不是看的；是稍纵即逝的，不是白纸黑字，可以反复看的。由于两者在传播方式上的不同，因而在选题、论证、结构和语言上就有所不同，并呈现出自己的特色。

（1）深入浅出

广播新闻评论是通过有声语言进行传播的，其最大的特点就是"我讲你听"，要让受众听得清楚、听得明白。评论稿件不仅要观点明确，逻辑严密，层次清晰，分寸恰当，还要浅显易懂，深入浅出。这种"浅"恰恰就是广播评论最基本的特征。深入浅出当中的"深入"是指应使新闻评论深入题旨，而"浅出"则是指要使评论的风格变得浅显通俗。如果将新闻报道与新闻评论相比较，则可以发现新闻评论需要更注重浅出。① 因为新闻评论的受众文化层次不一，年龄也各不相同，要使他们能够理解并接受评论中的相关观点，就应在评论内容及评论方法方面加以重视，以便能让听众明白说理内容。

（2）口语化较强

广播新闻评论与其他媒体评论有着一定的相似性，均是对当前的社会热点及新闻事件进行相关的评论，并对受众灌输一定的思想及理念，具有一定的指导性及针对性。新闻评论所具有的共同特点如下：第一，有的放矢，新闻性较强；第二，观点鲜明，思想性较强；第三，面向基层，群众性较强。

广播新闻评论为一种口语化较强的、有声的评论，这是广播新闻评论所独具的特点。报纸评论的读者可以反复研读，如果广播电台播出了报纸评论，则报纸评论也就成为了广播评论。但是，从实际来看，广播形式的新闻评论为一种口播的评论，稍纵即逝，是不能进行反复收听的；又因为声音是新闻评论所具有的传播形式，所以广播评论相对于报纸评论而言，具有传播速度快及感染力较强的特点。

（3）同期音响元素的加入

同期音响作为广播的一种特殊语言，对广播新闻评论的感染力、真实性、客观性以及新闻事件、新闻人物的塑造起着重要作用。广播新闻评论主要是新闻记者以第三方视角，去诉说和评论新闻事件和新闻人物，很多的评论内容是新闻记者的主观理解。再者，由于事件相关人员的表述不同，广播新闻评论存在一定的主观因素，导致新闻评论模糊，清晰度和准确度较低。而同期音响（主要是指新闻现场、新闻人物本身的声音）是新闻人物对新闻事实的自我陈述，新闻记者利用现场采录的方式，让新闻当事人主动开口，听众就可以直接了解到新闻事件的发展过程，就像是亲眼看到新闻事件现场一样，使得广播评论更加真实、客观、可信。②

例如，辽宁人民广播电台播出的一篇名为《旗舰遇坚冰》的新闻评论，

---

① 喻季欣，李琴. 让点睛的话语赏心悦耳——新媒体时代的广播新闻评论写作 ［J］. 新闻与写作，2011（6）.

② 向骏之. 浅析电视新闻评论节目——以《时事开讲》为例 ［J］. 青年作家（中外文艺版），2010（7）.

曾获 2005 年度中国新闻奖一等奖，就是利用同期音响来深化新闻主题，提高新闻事件的真实性和感染力的。当播音员在述说大连大显集团从盈转亏、陷入生存困境的主要原因时，采用了在新闻现场录制的同期音响——辽宁省信息产业厅厅长李兵的现场录音，李兵说："我们的信息产品没有较强的竞争力，没有家喻户晓的品牌，主要还是因为我们没有自主创新的能力。"让听众感受到了新闻的真实性，深刻了解到大连大显集团陷入生存困境的主要原因在于没有较强的自主创新能力。新闻评论中谈到辽宁老工业基地振兴的时候，记者采用了鞍钢集团总经理刘介的现场录音，刘介说："集团的振兴在于我们研发了一系列的具有自主知识产权的高端技术，建立了一支优秀的技术人才队伍，有效地增强了企业的核心竞争力。"这使听众明白了企业发展的核心在于企业的自主创新。

（4）短小精悍

如前所述，广播评论是通过有声语言来传递的，传播速度快及易逝性的特点，要求广播新闻评论不仅要在内容上保持深度，而且篇幅上要做到短小精悍，有针对性。只有采取大视野小切入，才能通过较短的篇幅讲透问题，做到笔触一点，意关全局。所以，在具体选题上应该注意选择那些在某系统、某方面具有倾向性、事关全局的大事件或问题，选择最能说明问题、对全局具有针对性与指导意义的典型材料，以收到窥一斑而见全豹的效果。

例如，中央人民广播电台播出的《野蛮装卸何时休》这篇新闻评论，就是抓住了北京东郊火车站在装卸电冰箱时，因工作人员野蛮装卸行为损坏三百多台电冰箱，造成巨大的经济损失和不良的社会影响这个典型事例展开评论。虽然评论只是选择野蛮装卸这个小事件作为切入口，但能够使听众看到铁路系统存在不良路风这个全局性问题。① 这篇评论虽然仅有 718 个字，但在当时产生的社会反响非常强烈，引发了听众对事件的深刻思考。

二、广播专题节目

业界关于广播专题节目的定义一直存在很多说法，其中比较权威的一种说法是：广播专题节目是"按内容构成和组合形式划分的种类之一，是指与综合性节目、板块节目相对应，播出内容较为单一的广播节目。常用于对某一领域或某一方面的情况和问题作连续、深入反映，或对某一重大事件或典型单

---

① 朱惠民. 运用逆向思维写作的创新艺术——以中国新闻奖广播评论获奖作品为例 [J]. 阅读与写作，2009（4）.

位、人物作较为详尽的报道和介绍"。①

随着大众生活的变化和广播自身的发展，广播专题节目类型也在不断变化。而且，区分与界定各式广播节目的分类原则和分类的标准也因广播专题节目分属不同的范畴而不尽相同。目前普遍认可的对专题节目的分类方法有以下几种：根据播出形式可以分为固定性专题节目、不定期播出专题节目和临时设置专题节目（又称特别节目）；根据广播节目涉及的话题、事件、现象所属的社会专门范畴，可以分为教育专题节目、文学专题节目、法制专题节目等，从该类专题节目的教化功能出发，又被统称为社交类广播专题节目；根据节目涉及的听众的统一群体性特征进行分类，可以分为少儿专题节目、老年专题节目、大学生专题节目等，又被称为对象性专题节目。而无论是哪种分类方法，广播专题节目的总体特征都是一致的，即节目围绕一个主题，采用多种广播体裁与形式进行编辑、串联、组织，对节目主题涉及的人、事或现象进行描述、议论或抒情，运用广播特有的声音创作优势，在深度与广度上对节目主题进行细致入微的开拓，从中挖掘和提炼出普遍的社会意义和审美追求。

广播专题节目的核心要素是节目主题与为表现其主题选取的角度与素材，这两点构成了专题节目的灵魂与躯干。

1. 主题选取突出正能量

专题节目主题的确立应坚持以正面宣传为主，以事实为创作出发点，反映我国社会主义物质文明和精神文明建设的成就，讴歌当代社会的先进人物与事迹，展示时代风采，起到振奋人心、宣传、鼓舞教育人的作用，即做到有意义；而在内容上，广播专题节目应紧紧围绕能体现当下性、社会性和大众性的人或事做文章，节目才能深入人心。

例如，2008年我国经历了一场百年不遇的雨雪冰冻灾害，灾害面前，全国各地军民团结一心，经过与雨雪冰冻灾害的殊死搏斗，终于赢得了这场抗冰灾战役的胜利。这期间，全国各地涌现出不少以抗冰灾为主题的优秀广播专题节目，如中央人民广播电台的大型节目《抗冰灾热线》、江苏人民广播电台的《江苏抗冰灾谱新篇》等。无论专题节目内容是典型事迹还是典型人物，其节目主题是鲜明的，即在大灾面前鼓舞全国人民的斗志，坚定群众战胜困难的信心与决心。在当时"全民抗冰灾"的情境下，这些专题节目的播出起到了感人至深、催人奋进的宣传功效。

① 赵玉明，王福顺. 中外广播电视百科全书［M］. 北京：中国广播电视出版社，1995：148.

再比如，《梦想的旋律》是北京音乐广播电台以 2008 年北京奥运会为题材的一个专题音乐节目。奥运题材重大，相应各类节目也很多，专题音乐节目如何在 30 分钟内以音乐形式表达出奥运精神，并做出新意，却是一个难题。主创者发挥专题节目样式灵活的特点，在"成就梦想"这一主题的统领下将新闻信息元素和四部音乐作品（林妙可领唱的《歌唱祖国》、郎朗演奏的钢琴曲《星光》、谭盾作曲的颁奖音乐和北京奥运会的主题歌《我和你》）结合在一起，由话语、音乐、歌曲、音响组成的一个有机整体，抒发出中华民族实现奥运梦想的壮志豪情，节目也以其出色的表现荣获了 2007—2008 年度中国广播影视大奖。

即使是软性话题，也要遵循以小见大的原则，节目主题应反映出社会的进步、人民生活质量的提高和思想观念的变化，凝结着创作者的人生体验与感悟，只有这种有"意义"的，具有一定深意的专题节目才称得上"专题"二字。而那些选取一些仅仅符合"感官之娱"的付钱话题，虽然显得热闹却缺乏具有内涵的主题，专题不专，甚至无主题的"专题节目"，听似热闹却内容苍白，不符合思想精深的要求，不能给听众带来有内涵、有意境的联想空间。专题节目的一个好的主题与立意决定了节目的基础，确立了节目内容的范围，也规定着专题节目选取素材的角度和表现形式，可以说主题是专题节目的立足之本。

2. 题材选取突出独特性

主题是灵魂，而题材是专题节目的血肉，两者的完美匹配才能缔造出专题精品。艺术反映生活，各种选题都是现实生活的反映，其关键是选取哪个题材更适宜表现相关专题节目的主旨。在众多可选择的角度与素材中选取独到的选题，运用独特的角度，既能完美体现专题节目主题的诉求，也能体现创作者"独具匠心"的艺术创作水准。

北京城市管理广播的《茶余饭后话北京》是一档融知识性、趣味性、京味文化为一体的系列专题节目，也是了解北京各类风情、历史变迁的一个窗口。其中 2006 年 10 月 13 日播出的以"北京胡同"为主题的一期堪称主题与题材结合的典型。北京的胡同历史悠久，内涵丰富，有很多典故与文化背景隐含其中，但节目没有一味铺陈其历史沿革。节目由北京胡同文化又引发出餐饮文化、梨园文化，比如介绍北京前门外的门框胡同，它堪称北京商业文化历史的微缩景观，由于它的长盛不衰，独树一帜，引来很多名人政要的光顾，于是又生发出很多梨园故事。主持人文林与邀请的学者嘉宾由于对节目主题（胡同文化）有充分的了解，所以围绕胡同文化可以旁征博引，将原本抽象的文化概念化解在一个个生动的掌故与细节当中，很好地诠释了专题节目话语浅显但内涵丰富的特征。在节目的结尾，播放的一首电视剧《宰相刘罗锅》主题曲把节目推向高潮，起到了点题的作用，让听众有意犹未尽之感。①

此外从受众接受角度来说，新颖的角度也是广播专题节目赢得听众青睐的重要元素之一。角度的新颖，不仅能起到先声夺人的效果，在节目的一开始就牢牢吸引住听众的注意力，而且更重要的是，角度的选取与内涵的挖掘往往是相辅相成的，平铺直叙的专题节目其意义的表达肯定是有限的，而别具匠心设置的专题切入点可以成为听众解读节目的一把钥匙，引领听众带着兴趣一路听下去，跟随创作者的思路领悟到节目的内涵。如科普专题节目的常态是向听众介绍科普知识、解释科学概念，但一味这样平铺直叙听众难免心生厌倦。2004年，北京新闻广播制作的专题节目《火星探索——人类宇宙情结》经过精心策划，以2004年1月3日全球直播"勇气"号航天飞船登陆火星为新闻背景，选取了新闻事件中"地面控制人员用歌曲唤醒'勇气'号在火星的第一个清晨"这样的生动片段，以这样一个通俗、有趣的细节作为切入点，从贴近听众的角度向听众报道了世界最前沿的科技动态，并就火星登陆的意义、是否孕育生命，以及我国的登月计划等内容进行了讨论，将深奥复杂的科学实验以人性化、通俗化的方式呈现给广大听众，激发了大家对火星科普的兴趣。通过精心的策划，巧妙利用切入点导入主题的背后是创作者对主题与题材的深刻理解，这样才能做到"润物无声""浅入深出"，在生动、鲜活的节目状态中完成对主题的表达。

综上所述，广播专题节目的传播特色是在一个相对完整的时间段里比较深入地表现一个主题，高品位的立意是专题节目成功的前提，而表现手段的丰富（包括角度的选取与多样表现形式的运用）则是专题节目成功的保证。

三、广播谈话节目

谈话节目是主持人和被邀请的嘉宾（两人或两人以上）围绕公众普遍关注的某个或某类问题进行意见交流的一种节目形态。因为这类节目最贴近普通大众的生活，现如今生活节奏又随着社会经济的发展在不断加快，在紧张和忙碌中人们都渴望能够有感情上的交流，所以谈话节目的出现和发展满足了人们的这种渴求。然而在当今这个大众传播媒介发达的社会，电视谈话节目已经占据了绝对的优势地位，相比之下的广播谈话节目就黯然失色。但是纵观广播谈话节目在国内外的发展历程，这类节目还是有其独特的发展空间和优势的，只

---

① 贾殿崎. 魅力十足的《茶余饭后话北京》栏目2006年宣传业务，北京人民广播电台内部资料。

是多种因素的制约使其没有实现自身价值的最大化。一档成功的广播谈话节目离不开以下几个方面的因素。

1. 主持人的专业素养

主持人是谈话节目的灵魂所在，主持人的成败就是谈话节目的成败。因此，作为节目的核心人员，广播谈话节目主持人就必须具备一定的专业素养。

第一，主持人应有认真的案头准备，包括文字也包括"腹稿"，在导向、知识、社会现实以及节目的策划、结构、提问等方面做认真的准备。现在媒体上还存在着大量的虚假采访，一些主持人由于没有做好事前的准备，往往做出"八股式采访"，让被采访者和听众都十分厌恶。

第二，主持人作为听众的"益友"，还应重视引导，主持人不可能全知全觉，不应回避棘手问题，要能跳出来，站高一点，看远一点，客观、真诚地面对听众。主持人展示个性的同时，应注意保持亲和力，不能沉浸在自我表现的心态中；主持人不要自怜自爱，"偶像"的感觉，"大众情人"的感觉，或是"知心大姐"的感觉，这都是主持人生命力枯竭的现象。

第三，主持人关键是思想而不仅仅是语言，主持人要较量的不是外在的声音，而是内在的知识和智慧；主持人是新闻工作者、思想工作者，而不只是语言工作者；谈话节目主持人更要具有心理学修养及深厚的生活阅历。比如辽宁电台经济广播的《轻风夜话》，节目里有思想、有交锋，主持人以自己健康的精神风貌在谈话过程中感染听众，所以节目才能十几年如一日，深受听众喜爱。总之，主持人的自身修养和人格魅力是谈话节目吸引听众的重要保证。

第四，针对听众提出的一些棘手问题，主持人应机智、沉着面对，讲究引导的方式方法，既不可简单化地讲大道理，也不能不加分析地迎合、趋同。在遇到语言和思想的交锋情况时，主持人不能仅仅停留在听众罗列的一系列现象上，用看似逻辑严密的理论去和听众争辩不是最好的应对方法，而应该从听众的理解角度出发，客观真诚地帮助听众透过现象找到本质，以同等身份的"参与者"而非"教育者"方式，对其失之偏颇的观点加以引导。

2. 选题原则和策略

首先，一定坚持正确的导向，反映积极进步的价值观、健康向上的人生态度和主流文化。比如情感类谈话节目在选题的过程中，必须考虑导向问题，道德、伦理、法规的导向必须在节目中有所体现。在节目中，自始至终、一脉相承的是对社会的责任感。这一原则是必须要有明显体现的。

其次，涉及关注弱势群体、边缘人的选题时，应更多关注他们当中强势的精神，要特别注意选题的比例、取向和分寸把握，切不可猎奇、猎艳，不可展示丑恶和颓废。也就是说，任何选题都有主流和支流之分，不能让支流淹没主流。

再次，要避免无主题的随意闲聊，要有阵地意识、大局意识和责任意识。如果不设主题，很可能支流的东西在媒体里就成为主流的东西，容易混淆视听。节目一定要有主题，这样才能把握住谈话方向，有时甚至可以设一个月、两个月的大主题，如人文篇、社会篇。

3. 谈话内容的故事性

广播谈话节目也要有故事性，不但被谈话人物身上要有故事，嘉宾在谈话中也要会讲故事。内容故事性强的广播谈话节目，听众才会乐意听下去。用讲故事的方式进行人物访谈，向听众介绍新闻事件的过程，新闻人物的命运、经历、经验和情感，以动人的故事来与听众进行情感交流，这往往能优化广播谈话节目的传播效果。

广播谈话节目中内容的故事性离不开记者提问的悬念性、谈话人物叙事的巧妙性、情节细节的感人性。在访谈时，记者要善于抓住被谈话者讲述故事的苗头，捕捉被访谈者讲述的几个故事片断，将被访谈者的录音和记者有针对性的提问有机组合起来，让听众能在脑海中产生故事场景。在广播谈话节目中，采访记者对访谈内容还起着串联作用，决定着整个节目的故事性强不强。为此，采访记者要明确访谈的中心，适时控制节目的起承转合、内容的承上启下、矛盾的展示与冲突，并对被访谈者进行及时引导。

广播谈话节目的采访记者"必须对倾听到的内容进行思考和分析，同时也要考虑如何顺着嘉宾的话语转换到下一个话题，做好关键地方的衔接、贯穿以及结束"。爱听故事，是人的天性。把广播访谈节目当作故事来讲，能更好地满足听众对节目的深层次需求，因为采用故事化的叙事手法更符合广播媒体的传播特性。在广播谈话节目中，每段故事都要有细节描述，每个人物也都会因细节而显得真实并独具个性。要选择个性鲜明、情节曲折、悬念迭出、引人入胜的内容来展开访谈，以一个个感人的故事来感化听众。

听众收听广播谈话节目，是想了解新闻背后的人和事，如果事件涉及面广、时间跨度大，对事件的深入调查需要一定的时间，那么广播谈话节目也可以采取连续报道方式，对一个或者几个被访谈者就同一新闻事件进行连续的访谈报道。每期都对事件的一个层面进行解析，以保证访谈节目内容的时效性和故事的连续性。当然，广播谈话节目内容的故事性也要避免为片面追求故事化而介入过多的主观因素，不能选择完全没有新闻价值的故事内容。

4. 访谈人物的典型性

广播谈话节目中的被访谈者大致可分为两大类：一是热点人物，二是社会名流。两者的区别是，前者侧重于富有时效性的热点与焦点类人物访谈；后者是面对社会各阶层与领域的知名人士访谈。广播访谈所选择的人物，应能从其身上体现出时代精神、反映时代主题，其事迹还要具有代表性、指导性和思想性。如作为绍兴市柯桥区人的裘建华，任美建建筑系统（中国）有限公司董事长。绍兴市柯桥区台的广播记者在题为《裘建华：微利时代的行业领跑者》的广播访谈节目中，就一家有近 70 年发展历史的老牌美国企业 2007 年被绍兴精工集团全资收购后，短短几年时间就成长为行业内最具盈利能力企业的情况对裘建华进行了访谈，并对他如何续写"美建"的转型故事作了介绍。记者："从某种程度上来说，你刚刚接触钢构，算是一个外行，你怎么快速地进入角色？"裘建华："当时，企业的员工也好，干部也罢，说这个企业要么不卖，要卖也应该卖给一个外资企业或者国企，怎么能卖给比我们品牌差得多的绍兴民企？"记者："那你是怎么应对的？"裘建华："任何事情要在发展中解决问题，首先是提高管理水平。我当时想，我们有这么好的品牌，接了这么多业务，但利润怎么会不高呢？我觉得问题是出在我们的管理粗放。于是，我就对员工薪酬体制进行改革，全部搞计产制。"记者："搞绩效？"裘建华："对，全部搞绩效考核制。这样一来，整个产能从（每月）1000 吨到 2000 吨、3000 吨、3500 吨，再到 4000 吨，而每 1 吨的加工成本也从原先的 1800 元下降到现在的近 700 元。如果年产 30000 吨的话，就节约成本 2000 多万元。没有改变产品品质，只是加强了管理，我们的效益就出来了。员工也渐渐认同，精工的一套管理方法很实用。"

在对裘建华进行访谈前，记者曾从侧面对其进行了深入了解。事先熟悉被访谈者的生平资料是一个训练有素的记者都会准备的环节。"在采访准备中，记者要了解采访对象的基本情况，包括采访对象的大致经历、主要成就、爱好志趣、性格特征等。记者对采访对象的情况了解得越充分，采访中的共同语言就越多，就越能尽快成为采访对象的'合格的对话者'。"典型人物来自社会各个阶层，有某一社会阶层的共性，虽然形象各异，但他们代表着传统的主流价值观。对典型人物的访谈，能获得更多听众的认同感。越是典型的人物，越鲜活，与听众越有心理与情感的接近性。

四、广播特写

特写，是新闻报道的一种体裁。它以文艺手法播写所报道的人物或事件，再现场景和气氛。广播特写则是运用语言和实况音响，以类似影视特写镜头的方式，真实、突出地再现客观事物、人物及其活动场景的专稿形式。其主要着眼于再现人物或事物具有典型意义的局部，而不是全貌或全过程，所以更加重视捕捉典型情节和细节，侧重于对典型局部的横剖面作较为细腻的描述。广播特写作为广播新闻节目与广播文艺节目之间的一种边缘性类型，也是最能发挥广播媒体特点，最能体现广播节目编导综合能力的一种节目类型。

广播特写是由 BBC 提出、20 世纪 20 年代为世界各国广播电台开始广泛采用的一种配音、配乐广播报道形式，当时主要以文学性、传记性内容为主，后来出现大量的虚构内容。广播特写这一形式一度非常接近广播剧，但是到了 20 世纪 80 年代以后，随着国际广播界交流的逐步深入，非真实性的广播特写被逐渐废弃，获得国际性奖项的很多广播特写节目也以真实性内容为主，用声音讲述一个非虚构的故事成为广播特写的主流。总体来看，广播特写基本包含了电视节目中的纪录片和专题片（或将两者总称为非虚构性节目）的题材范围。

中国的广播特写在国际上有一定的影响力，有不少作品获得国际性奖项，例如，《难以忘却的歌声》（中央人民广播电台与上海、山西人民广播电台合作）获 1987 年柏林未来奖特别推荐提名。此外，在历年亚洲及太平洋地区广播联盟（简称亚广联）的广播电视节目评奖中也有不少广播特写节目获奖。例如，1987 年获亚广联信息节目特别推荐奖的《你会吃吗》（中央人民广播电台），1989 年获亚广联信息节目特别推荐奖的《在废墟上》（中央人民广播电台），1993 年获亚广联信息节目奖的《一场特殊的音乐会》（上海人民广播电台），1999 年获亚广联信息节目奖的《走向正在消逝的冰川——寄自长江源的家书》（中央人民广播电台），2001 年获亚广联信息节目奖的《一个人的渡口》（中央人民广播电台，安徽人民广播电台）等。

广播特写在电台更多地被看做是一种综合使用语言、音乐、音响的创作方式，而不是一种固定的节目形式。所以在新闻、文艺、教育、服务类的很多节目中，我们都能看到特写的名字，如录音特写、音响特写。而有的节目虽然没有使用特写的名字，如有些特别报道、文学专题、配乐广播或是音乐专题节目，但在创作中体现了特写的风格。大家可以比对电视节目中纪录片与纪实风格的关系去理解广播特写作为节目形式和作为创作风格的关系。广播特写与其他节目类型相比贵在真实。

（一）关注真实的生活状态

能够凭借直观、可感的听觉或是视觉形象复原物质现实的动感，进而反映动态的生活现实，是广播、电影、电视等现代电子传媒手段区别于传统的文学、音乐、戏剧、绘画、舞蹈、建筑等传统艺术形式的根本点，所以使用声音形象来讲述故事成为广播证明自身价值的一个重要途径。这个重要途径有两条分支，一个是广播剧用表演的方式讲述，一个是广播特写用纪实的方式讲述。

以纪实的方式讲述非虚构的故事是今天国际范围内广播特写创作的主流。所以关注真实的生活状态成为很多广播特写创作时题材选择的标准和指导整个创作过程的思路。纵观获得国际大奖的中国广播特写作品，无一例外都是在叙述人的真实的生活状态。

例如，《难以忘却的歌声》以黄土高原上山西河曲民歌为主线讲述了民歌手刘巨仓、王永茂、辛礼生等人的故事。《一场特殊的音乐会》讲述钢琴大师范大雷对于音乐的痴迷和对音乐教育事业的挚爱。《一个人的渡口》讲述一个百岁老人的人生经历。《白发的期盼》通过对几位老人真实生活状态的描述，向人们提出了被忽视的老人精神赡养问题。《走向正在消逝的冰川——寄自长江源的家书》则使听众通过记者的话筒经历了一场寻找长江源声音的探索。所有这些节目有一个共同点，就是记录了某种真实的生活状态，并通过这样的记录给听众一种意义或价值的追问，通过这样的追问使我们了解或是重新确定某种积极向上的价值观念。

（二）捕捉语言背后的真实

广播特写要求编导充分挖掘言语背后的真实状态，言为心声，就在于言语表达不仅仅传递文字的含义，它还透露讲话者最真实的动作和心理状态。一句完全相同的话，不同的时间、地点、人物、心态讲出来就会给人不同的感觉。

《白发的期盼》就善于在交流中营造良好的谈话氛围，使受访者能够进入放松的自我表达状态，占节目时长二分之一以上的人物谈话部分摆脱了做作和虚假的痕迹，自然传达出谈话者的情绪，给节目带来动人的感染力。节目中无论是等待越洋电话的母亲、养鸟消遣的爷爷，还是冷漠淡然的大学生、追悔莫及的中年人，或是理性分析的社会学家和苦苦思索的"我"都表现出言语背后真实的自然的状态。《白发的期盼》之所以得到国际评委的认同，其重要原因就在于编导捕捉了言语背后真实自然的动作和心理状态，这种真实感带给听众很强的感染力。

而《一个人的渡口》之所以得到亚广联评委的青睐，就是因为编导和被采访对象进行了非常有效的沟通，使得受访对象——一百多岁的摆渡老人——能够以自然真实的面貌面对话筒。

（三）音响背后的真实

广播特写的音响应尽量使用真实音响，因为很多补录音响或素材库里的音响尽管逼真，但是无法再现真实音响背后的环境信息和动态信息。例如，很多音像资料库提供各种各样的脚步的声音，但是真正使用这些脚步声时，你会发现这些音响往往是一些孤立的音响，无法与作品的情绪节奏衔接起来。

《一场特殊的音乐会》的后半段，当音乐会即将结束时，全场观众在孔祥东的带领下一起唱起《祝你生日快乐》来庆祝病中的范老师即将到来的 47 岁生日。因为当时听众的心情非常激动，演唱水平也参差不齐，使得录音效果并不理想。编导在后期处理时曾经考虑找一位童声重新演唱这首歌，但是录完之后发现童声演唱虽然很美，但是却和音乐会现场的氛围难以吻合，这是因为补录的歌声缺少现场的环境信息，缺少情绪气氛上的感觉，心理节奏也并不合适。最后编导还是使用了来自音乐会现场并不完美的原唱，在表达音乐会的高潮气氛时，这首现场原唱的《祝你生日快乐》非常完美、无可替代。

（四）大量素材的积累

广播特写的创作不同于现场报道和录音报道，没有严格的时效性限制，同时广播特写又是讲究艺术技巧的节目形式，所以很多的广播特写就是在采集大量素材的基础上，经过不断的雕琢完成的。也只有通过这样一个素材的积累，编导才可能从原生态的生活中发现本质的东西，发现最具代表性的声音场景、人物语言和音响形象。

例如，荣获 2000 年亚广联信息节目奖的作品《白发的期盼》就是建立在大量的采访和素材积累的基础上，编导温秋阳在确立了节目主题是老年人精神赡养问题之后，花了半年左右时间进行了大量采访，从专家到老年工作者，从老人到年轻人共采访了 60 多人，整理的素材近两万字。编导最初想找一个生活孤单但是又有一些特别音响陪伴的老年人，为此她找过弹钢琴的老人，也找过养狗的老人，后来找到了节目中养鸟的高大爷。编导先后四次到高大爷家和他聊天，不仅录制到了高大爷养鸟的种种音响，如给小鸟洗澡、和小鸟说话、小鸟的叫声、扇翅膀声、抖动羽毛的声音等，也录到了高大爷的心里话，"我想孙子，特别想。现在，把鸟当孙子养了"。

讲述聋哑孩子周婷婷奋斗经历的《东方的神话——从哑女孩到神通》，是从近 20 个小时的录音资料中筛选和编辑出 28 分 35 秒的节目。

而汪永晨在制作广播特写《走向正在消逝的冰川——寄自长江源的家书》时，跟随中国首支女子长江源探险漂流队，于 1998 年的 8—9 月在长江源头地区徒步行进 40 天，先后采录了 20 多个小时的声音素材，最终形成了半小时时长的节目。

五、广播文艺节目

广播文艺是以电子技术、广播技术为传播手段，以声音为唯一的物质媒介，借助于听众的想象构成视像的特殊听觉艺术形态。广播文艺又称声音艺术，属于听觉艺术和时间艺术范畴。广播文艺节目有广义与狭义之分，广义而言，凡是广播中播送的一切文艺节目均属广播文艺；狭义而言，专指具有广播特点的文艺节目或经过广播化处理的适合广播的文艺节目。①

1950 年 2 月，新闻总署召开京津新闻工作会议，明确了文化娱乐是广播三大主要任务之一，确立了文艺广播的地位和作用。改革开放的大背景促使广播传播的方式由传统方式向人际传播方式转变，"听众是广播的主人"的观念逐渐成为广播业者的共识。在这个改革思路下，文艺广播"按广播规律办事"，发掘自身优势，向大众型、服务型、娱乐型的方向发展。珠江经济台首创的听众参与、主持人直播、热线电话等一系列模式在各台相继普及开来，文艺广播以充满活力、亲切、着力为听众审美需求服务的新形象赢得了受众的认可。而上海东方广播电台给人的启示是在节目的设计上注重贴近性与参与性，面向群众、面向基层、面向生活，他们的广播文艺观是"当今各类艺术形式已从原来纯欣赏的框架走出来，人们再也不满足于仅仅处于一个被动的欣赏者的角色，而希望在观赏的同时也不断介入，表现出强烈的参与性和表现欲"②。在这种"寓教育于娱乐之中、寓宣传于服务之中"的改革思路指引下，文艺广播本着以听众为本的创作原则，努力寻求亲切、感性的播出状态，涌现出不少深受听众喜爱的优秀文艺广播节目样式。

广播文艺的内容丰富、形态多元，就节目形态而言，主要包括歌曲、音乐、戏剧、广播剧、影视剧剪辑录音、小品、曲艺、小说及各种形式的文艺晚会等。广播文艺节目具有一般性文艺节目的共性，也具有独特的个性。把握广播文艺节目的个性，认识其规律和特点是做好广播文艺节目的重要条件。

（一）广播文艺节目具有鲜明的时代性

广播文艺是时代的产物，是与时俱进的文化，始终代表先进文化的发展方

---

① 赵玉明，王福顺．中外广播电视百科全书［M］．北京：中国广播电视出版社，1995：64.

② 王雪梅．中国广播文艺广播剧研究（上卷）［M］．北京：北京广播学院出版社，2003：55.

向。与其他形式的教育方式相比,广播文艺作为一种文化的传播更具有广泛性、普及性和时代性。因为广播是文化变动着、延续着的载体,人们通过被动接受广播这种方式融入更大的社会,自觉或不自觉地成为社会文化的接受者。人们的社会实践环境不断变化前进,对广播文艺的需求也必然不断变化发展。也就是说,广播文艺的受众市场在变化广播文艺的内容及其表现形式无不体现着时代的风格,适应着人民群众不断增长、变化的精神文化需要。

反映时代的主旋律是目前各个电台的广播文艺节目的主题。实践说明,与时代同步、与生活相融,是广播的生机活力之源。在中华人民共和国成立初期,广播是主流强势媒体,是人民群众精神文化生活的主阵地之一,那时是广播文艺的鼎盛时期。广播电台大量播放的是反映建设新中国、讴歌革命传统精神的歌曲、戏剧。改革开放后,广播文艺注入了新的生机与活力,大量制作、播出反映改革开放和具有创新精神的优秀文艺节目,其中也包括外国文艺的内容。近年来广播文艺的内容更加丰富,节目更加生动鲜活,充分体现着时代前进的脉动,集中反映着当代人的文艺审美、价值观念和欣赏情趣。比如,山东广播文艺频道的曲艺栏目《欢乐剧场》,以生动鲜活地反映当代人民群众生活的相声、小品、笑话为主打形式,以生活中常见的各种典型现象为内容,以博得听众会心一笑为目的,诙谐幽默,充满哲理,赢得了广泛欢迎。山东广播第六频道的《戏剧大舞台》节目,每天精心策划编排中老年受众喜欢的京剧、吕剧、豫剧等戏曲,精彩纷呈,信息量大,给人民群众送去了精美的精神文化食粮。新创办的山东广播音乐频道紧紧跟随时代的脚步,适应受众的欣赏规律和特点,把频道定位在18~45岁的青年一族,24小时不间断地大量播放现代、时尚、休闲、浪漫的流行歌曲,有内地的也有港台的;有国内的也有国外的;有新创作的,也有大量脍炙人口广为流传的经典,受到社会的广泛好评,受众市场越来越大。

(二) 广播文艺节目体现接近性

人民大众之所以喜欢广播、爱听广播,原因之一是广播承载着把高雅的文艺大众化的作用和使命。无论多么高雅的歌曲、戏剧等,都通过无线电波送入千家万户、送达无数听众,成为人们休闲娱乐的一块园地。广播的这种娱乐功能成为它贴近实际、贴近生活、贴近群众的极大优势和特点。

广播节目要体现贴近性,首要的是根据听众的爱好办节目。山东广播文艺频道的《同唱一首歌》在这方面做了成功的探索。我们知道每当人们追忆往事的时候,脑海里、心底里总有激情年代的回放,伴随的常常就是熟悉的旋律、难忘的歌曲。《同唱一首歌》节目就是按照这个理念创办的,它的主题语说道："音乐就像空气一样，是生命不可或缺的要素，呼吸音乐的味道，感受音乐在体内的能量。《同唱一首歌》都将送与您最真实的经典，伴您回味流金的岁月。"节目主持人精心选编不同年代的代表歌曲，吻合现代人的怀旧心理，每支歌几乎都能引起追思，打动人们的心弦。这个节目的贴近性显现无余，所以在历次收听调查中都名列榜首。

广播文艺节目要体现贴近性，必须遵循人们的审美理念和情趣办节目。人们审美理念和情趣是由物质条件决定的。当物质生活水平提高了，人们的精神文艺需要必然提高，对文艺、音乐的需要也必然随之提高。从发达国家看，文艺广播中的音乐频道市场空间最大。据 2002 年美国广播协会（NAB）提供的资料：全国总共有 13817 家电台，其中，新闻、谈话台 1761 家，老年台 816 家，体育台 391 家，而音乐台 9000 多家。音乐台又细分为很多门类，其中乡村音乐台最多为 2134 家，成人抒情、热门成人抒情、轻柔成人抒情、城市成人抒情四种共 1577 家，摇滚、现代摇滚、古典摇滚、另类摇滚共 1172 家，节奏蓝调、成人节奏蓝调、老年节奏蓝调共 287 家，等等。各种音乐台有不同的运作方式，有主持人的，无主持人的，A／C 格式、CHR 格式等。在美国，很多宾馆的房间里都不仅有电视也有收音机，打开后既有新闻，也有大量音乐节目。美国 2001 年广告总投入为 1500 亿美元，其中，广播占 10%左右。广播为什么如此发达？一是因为美国有 2 亿多辆汽车，驾车听广播的人多；二是因为美国人酷爱音乐。经济条件上去了，人们喜欢文艺、欣赏音乐的情趣必然会逐步提升。

（三）广播文艺节目编排的文艺性

广播文艺是编辑的艺术，从目前国内外的广播情况看，电台播放的广播文艺节目大多数不是自己原创的而是播放的串编节目，即靠编辑把各种文艺节目汇集、编排起来，重新组成一档主题节目，或者串连成整个频道的节目，这是广播文艺节目的一大特点。比如山东广播音乐频道全是串编起来的流行歌曲。这些时尚、健康、脍炙人口的现代流行歌曲，让听众不间断接受音乐熏陶，随时随地打开收音机都能听到优美动听的歌曲，改变了过去电台插播歌曲或办一两档文艺节目，不方便群众收听的问题。该频道播出半年来深受广大听众欢迎，影响越来越大。串编节目并不是简单的劳动，串编也需要创新，需要凸显艺术性，山东广播文艺频道的《同一首歌》，每天编排的节目大多经过精心策划，认真选定一个主题，精心筛选组合一期节目，使整档节目听起来浑然一体、主题鲜明、优美动听。遇到节庆日就根据节日主题，选编相关经典曲目，既满足了听众需求又营造了节日氛围，产生了较大的社会反响。广播文艺节目是通俗的、大众化的文化传播，串编、精选人民群众耳熟能详、喜闻乐听的节目很容易引起人们的共鸣，从而使广播产生不可替代的感染力和影响力。家中播放的磁带、VCD 等文艺节目是定量的，受众听多了很容易厌烦，而广播电台每天播放的大信息量的常听常新的音乐、歌曲、戏剧、相声、小品等文艺节目，会不断满足和适应听众的精神需求。

六、广播剧

广播剧作为广播文艺节目中一种相对独立的艺术样式，是其重要的组成部分，它是以"无线电波为媒介，靠录音设备制作合成，通过电声设备进行传播，欣赏者用听觉接受并唤起想象，以能动的心理活动参与创作，达到艺术审美享受的一种特殊戏剧形式"。① 它是将语言、音乐、音响等声音元素有机结合在一起，以文学和戏剧化的手法呈现出的声音表演艺术。

世界上最早的广播剧是 23 岁的年轻剧作家理查·修斯创作的《危险》，它于 1924 年 1 月 15 日播出。中国的广播剧，目前最早可考的是 1932 年上海"一·二八事变"期间，由亚美广播公司播出的《恐怖的回忆》。中华人民共和国第一部广播剧，则是 1950 年 2 月由中央人民广播电台录制并播放的《一万块夹板》。中华人民共和国成立后，从 20 世纪 50 年代到 80 年代的 30 余年，是中国广播剧的黄金时代，题材多样、数量宏大、艺术手法多元，涌现了大量优秀作品。广播剧的生产在 20 世纪 80 年代达到了高峰，年产 500 余部。这个时期，广播剧借助电波载体，较其他舞台剧影响更大，拥有大批听众。如中央广播电台的少儿节目《小喇叭》曾播出大量以中外著名童话改编的广播剧，影响了几代人。这一时期，广播剧可谓独领风骚，出尽风头。进入 20 世纪 90 年代以后，电视开始普及，广播的收听率逐年下降，广播剧也随着大环境的改变而日渐衰微。

近年来，广播剧的创作队伍基本上有两类，一是各地广播电台，二是活跃在网络上的广播剧爱好者。前者可谓正规军和主力军，其作品思想性较强，艺术水平也较高，但其作品过于强调思想性，缺乏通俗性。后者可谓杂牌军。进入新世纪后，网络媒体异军突起，一些广播剧爱好者借助网络平台聚合成为社团，其中较有名气的"凌霄广播剧社"已坚持了数年，每周都有新作品面世。创作者各有分工，通过网络平台整合成完整的剧作。比如录音，所有的演播人

---

① 赵玉明，王福顺. 中外广播电视百科全书 [M]. 北京：中国广播电视出版社，1995：68.

员在不同地点，通过网络平台的虚拟"录音棚"联合录音。这支队伍少有政治宣传或商业性的功利目的，基本上属于自娱自乐。由于水平参差不齐，设备非专业化，相互之间没有面对面交流且为流水作业，其作品的艺术性、技术指标都较低，同时产量不大，影响较大的作品也寥寥无几。

作为广播剧创作主力军的各地广播电台，当下的生产能力及数量十分薄弱。据新华网报道，截至 2016 年底，我国共有广播电台 306 座，广播节目套数 1933 套，广播人口覆盖率达到 93.21%，其中从事广播剧生产制作的不足三分之一。而这仅有的从事广播剧生产的几十家电台，多数年产量只有一两部且不足 20 集，产出的作品在广播电台播放一两次便束之高阁。对于广播听众来说，很多人还不知道有广播剧这一品种。

国家采取了一些措施来拯救这一艺术品种，比如，1996 年中宣部将广播剧在"五个一工程"奖中单独立项，广电总局也曾在每年的广电文艺奖中单独设立广播剧奖，各地政府和宣传部门在资金方面都给予一定支持。但这些措施收效甚微，反而成了一些电台追求政绩和业绩的目标。但是广播剧在自身的发展过程中有着其他广播节目无法比拟的特点和优势。

1. 声音艺术

广播剧以声音为主要表现形式，不管是恢弘精细、惊险刺激还是温情细语，都能够通过声音表现出来，能够给收听者带来无限的想象空间和美好的艺术享受。

2. 结构简单

广播剧结构比较简单，且没有众多的人物，戏剧冲突很多，呈线性发展。另外，收听广播剧没有文化层次的限制，通俗易懂。

3. 制作成本低

广播剧相对于电影、电视剧来说，其制作成本相对较低。广播剧能够用较低的成本制作出声情并茂、广受人们欢迎的广播剧作品。

广播剧作为一种综合艺术形式，在广播文艺中占据着至关重要的位置，但是受到种种因素的影响，广播剧产量逐年下降，市场份额日益缩小，暴露出发展中的瓶颈：

一是手法单一。广播剧自从诞生以来，用声音的形式来震撼人们。但是，随着网络媒体形式的日益增多，广播剧的表现形式依旧单一，没有改变。

二是题材受到限制。广播剧属于视听艺术，没有足够丰富的剧情，冲突线索也不多，为了避免人们听不懂，广播剧在反映复杂的剧情时，具有一定的缺陷。这就导致广播剧题材受到限制。

　　三是受到多种媒体形式的冲击。随着时代的发展，电视、电影都得到了普及。电视和电影所具备的声音、画面等强烈的视觉冲击，使广播剧的发展日益受到限制。另外，快速发展普及的网络，使广播剧的发展受到阻碍。

　　总而言之，广播剧在广播文艺诸多形式中，具有广泛的听众和自身独特的艺术魅力，其随着社会水平的发展而发展，其生存和发展的衰败兴起遵循物质发展的客观规律。不管社会如何前进，科学技术发展如何先进，其自身具有的独特艺术魅力是其他事物所无法代替的。因此，通过采取相应的解决方法，对于增强广播剧的市场影响力、吸引越来越多的听众，进而促进广播剧的生存和发展具有十分重要的作用。

第四节　广播节目的发展趋势

　　我国的广播类节目作为一种传统的传播信息的模式，在我国的广电发展史上占有重要的地位。1941 年 4 月 1 日，朱德总司令参观了由中国共产党创办的第一个广播电台延安新华广播电台，他说："延安新华广播电台是党的喉舌，是团结人民，宣传真理，打击敌人的武器。"在我国物质困乏、电视还没有普及的时期，广播类节目发挥了重要的作用，成为当时许多人获得信息的主要途径。但是随着网络时代的到来，我国的广播类节目受到了严重的冲击，我国的广播类节目的受众量出现变小的趋势。我国广播事业如何在新的时代背景下获得发展是每一个广播类节目工作者都需要面对的一个问题。

一、广播节目发展现状

　　近几十年来，我国广播类节目的受众量一直呈现减少的趋势，有调查数据显示：在网络化时代的背景下，广播媒体的接触率仅有 34.18%，而在 1982 年组织的国内第一次受众调查中，广播媒体的接触率高达 96.9%，广播类节目受众的流失量是显而易见的。而且和美国、新加坡等国家相比，我国广播类节目的受众量也是很少的。还有一个值得注意的问题就是我国广播类节目不但受众量少而且受众收听的时间也比较短，在美国平均每个人每天都会收听近 2 个小时的广播，为什么我国的广播事业会出现这样的发展态势，仅仅是因为广播作为一个传统的信息传播模式已经过时了吗？答案显然是否定的。

　　究其原因，是因为近几年来一些电台节目为了增加收益，在节目中增加广告的时间，通过一些问题设置来赚取受众的短信费，而在节目质量上花费的时间越来越少，有时播报几条新闻插播几个广告再放几首歌曲一个节目就录制完成了，一个没有经过精心设计、缺少人文关怀的节目如何得到受众的欢迎，如何能让受众一天花上 2 个小时的时间去收听一个粗制滥造的节目呢？

广播节目作为三大传统媒体之一有着自身的优势，例如，近年来我国交通广播电台开设的一些提供路况信息的节目，就是针对现在城市出现的一些问题而开设的具有实用价值的节目。随着人民生活水平的不断提高，城市流动人口的不断增多，私家汽车的普及，城市的交通问题困扰着每一个居民，尤其是对于开车人士来说更是如此，一方面，及时了解路况信息选择正确的路线，将会减少不少开车人士的烦恼；另一方面，开车时收听广播类节目还可以让司机的头脑一直保持清醒的状态。

二、广播节目发展存在的问题

进入 21 世纪以来，科学技术快速发展，社会发展也进入到知识时代、经济时代和信息化时代，传媒领域出现了诸多新兴媒体，给广播媒体的发展带来了冲击和影响，特别是对地方广播电台来说，更是面临巨大的危机和挑战。目前，我国的广播节目在发展过程中主要存在以下几个方面的问题。

(一) 缺乏广泛的认知度

我国广播电视行业的市场化运作正进入相对成熟的阶段，例如，湖南金鹰节、西部节目交易会、上海影视节以及四川电视节等，这些基本属于电视媒体类节目的交易市场，而广播类的节目交易市场却非常少见，全国仅有的几个交易平台也是吸引度和认知度不高。这就使得我们的广播节目缺乏规范、大规模的信息交流平台，从而在造成大量广播资源浪费的同时，也导致广播节目与社会市场需求的"脱节"，进而不能很好地满足社会大众的收听需求，难以实现节目播出的预期效益。

(二) 缺乏对广播市场化模式的正确认识

随着我国市场经济的发展，广播节目的市场化运作需要更多地注重自身的经济效益与社会效益的统一。一些广播媒体对节目市场化运作的认识不够充分，常常出现节目运作不合理、职责履行不到位等现象，从而导致广播节目的市场价格偏低，逐渐形成恶性的市场竞争局面，进而使得广播电台的市场化体制改革进展缓慢。

三、广播节目发展趋势

在网络时代背景下，广播类节目受到了巨大的冲击，危机重重，但危机既有"危险"也有"机遇"，虽然身处困境，但也能出现转机，问题的关键就是能否找到度过危机的方法。在网络普及这个大的环境下，广播类节目必须努力提高自身节目的水平，借助网络的优势来发展自己。只有这样广播类节目才能在网络时代谋取自身的发展。

（一）借力网络，丰富广播节目的播出平台

网络和我国的广播类节目都是传播信息的载体，唯一不同的是它们的传播方式，网络和广播类节目并不是对立的，相反它们之间可以相互借鉴从而达到一种共赢。广播和网络的结合可以给我国广播类节目带来新的发展契机，近几年来，有一些电台开始寻求新的突破，努力将网络的受众作为自己新的受众对象，一些调频节目不但可以上网收听，也可直接通过手机、平板电脑等收听。

（二）苦练"内功"，提高节目质量和水平

网络时代的到来拓宽了人们的视野，而且网络媒体所能提供的信息量也是极其巨大的，所以如果广播类节目不对节目做一个精心的策划并努力编排是很难获得受众喜欢的。广播类节目面对的是不同的受众，每一个受众都有自己的喜好，如何满足每一个受众的需求，如何增加广播类节目的受众量，是每一个广播类节目都必须考虑的问题，解决的方法只有一个，就是丰富节目的内涵，尽最大的可能来满足不同受众的需求。这无疑对广播类节目的工作者提出了更高的要求，广播类节目工作者必须不断提高自身素质，丰富自身知识储备，这样才能适应新时代的要求。

（三）关注受众需求，不断调整节目内容

事物是不断发展变化的，只有不断创新才能适应时代的发展。例如，交通广播虽然每天都播放路况信息，但是节假日时期、上班高峰时期、旅游高峰时期等就要加大播报频率，这时就需要根据受众的迫切需求来不断调整，有时甚至还要加入当地天气情况的播报等。

（四）改善新闻报道，突出新闻质量和品质

新闻报道从内容到形式都要注重个性和独创，避免重复和同质化，以独创性吸引观众。例如，南京18频道的《标点》节目就以其独创性的错位竞争理念在南京地区一枝独秀。节目把受众定位在年龄在25~45岁，文化和经济收入较高的专业人士。新闻报道要避免庸俗和过度娱乐化，疏导广大受众是地方民生新闻的一项社会责任，在新闻报道中，那些诸如"暴力的、色情的、揭短的、灾难的"等社会新闻选题，必须进行"有节制"的导向性处理。党和国家大政方针、人民群众的创造精神等内容应该得到较大程度的宣传与强调，要注意把握新闻内容的主角和配角，处理好二者的关系，提高新闻报道的质量和品质，为社会传递正能量。

（五）多类型节目的渗透融合，创新节目样式

随着广大听众素质水平的不断提高，广播节目也应与时俱进，不局限于单一的内容题材，丰富多彩的内容更受欢迎，而随着不同节目类型和体裁的相互渗透和不断融合，逐渐产生和形成了全新的节目样式。由于这些节目的内容丰富、样式新颖、趣味性十足，且不拘一格、不墨守成规，因而吸引了大量的受众收听。例如，电台在新闻节目中采用娱乐、音乐节目的手法，而一些音乐、综艺节目则在播出过程中穿插新闻、访谈类节目的形式，从而使得节目内容在得到充盈、丰富的同时，也增加了趣味性和实用性，使节目能够更好地满足听众多方面的需求。

◎ 思考与练习

1. 与报纸电视相比，广播媒体的传播优势是什么？
2. 什么是广播节目？试述广播节目的发展变迁。
3. 试分析广播节目的特征。
4. 广播节目如何分类？
5. 试比较分析电视谈话节目与广播谈话节目的异同。
6. 对广播节目的现状、问题、发展趋势进行分析。

第六章　广播节目编导

广播编导分为两种：一种是对广播资料或广播报道进行整理和加工；另一种是完成整个节目创作的组织者、管理者、执行者，是一期节目的主要责任人。我们所谈论的主要是后一种，广播节目的创作工作。广播编导要负责节目的前期选题策划和各项准备工作，中期的采访、录制，还要负责后期编辑制作，对广播作品进行整理和加工，充分发挥广播声音的优势，使之符合广播传输特点。随着广播节目形态的增多，对节目和栏目的编辑策划要求也越来越多、越来越高。基于广播的特点，广播编导工作的个性特征主要体现在以下几方面。

一、积极应对突发事件，展现一专多能

广播直播报道能够有效凸显现场感，使人有身临其境之感。尤其是在应对突发事件方面，广播记者和编导能够第一时间在事发现场向听众报道最新动态，广播充当了事件传话筒的角色。相应地，广播编导工作要把握两个环节的问题：一是及时选现场信息，编辑工作要迅速，做到简洁明了、以传播信息为主，最快地将现场信息传达给受众；二是广播编导要突破自我身份限制，力争采编播一体化，不但会采访现场、编辑文字，还要懂技术、会主持，把编辑能力发挥到最大化。

二、音响与文字并重

广播专题及评论节目等稿件是经过广播编导选择、修改、编写或制作的文字或带音响稿件，是广播节目的基本组成单位，将各种稿件加工处理、制作成符合广播传播特点、符合听众积极需要的播出稿件是广播编导、编辑、主持人、导播的一件十分重要的日常工作。

广播是声音的艺术，听觉美是由声音的审美特质和音响的表现力决定的。音响是广播声音符号中最具广播个性的一种，是强化广播报道"可听性"的关键元素。音响的运用可以增强广播的现场感、立体感、真实感，使得听众如

临其境；同时，音响可以表现时间、空间，在报道中利用音响可以达到时空转换的效果。① 正因为如此，广播编导工作才应该高度重视音响的处理，充分利用声音达到广播稿件播报的节奏感，通过具有听觉美的广播，抓住人的耳朵。

三、强调互动性

这一点主要体现在编导思路和栏目设置中，在音乐节目、娱乐节目和谈话节目中，互动性能够得以保证，但是对于一些信息类栏目，必须设置话题，提供互动元素，吸引受众积极参与。如，相当一部分夜间情感类节目，都会播报听众的来信，并邀请专家给予心理和情感上的解答，保证了节目与听众之间的互动。至于早间的新闻类节目，话题设置是必不可少的。中央人民广播电台早间《今日论坛》节目每期设置一个话题，如公务员考试、工资改革、煤电油运形势等，邀请专家参与讨论，并现场引导听众积极发送短信，表明观点，广播编导通过公共信息平台选择有代表性的观点，让主持人播报，节目与听众之间的良好互动得以实现。

为更好适应传媒市场竞争和受众需求的变化，广播节目编导工作更需抓住"牛鼻子"，简单来讲要坚持四个基础性原则。

第一个原则是"立"。广播节目首先要做到的就是能"立得住"，也就是坚持正确的舆论导向。失去导向，迷失导向，广播媒体的"喉舌"功能也就无从发挥。当前，广播媒体身处利益调整洪流之中，往往成为各种利益诉求的表达平台，而传播渠道增多，融合趋势加速，使广播媒体面临的市场竞争更加激烈。媒介环境越复杂，把握导向的责任越重大。假新闻、记者受贿有偿不闻、低俗内容的明星绯闻等诸多"公害"现象层出不穷，这些都时刻提醒广播工作者必须绷紧政策口径这根弦，深入学习掌握中国特色社会主义理论体系，坚持社会主义核心价值观，坚决抵制借用文化娱乐外壳宣扬低俗的内容，抵制以"吸金纳银"为追求目标，削弱了阵地意识、导向意识。

第二个原则是"力"。就是做到引导有力。胡锦涛总书记2008年6月20日视察人民日报社时强调"要把提高舆论引导能力放在突出位置"，就如何提高舆论引导能力提出五点意见，即"五个必须"。② 这为广播节目编辑指明了方向。社会舆论熙熙攘攘，要实现主流新闻舆论引导功能，就必须提高引导能力。中央人民广播电台连续改版后，影响社会舆论的能力逐步增强。其原因就

---

① 李天世. 如何做好广播新闻节目编辑工作 [J]. 科技传播，2012 (8).

② 李东方. 广播新闻节目的编排技巧研究 [J]. 科技传播，2014 (7).

是《中国之声》在内容编发上做到了以下几点：一是关键时刻不失语。如，汶川特大地震 5 月 12 日 14 时 28 分发生后，15 时 04 分，在收到中国地震局传真后即插播地震消息；15 时 30 分，第一家采访到中国地震局专家；16 时 30 分，决定派出 23 位记者，分 10 路赶赴灾区进行报道；19 时整，推出全天特别直播节目《汶川紧急救援》。一连串应急动作迅速有序，既向外界传递了有关地震的信息，又向灾区群众送去了关心与支持。二是敏感事件不乱语。近年来，在气候变化、节能减排、汇率改革等领域，国际竞争愈加激烈。这些焦点也关系我国内外政策大局，影响我国在国际上的话语权。如何处理好众多敏感热点的新闻报道，中央电台也进行了成功尝试与开拓：注重专家声音与民众声音、国内与国际舆论并重，对专业意见与普通民众视角、不同甚至对立意见进行平衡报道。在意见交锋中阐述国家主张，维护国家利益，让受众更加信服。

第三个原则是"美"。广播节目编辑也要讲美学。"美"是人类共同的追求。视觉、听觉、味觉、触觉、感觉都可以给人们带来"美"的享受，其中听觉是最具有想象空间的通道。首先，广播节目的遣词用句要美。如，"温家宝一次又一次走向群众，温暖的手与一双双粗糙的大手紧紧相握，传递的是关怀、深情和战胜旱魔的信心"，"'温总理来看俺们受灾的群众来了！'山路旁，村道边，山坡上，挤满了山区群众。他们眼含热泪，使劲鼓掌，表达对党中央、国务院的感激之情。这发自肺腑的感激汇成热情的巨浪，在高原沟壑间久久回荡"。以上两段文字出自第十七届中国新闻奖一等奖作品《情满旱塬——温总理中部干旱带考察纪行》。作者将写实与抒情完美结合，通过局部重点描写"总理与群众握手"为点睛之笔，以大场景速写"山路旁，村道边，山坡上，挤满了山区群众"为烘托，用文字和声音带来的现场真实感，给听众带来美的感受。其次，广播节目串联要美，形式要漂亮，衔接要流畅。一套广播节目各栏目之间的串联非常关键，却容易被忽视。现在受众识别媒体逐渐从某一栏目向频率整体节目转化，追求具有整体风格、特色情感标识的频率。栏目的串联正是可以用来标明频率定位、受众群体定位的关键。包括上一栏目结尾、频率形象广告、下一栏目开始，正好组成频率"标识"。将各种"美"的声音串联好，正是形成广播节目整体风格的关键之一。最后，要深入把握受众一天中不同时段的心理变化特点，在节目组合上突出受众意识，争取让节目内容与听众需求同频共振。让听众既获得收听价值，又享受声音之美。

第四个原则是"利"。就是要追求经济效益最大化。广播产业化趋势要求在保证舆论导向正确、社会效益优先的同时，实现自身经济利益最大化。"君子不言利"的时代早已过去。广播节目编辑与"利"的结合点有这么几个方面：一是将受众最关注的信息放在黄金时间，扩大受众市场；二是突出群众的参与性，巩固受众市场；三是打造统一风格，培养忠实受众群。在坚持社会效益的前提下，促进经济效益积累与增长。一档节目乃至一套广播节目的编辑，要时刻保持受众意识、市场意识。盈利不仅是广告部门、创收部门的责任，也与编辑息息相关。广播是内容产业、创意产业，内容与创意做不好，盈利能力肯定低下。随着版权管理的严格和市场发展的成熟，广播内容与创意可以直接带来经济效益。上海广电集团 2016 年版权收入已超过 8 个亿，就是成功开创新创收渠道的最好例证。

第一节　广播新闻节目编导

一般而言，广播编导不负责广播新闻的采制，这个任务是由广播记者来完成的，但广播编导负责新闻节目里的专题与评论类节目，这些在后面会单独探讨，因此本节不对广播消息的采制进行介绍，只介绍广播新闻节目的特点。

广播新闻与其他媒体的新闻报道形式一样，都要遵循新闻传播的规律和新闻报道的共同要求，即报道及时、真实、客观。同时，广播"口说耳听"的传播方式使广播新闻又有着自己独特的取材特点和表现手段。

一、为听而写

广播主要靠有声语言来传播，声音是广播传播的唯一媒介，无论是播音员的语言还是现场实况音响，都是广播用来叙事、表情、达意的媒介。记者和编导"写"广播新闻的过程实际是口头记录的过程，"写"出来的广播稿不是给别人看的，而是通过播音员"说"出来的。"说"的声音传递出去到达听众，听众用耳朵获取广播新闻信息，广播传播最终的目的就是让听众听得清楚、听得明白。

但是声音的传播是转瞬即逝的，听众不可能捕捉到所有的声音，他们的思维也不可能有时间揣摩所有的语义。有些话语瞬间从耳边滑过，听众未必能听清传达的信息。因此广播新闻的写作是要考虑听众的收听习惯和收听心理，一切都要以方便收听为原则。一般而言，听众的收听习惯及收听心理表现在以下几个方面：

第一，喜"新"厌"旧"。及时性是广播传播最突出的优势所在，听众听广播就是为了获取最快、最新的信息，因此他们喜欢收听时效性强的报道，不愿意把时间浪费在时过境迁的信息上。

第二，喜"软"厌"硬"。广播只能通过声音来传播，这就要求广播语言要通俗易懂，多使用谈话体，少用或者不用书面体。因为对于听众而言，他们不会喜欢生硬呆板的声音，更愿意收听亲切悦耳的声音来获得一种参与感和被关怀感。

第三，喜"近"厌"远"。由于接近性心理的因素，对于众多信息，听众关注的多是与自己利益、地理位置、兴趣爱好等接近的信息。他们关注新近、即时发生的、身边的新闻事实，远甚于时过境迁、异域的新闻。

第四，喜"短"厌"长"。听众的听觉注意力只能集中在某一个时间段里，过长的新闻只会让人产生厌烦的情绪，因此广播新闻的写作不宜过长，以短小精悍为佳。

第五，喜"趣"厌"乏"。对于大部分听众而言，富有情趣、轻松的报道比起枯燥乏味的报道更能吸引他们的关注和兴趣。

因此，广播新闻要能准确地传达信息，收到良好的传播效果，就必须要遵循"为听而写"的特征，让听众听得顺耳、听得舒服。

二、短小精悍

随着生活节奏的加快，受众接触媒介的时间越来越少，相反对信息的需求却越来越多，广播新闻欲想迅速、及时地向受众传递信息，必须在"短"上下工夫。"短"并不意味着简单、不重要，而是"快""强""活"的集中体现。"快"指新闻报道要及时，"强"指报道最新、最重要、最有价值的新闻，"活"指报道形式要勇于创新。

广播新闻稿的"短"具体表现在篇幅短、段落短、句子短。一般而言，广播短新闻篇幅以 300～500 字为宜。段落短，就是每个段落的文字不要过长，段落短篇幅自然就短了。句子短，就是要求广播新闻稿的每一句话不宜过长，这样做的主要目的是方便听众听懂，冗长的句子反而会降低句子本身携带的信息量。把句子写短，一个有效的方法是少用形容词和副词，多用动词，因为形容词和副词属于句子的修饰附加成分，对于句子意思的表达不具有决定的作用，反而增加了句子的长度，使用动词既可以将新闻事实写得形象生动，又可以做到简洁精练。

三、用具体的、形象的事实说话

鲁迅先生曾说："诉于耳的方法，和诉于目的时候是全然两样的。所谓听众者，凡事都没有读者似的留心。简洁的文字，有着穿透读者心胸的力量，然而在听众的头里，却毫不相干地过去了。听众者，是从赘辩之中，拾取兴趣和理解的。"① 由此可见，具体、形象的事实往往比简洁、抽象的文字更能吸引听众的注意。而广播是诉诸听觉的单一传播，因此要让听众听得明白、听得清楚，写广播稿必须用具体的、形象的事实说话。

心理学专家把人的记忆分为三种类型，分别是理解记忆、机械记忆和情绪记忆。这三种类型的记忆分别建立在思维、意志、情感这三种基本的心理活动之上。② 广播通过一瞬即逝的声音作用于听众的听觉器官，信息进入大脑的临时储存器，在这里停留 6~10 秒。经过选择，一部分有价值的信息便被送入短期储存器，在这里可以储存 29 分钟左右；再经过筛选，其中一部分进入永久储存器。很显然，在这短短的接受过程中，进行理解记忆和机械记忆的可能性是较小的，最能起作用的，是建立在情感基础上的情绪记忆，而情绪记忆产生的前提是记忆的对象必须形象生动，立体感强，新鲜活泼，富有感情色彩。因此，把广播新闻稿写得具体形象是增强其传播效果的有效措施，是广播新闻价值得以最大限度体现的催化剂。广播新闻稿要做到具体形象，必须注意：以具象之物描述抽象之理，力求使听众听得见、摸得着。也就是说，要使抽象的东西具体化，无形的东西有形化。抽象化的语言，听众无法捉摸和想象出具体的形象，在情感上难以得到共鸣，自然听过之后不会有深刻印象。要用听众日常看得见的、摸得着的事物和浅显易懂的比喻来对比说明广播新闻想要说明的道理和事实。

四、语言表达通俗化、口语化

声音转瞬即逝，因此广播新闻在清楚明白方面的要求更为严格。要一听就懂，不费力就能听懂，要尽量将听觉的不确定性降至最低。因此，广播新闻稿的文字表达应口语化、通俗化、规律化，不要使用能看懂却听不懂的句子或词语。广播界对广播新闻文体的表达作了如下要求：

1. 对词语运用的要求

（1）把书面语言和文言词语转换成口头词语。

（2）多用双音节词，少用单音节词。

（3）不用生僻的成语、典故。

（4）少用代词，人名、地名可适当重复。

---

① 鲁迅. 鲁迅全集［M］. 北京：人民文学出版社，1973：561.

② 黄炜. 新闻采访写作［M］. 上海：上海大学出版社，2005：491.

（5）少用或不用专业术语，若非用不可，要做解释。

（6）不要滥用或生造简称。

（7）适当选用对话应答的语气词。

（8）省略不必要的数字，有必要时也尽量用约数。

2. 对句式选择的要求

（1）多用口语句式，少用书面语句式。

（2）多用短句子，少用长句子。

（3）不用倒装句。

（4）尽量少用或不用欧化句式。

（5）尽量少用或不用长句，多用短句，把重点放在简练上。①

第二节　广播专题节目编导

广播专题节目，在广播宣传中占有重要的位置。一家广播电台，除去消息类新闻节目与文艺节目外，专题节目也占有很重要的分量。因此，如何办好专题节目，使之更好地"以科学的理论武装人，以正确的舆论引导人，以高尚的精神塑造人，以优秀的作品鼓舞人"是值得我们认真思考的问题。

一、广播专题节目的创作技巧

（一）选题集中 展示主题的深层内涵

现代社会经济转型，价值取向多元化发展。当代受众不仅要求新闻媒介及时提供最新、最快的新闻事实，还要求新闻媒介提供对复杂事物的分析和解释。中央人民广播电台采写的专题节目《传唱到今天的千年史诗》以柯尔克孜族流传千年的史诗《玛纳斯》为题材，讲述了玛纳斯传人居素甫老人和他孙女巴童的故事。其中反映了政府多年来抢救和保护珍贵民族文化遗产《玛纳斯》史诗的成果，也展示了面对《玛纳斯》文化居素甫老人和孙女巴童的审美差异和碰撞。从中体现了千年史诗《玛纳斯》文化的浩大厚重，也体现了居素甫祖孙之间的亲情与默契。这一主题印证了当代文化的走向：只有民族的、人本的，才是世界的、人类共有的。

---

① 曹璐，罗哲宇. 广播新闻业务［M］. 北京：中国传媒大学出版社，2010：104-105.

（二）捕捉细节　着力凸显

细节是广播专题节目的重要表现手法。捕捉到典型的细节并极力去凸显它，是一篇广播专题成功与否的关键一环。写作广播专题时，要能够惟妙惟肖、绘声绘色地描绘出新闻人物、新闻事件的精彩闪光点。如广播稿《爱心创奇迹》中的一段：

> 记者在第九人民医院小儿科唯一的等级病房里见到了吴青一家。吴青是一个很秀气、很水灵的小姑娘，已经上小学四年级了。爸爸吴进武、妈妈陈江艳说，孩子智力、身体发育都很好，喜欢画画，因为患上了这种病，女孩子喜欢蹦蹦跳跳的天性被抹杀了。然而，吴青对着记者的话筒还是唱了一首歌。
>
> （录：世上只有妈妈好……）
>
> 望着可爱的孩子，吴进武说，【出录音："小孩就是天使，我们结婚多年才有了这个小孩。医院的领导教授都来会诊，我们对小孩的病抱着很大的希望，我有很大的信心，希望把这个病画上圆满的句号。"】

这段报道刻画得非常细致，很大程度上与记者的善于观察、富于表现是密不可分的。

（三）白描细描　交相辉映

新闻特写的基本表现手法就是描写，描写有白描和细描之分。白描是用极简单的文字，言简意赅地勾画出人物的面貌，不作过多修饰。细描，是使用"浓墨"，对有典型意义的新闻细节不惜笔墨地描绘，力求写深写透。① 在广播特写中，白描和细描是相辅相成的：没有白描，就无法交代清楚事件梗概和人物特征；没有细描，也就不会有新闻特写。因此新闻特写中通过白描与细描的交相使用，能够更生动、细致地展现出新闻现场气氛和人物的心理。

二、广播专题节目的故事化创作

广播专题节目是为了反映老百姓的现实生活和社会现象而设立的，具有社会性、艺术性、原创性等特点。广播专题节目，目前大致分为三类：综合性节目、对象性节目、服务性节目。为了加强受众的忠诚度，充分发挥广播专题节目的社会效应，广播专题节目通过节目创新，力图实现广播节目在内容和形式

---

① 黄炜 . 新闻采访写作 ［M］. 上海：上海大学出版社，2005：521.

上的突破。如今，故事化的叙事模式受到了广播专题节目的青睐。在国外的广播专题节目发展过程中，故事化的叙事方式已经发展成为一种主流的叙事手段。

（一）采用故事化的语言

既不用空话、套话，也不用一般概念化、抽象化的语言，就像老百姓讲故事那般娓娓道来，声情并茂，紧紧地抓住读者。鲁迅就曾主张："从活人嘴上，采取有生命的词儿，搬到纸上来。"故事化语言是群众所喜爱的一种语言表达方式，它具体、形象、明快、流畅、活泼、朗朗上口，可听性强，使人容易理解。在广播新闻专题作品中，广播编导如能做到这些，可以使作品声情并茂，给听众以新鲜感和强烈的美感。

（二）采用故事化的形式

"欲知后事如何，请听下回分解。"在新闻情节的铺排中，故意设置悬念，如同钓鱼的诱饵，引导大家情不自禁地上钩。新闻的故事化，除了采用开篇悬念之外，还可采用情节的曲折、变化、发展、矛盾、铺垫等，这些都是广播新闻专题节目的故事化可利用的手法。广播编导要通过这种情节艺术，激起听众的兴趣，吊起听众的胃口，给听众以一种美的享受。做好广播专题节目：一要有悬念，二要让情节跌宕起伏。

1. 用悬念抓住听众的心

把新闻人物和事件用生动活泼的故事讲出来，悬念的设置在节目开头就调动了人们的好奇心，使听众进一步关注事态的发展，也为新闻报道结构的组织提供了一种新的思路和方式，即要求记者把握全局，搭建精妙的故事结构，以情感人。在故事化的过程中设置悬念，紧紧抓住听众的收听注意力，让其在满足好奇、一探究竟中把节目愉悦地听下去。

悬念是构成故事、增强吸引力的重要元素，制造悬念就是卖关子。一般认为，正面宣传报道的宣传味太浓，故事性差，不易故事化。其实只要我们动脑筋，找到正面宣传的关键点，同样可以做得与众不同，引发听众兴趣。如一则新闻说的是党员张大爷外出打工数年，苦于找不到党支部，交不了党费。我们不妨可以这样写稿："急，急，急啊，出外打工的张大爷，这些年为一件事没少着急。究竟张大爷为啥事着急，我们一同听一下。"

2. 让情节跌宕起伏

日常的生活是平淡的，人们渴望巧合和奇遇，一个个创造奇迹的故事，往往能成为吸引听众的好新闻。一些新闻专题或相对较长的新闻报道，为了从几个方面来表现主题，选用了不同方面的几个故事，并在故事化的过程中挖掘故事背后的故事，寻找疑点，设置悬念，紧紧抓住了听众的收听注意力。

获得了山东省综合治理好新闻奖的新闻专题《警示牌上聚平安》，为了表现五莲县北店村治安警示牌（牌上记录全村连续无治安事故的天数）在村民心中的凝聚作用，编导选择了几个不同方面的小故事。其中有一个反映村民事调解办公室发挥调解作用的故事，并深入挖掘，设计了这样一个悬念：村民张大妈家的两只鹅丢了，第二天，她在不远的邻居家中找到了自己的鹅，但对方坚决否认，张大妈的家人知道后，非要找邻居讲道理不可，张大妈为保持村"警示牌"上数字的连续性，不愿为此而大叫大闹，但又不能眼看自家的鹅要不回来。到此，故事悬念形成，听众一定很想知道鹅是怎么要回来的。故事情节的曲折也由此而生，后来张大妈找到了负责村民事调解的刘主任，这位主任是一个爱动脑筋的人，他经过调查了解，把两位当事人找到一起，又把鹅放在两家居住的中间路段，根据"家鹅认路"的特性，和平解决了即将发生的邻里之争。

像这些小故事虽然事件很细小，但由于富有情节，有矛盾冲突和悬念，刻画得细微传神，表现了重大的社会主题，可谓"于细微处见精神"，这种富有悬念的故事化新闻专题节目，听众心理上更容易接受，更乐意接受。故事化的报道注重展现情节，挖掘人物的内心情感，捕捉生动传神的生活细节，将所见、所闻、所感、所悟，迅速、准确、生动地告诉广大听众，人们在及时知晓社会上正在发生或最近发生的新闻事实的同时，还能从故事化的讲述中受到某种启迪、某种情感的震动和人生的感悟，促进了传者与受众的沟通，从而使广播新闻专题节目更具有人格化的意义和人文色彩。

第三节 广播谈话节目编导

当前，广播谈话类节目遍地开花，但是水平高低不一，质量参差不齐，听众的反映更是有天壤之别。而谈话节目由于播出次数多、语言量大，容易出错，确实"属于高难度的节目类型"，没有事先精心的策划、准备、交流，这类节目是不容易办好的。

一、广播谈话节目的编导原则

就谈话类节目而言，需要的是一种休闲的氛围，一种和谐探讨问题的语境，一种扣人心弦的内容。编导在编辑策划时应以这样的认识为起点，才能体现谈话类节目的基本属性，而这个基本属性，就决定了在策划节目时的编导原则。

（一）建立与听众的约会，是编导策划的前提

听众在收听广播时并不十分计较时间，但却非常计较节目的内容和形式。在策划时，谈话的内容、谈话的形式，不能由编导的主观意愿而定，要以听众的需求而定，从想办什么节目到听众需要办什么节目，在策划时都要从听众的需求出发，这种传播理念是一种进步。遵循这个前提，对于广播节目来说，从策划到节目完成和广播听众之间就发生了传播的互动和互制的关系。互动体现在听众需求决定节目的供给，同时节目的供给也创造着听众的需求，这样才能建立起与听众约会的吸引力。

（二）发掘谈话的欲望，是编导策划的核心

编导的策划，为节目规范了模式。而编导的身份，决定了主持人的身份。对于一个编导来讲，如果你策划的谈话类节目内容是居高临下的，表达是强硬的，那么与听众面对面的交流语境则会格格不入。就大众传媒的民生角度来讲，广播的属性不仅仅决定了谈话类节目，而且决定了各类节目的"平民化"，而不是"贵族化"。广播的对象是"大众的"，而不是"精英的"。从这个意义上讲，谈话类节目的编导必须是大众中的一员，只有这样，才能以大众朋友的身份去策划，用这种思想去统领节目，规划细节。这样主持人按照编导思想与听众交流时，就不会出现似学者、似领导、似旁观者在做报告、提要求、讲学问等场面，而是朋友间的平等交流，在交流中互相启发。主持人在有目的的引导下，与谈话对象互补交谈，讲述见闻、讲述真实新鲜的事情，畅谈各自的见解，不但直播的谈话对象愿意接受，收音机旁的广大听众在收听时也会感兴趣，节目的作用自然会起到事半功倍的效果。

（三）和谐的氛围，是编导策划的落脚点

用什么样的态度与听众交流不是节目内容定位的问题，也不是节目形式定位的问题，而是编导思想定位的问题。编导在策划谈话类节目时，必须确定用什么样的态度说话，只有在真诚平等态度的统领下，才能营造出和谐的谈话氛围。就目前情况来讲，编导策划的任何节目都离不开主持人的落实，而主持人在节目中的状态，除了其内在的文化品位表现以外，只有按照策划的规范，自觉建立与听众的平等地位，才能流露出真诚的态度。谈话类节目还要注意什么信息价值最大，什么信息应该放弃；交流时什么问题值得穷追不舍，什么话语应该及时打住，免得偏离主题；谈话中同样的事实以什么角度分析会与别人不同，更有利于深入挖掘；讨论的事实与背景之间存在什么关系，由此可以得出什么结论等，从而使谈话节目主题深刻，生动活泼。

二、广播谈话节目的运作思路

谈话节目是电台广播节目的难点，从节目策划、采访、直播到节目外的活动，需要付出大量的心血。其成功的运作，除了准确的主持人角色定位以外，还包括话题选择、对听众的引导、嘉宾的应对等几个方面。

（一）话题选择

好的话题来源于社会，来源于听众的生活。因此，作为谈话节目的编导，要深入到火热的老百姓中间去，了解他们的思想，善于从他们的来信中发现话题，同时话题的设置要结合时令和大家关注的社会热点。现在的节日很多，值得纪念的日子也不少，节日期间的话题设置要适合节日气氛。另外，对把握不准的话题，处理要慎重。尤其是诸如安全事故等突发事件，在上级部门未对新闻事件定性之前，即使老百姓的关注程度再高，我们也不要贸然做出判断。再比如一些非常敏感的话题，不仅仅不适合作为话题讨论，即使在其他谈话内容中涉及这些内容我们也要尽量回避，果断处理。

话题选好后，编导必须花大量的时间来做前期准备工作，尽可能考虑到直播过程中可能发生的所有情况，做到胸有成竹。

编导要把话题可能涉及的方方面面罗列周全，对话题可能会引发的各个观点也要心中有数，做到举一反三，不落下任何一种观点。辩论赛为什么那么有观众市场，肯定与辩论双方的精心准备及赛场上的灵活运用是有必然联系的。有时，我们选中的话题，可能不仅仅只限于正反两种观点，还有中立的，也有墙头草两面派的，这些在准备工作中都要考虑到。比如湖北人民广播电台的《象山夜话》推出的话题是"谈乞丐"。在准备这一话题时，节目组采用跟踪的方式，对乞丐接触的各种市民及城市管理的各个部门的观点都通过录音的形式带到节目中。同情乞丐的热心市民说应该帮助乞丐，多次上当并识破骗局的听众提醒市民切莫上当；生活在乞丐身边的人说乞丐每天把自己装扮得惨兮兮，晚上回家一洗澡就带着讨回来的钱出入各种娱乐场所；公安部门的民警说如果市民不报案，没有证据不会对乞丐采取措施；民政部门的负责人说他们只帮助那些有家可归的迷途者，没有精力来管这些乞丐；城管部门的干部说只是在文明城市创建迎接上级检查时，才组织专人劝说乞丐离开，平常也拿他们没有办法。这些录音在节目中一放，既显得很丰富，节目也鲜活了许多。

（二）对听众的引导

不是所有听众会对所有的话题产生兴趣，要想使话题谈得深入，节目开场的引导至关重要，通常可以采用以下几种方式对听众加以引导。

1. 故事性开头

把话题涉及的现象通过例子介绍给听众，激起他们参与的欲望。《象山夜话》曾经推出过一期"谈茶馆"。有些茶馆里，真正喝茶的人很少，都是打牌赌钱的。如果在节目开始就讲大道理，说茶馆不好，说百姓打牌不对，听众可能会认为节目在批评自己，怎么好意思参与呢？因此，在节目开始，首先把大多数茶馆不喝茶的现象摆出来，把茶馆影响老百姓生活，参与赌博的危害性说出来，然后再举一个有代表性的例子，哪一家因为谁迷恋茶馆，输光了钱，妻离子散，家破人亡。老百姓一听，原来自己是受害者，大赢家是茶馆。这样一来，不仅没进过茶馆的人会参与进来，说它的不是，常进茶馆的主角也会主动参与节目，痛斥茶馆并忏悔自己的行为。

2. 抛砖引玉，先表明自己的立场

听众听节目，事先不知道话题，如果不加以引导，他们会觉得这个话题与我无关，动半天脑筋，打个电话说几句话还不知道大家怎么评价。因此，编导要设计主持人开场就谈出自己的观点，并列举出话题包含的其他观点，让听众找一个接近自己又能说得上来的观点。但是抛砖引玉并不是盖棺定论，一开始主持人就把是非辨析得特别清楚，那也不是参与类节目的做法，是专题类、评论类节目的操作方式，那样听众会认为主持人把话都说完了，没有给他们留任何余地，压根就没有参与讨论的必要了。

3. 现场连线有见解的听众，一开场就把发言权交给听众

这种做法，简单的理解就是"托儿"，有的节目把它概括为"连线特约评论员"。其实有时候给节目安排几个"托儿"是有必要的，既能弥补主持人的不足，又能吸引听众参与，是有利于节目的做法。编导在节目开始前，就通过主持人把话题告诉特约评论员，并把不同的侧重点给他们交代清楚，让他们有充足的时间准备，发起言来头头是道，互相补充，这样不仅能给其他听众构思的时间，不至于节目开始就空场，还能提高参与者的发言质量。既有上半场的精彩，也有下半场的热闹，还能让更多的听众长期关注节目，经常参与讨论。

此外，广播谈话节目编导要做好嘉宾访谈的应对，节目话题需要邀请嘉宾，有些被邀请的人能否胜任嘉宾的角色是无法预知的。因此，节目录制前要安排主持人和嘉宾交流，便于节目中有充分的思想准备来应对嘉宾可能会出现的任何问题。

另外，广播谈话节目编导还要做好听众的参与与互动，谈话节目最精彩的部分大多数来自听众的参与。参与率高，观点独到，节目就有听头，反之，就失去了谈话节目的意义。

第四节 广播特写编导

广播特写是运用语言和实况音响，以类似影视特写镜头的方式，真实、突出地再现客观事物、人物及其活动场景的专稿形式。① 其主要着眼于再现人物或事物的具有典型意义的局部，而不是全貌或全过程，所以更加重视捕捉典型情节和细节，侧重于对典型局部的横剖面作较为细腻的描述。

一、广播特写的特点

与其他广播体裁相比，广播特写有以下特点：

（一）选材的吸引力

获 2005 年度中国新闻奖二等奖的录音报道《沙漠里飞出绿色的歌》运用广播特写的表现手法，讲述了一对蒙古族青年男女鲍永新、于艳文新婚后离开家，在荒无人烟的沙漠上植树种草奋斗 15 年，把沙漠变成绿洲的感人故事。主题集中、内容丰富、形式生动活泼，丰富的现场音响加上记者亲切自然的讲述，把听众带到了一个个生动、鲜活的画面中，使人有身临其境之感。

（二）角度的独到

特写《沙漠里飞出绿色的歌》的开头是：

> 流水淙淙，鸭儿在林间嬉戏；鸟儿啾啾，洁白的羊群在草原上悠闲地漫步……这是沙漠里的一个景象。一对年轻人用 15 年的青春岁月把荒芜的沙漠变成了绿洲。

文章的开头以散文式笔触，描写了记者见到的美丽的沙漠草原景象。接下来，记者以对鲍永新、于艳文的采访实录，加上记者亲切自然的讲述，把听众带回到 15 年前，新婚夫妇俩从承包之初的满地荒漠到在沙漠里创造奇迹满眼绿色的艰辛历程。

（三）音响的生动

广播是一门听觉艺术，是靠听众的耳朵获取信息，感受事物的。它既然是给人听的艺术，就应当充分表现和发挥声音的魅力及作用。② 而对广播特写而

---

① 蒋辉. 广播谈话节目运作思路 [J]. 新闻前哨，2010（12）.
② 李宏. 广播特写，用艺术的形态表达真实的内容 [J]. 中国广播，2012（3）.

言，音响就像串起全文的一颗颗珍珠，是那样的光彩夺目。

《沙漠里飞出绿色的歌》多处采用记者采访鲍永新、于艳文夫妇的音响。比如15年前鲍永新、于艳文这对年轻的新婚夫妇初来沙漠之时，妻子于艳文对沙漠的介绍：

> （音响）一棵树也没有，想找树荫凉都找不着，想捡点柴火都没有。就那么个窝棚，那一敞门，就"呼"一下，那风，吃的饭里都是沙子，喝水也没有水，挖那么个小水坑，就在那里面取水，三天两头那水就绿就臭，都有虫子，大脑袋虫，然后就挑回来，用那个箩，过滤了以后吃。
>
> 鲍永新：（音响）到晚上了，点煤油灯，有的时候连煤油灯都点不着，只能是早点收工，早点做饭，天黑了就睡觉了，睡觉有的时候捂着被子上面还有风刮，刮大沙子，顺着窟窿往里刮沙子，就呜呜响。那干活天天都刮沙子，没有一天不刮沙子的，一刮风睁不开眼珠子，就拿衣服包着脑瓜子，露个小眼睛，能看见东西就往前走。这一天出去基本上都是顶着沙子，顶着风。

通过主人公朴实语言的叙述，生动再现了当时的艰苦环境。

（四）人物形象的鲜活

鲜活的人物形象，是在特写富有吸引力的选材、独到的角度、生动的音响、优美的描写等因素的基础上不断丰满起来的。看《沙漠里飞出绿色的歌》其中一段：

> 自从来到沙漠，鲍永新和于艳文白天想的、夜里梦的就都是治沙，他们不知有多少次在梦里笑醒，他们梦见沙漠长出了青青的小草，一棵一棵、一片一片，漫无边际地向天边延伸，草原上开满了红的、绿的、黄的、紫色的野花，成排的白杨树，风中摇曳的红柳都在向他们招手，还有洁白的羊群、唱歌的鸟儿……
>
> 早晨醒来，等待着他们的却是艰苦的劳动。鲍永新：（音响）2000年借了4万多块钱，4万多块钱找了两台车，5万棵杏树苗，1万8千棵杨树苗，当时也没有想到，2000年栽了正赶上大旱，到了6月份怎么看也不发芽，发芽的两颗都干了，树就是一棵都没活，自己满山去转，就是心都死了似的，这老天太不成全人了，上山一看就没有回来的心思。

鲍永新不吃不喝地在床上整整躺了 4 天，当初，他栽树时一连几夜不睡觉，累得摔倒在石头上，浑身血肉模糊，都没吭一声。这时候却双手抱着头，眼泪默默地往心里流……

于艳文：（音响）后来，永新说，没事儿，从哪跌倒的，我就从哪爬起来，我就不甘心。

这段特写从优美的情境描写、跌宕起伏的情节、鲜活个性的音响及人物情绪的转换中，把鲍永新、于艳文夫妇在挫折中站立、永不言败的形象刻画得淋漓尽致，生动立体，活生生就像站在大家眼前一般。

二、广播特写的采制技巧

（一）广播特写要表达人文关怀

人文关怀是改革开放后从国外学术界引入的一个概念，它包含了现代社会的时代精神与先进理念——不仅要关注自己，还要关注他人；不仅要关注人的生存环境，还要关注人的人文环境和生态环境；不仅要关注人类的现在，还要关注人类的未来。①

1. 以人为本的报道视角

新闻宣传中坚持以人为本，是唯物史观的基本要求。针对新闻宣传中的种种问题，我们必须及时转变新闻宣传理念，按照科学发展观的要求，牢固树立以人为本的宣传思想。② 2011 年，中央人民广播电台推出的大型系列报道《港澳人家》秉持的平民报道视角，正是对人的关注。通过对采访对象一天生活的真实记录，既体现了报道的真实性和新闻性，同时也具备了广播媒体所需要的可听性。

比如《港澳人家》中的《紫荆绽放耀香江》这期节目中，编导走进了位于香港元朗区的一户渔民家庭，感受香港渔民一天的真实生活。编导在凌晨 3 点打开采访机跟随渔民开始一天的工作，真实地记录了采访对象的生活。这样的节目展示了广播媒介贴近真实、尊重受众的独特魅力。

当下的新闻工作者要明确认识发展不仅指经济发展，而且也是以人为中心

---

① 王文凤. 人文关怀：主持人感动受众的魔术棒 [J]. 东南传播，2008（2）.

② 吴木青. 谈情感节目中主持人的人文关怀——东莞电台交通音乐频道《木凡的天空》栏目浅析，http：//www.rgd.com.cn/rgd/xxyd/nfgbyj/cbzx/153624.shtml.

的全面、协调、可持续发展。要突出对人的全面发展的关注，不仅要关注人们的物质利益，更要关注人们的精神需求和政治利益等。① 因而，新闻宣传必须围绕以人为本来进行，在大众传播的过程中，践行人本主义理念，特别是制作新闻的过程中，要本着人本主义的理念，用一种平视的眼光，从受众的角度出发，更好地为受众服务。

2. 共同情感的适度流露

共同情感是指人所共有的普遍性的情感，比如仁爱之心、爱国之情等。适度流露是指情感流露无损于所报道的新闻事实，它只是使新闻事实与人走得更近，更宜于为人所接受。但是在新闻类节目中是否可以融入情感因素是个有争议的话题。②

在实际的采访实践中，事件真实与感觉真实并不矛盾，常常贯穿于一个题材的始终。好的报道总是以事以理服人，以情以意动人。事件真实是前提，但在大众传播过程中，如果加入适当的感觉真实，会大大增加传播的有效性。所以，理想的广播节目，应该是事件真实与感觉真实适当的叠加。

例如，上述《港澳人家》中的《尹汉彦的训练生活》采访的是香港残疾保龄球运动员尹汉彦。因为黄斑病变，尹汉彦失去中央视力，只能靠周边视力看东西，属于严重弱视。采访时为了让听众了解尹汉彦平时训练的艰苦，闭上眼睛全程体验残障运动员打球的过程，记者用体验式采访感受到了残疾运动员的辛酸，在作品中以情感人、以意动人，结尾处用这样的话语升华主题："滚动的保龄球击打的不是球瓶而是一个少年的梦，球道前方不是黑洞洞的墙壁而是少年光明的未来。他总问别人，我还需要做什么。他总问自己，我还能多做什么。他越平凡，越发不凡；越简单，越彰显简单的伟大。"

融入情感的声音一定可以深深感染听众，编导用残障者所熟悉的语言方式，通过广播传递出了生活中发生的一件真事，也传达出一份广播给予残障者的款款温情。这种传播效果，可谓掷地有声，真正入耳入心。共同情感的适度流露，是人文关怀的重要体现。唯此，事件真实和感觉真实才能完美地融合为一。

(二) 广播特写要突出塑造听觉形象

听觉形象是指由人的耳朵直接感受到的艺术形象。对广播而言，能够直接地将现场的典型音响传递给听众，在功能上体现了一个"活"字；能够生动

---

① 林跃军. 树立"以人为本"的新闻观 [J]. 新闻爱好者，2006 (11).
② 肖玉英. 浅谈音响在广播新闻中的作用 [J]. 新闻传播，2011 (1).

地将新闻事实展现在听众面前，在语言上体现了一个"强"字；能够完整地将不可复制的音响报告给听众，在效果上体现了一个"趣"字。

广播特写作为广播的一种表现形式很好地体现了这种有声有色。通过播音员、主持人的口播串联起整期节目，利用恰当的音乐渲染情绪，采用大量现场的同期声音响传达信息，这让广播节目丰富立体有感染力。音响的运用对广播特写中形象塑造的作用显著。然而，目前在广播作品中，音响在整体上的活力明显不强，口播替代音响的情况司空见惯。这里，有必要界定音响的必要性。

1. 学会驾驭音响，使之繁简适度、主题突出

每种传播媒介都有其特有的优势。广播的优势在于现场音响，它"扬声音之特长，引听众到现场"，使人"闻其声如见其人"。以声取胜，以音感人，其影响力和感染力是文字所不能及的。音响在广播中无论是直接采用，还是作为背景衬托，只要编导选择恰当，都能反映事物特征，说明典型环境，生动地表现主题。

德国广播特写作家布朗认为：广播特写的本质是一部音响作品，音响推动着、指引着整个作品向前迈进。因此，音响需要设计、安排，要像写文章一样，要有起承转合，要像对待解说一样，认真细致地处理。① 音响在特写里发挥的作用不是语言所能替代的。音响在广播新闻中的优势作用是毋庸置疑的。那么，怎样才能发挥音响在广播新闻中的重要作用呢？

我们提倡广播特写要充分运用音响，反对滥用音响，一定要让音响在作品中起到画龙点睛、突出主题的作用。《港澳人家》系列报道最大的创作优势是通过一天跟踪式的采访积累十分丰富的音响素材，这些素材为后期稿件的创作打下了坚实的基础。但记者要从多达十几个小时的音响素材中寻找最有趣、最生动、最典型的音响，工作量之大可想而知。

《香港警员柴家辉：香港特区区旗从我手中第一次升起》这期节目中，描述柴家辉授课的原始音响长达60分钟，整理运用音响时编导对很多段音响不忍释手，结果把六七段音响运用到初稿中。经过反复挑选，最后确定了三段音响，一段是步操训练的录音，另一段是柴家辉户外授课，最后一段是他带编导参观学警宿舍。通过这三段音响的运用，体现出香港警察训练的刻苦、教官的专业以及香港警察硬件条件的提升，鲜明地反映了香港特区政府在公共治安方

---

① 范明. 借鉴广播特写的理念与手段 提升广播新闻节目的竞争力 [J]. 中国广播，2011（6）.

面的投入力度，也让听过节目的香港市民对社会治安更具信心。

2. 音响要真实、典型、传神，给听众留下想象的空间

以声音传播内容，是广播最重要的特征。语言、音响、音乐构成了广播作品的主要内容，与平面文字相比，人的语言、大自然和日常生活中的音响要生动得多，蕴藏的内容也要丰富得多，也更具感染力。

广播特写具有新闻性，因此，它的音响必须是真实的、写实的，以实声来表现实人实事。在《香港警员柴家辉：香港特区区旗从我手中第一次升起》的采制过程中，编导碰巧遇到学警出操。香港警察学院的传统是每天早晨出操都有鼓乐队伴奏，鼓乐队演奏带有浓郁苏格兰风格的乐曲。典型音响的运用反映了香港的文化特色。

让音响替编导说话，使音响具备"情感"是广播特写的最大特点。编导撷取那些最能唤起听众情景想象并且有助于表现人物主题的典型音响来反映柴家辉的生活环境和心理。比如柴家辉户外授课时学警整齐划一的列队、学警出操喊出的口号，无不展现了香港警察纪律严明和一丝不苟的职业精神。又如柴家辉下课后回到办公室，由户外步入室内这种声音的转变，柴家辉用钥匙开门的响声、打开衣柜更换装备的声音、学警向他敬礼的音响，都给听众留下了想象的空间。

3. 音响运用的随意性

很多广播业界人员有一个误区，就是只关注音响的写实表达，而忽略了它具有的象征意义的符号作用。这种观念上的落后，导致很多人在广播节目制作中，在音响的运用上有很大的局限和束缚，不能发挥声音元素所固有的无限想象力。

在这里，有一个重要的概念要澄清，就是音响是为谁服务的？是为创作者服务的，还是为听众服务的？如果是后者，那么具体到实施环节，我们就不应该忽略听众的情绪反应。比如，音响的取舍，音响效果的大或小，不完全取决于真实场景。如果听众此刻需要音响效果的强烈冲击，那么无论此刻的场景是远或是近，都要把这个音响作为特写强烈地表现出来。因为此刻音响不仅仅是场景的再现，它还是助燃听众情绪的有效手段。

音响运用的随意性，不是狭义上的随意发挥，而是强调它的符号作用：解放观念、解放束缚，把声音的想象空间发挥到极致。① 只要内容需要，任何音

① 乔素珍. 红花还需绿叶配——浅谈广播中音响的魅力 ［J］. 魅力中国，2010（1）.

响手段都可以尝试。即使是在传统广播作品中，编导对音响的运用也不应该仅仅局限于"丁是丁卯是卯"的思想束缚中。声音是有想象力的，所以音响运用的随意性还体现在它的想象空间上。

2010 年中央人民广播电台一个广播短特写《梯田人家》，获得了当年的欧洲"麦鲁利奇"奖。这部只有 7 分钟的作品，以一个哈尼人的视角，全方位地展示了哈尼族的风土人情及世代传承的求雨祭祀过程。其中，对音响素材的运用看似平淡，实则独具匠心。比如开篇是哈尼族的求雨歌，它是贯穿作品的主线，作品的转场设计更是独具匠心，没有旁白的解说，看似简单的诸如吸水烟、开门、炒菜、流水、虫鸣、孩子的哭声、电话等音效，就把场景的切换、人物的变化栩栩如生地刻画出来了，而这些恰恰是哈尼族人生活状态的真实写照。整部作品对音响的使用既不复杂，也没有过多的雕琢痕迹。但是，通篇听来感觉很有震撼力，这不是音响的功劳，而是作品本身所传递的文化内涵带给我们的听觉冲击。在这里，音响不是炫耀的手段，它的刻意留白也是现代声音艺术作品的一个显著标志。音响、对白以及音乐很好地融为一体，呈现了一幅哈尼族人的生存状态画卷。主题在这个作品当中不是唯一的目的，如实再现一个民族的生活状态是这个作品获奖的重要因素。

第五节　广播文艺节目编导

广播文艺节目以其独特的听觉魅力和收听便携性，丰富着听众的休闲娱乐文化生活，占据着广播节目的半壁河山。然而，随着听众审美情趣的逐步提高和新媒体的竞争，对广播文艺节目也提出了更高的要求。如何创新文艺节目，满足听众日益增长的文化需求，这正是当前亟待解决的问题。

这里主要探讨广播文艺节目在创新与发展方面的问题，以及从编排角度，介绍几种编排技巧。因为已在第二节介绍广播专题节目，这里就不再谈广播文艺专题的编导方法。

一、广播文艺节目的创新与发展

近年来，各种网络文艺节目以星火燎原之势发展，而且经久不衰的电视文艺节目渐渐地成为了人们日常文化生活中不可或缺的饕餮大餐，它占据着人们心目中重要的位置，几乎垄断了人们大量的重要收视时段，其他传媒形式各异的文艺节目类型也不断炒作着收视热点。由此可见，广播文艺节目的创新迫在眉睫。

（一）节目策划的创新

节目策划就是节目的思路，一定意义上也可以说它是节目的灵魂，是节目的主导思想，策划水平的高低直接决定着节目质量的好坏。策划节目要从节目选题、节目定位、节目内容、节目风格等方面做一个全盘考虑，要赋予它们新的成分，要根据受众的喜好和欣赏水平进行有的放矢的创意创新。广播文艺节目策划的创新首要原则就是：一切以受众为中心，从受众的愿望出发。只有这样，节目才能感染和吸引受众，这样的节目策划才独具创意。以驻马店人民广播电台的文艺节目《老歌回放》为例。该台经过精心策划，把节目定位于喜爱经典老歌的受众群。每期节目根据不同的主题精挑细选一些古今中外的老歌。当主持人在节目中娓娓道来，当一首首老歌通过电波在空中缓缓飘起，那熟悉的旋律会让每个受众追忆起自己一段难忘的人生记忆和情感经历，一次次打动着人们的心弦。

（二）节目编排形式的创新

文艺节目是内容的艺术，也是编排的艺术。要想把节目编排出新意，首先，要围绕事先策划好的主题将那些繁杂散乱的素材进行精心挑选，取其精华。其次，按照节目中的设置需求进行分门别类地重新组合编排，让节目内容前后融会贯通。同时，把握好节目的完整性、可听性和艺术性。此外，文艺节目内容也要在本土化上下工夫，从原创中找出路。作为地方台，要尝试着去创作一些接地气的歌曲、相声、小品、广播剧等。尤其是广播剧，它是具有广播特色的文艺样式，又同时兼具戏剧的特点，它使用声音、音乐、音响等手段来完成艺术创作，让受众有身临其境的感觉。

（三）节目形式的创新

随着人们欣赏水平和审美情趣的日益增长，广播要打破"我播什么，你听什么"的单向传播的节目形式，在受众广泛参与节目和增强节目的互动性上下工夫，使节目能全方位地贴近群众，贴近生活，贴近实际，原汁原味地反映和展示人们的精神状态。广播可以充分利用网络资源，如聊天工具、博客等开通热线和信息平台，让主持人在直播间里通过网络跟受众进行空中交流，实现受众与主持人传授双方的平等沟通与互动，拉近与受众的距离。同时，节目还要大幅度地采取让受众直接走进直播室的参与方式，进一步强化娱乐理念。此外，编导、节目主持人也要走出直播室，下到学校、广场或社区，发挥广播的原声传播作用，采用现场和同期声，直接将主持人与受众的对话播出来，真实地反映受众对文艺的喜爱以及文艺给人们的生活带来的深刻影响。总之，只有想受众所想，做受众所需，从受众的愿望出发，文艺节目形式的创新才不失为一句空谈。

二、广播文艺节目的编创技巧

这里主要介绍广播文艺节目常用的四种编创手段。

(一) 串联词写作技巧

串联词是把一组节目衔接起来，以引导听众进入某个节目的欣赏，要求具有一定的语言技巧。其写作分为三种形式：

报幕式。这是最简单的串联词。它的任务是让听众知道这是哪个电台、哪个节目时间，节目的编创、主持是谁，在这档节目时间里播送哪些内容等。

交流式。语言像和听众对话，产生情感交流，以引起听众对节目的兴趣。交流式又分单向交流和双向交流。单向交流，是编导揣摩听众群体的心理，以和听众亲切谈话的口吻写出来的串联词。双向交流，是编导与听众通过短信、电话等发生了联系，串联词则反映出这种联系。很多热线直播节目和晚间谈话节目让听众直接通过电话参与节目，这种交流最直接，富有真情实感。

介绍式。通过介绍作品内容、背景、风格、唱词大意等把节目引出来，这种介绍应特别注重清晰、明快、引人入胜。例如，黑龙江电台制作的名牌节目《老张聊戏》所用的串联词语言深入浅出，贴近听众；所"聊"的内容，以各派名家唱段为切入点，从社会、时代、思想文化、人文科学、受众心理学和艺术心理学等不同侧面，揭示和反映出戏曲的本质和规律，既有梨园轶事珍闻的讲述与侃谈，又有京剧名家名段的展现与赏评，从而受到不同文化层面的听众喜爱。这个节目自 1991 年开播即成为黑龙江电台收听率最高的专栏节目，且持续时间最长。

(二) 删改

删改主要有一般性删改和艺术性删改两种形式。

一般性删改。作品语言中过于生僻的用语和不易上口的句式，以及在广播收听时容易产生歧义的字词（古诗词除外），一般都应删去或改写。另外根据节目时间对原作进行适度压缩也属于常规性删改。例如，黑龙江电台制作的文学专题节目《奔腾的激流》，讲述了巴金老人在晚年倾尽全部心血筹建中国现代文学馆的感人故事。节目当中选取的很多巴金先生的散文都是长篇大段式的或是文字晦涩难懂的，所以编导在运用时必须经过大段的删改，选取其中最为贴切的几段话加以运用。让人们既能了解巴金为中国现代文学事业燃烧自己的过程，又能欣赏到巴金美妙的散文。该节目获得了中国广播文艺文学专题二等奖。

艺术性删改。它是从广播艺术感染力的角度对原作进行的内容、语言、结构方式的改动，使之具有较强的艺术感染力。而这种广播化加工就要从听觉艺术效果出发，从节目特色出发。例如，小说连续广播节目《四世同堂》，为了使其中的人物性格更生动、传神，又保有小说的叙述方式和叙述风格，节目编导在设计时采取男女对播形式，播讲者在朗诵时模拟人物情态，传达原著小说的人物对话，对原小说的结构和某些叙事展开方式作了相应的改动，但不伤及原作的艺术特点。

（三）剪辑

这里所说的剪辑，与电影艺术中的剪辑是两回事，这里是指文艺节目中较复杂的广播化加工。

表面地看，剪辑是取影剧中的声音成分，通过解说串联，使听众在少于原作的时间内领会原作情节，体味原作中的人物，欣赏原作。

深入地看，剪辑是把视听综合艺术变成听觉艺术，它既传达原作，又传达编辑对原作的美学理解、形象感受。剪辑中处处贯穿着编导的思想感情，贯穿着编辑对人物的评价，这种感情、这种评价成为节目的血和肉。

电影录音剪辑既是对电影的传播，又把编导对这部影片的感受传递给听众。为了艺术地完成这样的剪辑节目，有时还需要对原影片进行结构上的变动，如把原来的倒叙结构变为顺时叙述结构，把多线交织变成侧重一条主线的表现，把用平行式蒙太奇表现的情节变成适宜广播的单纯推进方式。有时对原影片情节做某些小的变动，以化整为零的方法能使故事听起来更整齐顺畅。例如，电影《英雄儿女》的录音剪辑中，有一大段人物对话，志愿军某部政委王文清把文工团员王芳叫到办公室，慢慢向她渗透她哥哥王成英勇牺牲的消息，并鼓励她学习英雄的事迹。剪辑中的这段对话听起来是不露痕迹的，听众完全可以相信这是原影片中同一场景的对白。而实际上是把原影片中不同时间、不同地点的两次对话加以拼合，改编而成的。

（四）音乐、音响的运用

音乐、音响只有具备下述作用，才能在节目中作为配合手段使用操作：

第一，具有"描绘性"。描绘、点染作品所表现的特定情绪、特定意境和人物特定的内在心理。

第二，具有情感、气氛的渲染性。他们能推动作品情感的发展、转折，以使感情抒发更鲜明强烈。

第三，具有一定的思想表现性。音乐、音响都有一定的基调，如悲凉的基调、昂扬的基调和抒情的基调等，这些都可以成为传达作品思想主题的辅助手段。

许多节目，配以音乐、音响，使原作生色添彩，使节目更具有听觉艺术特色。小说、诗歌、散文等节目经常配有音乐、音响，某些戏剧、电影录音剪辑节目有时也运用。

选择一定的音乐、音响配于某种广播文艺节目中，其音乐、音响必须成为该节目的有机组成部分，并能起到突出和强化主题的作用。例如，黑龙江电台的综艺节目《恶魔的饱餐》，以日本合唱团唱起的忏悔当年对华战争的悲歌为线索，通过一个青年第一人称的讲述和回忆串联起歌曲、广播剧、话剧、电影等艺术形式，运用音乐、音响加以烘托和渲染，使历史被再次掀开，控诉了当年日本 731 部队在中国犯下的累累罪行。其中，节目编导在选取电影《黑太阳》中日本军医进行活体解剖的一段，当小男孩的心脏被活活切下来的时候，背景音响经过处理运用低音节奏响起了被强化的心跳声，被活活解剖的小男孩怦怦的心跳声和日本军人的说笑声形成了鲜明的反差，造成了极大的听觉冲击和心灵震颤，让人印象十分深刻。综艺节目《恶魔的饱餐》在音乐、音响上的运用极为成功，获得了当年的中国广播文艺综艺一等奖。

第六节　广播剧编导

广播剧是为适应电台广播的需要而产生的一种艺术形式，以人物对话和解说为基础，同时充分运用音乐伴奏、音响效果来加强气氛。[①] 与其他戏剧艺术表现形式一样，广播剧情节居于各要素之首，人物对话是推动剧情发展的主要手段。通过个性化、口语化并富于画面感的配音演播来展开情节、刻画人物并表现主旨。

一、广播剧发展存在的问题

尽管广播剧自诞生以来，在国内一直呈现出欣欣向荣的发展景象，但不可否认的是，作为广播电台的传统文艺节目形式，广播剧在现阶段表现出一定的传播疲态，节目播出效果不甚理想。具体来看，主要表现在以下几个方面。

第一，广播剧种类单一，缺乏新意。目前，电台播出的广播剧主要是说书式广播剧，间或播出以小说为原作制作的广播剧。相比之下，以动画或游戏的附属故事所制作的广播剧和情景喜剧式广播剧则比较匮乏。而原创广播剧虽偶

---

① 孙晓丽．浅析广播剧生存与发展路径创新 [J]．新闻传播，2012（6）．

尔有之，但通常以制作单集或短篇幅剧为主，播出连续性不强，可听性受到影响。①

第二，广播剧题材陈旧，缺乏创意。目前，电台播出的广播剧大多依赖传统剧和所谓经典"题材"，内容大多比较老套，欠缺时代感。《杨家将》《封神演义》等动辄上百集的老故事仍然充当广播剧的顶梁柱剧目，既影响到新剧目的推出，也一定程度上反映出新作乏善可陈的现状。

第三，播出时间有限，黄金播出时段逐渐被其他节目取代。广播剧原本是广播文艺的"龙头"品种，是广播文艺大餐的一道"主菜"。但是，目前很多文艺广播中，广播剧类节目占据的播出时段大多是午间及夜间，而早间及晚间黄金时段则让位于相声小品及其他文化类节目。以北京电台文艺广播为例，《评书连播》节目安排播出时间为 1:30～2:00、5:30～6:00、12:30～13:00；《评书演艺》节目安排播出时间为 3:00～3:30、10:00～10:30；《小说连播》安排播出时间为 12:00～12:30；《广播剧场》安排播出时间则为 22:30～23:00。

二、广播剧的发展创新途径

尽管面临一定程度的发展困境，但不可否认的是，现阶段，广播剧依然有其稳定的生存空间和固定的受众群。以中央人民广播电台覆盖北京地区的广播频率为例，说书式广播剧节目无论在调频覆盖的文艺之声的收听率、市场份额排行榜，还是在中波覆盖的老年之声、娱乐广播的收听率及市场份额排行中，都位居前列。其播出时间包括上午、午间及晚间时段，均不在黄金时段之列。也就是说，广播剧节目的收听率仍有增长空间可以开掘，当然前提是解决目前国内广播剧面临的问题。

（一）加强广播剧专业机构及人才队伍建设

一是对现有广播剧专业制作机构及创作人员进行系统性培训，提高创作水平。通过开设研讨班、参观广播剧制作基地、录音棚实践以及获奖作品学习研究等途径，对包括剧本创作、配音演播以及后期制作在内的各个环节进行培训。通过培训，达到提高创作人员的创作水平、降低制作成本并锻炼创作队伍、培养新人的目的，使广播剧的创作得以保持鲜活的生命力。二是吸纳广播剧人才，扩充创作队伍。尽管目前各地电台专业从事广播剧创作的人员尚比较

---

① 张慧娟. 现阶段国内广播剧的发展瓶颈及创新措施研究 [J]. 中国广播, 2012 (11).

少，但是民间涌现出的广播剧制作团体却能为广播剧创作注入新鲜血液。目前，民间已经有以华音社为代表的网络广播传媒社团，以及凌霄剧团、剪刀剧团、声创联盟等数十个原创广播剧社团。未来，各地电台可以考虑吸收民间广播剧团的创作班底，并鼓励民营制作公司参与制作，这样既能够缓解人手不足的问题，也能够起到扩展创作思路的作用。

（二）开发新鲜的广播剧作品，拓展广播剧的节目来源

通过比对日本广播剧的创作可以看出，目前日本绝大部分广播剧是以小说、轻小说或动画等为原作来创作的作品，同时，也有不少原创广播剧作品。相比之下，尽管我国动漫产业成熟度远不及日本，但是仍然可以打开思路，从新生的文学作品中汲取广播剧创作的养分。在这方面，目前香港地区广播剧创作的表现优于内地，不过，内地也已经进行了一些尝试并取得了初步成效。改编自当红小说《致我们终将逝去的青春》的同名 40 集广播剧，2009 年 5 月 5日起在中央人民广播电台文艺之声午间《黄金剧场》播出后，受到了媒体、听众以及书友们的高度关注和支持。据统计，这部广播剧的网络及电台同步收听率刷新了此前同类广播剧所创下的纪录。可以看出，经典作品固然能够保证铁杆听众的收听忠诚度，但积极开发具有时代感的新鲜作品才能够吸引更多新的受众，促使广播剧回归当下大众审美。

（三）打造广播剧品牌形象，注重广播剧品牌建设

纵观国内特别是大陆地区广播剧发展的历史，像《刑警803》这样广受听众好评的标志性经典剧目并不多，更难说由此建立的品牌形象。未来，在扩充内容的同时，更应当进行整合营销传播，着重打造广播剧品牌形象，使优秀的广播剧作品不仅在本台收到良好的播出效果，有效树立听众对广播剧的忠诚度，更能够打开销路，通过制播分离找到更多的销售渠道，使资金问题得到有效解决，并获得循环发展的动力。

（四）联合新媒体，拓宽传播途径

广播电台播出的广播剧，在面对新媒体带来的挑战时，更要注重把握新媒体带来的发展机遇，利用新媒体高效的传播速度及便捷的接收方式，为广播剧的传播寻求新的方式。以中央人民广播电台为例，为克服广播传播稍纵即逝的弱点，通过建设中国广播网，实行台网互动、台网一体，经广播播出的节目，受众不仅可以在网络上同步在线收听，也可以点播往期节目。中国广播网保存的大量珍贵音频资料，大大提高了节目覆盖面。此外，手机媒体的介入、微电台的出现，也为广播剧搭建了新的传播平台。因此，在全媒体时代，广播剧如能把握机遇，仍然可以获得发展良机。

三、广播剧的创作技巧

广播剧的制作是把广播故事的剧本声音化的一个过程，也是一个再创作的过程，它考验了制作者对故事情节、感情的理解，以及对声音艺术的想象力和创造力。① 音乐、音响与故事具体情节协调配合，充分展现广播剧独特的声音魅力，即听众在听觉欣赏的同时，产生视觉上的丰富联想，在很短的时间里刺激听众的心理，产生心灵的触动，情感的沟通。好的广播剧能融入受众心理，让他们产生强大的共鸣，从而使广播更深入人心。

（一）剧本设计的针对性

创作广播剧剧本时首先要确定它所要表达的主题、情感基调和受众对象，再进一步进行整体的艺术构思，在头脑中形成一个大概的结构，期望获得怎样的声音效果。

比如一些广播剧是针对儿童的，有一些广播剧是针对青少年的，还有一些是针对中年、老年的题材。在制作这些广播剧时，要充分考虑听众的收听习惯。对于儿童的广播剧，要选用比较轻快的音乐，音效制作上可以加入一些比较活泼的轻松的音效。比如，漳州市广播电台的广播儿童剧《兔王卖耳朵》（获漳州市广播剧评比二等奖），这是一部拟人儿童剧，其中有一个细节，兔王从一个小箱子里跑出来。如果按照常规的做法，这个时候应该配上打开箱子的声音。考虑到这是一部比较有趣的儿童剧，于是在打开箱子的声音后面又加了一个有趣的滑音音效，使整个动作的趣味性加强了，从听觉上讲，符合儿童的收听特点。

而对于老年人来讲，在制作上就要考虑老年人的收听习惯和特点。老年人没有年轻人反映那么快、记忆力那么好。在播音的语速上就要适当放慢，要留出记忆的时间。老年人喜欢安静，所以在播音上要尽量亲切，音乐上也要选择柔和的音乐。过渡音乐的渐强渐弱方面也要好好把握，不能来得太突然，使老年人的心理受到突如其来的刺激。

（二）文稿语言演播的再创作

广播剧，需要通过声音来表现故事情节。一个再好的剧本，如果没有演播员到位的演播，那么无论它有多出色，都吸引不了受众的耳朵。要把人物形象完整地表现出来，还得通过声音来体现。听！小孩是那么活泼可爱，爷爷奶奶是那么和善慈祥，恋人的话语多甜蜜，姑娘的笑声如银铃……由于广播剧的篇

---

① 唐眉芳．广播剧制作技巧浅谈［J］．东南传播，2008（12）．

幅较长，最少也有十几分钟，要求演播人员对语言把握要贯穿于整个剧本中，很好地把握语音、语调、节奏，找到演戏的感觉。比如导演在制作儿童剧《时间卡》（获福建省二等奖）时，里面的每一个角色：时间机器人，机械没有感情的声音体现，主人公玩世不恭的态度，还有餐厅服务员表现的是一个普通的角色，游戏厅老板则是一个比较奸诈的形象等，每一个角色都个性极其鲜明，真实体现了一个不珍惜时间的孩子因浪费时间而变成一个老头，然后得到补救的办法后反省并努力悔改的过程。让少年儿童深受启发，从而使他们更加珍惜时间。

（三）音乐植入的针对性

广播剧的音乐是以音乐的内容、结构和风格特色作为出发点，配合语言更好地表述广播剧的思想主题，深化创意思想，营造氛围环境，抒发情感。① 根据广播剧的内容，考虑音乐是要威武雄壮的，还是深沉悠远的；是喜庆祥和的，还是惊恐慌张的。总之音乐的主题、风格、情绪要同内容吻合，不能南辕北辙。

在长沙广播电台制作的《狼爱上羊》这部剧中，导演就针对不同的人物性格给了不同的配乐。如剧中的"烈风"是一个很正义、勇猛的形象，在后期制作时，针对"烈风"的性格特点，找一个适合他的雄壮的音乐，只要"烈风"一出场，这音乐就响起，这样使得演播和后期配乐相辅相成，音乐和演播共同表达人物的性格。

歌曲的选择也是很重要的一个方面，由于《狼爱上羊》这部作品是根据同名歌曲改编的，在所有的配乐方面这首歌分量应该要占很大的比重，如何运用好这首歌呢？如果整部作品单采用同一首歌在作品中反复运用，显然会太单调。于是，在制作的时候，整个作品的配乐基本上都是《狼爱上羊》这首歌不同的演奏版本，进行再创作。如把音调调高一点，节奏快一点，体现的是一种轻松愉快的气氛。音乐的节奏放慢一点，则表达抒情或是悲伤一些的气氛，效果非常不错。

（四）音效的合理运用

逼真性：真实表现环境场景。如通过猪、牛、狗、羊等的叫声表现农村环境。

表意性：通过特定音响表达情绪。如钟表的滴答声表示安静，救护车的笛声表示危急等。

---

① 唐眉芳. 广播剧制作技巧浅谈［J］. 东南传播，2008（12）.

表象性：所谓的"声音蒙太奇"。如广播剧《兔王卖耳朵》里，通过人的呐喊声，混乱的脚步声，小孩子的哭声，车子碾过的声音，把这些声音混合粘贴在一起，真实地体现了狼来了，兔子们四处逃窜的一片混乱情景。

在广播剧中，音效的使用比较多，音效用得恰到好处，是广播剧制作非常重要的一个环节，短短的一个音效，能起到画龙点睛的作用。在选用音响时导演要考虑选用以后应起到什么样的作用，是点明环境、烘托气氛，还是起承转合。是伴随性的音响还是有时间前后的音响。如表现环境氛围的音响可以和语言叠和。但像电话铃声是不可以和接电话的声音一起出现的。广播剧的音响和新闻节目中的音响有很大不同。新闻中的音响一定要真实，而广播剧中的音效运用为内容服务，要典型、要好听。音响往往只有 2~3 秒钟，要为听众立刻反映出真实的情景。

上述《狼爱上羊》这部作品中，导演常用一些音响来表现环境，如雨声、羊叫声、气氛音效。表现大草原大家都知道要用羊叫声。可是用什么样的羊叫呢？叫几声呢？羊叫声应该多大呢？如表现草原时，羊叫声应该淡入，两到三声就得淡出了。加上恰到好处的草原音乐，这样大家就知道要表现的是草原的场景。而如果太多了就显得拖沓，听者会觉得太啰嗦。

而在音效混合的时候也要有主次之分，并列的声音也应该有主次之分，要根据画面适度调节，把最有表现力的作为主旋律。如，表现大街的繁华时把车声、人声进行混合。如果要体现的是人的讲话，则要把车声等一些声音压低，提高人声的音量。如，在表现草原上女孩的嬉戏声时，导演选取了一个女孩的笑声和羊叫声加上一小段草原的音乐来表达。在制作方面，用写意的方式来表现。女孩的笑声加了混响后特写，并且选用了两小组大概是三秒钟的笑声就淡出，之后淡入两声清脆的羊叫声。草原的音乐渐强，此时一幅美丽的画面就出现在大家的脑海中了。

（五）完美的制作合成

广播剧的最后一步就是制作合成。制作合成是将语言、音乐、音响通过一定的技术手段，制作成一个完整的可播放的广播剧，是一个将技术和艺术结合的过程。导演在制作合成前对声音的层次结构、音量控制、节奏把握、中间衔接都要有一个整体的构思。要让整个节目协调统一，流畅自然，要保证语言的清晰性，再通过多种技术手段让广播剧更动听。现在数字音频工作站的使用让广播剧的制作合成更加得心应手。比如可以根据人物所在不同场景选择不同混响时间；根据内容需要，通过调节 EQ、采样频率等制作电话声音、电视伴音效果；通过变调技术制作卡通效果；通过延时制作回声效果；还可以自己拟音或制作一些想象中的音响。

◎ **思考与练习**

1. 广播新闻节目的特点是什么？
2. 什么是广播专题节目？谈谈广播专题节目的创作技巧。
3. 试析广播专题节目的故事化创作。
4. 什么是广播谈话节目？广播谈话节目的编导原则是什么？
5. 谈谈广播谈话节目的运作思路。
6. 什么是广播特写？广播特写的特点有哪些？
7. 谈谈广播特写的采制技巧。
8. 试析广播文艺节目的编创技巧。
9. 试撰写一个广播剧剧本。
10. 什么是广播剧？谈谈广播剧的创作技巧。

第七章　电视节目概说

电视作为 20 世纪最伟大的发明之一，揭开了以数字化技术为代表的信息化时代的序幕。文化需求与市场需要决定了电视的飞速发展，为了满足受众的信息和娱乐需求，即出现了必然的产物——电视节目。电视节目作为承担电视媒介传播的主要内容，以声音、图像为载体，从策划选题开始，经过前期的准备、中期的拍摄、后期的剪辑再到包装宣传等一系列过程形成作品。据 2011 年的官方大数据统计，我国电视覆盖率高达 97.82%。全社会电视机拥有量高达 1 亿台，电视节目制作量可想而知。从本体论上看，电视节目是什么，怎样去界定与区分；从内容形式上看，电视节目具有哪些类型，怎样的划分类型更系统；回归电视节目本身，其又具备哪些特性，特性对于创作者而言具有怎样的意义；而在新媒体的环境中，无论是以电视为载体还是以网络形态下的终端，电视节目的播出方式都证明了，媒体融合已然使电视节目形态发生变化，传统电视节目形态在新颖的多元的环境中变革并发展；电视节目怎样以个性化的品牌特色站住脚，吸引受众获取收视率。以上这些问题都是本章主要阐述的内容。当然，电视节目未来的发展趋势，与虚拟现实等科技革新又会发生怎样的碰撞，也是本章所探讨的内容。

第一节　电视节目的界定

按照《广播电视辞典》的解释，"电视节目"指电视台各种播出内容的最终组织形式和播出形式。电视节目实际上涵盖了电视台和其他电视制作机构制作的、供播出或交流的具有特定内容和形式的电视作品。电视节目内容丰富，形式多样，节目系统具有灵活机动的特点。①

---

① 赵玉明，王福顺. 广播电视辞典 [M]. 北京：北京广播学院出版社，1999：220.

一、电视节目与电视栏目

电视栏目指有固定时间、固定长度、固定风格，并定期播出的电视节目，体现了一种板块化的组织方式，是电视制作和播出中的基本衡量单位之一。从宏观上说，电视栏目是电视内容产业的重要组成部分，从微观上看，电视栏目是电视频道编排的基本单元。①

电视业从单纯使用电视节目的称谓到电视节目、电视栏目交互使用，是一个历史的过程。在电视发展的早期阶段，电视节目指电视播出内容的基本单位。到 20 世纪 80 年代后期，电视领域出现了电视栏目的提法，电视业逐渐以栏目指称各个阶段定期播出的内容单元，如固定时间播出的《新闻联播》《东方时空》等。②

由于电视栏目的出现，电视节目原来的概念出现了一些变化。一方面是原来定义的电视播出内容的基本单元，由于有些电视节目长期、有规律的，在固定时间、固定频道进行播出，从而产生了电视栏目的概念。因此，在许多时候，电视栏目代替了电视节目原有概念中包容的许多范围。另一方面，在某些时候，电视节目仅指特定时间中播出的内容或者在固定栏目中播出的某一个相对独立的局部。

电视栏目之所以成为目前电视播出最主要的内容单元，其原因是电视媒介为了锁定观众而采取的市场策略，是受众需求和媒介竞争的结果。在当前电视行业的节目生产、市场运营和教学科研中，电视节目、电视栏目在概念和现实应用上具有密切联系且有一定区别，很多时候又难分彼此。③ 但是以目前电视节目的发展情况，分季播出成为大型综艺节目的播出主流方式。季播是源自美国无线电视网的播出方式，将电视节目按"季"播出，根据观众收视习惯，将电视节目以季节性变化而对应形成的节目进行安排。高度商业化和市场化的美国电视行业，使得这种电视编播方式发展得已经相当成熟。时至今日，我国电视业界从 2012 年开始真正进入了"季播电视节目时代"，中央电视台的《挑战不可能》《朗读者》《机智过人》等高收视率的节目都是以季播方式播

---

① 中国广播电影电视集团大型活动办公室，央视-索福瑞媒介研究有限公司. 中国电视栏目成长报告-2004.

② 王振业，方毅华，张晓红. 广播电视新闻性节目规范研究［M］. 北京：中国广播电视出版社，2002：109.

③ 张海潮. 中国电视节目分类体系［M］. 北京：中国传媒大学出版社，2007：39.

出。卫视综艺《奔跑吧兄弟》《我们相爱吧》《爸爸去哪儿》《中国好声音》等代表性综艺类节目大都采用了季播。季播的出现一定程度上又削弱了电视栏目的"固定时间""固定长度""固定风格"的概念。由此一来，电视节目与栏目的临界愈加模糊，不好区分。

二、新媒体环境下的电视节目

与"电视节目""电视栏目"不同的"网络节目"，区分主要是制作主体以及播出载体不同。传统的电视节目其制作者以电视频道为主体，以电视为载体播出。早期的网络节目则主要是以其播出载体的网站为创作主导，播出载体为网络终端。2014年以来，各大知名视频网站如腾讯、优酷、搜狐、爱奇艺等已经开始制作独家出品的精品节目。爱奇艺出品的《奇葩说》可以说是最大的赢家，广告冠名费第一季就达到了5000万元，网络点击达到十几亿次。可见网络节目的受众传播更快更广，在此基础上电视节目也开始走向网络。电视与网络本身具备不同的媒介特点，网络节目本身是借鉴电视节目发展起来的，并且在与电视节目的互动中找到自身的定位。电视节目则是借助网络媒体广泛的受众市场，尤其是年轻的受众群体，来扩大自身的影响力。

例如，近年来东方卫视、湖南卫视、江苏卫视、浙江卫视等电视频道与腾讯视频、优酷视频、搜狐视频、爱奇艺视频等分别合作独家播出了综艺节目《中国达人秀》《我是歌手》《中国好声音》《奔跑吧兄弟》等综艺节目。电视剧《我的前半生》《人民的名义》《恋爱先生》《花千骨》《三生三世十里桃花》《脱险者》等更是同步播出，实现了互利共赢。

第二节　电视节目的特征

随着观众认知以及电视技术的快速发展，电视节目形态愈加多样化。电视节目所呈现出的特点由本质上的宣传传播转移到休闲娱乐。电视节目走向商业化以及市场化已成趋势，从以往的教育角色到服务观众的娱乐工具，这一切都是社会发展的需求以及大众对精神文化方面的需求使然。尽管电视节目是一直向前发展的，但是电视节目的特点并不会因为发展而减少，而是在具备电视本身特点的属性之上更加丰富。

一、本质属性：政治性、宣传性

1. 政治性

放眼世界各个国家，以客观角度来讲，电视作为媒介都具有政治属性和经济属性。我国广播电视等媒体具有鲜明的政治性，电视媒体是党和政府新闻宣传事业的一部分。长期以来，新闻节目都是党的方针政策的宣传平台。新闻报道是引导社会舆论、统一思想、提高认识的有效方式。无论在任何时候，都要把党和政府的要求放在第一位，坚守媒体的意识形态责任。电视节目应该以社会主义核心价值观为引领，把握好舆论导向，内容上坚持正面宣传为主，弘扬主旋律。

2. 宣传性

电视作为一种媒介，本身就是传播的一种形式，电视节目作为其产物必然是为了"传播"。所以电视节目在本质上就是为了传播信息。电视创作者必须高度重视宣传特性，有效认识到电视节目宣传特性下所产生的影响。尤其是电视新闻类节目，其宣传的真实性以及引导舆论的作用是非常关键的，应正确地引导，让广大人民群众获得有价值的信息。

二、其他属性：娱乐性、教育性、服务性、公益性

1. 娱乐性

娱乐是综艺节目应有的性质，综艺节目中理应体现观众乐于观看的娱乐内容，也要体现一定的审美取向和价值导向，并且承载应有的教育功能和社会责任。不仅仅是综艺节目，在文艺类节目、访谈类节目、咨询类节目等电视节目类型中，也都不难发现其娱乐性功能，观众因其娱乐性进而喜欢上该节目，因而娱乐性在热播节目中的地位也可见一斑。《快乐大本营》作为一个成功的老牌综艺节目，一直保持着稳定的受众群体，且在各大电视台综艺娱乐节目泛滥的时期，通过不断创新与改进，一直在综艺节目中独领风骚。作为一档综艺娱乐节目，《快乐大本营》以其清新、青春、快乐、八卦、贴近生活的娱乐风格在中国电视娱乐版图中占据着自己的位置，其带动的明星效应和倡导的快乐理念至今生命力不减，掀起全国电视的快乐浪潮。同时作为湖南卫视的王牌节目，能在竞争如此激烈的今天仍保持收视率节节高升，并使其"快乐"理念家喻户晓，这与其节目的娱乐性特征的淋漓尽致发挥密不可分。

但娱乐性并不等于低俗趣味，也不意味着文化的缺失，即使是娱乐也要体现一定的审美取向和价值导向，这也会触及精神和价值的层面，而缺乏精神支撑的纯粹娱乐是难以保持长久生命力的。2017年9月14日开播的一档文化综艺节目《见字如面2》在豆瓣拿下了9.4的超高分，位列2017年卫视季播（含央视）综艺及网络综艺榜首。一人、一信、一方演讲台，这档被誉为"清

流"的文化综艺在 2017 年喷薄而出的上百档电视综艺节目与网络综艺节目中脱颖而出。《见字如面 2》首期 3.6 亿播放量的数字已经可以媲美绝大多数的头部综艺,并且《见字如面》传达的精神价值和人文价值也是独一无二的。从某一方面来说,《见字如面》的成功为国内文化节目的发展提供了一个范例,也扩宽了整个综艺行业的内涵。伴随《中国诗词大会》的播出,文化类综艺节目迅速火热,有别于一般意义的文化类节目。同类型的《朗读者》《信中国》的出现足以说明问题。"文化+综艺"元素成为电视节目发展的新宠儿。文化综艺类节目要有娱乐性,更要挖掘文化内涵。

2. 教育性

近 20 年间,电视教育功能发生了重大改变,社会变动、媒体认知、媒体对人的思维方式和行为习惯的影响,都反映到了电视节目中。在新媒体时代,对电视的教育功能进行重新梳理和思考,有助于促进电视教育功能的转变和发展。而电视作为每个现代家庭中必不可少的"世界之窗",足不出户让人了解世界上的大小事,电视节目具有的教育性质是不言而喻的。以中央电视台科教频道于 2001 年 7 月 9 日开播的讲座式栏目——《百家讲坛》为例,该栏目把相对繁难的传统文化知识,结合主讲嘉宾的研究、理解与人生阅历,用通俗明白的语言,准确恰当地传达给观众,力求选择观众最感兴趣、最前沿、最吸引人的选题。它追求学术创新,鼓励思想个性,强调雅俗共赏,重视传播互动。这样一档栏目选材广泛,曾涉及文化、生物、医学、经济、军事等各个方面,现多以文化题材为主,并较多涉及中国历史、中国文化,且同时还具有科普历史知识及深入点评讲解的作用,使节目产生了文化价值、媒介价值和社会价值。2017 年春节期间,《中国诗词大会》第二季的播出,在观众中再次掀起了一股学习中国传统文化的热潮。

3. 服务性

服务性的主题从根本上决定了收视人群对该类节目实用性的要求。服务性的内容对于观众而言是有生活价值的、可用的。服务性使得综艺服务类节目的内容素材源于生活、贴合人们的日常需求。① 生活服务类节目的节目宗旨是帮助社会成员解决在日常工作以及学习生活中经常遇到的难题,并为其解答其中问题,传授知识。社会成员对物质及精神文明追求的不断提高,有关生活服务类电视节目的发展趋势及发展潮流,就成为备受社会关注的热门话题。《家政

---

① 计野航. 综艺服务类电视节目的服务性、娱乐性、教育性及其统一 [J]. 视听纵横,2012(2).

女皇》是一档由河北卫视和安徽连接传媒共同打造的带状播出节目，以综艺的形式来包装生活服务类栏目，节目采用内外景结合的方式，充分调动娱乐元素，让观众在轻松的氛围中增长生活见识。

《天气预报》也是我们熟知的具有服务性质的电视节目。电视天气预报节目从开播至今已有30多年，在这30多年之间，电视天气预报做了很多次的改版和编辑，不断地完善和改良，然后才有了如今准确的天气信息预报节目。近10年来，随着数值预报技术的进步，探测手段的日臻完善和丰富，以及高性能计算机快速发展和应用，天气预报技术取得了显著的进步，其中快速更新、分析和预报，以及集合预报、概率预报、数字化预报等新技术的应用，促进了中国天气预报业务水平的提高，在中国防灾减灾、保障社会经济发展和人民安康福祉的气象服务中发挥了重要作用，也使得天气预报成为各级电视台不可或缺的必备节目。

4. 公益性

电视公益节目作为电视节目形态中重要的组成部分，是实现电视媒体的社会效益、推动社会发展、衡量社会文明程度的重要指标。和谐传播应是衡量公益节目传播价值的有力标杆，它主要是从受众、媒介及社会的角度来考察公益节目的生存现状。中央电视台《等着我》作为国内首档大型公益寻人节目，将公益、民生与故事融为一炉，受到广大观众的欢迎，节目收视屡创新高。它的制作模式简单、成本相对低廉，其获得大众认可的深层原因在于自身所具有的后娱乐时代节目特质，在于泛娱乐化电视制作潮流中节目的建树意义和责任担当。这一系列与民族历史、国家命运相交织，有"大叙事"特征的寻人节目，重现革命战争历史，实证"国家记忆"，彰显了中华儿女在国家危难关头挺身而出、不畏牺牲、保家卫国的爱国主义精神。央视通过《等着我》的成功策划履行了国家媒体的社会职责和"保存国家记忆"的历史使命，发挥出"一种价值塑造和精神召唤的特殊功能"，其对振奋民族精神、增进群体意识、彰显共同体价值、教育和鼓舞人民具有重要的现实意义。

电视公益广告产生于20世纪40年代的美国，我国公益广告虽然起步较晚，但在各级政府、社会团体、企业、媒体和社会公众的重视和积极参与下，也呈现出良好的发展态势。在传播社会主流价值，提升人们社会责任意识，调动企业和媒体参与公益广告活动的积极性方面发挥了重要作用。《广而告之》是中国第一个电视公益广告栏目。借助国内最具竞争力的媒体资源传播平台，中央电视台《广而告之》在长达30秒的公益主题中，关注社会热点，展现企业文化，歌颂道德风尚，配合政府宣传，片尾5秒定版，完美诠释《广而告之》的价值及精髓。

在我国现代商业广告迅猛发展的 30 多年里，公益广告一直凭借高度的公信力，在培养文明健康生活习惯、弘扬社会高尚品德、提倡生态环境保护和慈善救助、促进地方经济活力等方面发挥了重要作用。

三、日益发展的电视节目特性

尼葛洛庞帝在《数字化生存》一书中写道："作为电信的范式，'无论何事、无论何时、无论何地'的口号已经陈腐不堪，但使用它来思考电视的新境界，却很不错。"[①] 在媒体融合的背景下，上述观点中的"电视的新境界"已成为现实。由于多样的播出平台、新技术的应用、传播理念的变化等因素，电视节目形态不断地创新与演变，逐渐显现出一些新特征。

1. 技术性

电视节目的技术性首先体现在播出样式的变化。对于创作者而言，节目制作之初，就应该考虑其多样的播出样式。尤其是后期包装之后的宣传阶段，网络宣传成为能否吸引受众的决定性因素。短时长的电视节目宣传放送能够很好地制造话题，宣传节目。一档成熟的电视节目必然会在微博、微信、qq 等社交软件等有独立的营销账号，用以吸引粉丝。以《奔跑吧兄弟》为例，该节目是引进类综艺节目的代表，看其官方微博的发布，从节目前期准备中就备足了话题，对于参与明星的曝光、选拔，就收拢了固定的粉丝群。节目拍摄过程中的幕后与花絮精彩放送，吊足了受众的胃口。而节目播出之后，通过与韩版的对比形成话题舆论，并对参与的明星进行"消费"，继续推进节目话题。其次，体现在碎片化的可选择性观看电视节目。根据受众需求，以话题为标题，将一档完整的电视节目进行分解。受众可以根据标题选择自己想要观看的部分。浙江卫视综艺节目《演员的诞生》，将每位演员的表演节目剪辑开来制作成特辑，观众根据自身喜好去选择性点击播出。在快速、便捷、碎片化阅读的时代，这种方式对电视节目非常重要。最后，电视节目的技术性体现在媒介融合深度发展中，应对软件化趋势带来的日新月异。移动终端作为播放载体比其他载体有更多的分流数量。

智能手机的嵌入式操作系统、嵌入式应用软件等技术应用向智能电视、互联网电视、IPTV 终端快速渗透。目前来看，无论是作为电视节目的播出平台

---

① ［美］尼葛洛庞帝. 数字化生存［M］. 胡泳，等，译. 海口：海南出版社，1997：203.

还是投资合作方，许多电视节目与各大视频类应用软件已经完成广告及推广合作，如腾讯视频、爱奇艺视频、抖音短视频、火山小视频等。在新的融合趋势中，未来电视节目的形式翘首以待。

2. 交互性

马克·波斯特把互联网主导的"双向的去中心化的交流"称为"第二媒介时代"，以此来区分由电视主导的"播放型传播模式"。① 强调了新媒体之间的互动、互相参与的传播特性。从受众角度把视频内容的传播划分为"受众接收型传播"和"受众参与型传播"。在"受众接收型传播"中，受众是被动的，主要是接收电视单向传播的内容，而在"受众参与型传播"中，受众是主动的，除了接收信息外，还可以搜索信息，甚至为其他用户上传自己制作的内容以供分享。这种互联网的双向互动传播特性给受众的互动参与带来极大的便利，双向化和互动性成为视听新媒体节目形态不同于传统电视节目的鲜明特征。以"弹幕"形式为例，弹幕是基于互联网技术的支持，使受众言论即时同步放送到所看的视频页面上。这种发布网络视频评论的新兴手段，最先出现在小众范围的传播环境中，主要以视频网站 bilibili 为代表。而这种以覆盖视频的即时字幕形式，在对视频文本进行再次创作的过程中，赋予了视频文本新的意义。受众通过弹幕构建了"观赏共同体"的想象，随时随地与同好者一同观看、互动交流的体验，甚至已成为一种"仪式"。由此可见，一方面"弹幕"使受众对节目本身有了参与性；另一方面受众个体之间也形成了针对电视节目的互动性。

另一种形式的交互则是借助游戏方式将体验参与感发挥到极致，以下将以首部全国互动武侠剧《忘忧镇》为例，来体验未来电视节目多样呈现的一种形式。

《忘忧镇》是一个有着多重分支的武侠故事，用户在观看一段剧情后可以选择不同的剧情走向。由于采用了多分支叙事的方式，观众可以反复体验这部作品，并可以最终观赏到多达 8 种不同的结局，用制作组的话说，就是"希望每个人都能遇到一段未知的情缘"。实际体验下来，互动剧的整个时长至少在 30 分钟以上，突破了以往传播素材的容量限制，在完整性上是一个类似电影级的作品。在多线结局之外，制作组还给观众留下了彩蛋，在粉丝圈中也引发了关于彩蛋攻略的大量讨论。

---

① ［美］马克·波斯特. 第二媒介时代［M］. 范静哗，译. 南京：南京大学出版社，2005：16.

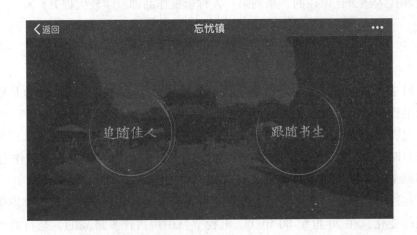

第一人称视角，每一个观众都是主角。《忘忧镇》能够走红，有一个重要原因是它在视觉表现上的冲击力，例如，飞檐走壁的轻功、激烈的擂台打斗，甚至普通的角色交流都让人有一种身临其境的感觉，尤其是当剧中的"我"和赵丽颖、林更新隔屏互动时，仿佛"我"真的成为了主角，在和他们同演一场电影。这种沉浸感主要来源于剧作采用的第一人称视角。第一人称视角过去大多用在游戏当中，特点是具有很强的代入感，而采用这种视角的电影近几年才出现，并且数量很少，最有名的应该是去年美国 STX 出品的试验性作品《硬核亨利》。这类试验电影中的第一人称视角虽然带来了很强的代入感，但也出现了画面晃动过大的问题。而在《忘忧镇》中，我们看到的是一个第一/三人称结合、主角/剧情视角来回切换的方式，最终使整个视觉体验兼顾了流畅度和代入感，比以往的一系列第一人称影视作品都有了较大提升。

第三节　电视节目的分类

21 世纪以来，随着全球数字化技术的颠覆性革新，以模拟信号为基础的传统电视完成了对数字信号的升级。数字电视用户从无到有，达 452 7.86 万户。电视节目制作数量和 2001 年相比增长了 86.7%，2011 年全国各机构共制作节目时长 264.19 万小时，播出节目时长 1495.34 万小时；电视剧制作由 10 年不到 1 万集增长到 2011 年的 14942 集，年制作量成为世界第一。[①]

在这一发展过程中，我国的电视节目无论是在数量还是在质量上都发生了巨大的变化，在 20 世纪 80 年代，电视节目中所占比重最高的，是科教类节目，数量最少的是生活服务类节目。到了 20 世纪 90 年代，新闻类节目在电视节目中的比重显著上升，其他类型节目均有下滑。2000 年前后，娱乐文艺类节目占到了整个节目总量的三分之一。以湖南卫视《快乐大本营》等为首的一批大型娱乐节目，很快将我国电视产业带上了娱乐潮流的高峰。数字电视频道出现之后，电视节目的容量由几十套变成上百套频道资源。与此同时，更多的受众群体决定了电视节目类型的发展细分化。电视节目的类型研究变得尤为重要，受众因素与时代因素也对电视节目类型发展与变迁产生重大影响。

接下来我们就来对电视节目的类型划分进行探讨。

一、按内容主题划分

美国学者罗伯特·艾仑认为，在分类研究 2000 多年的发展历程当中，其最重要的功能就是类型化和命名。也就是说，文艺和传播分类研究的核心任务，就是将世界上所有的文学作品、媒介产品归为不同的类别，并为不同的类别命名，正如植物学家将植物分为不同的科、属、种一样。[②] 电视节目以主题内容进行划分，是目前业界和学界受到最多认可的分类方式。其中影响较大的是四分法，将节目分为新闻类节目、娱乐类节目、教育类节目、服务类节目。这似乎与美国学者赖特提出的大众传播的四种功能——监测环境功能、提供娱

---

① 蔡赴朝. 让文化惠泽民生——十年来我国广播影视公共服务体系建设 [J]. 中国广播电视学刊，2012（10）.

② Daniel Chandler. An introduction to Genre Theory, http://www.aber.ac.uk/media/Documents/ intgenre.html.

乐功能、社会化功能和解释与规定功能相符合。周鸿铎在其《电视节目经营策略》一书中将电视节目分为新闻节目、教育节目、文艺节目和服务节目。童宁在其《电视传播形态论》中，也将电视节目分为新闻节目、社教节目、文艺节目和服务节目四类。因而，采用四分法成为电视节目分类的一个基础。郭镇之在《中外广播电视史》中提到广播电视节目的演变时，区分了四种电视节目多维组合的分类系统，在该系统中，按内容将电视节目分为新闻类，影视剧类，综艺娱乐类，戏曲、音乐类，专题、纪录类、生活服务类和广告类。① 可见在此种分类方式中，具有相同内容性质的节目则划分在了同一类别。例如，戏曲类与音乐类、专题片与纪录片、生活类与广告类，比四分法更为细化。四分法将电视"功能"作为理论基础，将节目分别以提供新闻、共享娱乐、传播教育以及服务宣传四项基本功能为基准进行了划分。而以此为基础的多维组合分类方式虽然根据内容进行了细化，但又不免会出现交叉内容，从而左右节目类别。例如《我爱记歌词》这种以娱乐为主、音乐内容为包装的节目，难以将其准确划分。又如央视科教频道播出的大型演播室季播节目《中国诗词大会》，以赏中华诗词，寻文化基因，品生活之美为宗旨，邀请全国各个年龄段，各个领域的诗词爱好者共同参与诗词知识比拼。其内容既有教育性又有综艺性，同样在细化的节目类型中很难将其精准归类。可见，四分法的类别方式对于愈加多样化的节目而言，更具广泛的适用性。

二、按形式样式划分

区别于广泛且准确的四分法，纵向地去思考电视节目的分类，以形式样式为基准去分类，在王振业、方逸华、张晓红提出的"多层节目分类系统"中，按照节目的具体组合构成方式，将电视节目分为综合节目、专题节目和板块节目。在刘燕南提出的"电视节目多维组合的分类系统"中，将电视节目按形式分为竞赛类，谈话类，连续、系列类，杂志、板块类，直播类，卡通类和引进片类。② 例如，体育类节目中有相当比重的赛事直播或是实况录像，按此划分应归为直播类。

这种以节目播出样式和节目策划方式为基准的分类方式忽略了节目内容，受众在接收节目分类时并不能直接对节目有所了解，因此在进行电视节目分析时，主要是以内容为主的类型分类。

---

① 王黑特，王希子. 中国电视节目类型体系探析［J］. 中国电视，2011（6）.
② 王黑特，王希子. 中国电视节目类型体系探析［J］. 中国电视，2011（6）.

三、按内容、形式综合划分

该类型的电视节目分类主要以内容为主，并融入了形式角度的划分方式。在胡智锋所著的《电视策划学》一书中，涉及了电视新闻节目、电视谈话节目、电视综艺娱乐节目、电视剧和电视广告节目五种类型。徐舫洲、徐帆的《电视节目类型学》一书中把电视节目分为八大类，包括电视新闻资讯节目、电视谈话节目、电视文艺节目、电视娱乐节目、电视纪录片、电视剧、电视电影和电视特别节目。可见随着电视节目的愈加多样，单一的以内容或是形式为主的节目类型划分，已不能满足多样的电视节目类型发展，而以内容和形式双重依据为标准的分类方式更为精准实用。以综艺节目为例，作为娱乐大众、放松身心的一种节目类型。近几年来从实践以及理论上快速更新，传统的表演类节目升级为娱乐类和游戏类。综艺节目呈现出了多元化、娱乐化、本土化发展的状态，并越来越成为各地区电视台的重要节目形式。既有《非常静距离》《鲁豫有约》《锵锵三人行》这种典型的以主持人为主导，面对面的综艺访谈形式节目，也有《快乐大本营》《天天向上》这种以游戏为主的节目形式；既有《超级女声》《中国新声音》《中国新说唱》以明星导师为主导的选秀节目，也有《向往的生活》《中餐厅》《极限挑战》这种以明星为主要参与对象的户外真人秀节目。所以综艺、娱乐、游戏、访谈、户外、竞赛这些纯粹的关键词已不能仅仅作为一种分类的概念去定义电视节目的类型，而是需要综合性的分析及划分。

四、以电视频道的分类看节目类型的划分

电视作为一种现代社会的媒介，其生产传播过程中的每一个环节都是标准化的。因此，电视行业内部对电视节目类型进行界定不仅仅是保证电视节目制作质量的需要，也是对电视节目进行评价管理的需要，有助于让受众形成较稳定的收视习惯。①

（一）中国大陆地区

央视—索福瑞2011年2月《收视中国》中的《2010年电视市场收视动态》一文，将国内电视节目分为15类进行考察，分别是：电视剧类、新闻时事类、综艺类、生活服务类、专题类、青少类、电影类、体育类、法制类、财经类、音乐类、戏剧类、教学类、外语类、其他类。这种分类标准几乎涵盖了

---

① 王黑特，王希子. 中国电视节目类型体系探析［J］. 中国电视，2011（6）.

国内现有的电视节目，央视—索福瑞根据这一分类来考察不同节目类型的播出比重和收视情况。

中国网络电视台是中国国家网络电视播出机构，以视听互动为核心，融网络特色与电视特色于一体，是全球化、多语种、多终端的网络视频公共服务平台。其旗下的电视节目检索服务平台"爱布谷"提供了9种电视节目的检索方式。按分类检索将电视播放的内容分为电视栏目和电视节目，电视栏目中包括新闻类、娱乐类、体育类、生活类和外语类，电视节目中包括电影类、电视类、纪录片类和动画片类，一共9大类，62小类。这种分类方式一方面大致区分了现阶段国内现有的电视节目类型，另一方面也便于网民按照自己的兴趣检索到想收看的电视节目。①

除了市场调查研究机构和网络电视台以外，各个电视台内部都有自己的一套管理评优制度，而对电视节目进行分类则是这种制度建立的基础。中央电视台作为国家级电视台，下辖22个频道，分别为CCTV-1综合频道、CCTV-2财经频道（原"经济频道"）、CCTV-3综艺频道、CCTV-4中文国际频道（亚洲版）、CCTV-4中文国际频道（欧洲版）、CCTV-4中文国际频道（美洲版）、CCTV-5体育频道、CCTV-6电影频道、CCTV-7军事·农业频道、CCTV-8电视剧频道、CCTV-9纪录频道、CCTV-10科教频道、CCTV11戏曲频道、CCTV-12社会与法频道、CCTV-13新闻频道、CCTV-14少儿频道、CCTV-15音乐频道、CCTV-5体育赛事频道（原CCTV-22高清频道）、网络电视台和中国3D电视试验频道，内容几乎涵盖社会生活的各个领域。同时开办了20多个数字电视付费频道和28个网络电视频道。数字电视付费频道包括新科动漫、第一剧场、风云剧场、世界地理高尔夫·网球、中视购物、风云音乐、怀旧剧场、电视指南、风云足球、老故事、CCTV-戏曲、CCTV-电影、CCTV-娱乐、CCTV-台球、国防军事、女性时尚、央视精品、中学生、发现之旅和证券资讯等频道。网络电视频道包括新闻、央视关注、纪录、英语、杂技、相声、气象、旅游、历史科技、美食、法制、教育、话剧、魔术、小品、电视剧、综艺、音乐、生活、动画、时尚、体育、戏剧、少儿、经济、游戏、人物等。可见在央视频道的设置中，也基本依据了电视节目的内容或是类型区分。各省电视台特色的定位营销方式改变了电视节目的倾向性，打造了更多优秀的且具有特色的电视节目。例如，江苏卫视"情感世界，幸福中国"，以情感为定位，打造了具有话题性的情感类节目《非诚勿扰》。湖南卫视打娱乐牌，获得了年轻受众群体的拥

---

① 王黑特，王希子. 中国电视节目类型体系探析［J］. 中国电视，2011（6）.

趸，《快乐大本营》《天天向上》都具有超高收视率。安徽卫视"好剧行天下，综艺乐万家"，以电视剧为定位，打造中国热剧第一门户的标签，首播了电视剧颁奖典礼《国剧盛典》。

江苏电视台共开办 10 套电视节目，包括公共频道、江苏城市频道、江苏综艺频道、江苏影视频道、江苏教育频道、优漫卡通卫视、休闲体育频道、江苏国际频道、江苏靓妆频道、好享购物频道，每个下属频道根据自身的频道定位进行电视节目的播放，其他省市电视台与江苏卫视划分方法大致相近。

（二）海外及我国港台地区

纵观世界各国电视节目现状，其分类方法也有所不同。英国学者大卫·迈克奎恩将电视节目的类型分为肥皂剧、情景喜剧、游戏节目、警察系列剧、电视新闻和纪录片。以美国为代表的西方电视类型体系主要包括信息性节目和娱乐性节目两大类。信息性节目是指新闻和新闻杂志节目，新闻包括全国和世界新闻、地方新闻、新闻脱口秀和 24 小时新闻；新闻杂志包括新闻娱乐脱口秀、调查与公共事物和名人新闻。娱乐性节目指的是喜剧、剧情剧、其他剧种、真人秀、脱口秀、游戏益智类节目、儿童电视节目和体育类节目共八类。喜剧包括情景喜剧、动画喜剧和综艺喜剧；剧情剧包括罪案剧、工作场所剧、家庭剧、混合剧、电视电影和纪录剧；其他剧种包括肥皂剧和科幻剧；脱口秀包括日间脱口秀、晚间脱口秀和资讯脱口秀。①

港澳地区则习惯将电视节目分为新闻、资讯和娱乐节目三类。例如，香港凤凰卫视中文台下辖六个频道：中文台、资讯台、欧洲台、美洲台、香港台、电影台，包含了新闻、资讯和娱乐节目三大内容。而台湾则将电视节目大致分为新闻节目、教育文化节目、公共服务节目、戏剧节目、综艺节目、电影节目和特别节目。②

五、电视节目形态发展中的电视节目分类

21 世纪以来，在数字技术以及新媒体环境下，随着媒介形式不断丰富，电视节目不再是以传统的样式存在。不同的播放平台、产业化的新创作主体、时代更迭下的受众群体，这三大重要的决定性因素使电视节目形态发生了根本性的变化，不同的电视节目类型开始互相渗透、互相吸引，从而使节目本身更为丰富饱满，单一的节目类型也不再满足受众的需求。在此背景下的电视节目

---

① 王黑特，王希子．中国电视节目类型体系探析 ［J］．中国电视，2011（6）.
② 王黑特，王希子．中国电视节目类型体系探析 ［J］．中国电视，2011（6）.

分类需以"快刀斩乱麻"来阐述。本教材主要以下述分类来展开。

（一）电视新闻类节目

电视新闻类节目主要以新闻播报节目和新闻评论（深度报道）节目为主。新闻播报节目主要以快速简单的播放时事新闻为主，例如，央视频道的《新闻联播》《东方时空》《朝闻天下》《新闻30分》《新闻直播间》《新闻周刊》等，其特点是发布最新、最热的时效内容。新闻评论节目主要是对发生的新闻进行话题讨论以及反映观点，通常由主持人与新闻评论员为节目主导，新闻评论员、评论集体或电视机构对当前具有较高新闻价值的事件、问题或社会现象表达自己的意见和态度，并进行解释分析。系统反映重大新闻事件和社会问题，揭示其实质，追踪其原因。例如，《焦点访谈》对时事进行追踪报道，通过新闻背景分析、社会热点透视、大众话题评说，引起社会共同的舆论监督，该节目是中央电视台收视率最高的栏目之一，多次获中国新闻界最高奖项。新闻深度报道节目如《新闻调查》，是中央电视台唯一一档深度调查类的节目，时长45分钟，每周一期，注重研究真问题，探索新表达，以记者调查采访的形式，探寻事实真相，追求理性、平衡和深入，为促进和推动社会和谐进步发挥着点点滴滴的作用。

（二）谈话类节目

谈话类节目因为不同的定位主题与其他类型容易产生更多的交叉点，这里主要介绍按谈话方式划分的三种形式：访谈类、辩论类以及漫谈类。访谈类节目有《面对面》《东方之子》《对话》；辩论类节目主要有《世界听我说》《一虎一席谈》；漫谈类节目主要有《实话实说》《鲁豫有约》。

（三）综艺娱乐节目

综艺娱乐节目是目前内容最为丰富、节目形式最为多样的电视节目。按照内容形式统一划分，也很难避免交叉。在此以功能性划分成三大类别，文艺类、娱乐类以及真人秀。文艺类主要包含一些传统的综艺节目形式，例如各类专题晚会、电视音乐、舞蹈节目、电视散文等。娱乐类则侧重游戏以及博彩的一些传统综艺节目，像《快乐大本营》《正大综艺》等。真人秀节目是当下综艺节目中最受欢迎且最容易形成话题的节目样式。根据内容可以分为以下类别，分别是表演选秀类、亲子类、生活服务类、野外生存类、职场创业类、益智游戏类、婚恋交友类、角色扮演类。表演选秀类是早期真人秀节目中最原始、最成熟的节目类型。从早期的《星光大道》《超级女声》《超级男声》到目前获得超高收视的《创造101》《偶像练习生》，表演选秀类的节目一直在引进模仿与本土化创作中层出不穷，也是最受年轻受众群体欢迎的电视节目。

亲子类节目如《爸爸去哪儿》《爸爸回来了》《妈妈咪呀》等，同样吸引了大批观众，一时间明星的家庭生活成为热门话题。生活服务类如《购物街》《欢喜冤家》《交换空间》《梦想改造家》等更多地吸引着特定受众群体。益智游戏类真人秀节目如《挑战不可能》《越战越勇》《惊喜连连》《为你而战》《开门大吉》《最强大脑》《汉字听写大会》等。婚恋交友类真人秀如《缘来非诚勿扰》《爱情保卫战》《非常完美》《金牌调解》《百里挑一》《我们相爱吧》《我们约会吧》《玫瑰之约》《天作之合》《全城热恋》《乡约》《爱情连连看》《咱们结婚吧》《幸福三重奏》等。角色扮演类最具代表的作品是湖南卫视的《变形记》，以"在你的世界，寻找自己"为标语，将完全不同环境下成长的少年进行置换，用镜头记录其过程。之后出现了类似于角色扮演性质的节目如《青春客栈》《花样少年》《花样姐姐》《花样爷爷》《明星大侦探》等以明星变换身份为形式的节目。目前，根据内容划分的真人秀节目形式繁多，且越来越多的内容形式得以创新，并不能完整的概括全部。如果以节目参与对象的不同来划分，可分为明星真人秀节目与平民真人秀节目，虽然简单精准，但是并不能体现节目主题或内容，缺乏专业性。

（四）专题类节目

专题类节目相对来讲内容统一，主要分为两大类：一是纪实类纪录片，二是专题类纪录片。前者的本质是"纪实"，是对现实的记录，以客观的镜头来展现真实，不存在创作者的主观导向；而后者则是以"表现真实""解释思想""现实写意"为主导的专题片。纪录片如《沙与海》《幼儿园》《二十二》，专题片如《故宫》《西湖》《圆明园》《大国崛起》。

（五）电视服务类节目

主要分为生活服务类、财经类、少儿类、教学类以及电视广告。生活服务类主要包含饮食、旅游、健康、天气预报、电视导购等为主要内容的节目，如《为您服务》《生活》《周末导游》《食在中国》《健康之路》《养生堂》等。财经类主要是以资讯为主，内容主要是一些股市行情或是财经类专题节目，如《经济生活》《经济半小时》《对话》等。少儿类主要是游戏类、益智类、动画类和少儿专题节目等，针对少儿受众群体，如《七巧板》《大风车》等。教学类则是一些教学栏目和课堂讲座。

第四节　电视节目的发展趋势

新媒体出现以后，以互联网为核心的网络视频播出平台，很大程度上分流了电视观众以及市场份额。2006 年，我国被称为视频元年。据不完全统计，截至 2011 年我国视频网站已超过 300 个，爱奇艺、优酷、土豆、暴风影音等视频门户网站发展迅速。随着 4G 时代的到来，智能手机、平板电脑快速普及，移动互联网的商业模式和应用，为广大受众提供了更为方便的可以移动的电视观看方式。2014 年 7 月 22 日，新华社发布的 2013—2014 年度《中国新兴媒体融合发展报告》认为，2013 年新兴媒体地位进一步凸显，已成为推动中国社会发展的新动力。报告介绍和分析了新兴媒体的发展历史、当下热点和未来走向，并就如何促进媒体融合发展提出了具体的意见和建议。2016 年 3 月 29 日，国家新闻出版广电总局发布《电视台融合媒体平台建设技术白皮书》，从硬件平台建设方面为媒体融合时代的中国电视节目创新创优提供了行业技术指导规范。2016 年 7 月 28 日，中办、国办印发《国家信息化发展战略纲要》，要求"推动传统媒体与新兴媒体融合发展，有效整合各种媒介资源与生产要素"。2016 年 7 月 2 日，国家新闻出版广电总局下发《关于进一步加快广播电视媒体和新兴媒体融合发展的意见》，指出建设融合性节目体系已经是广播电视媒体融合发展的当务之急。上述一系列重要文件的出台充分表明，媒体融合已经成为国家战略。

一、新时代下电视节目的新机遇

（一）年轻受众群体与新电视人才

随着互联网技术的飞速发展，与互联网同时成长起来的"千禧一代"用户逐渐成为互联网和数字媒体的主力军，他们的视觉观极大程度上影响了未来电视节目的趋向。作为市场最重视的受众群体，娱乐性电视节目都期望得到他们的青睐。通常一个电视节目的寿命在 3~5 年，而电视观众的"喜新厌旧"是造成电视节目各领风骚三五年的短寿原因之一。因而面对高度发展的电视产业，我们也亟待引进更多适应发展变革新需要的相关人才，如策划、编剧、创意、营销等人才，这对提高电视节目质量大有裨益。

（二）网络环境下电视节目的"坚守"

网络时代的到来，在迎来了移动终端分流大批受众的情境下，"唱衰电视"和"电视消亡"的话题不断。但目前看来，电视节目自身的"坚守"——直播，成为解决这个问题的出口。原本需要实时收看的电视节目，因为地点、时间等环境的限制成为视频网站分走受众的主要因素。而今，由于传统电视的直播形态引发大众对于现在进行时的共鸣，外加对版权的重视，电视节目有特定的"直播"或"重播"特权平台，且需受众有偿获取。这使收看电视依然是最快获得电视节目内容的直接方式。例如，目前国内最大的两个视频播放平台腾讯、爱奇艺，受众如果想要获取与央视或者其他卫视的黄金档节目，无论是电视剧还是综艺节目，大多需要支付费用，成为 VIP 会员。这样一来，传统概念下的电视节目既保证了"实时收视率"，又督促了电视节目本身的质量。

二、电视节目的突破与创新

（一）引进节目的"本土化"

随着电视媒体跨地区、跨文化传播的速度不断加快，一些来自国外的电视节目不断进入中国观众的视野之中。在关于综艺节目引进的各种研究与讨论中，版权引进通常被理解为中国电视节目生产不断"与国际接轨"、规范化的过程。而我国卫视频道竞争的一个特别的现象是：在引进节目方面异常活跃，似乎成为出奇制胜的法宝。这些争先恐后被引进来的节目使中国电视荧屏非同一般的热闹，如同一场轰轰烈烈的运动一般，带来方方面面的影响。

《中国好声音》是浙江卫视推出的大型励志专业音乐节目，于 2012 年 7 月 13 日起在浙江卫视首播。它源于荷兰节目《The Voice of Holland》，而原版"THE VOICE"已在世界各地开花，《美国之声》《英国之声》《韩国之声》《德国之声》《越南好声音》，可以说全世界都在转椅子。40 多个国家包括英国、美国、法国、德国、日本等都先后引进选秀形式新颖的《荷兰好声音》，更值得关注的是，在被引进后，各个国家都创造了良好的收视率，所到之处都掀起一股"好声音"热潮。作为 2012 年中国电视市场的一匹黑马，《中国好声音》突破了选秀节目的"七年之痒"，使渐入疲态的选秀类节目重焕生机。它不仅是优秀的选秀节目，也是中国电视历史上首次真正意义的制播分离节目，为中国乐坛选拔了一批怀揣梦想、具有才华的音乐人，树立了中国电视音乐节目的新标杆。

外来的引进节目模式必须与本土文化相融合才能被本土受众接受。文化视角的考量主要指电视引进节目一方面要弘扬本土文化所推崇的传统艺术和道德理念，另一方面要摒弃本土观众难以认可和接受的外来文化元素。中国版的《奔跑吧兄弟》于 2014 年 10 月 10 日登上中国电视荧屏，在短时间内就获得了成功。作为一档从国外引进的电视真人秀节目，在众多版权引进类节目中脱颖而出，其成功的原因引人深思，本土化创新的经验更是值得业内人士研究。《奔跑吧兄弟》团队与韩国原版《Running Man》团队采用了"联合开发"的运营模式，为我国"舶来品"众多的综艺市场开辟了一块新的土地。而《奔跑吧兄弟》的成功，既有对韩国综艺《Running Man》的成功模仿，也有它适合国情的超越。编导的独特设计、兄弟团成员的角色诠释、中国国土广博的优越、剪辑特效字幕的恰当运用等，每个环节都是其成功的必备条件。

（二）正能量的社会价值观

中华民族扬善抑恶的传统不仅是群众的共同心愿，也是媒体义不容辞的社会责任。央视自从2012年以来陆续推出了"你幸福吗""爱国让你想起什么""家风是什么""时间都去哪了"等"海采"系列报道，主题虽各不相同，但都属于社会主义核心价值观的宣传。也是从2012年开始，央视又陆续推出寻找"最美乡村教师""最美乡村医生""最美孝心少年""最美'村官'""最美司机""最美战士""最美消防员"等典型人物系列报道，于平凡中发现感动、于朴素中发现最美，润物细无声地传播了社会主义核心价值观。中共十八届五中全会将"倡导全民阅读"列为"十三五"时期重点工作之一，并将"建设书香社会"写入2015年度政府工作报告，2017年1月25日，中共中央办公厅、国务院办公厅下发了《关于实施中华优秀传统文化传承发展工程的意见》。为响应国家发展战略，落实中央文件精神，央视综合频道和央视综艺频道于2017年2月18日联合推出文化情感类节目《朗读者》，让观众感受阅读之美、体验阅读之魅："朗读是传播文字，而人是展现生命，将值得尊重之生命与值得关注之文字完美结合，就是《朗读者》。"①

（三）重视文化传承

进入媒体融合时代以来，一批汇聚了中华民族优秀传统文化元素，彰显文化自觉、自尊、自信的优秀原创电视节目，不仅得到观众积极呼应，而且实现了既叫好又叫座的社会效益和经济效益双赢。央视的《中国汉字听写大会》《中国谜语大会》《中国成语大会》《中国诗词大会》《经典咏流传》《国家宝藏》《信中国》，河南卫视的《汉字英雄》，河北卫视的《中华好诗词》，湖南卫视的《声临其境》，深圳卫视的《一路书香》，东方卫视的《诗书中华》等节目，以"寻文化基因，品生活之美"为宗旨，通过汉字达人、谜语达人、成语达人、诗词达人之间紧张激烈、高潮迭起的现场实况知识竞赛，寓教于乐地引导电视观众重温文化经典，潜移默化地弘扬和传承了中华优秀传统文化。东方卫视音乐励志类综艺节目《不朽之名曲》，通过演绎改革开放以来中国音乐史上具有里程碑意义的传奇歌手的经典作品，力求更大程度地去引导价值观

---

① 孙宝国. 媒体融合时代中国电视节目创新创优［J］. 上海师范大学学报（哲学社会科学版），2018（1）.

和人生理念，凸显家庭氛围。①

2017 年的《中国诗词大会 2》是继第一季节目的传承与改革，是一档全民共同参与的大型诗词文化节目。无论是从节目的编排制作，还是传播推广，该节目一直坚守着最初的宗旨和传播方向。在赏析中华古典诗词中体会中华优秀文学之美，在学习交流中寻求华夏民族的文化之源，在回溯过往文学经典中学会发现生活之美。节目通过一系列针对中华诗词相关知识的竞赛，并对相关的历史、文学造诣以及美感进行进一步的挖掘与欣赏，并加以分析。让参与节目的选手以及观看节目的观众，在诗词大会的节目中重读经典，唤醒自身知识库中、文化基因里的诗词记忆。在节目的进行过程中，感受古典诗词的美学造诣，用心去体会中华古典诗词中的奇妙与心灵契合。"通过诗词文字背后，读懂古人的心境，领会古人的处世原则，智慧之光，加以提炼，加以吸收，提升自我文学修养，滋养心田，触动心灵深处最原始，最真实的善与美。"

《朗读者》节目是一档主要以朗读为主要形式，以文化情感为主题，由中央电视台隆重推出的节目，董卿兼有主持人和制作人两种身份。《朗读者》每期会邀请不同领域、不同年龄、不同职业的嘉宾，有的嘉宾是家喻户晓的明星，也有平凡普通的素人嘉宾。每位嘉宾都会带来属于自己的朗读故事，每期节目也会有不同的主题，有关不同的成长故事、丰富的情感经历还有感人至深的传世佳作，不同主题相互结合的方式，用最真挚的内心感受文字背后触摸不到的深层内涵和价值，用最真实的语言，这样一种看似普通但是最直接的表达方式，朗读出来的平实文字，真情实感直抵观众的内心，给观众以不同的精神鼓舞。该节目还获得"2017 中国综艺峰会匠心盛典"年度匠心制片人奖和盛典作品奖，《朗读者》对于董卿来说，也是她在主持生涯中的一次飞跃，因为首次担纲制作人的重担，从台前到幕后，董卿对于节目也付出了不同于其他节目的更多的心血，节目的朗读材料，从节目初期的故事选择，到朗读专家文学顾问团的精心挑选，再到嘉宾台前富有感染力和真情实感的流露，各个方面的筹备和配合，最终展现出来的就是饱含生命之美、文学之美和情感之美的诚意之作。《朗读者》节目，朗读是外在形式，最主要的还是朗读的内容和朗读的人，通过言语表达出来的最直接的真情实感，才能让观众感动，发现不一样的美。

---

① 孙宝国. 媒体融合时代中国电视节目创新创优 [J]. 上海师范大学学报（哲学社会科学版），2018（1）.

（四）打造文化输出的中国节目

在 2014 年春季举行的法国戛纳国际电视节上，国内原创节目《汉字英雄》《中国好歌曲》《我不是明星》《全能星战》等受到国际同行青睐，在国际市场上赢得了一席之地。而央视综合频道 2015 年推出的原创励志挑战节目《挑战不可能》，在当年就取得城市收视率破 2、国内外网络点击量超 16 亿次的佳绩。2016 年 6 月 20 日，国家新闻出版广电总局下发《关于大力推动广播电视节目自主创新工作的通知》，要求各级广电部门"大力推动广播电视节目自主创新，不断研发生产拥有自主知识产权、体现中华文化特色的优质节目"。央视综合频道 2016 年 2 月 12 日推出的另一档原创益智竞赛节目《中国诗词大会》也在开播后便取得 6.61% 的市场份额。① 浙江卫视 2016 年 7 月 15 日推出的《中国新歌声》引入了自主研发的"魔鬼六次方混战"新赛制，该节目一度成为全球投资最大但同时也是性价比最高的电视综艺节目之一。这些"以中国传统文化为基本元素的节目模式，将会成为中国原创电视节目走出去的重要引擎"。

以《国家宝藏》为例，2017 年 12 月 3 日在中央电视台综艺频道开播的大型文博探索节目《国家宝藏》，由中央电视台与央视纪录国际传媒有限公司共同制作。该节目最初策划于 2015 年，并在央视的创新节目大赛中拔得头筹。创作团队在随后的海外培训过程中通过亲身经历感悟国外博物馆在人民大众生活中的角色并以此为参考，经过两年时间的"研发"，最终形成了《国家宝藏》"集演播室综艺、纪录片、舞台戏剧、真人秀等多种艺术形态于一体"的全新模式。《国家宝藏》一经播出，便引发网络热议，尤其受到青少年观众追捧。据悉，《国家宝藏》新浪官方微博粉丝已达 43 万，在豆瓣论坛取得了 9.2 分的好成绩，在青少年为主要用户的视频网站哔哩哔哩（B 站）中被播放了 1479.7 万次。这些数据无不是这档节目成功的证明，也打破了文博类节目受众少或叫好不叫座的尴尬境遇。《国家宝藏》作为一档文化类节目，能在综艺节目扎堆的电视生态中脱颖而出，说明：其一，有内涵有底蕴的文化类节目依旧有较为广阔的受众市场，只是呈现方式需要创新；其二，我国在电视节目创新方面具有实力也仍有较大潜力，只是需要中国电视人沉心钻研；其三，中华优秀传统文化价值多元且表达可塑性较强，只是需要进一步对其进行创造性转

---

① 杨洪涛. 电视节目同质化之痛［N］. 光明日报，2015-06-29.

化与创新性发展。①

三、新技术影响下，电视节目的未来展望

媒介的深度融合仍将是全球电视媒体发展的主题。高清电视设备、下一代电视标准、虚拟现实、人工智能等技术革新将加速不同媒体行业的交融。在此前提下，电视节目也将意味着跟随新型服务的兴起、广告市场的变化、视频网站的崛起，完成自身的"进化"。

（一）满足高品质观看需求的电视节目

在电视发展史上，分辨率一直主导电视的更新换代，作为电视行业显示技术的革命性突破，4K 已经成为行业内的常青树，热度从 2012 年开始就一直有增无减。4K 电视拥有 3840×2160 的物理分辨率和 800 万级别的像素点，是目前普遍使用的 1080p 全高清电视总像素的四倍之多。画质技术作为电视的核心要素，与 3D、多屏互动等技术相比，能给人们带来的不是一时的新鲜感，它是从本质上提升电视的表现力，让用户能够感受到最优秀的画质所带来的视觉盛宴。

国外电视市场调研发现，德国研究机构 GFK 在对欧洲地区电视销量进行调查时指出，2015 年欧洲电视销量比 2011 年下降了 32%，其中西班牙在这一比率上更是高达 45%，而追溯到上一次欧洲电视销量出现低于 2015 年水平的年份则要回到 2007 年。但是，从电视销量下降幅度而言，较之 2012 年和 2013年，2015 年已经相对有所缓和，其主要原因归功于 4K 技术在电视市场的崛起和普及。而美国北方天空研究公司（NSR）在 2016 年发布了一组关于 4K 超高清电视的研究报告，指出至 2025 年，全球范围内将会有 785 个 4K 超高清电视频道采用卫星传输的方式进行传送，预计各国电视运营商和电视台每年租赁卫星传输的费用至少会增加 2.8 亿美元，从而呈现出传统有线电视、IPTV 网络电视和卫星电视三足鼎立的市场状态。此外，英国 Sky 天空电视台表示将会为英国观众提供全面的 4K 超高清电视服务 Sky Q，用户仅需在家中配备一台Sky Q Silver 4K 机顶盒，便可以收看到具有 4K 超高清画质的电视节目内容，其中包括英超足球联赛、自然与历史纪录片、电影、电视剧等内容。

2014 年前后，中国电视行业纷纷试水 4K。以中央电视台为代表，《舌尖上的中国2》在拍摄过程中，是用 10 部 SONY F55 4K 摄像机进行拍摄，对于

---

① 陈卓.《国家宝藏》——中国原创电视节目的元素解构及启示 [J]. 中国记者，2018（1）.

食物的色彩、质感的记录，对于制作美食过程中动作、烟雾的捕捉，4K 技术设备为美食增添了更多的视觉想象力。2014 年 5 月，上海 SMG 首次拍摄 4K 纪录片《迁动人心》，讲述的是上海旧区改造的故事，拆迁时的灰尘弥漫在以往的高清摄影机拍摄的画面中是灰蒙蒙一片，而在 4K 镜头下则颗粒分明。2014 年 6 月，北京电视台播出首部 4K 纪录片《指尖上的传奇》，讲述青藏高原上的唐卡文化与世界上最大的一幅手绘唐卡的绘制过程，唐卡丰富的色彩通过 4K 技术得到了极佳的呈现。2014 年 9 月，央视 5 集 4K 西藏纪录片《第三极》举办了首发式，深入青藏高原 60 多处秘境，转场 10 万公里，拍摄了超过 1000 多个小时的 4K 超高清素材。① 电视 4K 纪录片在 CCTV、BTV、SMG 几个大型电视机构内部小规模进行播放。但是随着数字经济的风口逐渐打开，4K 超高清电视作为家庭数字经济的着眼点，其重要性正被重新认识，4K 电视也真正进入发展的黄金时代。数据显示，2017 年，我国 4K 电视的市场渗透率达到 58%。根据中国电子视像行业协会数据，我国 4K 电视的市场渗透率从 2013 年的 2%，逐年增长到 2017 年的 58%。这 5 年时间是 4K 电视增长速度最快的 5 年，在 2017 年之后，4K 电视渗透率的增长速度将逐步放缓，至 2020 年达 71%。可见硬件条件和市场完成率已经逐渐趋于成熟，未来的电视节目在此技术上也亦将有新的篇章。

（二）VR（虚拟现实）技术融入多类型电视节目

纵观全球多个国家的电视节目，有多种节目类型融入了 VR 虚拟现实技术。从时政新闻到娱乐脱口秀，从自然类纪录片到芭蕾舞表演，从体育比赛到犯罪类综艺，VR 技术为电视观众呈现了一个身临其境的虚拟世界。例如，美国电视台 Syfy 制作的犯罪类电视剧《翡翠鸟》（Halcyon）便运用 VR 技术革新了叙事手法和收视体验。在该剧中，观众可以体验以主角身份进行证据搜集的过程，甚至在故事脚本之前将案件侦破。英国影片《失明笔记》（Notes On Blindness）则为观众提供了一个体验失明的独特机会。影片故事改编自失明作家 John Hull 的音频日记，制作团队在影片中进行了独特的设计，配备 VR 设备的观众在观影时只有当物体发出声音之后，才能进一步"看"到它。另外，作为 VR 技术的重要应用之一的 360°全景视效在近几年得以广泛应用。来自美国的纪录片《征服珠穆朗玛》（Capturing Everest）、英国天空电视台制作的芭蕾舞节目《吉赛尔》（Giselle）、BBC 推出的女性脱口秀 No Small Talk 均运用

---

① 闵杰.4K 电视：即将跨过普及门槛——中国超高清视频（4K）产业系列报道之二［N］.中国电子报，2018-03-02（1）.

了此项技术来实现身临其境的收视体验。《极限挑战》作为一档综艺节目，因为其贴近生活又高于生活，幽默有趣又富含生活积极意义而被大家津津乐道。在第三季的节目中，综艺节目为了节目效果，开始增加了 VR 体验环节。明星玩起 VR，他们的反应很真实很有趣，观众看得也开心。

　　除 VR（虚拟现实）技术外，AI（人工智能）技术也得到了电视及视频媒体的重视。2016 年里约奥运会报道期间，美国 CBS 电视台在 Xfinity X1 电视机顶盒中嵌入了 1500 条语音指令，帮助观众对赛事、日程、历史、运动员等信息进行检索，并对相关赛事进行评价。AI 技术的运用仿佛使电视机变身奥运赛事的"语音管家"，大大提升了收视体验的便捷性和互动性。Facebook 更是计划运用 AI 技术平台 Caffe2Go 实现直播视频中动作、手势、面部表情的捕捉，网络视频直播的互动性、智能性将借此迈上新台阶。

◎ **思考与练习**

1. 如何界定电视节目与电视栏目？
2. 电视节目有哪些特征？
3. 电视节目的分类有哪些？
4. 谈谈科学技术给电视节目带来哪些影响？
5. 分析未来电视节目的发展趋势。

第八章　电视节目编导

第一节　电视新闻节目编导

一、电视新闻节目的界定

1990 年 7 月，中国广播电视学会、电视学研究委员会和中央电视台牵头，组织中国新闻理论工作者和实践工作者，根据当时电视新闻实践的发展，对电视新闻节目作出了界定："电视新闻是以现代电子技术为传播手段，以声音画面为传播符号，对新近或正在发生、发现的事实的报道。"这其中，"以现代电子技术为传播手段，以声音画面为传播符号"的电视新闻，与以报纸为主的印刷媒介、以广播传播为主的声音媒介相比，这两句对电视新闻的界定，无疑是既简明扼要，又概括到位的。

美国新闻学者约斯特 1924 年在《新闻原理》一书对新闻的界定是"新闻是已经发生或正在发生的事情的报道"。我国著名记者范长江在这一定义的基础上，又从接受者的角度补充道，"新闻是广大群众欲知应知而未知的事实的报道"，强调了不是所有最近发生的事实都能扩成新闻，只有其中为群众所关心，想知道的事实才是新闻。新闻的五要素，即"何时（when）、何地（where）、何事（what）、何人（who）、为何（why）"，告诉我们电视新闻要解决两类不同性质的问题，一类是"何时、何地、何人、何事"的问题，而另一类是"为何"的问题。随着时代的发展，尤其是现代科学技术手段的不断发展和更新，观众已不仅只想知晓世界上新近或正在发生的事件，他们还期望知晓客观存在的却尚未被人们认识的事实。而今，公众"知情权"意识的觉醒、观众强烈的参与意识的不断增长，迫使电视人必须重新思考和审视"什么是电视新闻"，并重新选择报道的方式。

二、电视新闻节目的分类

电视新闻节目有狭义和广义之分。狭义的电视新闻节目通常是指类似于中央电视台《新闻联播》这样的资讯类新闻报道节目。广义的电视新闻节目，则是荧屏上所有以传递新闻信息为主的各种新闻节目的总称，它既包括资讯类新闻报道节目，也包括专题类新闻节目。

资讯类新闻节目以迅速、简要的方式播报国内外最新发生的事件，是国内外要闻汇总的重要渠道，也是相当长一段时间以来，国人了解国内外重大事件的主要窗口。从新闻的五要素（何时、何地、何事、何人、为何）出发，资讯类新闻节目是以重点报道"何时、何地、何人、何事"为主的新闻，这类新闻报道节目以传播事实或信息为主体，如中央电视台新闻频道各时间段的新闻节目都属于资讯类新闻报道节目。此外，以信息服务为主要功能的体育、财经、教育类节目，如中央电视台体育频道的《体育新闻》、中央电视台财经频道的《环球财经连线》、中国教育一台的《中国教育报道》都是以传递时效信息为主的新闻报道类节目，对这类节目，原则上还是把他们归类为以传播事实或信息为主体的资讯类新闻报道节目。

专题类新闻节目是对新闻事实作详尽的、有深度的报道，节目的时间较长、内容丰富、信息量大、主题较为深刻，选题往往是社会上人们关注的热点、难点和焦点话题。专题类新闻节目要求编导在事实的基础上，对事件作出深入、精辟的分析，展示独特见解，引起观众深层的思考。专题类电视新闻节目，是电视作为舆论中心在节目中的具体体现，同时，也对电视编导提出了更高、更全面的要求。从电视新闻的发展趋势来看，专题类新闻节目，是发掘电视新闻思想深度的主渠道，具有广阔的发展前景。专题类新闻节目是以重点报道"为何"为主的新闻。这类节目，以传播事实或信息的意义为主题，如中央电视台的《东方时空》《焦点访谈》《新闻调查》《每周质量报告》等。

三、电视新闻节目的编导要点

电视新闻节目的实践，推动着新闻从业者重新认识和完善电视新闻的定义和理论。在电视新闻节目的实践中已经涌现出许多新的东西，从电视新闻的报道形式上来讲，从原先以口播的方式，播报影像、图片、字幕新闻，发展到现在的新闻现场报道、新闻系列报道、新闻连续报道、深度报道、连线报道等。相信随着科技和电视新闻实践的发展，还会有更多的电视新闻报道形式出现。改革开放推动了社会的进步，社会生活也出现了一系列新问题、新变化，这就要求新闻媒介能深刻反映和揭示这一社会进程，担负起对社会上新问题、新现象的认识和思辨功能。电视新闻报道不仅报道国内外发生的新闻，同时也要对事物做分析解释。新闻工作者面对纷繁复杂的各类现象，只有通过对有关政策方针的解读，通过对大量事实材料的深入分析，从全局、整体上对事物有宏观的认识和把握，才能对事物做出正确评价，才能使报道不仅抓住本质，还具有思想深度。因此，电视新闻节目的编导要把握以下几点：

（一）把握电视新闻的定位和宗旨

如果仔细探寻很多著名的电视新闻节目诞生的缘由，就不难发现这其中大多有着"中央领导提议、广大电视观众迫切需求"的原因。换而言之，这类节目从策划伊始，就重点把握节目定位和节目宗旨问题，从定位和宗旨出发，进行内容上的采、编、播。1993年，中央电视台一套早间节目《东方时空》的播出，因其形式新颖，在国内引起了较好的反响。这档节目的诞生，与当时担任中央宣传部部长的丁关根提出的"新闻界要抓热点问题的报道"有直接关系，当时中央电视台的新闻节目中，还没有一档每天报道政府重视、群众关心的社会热点问题的栏目。正是在这样的背景下，中央电视台新闻中心确定了新节目《东方时空》的定位和宗旨，并最终得以播出。

（二）把握电视新闻的选题

选题不仅对于专题类新闻节目，而且对于资讯类新闻节目都具有十分重要的意义。新闻从业人员常说"好的选题是成功的一半"。那么，在选题上，一般应该注意哪些问题呢？

成熟的电视新闻栏目都有比较成熟的选题标准。符合这个标准的选题将会被优先纳入采访计划，不符合这个标准的选题，常常是被筛选掉的。现行的电视新闻选题标准主要包括以下几点要求，即新鲜性、时效性、典型性、独家性和可操作性。

1. 新鲜性

新鲜性强调的是，电视新闻的选题要重点关注社会生活中的新事物、新现象和新问题。"新"是新闻的最核心价值，它所强调的是新信息和新观念。如果一档新闻节目的内容不新，也就失去了传播的价值。发现和捕捉新闻的能力，不仅是一个记者及编导的基本素养，也是一个媒体核心竞争力的重要表现。多年以来，无论是中央台还是地方媒体，都逐步探索出了适合自身的新闻报道思路，并逐步探索出一套行之有效的电视新闻资源挖掘的机制，确保选题新鲜、内容新鲜。

2. 时效性

时效性，是电视新闻选题的一个基本要求。特别是随着现代信息通信技术的发展，电视直播能够在第一时间对新闻事件先行报道，进而争夺第一解释权。时效性成为各个电视媒体新闻节目定位的核心内涵，缺乏时效性的新闻媒体，将会被踢出媒体竞争的圈外，不仅会失去受众市场，还将失去媒体的权威性和信誉。

3. 典型性

典型性是针对新闻内涵而言的。在信息、资讯空前发达的现代社会，如何在大量信息中，甄别、提炼出有价值的新闻，是衡量电视媒体新闻采集和加工水准的一个重要指标。电视媒体在确定一个新闻选题时，要充分认识到这个新闻是否具有丰富的社会内涵，是否体现着事物的某种本质特征，是否包含有价值，是否能够进一步开掘信息。信息如何从小中见大，见微知著，或者从大处着手，树立典型，把一个新闻事件或者现象，通过电视媒体的传播，塑造成大众关心的话题，是一家电视媒体影响力的重要体现。

4. 独家性

独家性对电视新闻策划提出了更高的要求，它包括两个方面的含义：第一个层面的含义是指新闻事件的独家报道。即新闻不仅要追求时效和典型，还要争取第一手的采访、第一手的报道，吸引受众的注意力，满足受众的新闻欲。比如，前几年在国际新闻界异军突起的卡塔尔半岛电视台，通过频频爆料关于基地恐怖组织领导人本·拉登的活动，备受世人关注，它独有的信息资源，使得 CNN 这样的电视媒体巨人，也不得不从它那里购买新闻。第二个层面的含义是指，对于新闻事件的解释是独家的，是与众不同的。比如位于香港的凤凰卫视高度重视新闻评论员的作用，在一些突发事件的直播报道中，比如在 9·11 恐怖袭击事件、俄罗斯别斯兰劫持人质事件的新闻报道中，凤凰卫视的评论员常常给出观点独到的评论，在第一时间对报道内容作出解读和分析。独家性与权威性是息息相关的，同时也可以将其看作是一种新闻话语的权利。从本质上说，这种话语权利是一种命名的权利，它包括第一时间报道的权利和第一时间解释的权利。所以从某种意义上来看，新闻媒体经营的核心是对这种命名权利的争夺，一旦掌握这种权利，将有效地建立起媒体公信力和媒体权威。

（三）把握电视新闻的形式

在确定选题和主旨的情况下，可以通过不同的形式进行新闻的编导和报道。形式的选择所体现的，就是如何运用电视特有的声画结合手段，充分实现报道的意图。选择什么形式报道新闻，主要从节目类型、播出长度、编辑特点、结构方式、交流方式、形象包装等方面进行考量。涉及具体是采用系列报道的形式？还是连续报道或深度报道的形式？或者访谈的形式？要根据不同的节目定位和报道意图进行选择。这里还是以《东方时空》为例，《东方时空》在策划最初的结构和板块时，初步设置了《气象动态交通信息》《时尚之地》《美食家》《东西南北》《今日嘉宾荧屏指南》《大众话题》《人物专访》《生活百科》《历史上的今天》《点歌送歌》等板块，随后又进行了重新定位和归类，把原有的 12 个板块整合成了 4 个子栏目，就是后来为观众所熟知的《东方之子》《生活空间》《时空报道》《面对面》。《东方之子》主要是名人和政要的专访，定位是"浓缩人生精华"，将镜头对准那些为国家和民族作出突出贡献，在人生道路上展现非凡人格力量，对社会和人生有独特理解与追求的精英，通过屏幕再现其特有的人格魅力。《生活空间》主要以纪实手法表现平民百姓的生活，它的定位是"讲述老百姓自己的故事"，以纪录片的拍摄手法，将镜头对准普通群众。《时空报道》主要是反映社会热点问题，尤其是对一些重大的国内外事件作出快速反应，它的定位是"关注社会热点，延伸社会新闻，捕捉社会热点，反映人民呼声"。《面对面》是一个主持人评述性的专栏，突出言论的迅速尖锐和高度信息化。《东方时空》的成功，在于它把握住了当时国内电视行业的阶段性发展动向，在新闻节目的形式上积极创新，确定了在国内新闻领域的领军地位，改变了我国长期以来的说教式新闻风格，以平民化的风格与贴近性的内容引领国内新闻行业的潮流，充分表现出了先锋意识。

第二节　电视专题节目编导

一、电视专题节目的界定

学界对电视专题节目有这样的说法：

《宣传舆论学大辞典》认为，广播电视中对消息、评论（不包括述评）以外的新闻体裁统称为专题报道（或专稿），全部由专题报道构成或经常以专题报道为骨干的节目习惯上称专题节目。专题节目篇幅长，时效比消息稍差，有些是连续、系列报道，能对主题进行较深入的开掘。专题节目一部分是临时性，不定期播出的，一部分是固定播出的。

《新闻学大辞典》认为，专题节目是一种题材、体裁相对专一的广播、电视节目类型。新闻、教育、文艺、服务等各类节目中都有专题类型。有固定、不固定、临时三种。固定专题如中央电视台的《祖国各地》节目；不固定专题如电视节目《让历史告诉未来》；临时专题是针对某一重大新闻事件或社会问题的，如"亚运会专题节目"，与综合节目相对应。

以上这些描述虽然不尽相同，但是大体的认识是一致的。从内容和主题上看，电视专题节目，有一个较为单一的内容和主题，能就这一问题进行比较深入和全面的探讨；从题材上来说，电视专题节目涵盖了政治、经济、文化、教育、科技、艺术欣赏、体育运动等社会生活的各个方面；从形式上来说，电视专题节目不拘一格，可运用多种手段，可以是以演播室内景为主，也可以是外拍实景，可以有主持人，也可以没有主持人；从节目的功能上来看，一些内容偏重教育性的电视专题节目，显然能被视为教育的重要补充手段，担负着社会教育和公共教育的职责。因此，在有些国家，专题节目还被称作公共教育节目或公共服务节目。

二、电视专题节目的分类

在这里，我们将电视专题节目分为两大类，一类是报道类专题节目，一类是系列专题节目。

（一）报道类专题节目

报道类专题节目，是以报道的方式对社会政治、经济、军事、教育、文化等方面的某一主题，进行比较系统全面，又比较深入的探究与表现的电视节目。这类节目在电视专题节目中最为常见，其内容涵盖面比较广泛，几乎涵盖了历史、现实、文化、科学、社会等各个方面，这类节目也是深度报道最常用的节目形态，报道内容偏重那些反映事物实质意义和发展规律的人和事。此类型电视专题节目从形态上又可以分为纪实型、创意型、政论型、访谈型、宣讲型等。

（二）系列专题节目

这类专题节目并不一定有固定的栏目进行编排播出，但是相对于一般的固定栏目，这类节目又有比较固定的节目播出时段和节目时长，从而形成了系列节目。比如《话说长江》《话说运河》《再说长江》《永远在路上》等，在固定的时段内，播放系列纪录片，或是播出一些经过长期策划、长期跟踪拍摄、调查类的系列节目。

三、电视专题节目的特征

每一类专题节目都有其所属的个性特征，从整体上来看，专题节目的共性特征也是显而易见的，可以概括为以下几点：

（一）注重深度和思辨

在专题节目中，结论并不是专题节目所必须给出的。编导更多的是要提供给观众以深入剖析问题和发人深省的信息，引导观众接近客观真理，寻找问题的症结。当然，这并不妨碍观众们对某些应当且可能作出结论的问题表明态度、提出见解，作出思想上、道德上、文化哲理上、美学上的评判。这种深入性和思辨性，让电视专题节目充满了理性的色彩。比如，《话说长江》《大国崛起》《当卢浮宫遇见紫禁城》这一类专题节目，将历史与现实关怀相结合，将学术性与电视呈现相结合，将思辨性与镜头语言相结合，将全球化视角与本土化立场相结合，用镜头触摸历史，用历史感悟未来，为观众提供了历史跨度中的反思，充分体现了理性的思辨与美学价值。

（二）注重真实和有效

真实性是专题类节目所必须强调和恪守的。电视专题节目与影视剧相比，存在着明显不同。影视剧通过虚构的手法，塑造剧中的人物形象，讲述事件的经过。而电视专题节目尽管可以使用情景再现等带有明显主观色彩的表现手法，但是专题节目对于人物和事件的再现，是基于真实的再现，不是虚构的。其目的是为了弥补影像资料的缺失和不足，让观众有身临其境般的感觉。电视专题节目要为观众提供准确、完整、新鲜且有效的内容，传达正确的思想内涵。电视专题节目对于选题的时效性也有着较高的要求，虽然它的时效性不能跟新闻节目相比，但是有一定时效性的人物和事件，也常常是专题节目青睐的题材。比如部分电视专题节目的内容常聚焦于当前的经济形势、世界战争形势等，中央电视台新闻频道的《环球视线》等节目也经常聚焦于世界局势、国际关系、科学进展、全球经济、战争等热点话题。

（三）注重文化和艺术

电视本身是一种大众传播媒介，自其诞生之日起，就承担起传播社会文化的责任，电视专题节目自然也就属于社会文化的范畴。电视专题节目的内容讲求知识性、文化性和历史内涵，强调节目本身所包含的深厚的文化意蕴，这主要就体现在无所不包的内容题材上，无论是历史、文物、民俗、地理，还是风景名胜、科技知识，都能够涵盖在电视专题节目的题材范围之内。大量优秀的专题节目不断地为观众提供丰富的知识和文化产品，同时也传达包含在节目中的意识形态。比如围绕"中国梦"这一主题，中央电视台制作了一系列的电视专题节目，2015年"五一"开始，中央电视台推出8集系列节目《大国工匠》，借由普通劳动者的成功之路，强调践行核心价值观的重要意义。

四、电视专题节目的编导要点

电视专题节目的创作是在确定选题的基础上，进一步分析、整理、酝酿节目的主题，形成初步的方案、结构和表现的手法，进入拍摄和创作。

（一）节目结构确立

在电视专题节目的构思过程中，可能会出现以下几个问题：①偏离主题，即节目的主题不正确或不明确；②背离真实，即采访的材料不具备典型性；③违背艺术法则，即结构不当、思路不清或缺乏完整性；④表现手法不当，即前后不一，违背节目原有的主旨。在进行专题节目编导时，最后确立的主题既可以是事先确立的主题，也可以是在拍摄中通过进一步分析与认识，自然显露而形成的主题。

电视节目的结构包含两个层面的意思：一是节目的整体结构，即节目的动态结构，强调的是节目的组织结构过程，是一个从整体到局部的构思过程。这个过程不仅仅包括节目的创作设计方法步骤，还包含从节目构思到播放的所有环节。二是节目本身的内部结构，就是节目的整体框架、整体布局，即对电视节目内容的整体把握和对画面、解说、音乐、音响等视听元素的安排，诸如叙述的方式、节目的段落划分、板块的衔接、解说词等，应该如何安置，如何转换，才能达到内容与形式的完美统一。

电视节目的结构与文学艺术、电影戏剧等都有所不同，具体表现在以下几点：一是电视节目的结构简单明了、通俗易懂。这是由电视节目的传播特征所决定的。作为大众传媒，电视节目必须能够令观众在最短时间内看懂，所以结构必须要简明，不能晦涩难懂。二是结构定型化。电视属于快餐文化，也是高度类型化、模式化的传媒。因此，电视节目的结构也是有一定模式的。这便于观众迅速熟悉并了解节目的精髓。三是电视节目的结构确立具有协作性。电视节目是集体创作和团队合作的结果，一般不能由单人完成。

电视专题节目的结构，按串接方式分，可以分为记者、编导出镜式，主持人串场连接式，画外音、解说、配音引导式，音乐音响引导式。按节目主题的性质划分，又包括开放式和封闭式。按叙事手段和方式分，包括递进式、典型集合式、复线式、漫谈式、板块式。

记者、编导出镜引领式结构是以记者、编导采访内容和活动为线索来结构全篇的。比如《望长城》中，编导的活动是该节目的核心，编导的专业素养和职业技能对节目是否成功起到决定性作用。编导要深刻领会节目的构思、策划、选题、主旨，并对节目内容有相当充分的了解和准备，同时必须头脑灵活，有较好的洞察力和随机应变的能力，还包括与团队以及采访对象沟通的能力。

画外音引导式结构通过画外音或者解说词来引导节目的叙事。由于解说的主观性较强，这种结构往往是一些主题先行的专题节目较常使用的，比如《永远在路上》就属于画外音引导式结构。不过这种结构往往不会独立使用，而是作为贯穿全片结构的有机组成部分，与其他结构结合使用。

递进式结构是按照事物发展或人们认识事物的逻辑顺序来安排叙述层次的结构。这种顺序可以是时间性的，也可以是空间性的，还可以是认知性的。持续性的结构是最基本，也是最常见的结构，它主要是按照时间顺序来安排内容和层次。空间性结构是按照事物发展的空间变化来组织材料。认知性结构是指以认识事物的顺序来安排层次，由深入浅，层层深化，由现象逐渐触及本质。递进式结构很适合调查类专题节目，采用这类结构的节目有中央电视台的深度调查节目《新闻调查》和《每周质量报告》。

典型集合式结构是指从事物不同的方面来展现同一主题，按空间的变化来组织串联典型材料的结构。比如，选取典型案例来集中反映当前的某一现象，可以按照空间的变化来展现典型材料，也可用不同的典型事例来组合材料，或者按照不同的侧面来组织材料。使用这种方式需要注意以下几个问题：一是材料必须具有典型性，能够反映事物的主流倾向，并且不同材料之间要存在有机联系；二是每个典型都要有自己的特点，内容上可以从不同侧面互相交织；三是注意点面结合，不能只有微观的点，也要注意横向比较，照顾到宏观的面。

复线式结构是把两条线索或两条相互对立却又有内在联系的内容组织在一个层面，通过内容的冲撞表现出思想和意义，比如《话说运河》结构了从北京到杭州一南一北两条线索，《茶叶之路》结构了多条古代茶叶运输的路线，穿插叙述。这样的结构有点类似平行剪辑、交叉剪辑的蒙太奇手法，形成的对比效果也与这种蒙太奇手法相近。在使用这种结构的时候，需要注意的是两条线索本身必须要具有可比性，要合理自然，不可牵强，在对比中能够升华出一定的意义。

漫谈式结构也称为体验式结构，以主持人或作者的观察和行为为线索，看到哪儿就说到哪儿，走到哪儿就谈到哪儿，就像用自己的眼光来观察生活一样，真实自然，亲切可信。近些年很多旅游节目都采用这样的方法，比如旅游卫视的《有多远，走多远》、中央四套的《远方的家》、日本的《铁路纪行》《中国面之旅》等节目都是采用这种方式，这种结构对编导的现场观察力、洞察力、应变能力、思维敏捷性等都有很高的要求。在整个团队中，随行编导和主持人的经验非常重要。采用这种结构要注意眼光要独特，要有一颗好奇心，善于追问，善于发现，采访要追求交流谈话的效果，重视氛围的展现，多采用现场声和同期声，善于捕捉细节，以小见大，叙述事实为主，注重主持人的感受和体验。

板块式结构，几大块相对独立，但有相互联系的内容并列在一起，每个板块的内容都有自己的发展线索，但都从一个基本点出发，这个基本点可以是节目的主题，也可以是节目表现的某种情绪。类似通讯的结构特点，从一个基点出发，在认识世界的不同层次上展开叙述，形成对事物的多角度审视，很多系列专题节目都采用这种结构，比如《西湖》《茶·一片树叶的故事》等，总体的结构就属于这样一种形式。

（二）文案策划

在具体的拍摄工作开始前，需要完备的文案工作，具体需要考虑以下三点：

1. 画面

专题节目在拍摄之前，必须准备好完整的拍摄脚本和分镜头本。因为编导和摄像在拍摄过程中，需要根据脚本进行拍摄，回来后再进行后期合成。如果前期文案准备工作做得比较充分，那么拍摄的过程也会变得轻松和有方向感，后期编辑阶段也比较容易。当然，针对不同内容的拍摄，在脚本的写作上也会有所不同，有些节目的选题和内容是很难用脚本去规划和人为把握的，脚本是为拍摄服务的，编导在拍摄中，也需要及时关注和发现有价值的细节，并及时提醒摄像师将这些有价值的细节拍摄下来。

2. 声音

在脚本创作阶段，需要考虑画面与声音（同期声、话外音、音乐等）的选择和两者的融合。从构思节目开始，就要考虑到声音问题。比如是否采用同期声，选配什么风格的音乐，解说员的语气、语调、语音特色等。在组建摄制队伍时要考虑配备录音师的问题，并在拍摄之前把整个节目的构思、内容及对声音的设想与录音师交流，共同完善音响的设计。电视片《望长城》的播出，以其鲜明的纪实风格，在中国电视专题节目的创作中具有里程碑式的意义，在声音创作上，《望长城》重新找回了同期声赋予电视艺术的巨大魅力，并带动了国内以同期记录声音和画面为主要特征的电视片兴起，形成了一股强劲的纪实浪潮。同期声的另一个重要审美特征就是它的生动性。

3. 叙述方式

电视专题节目的叙述方式主要依据表现的内容和叙述的思路。在实际创作中，大体上有以下几种叙述方式：

（1）"开门见山"式

这是一种比较平实和比较普遍的方法。开篇就直接引入内容，马上把观众带入节目。比如《雕塑家刘焕章》的开头：

镜头号	时长	景别	内容	声音和解说词
1		特写	一只手握着錾子	敲击石头声
2		特写	人物脸部，手握锤子，敲打錾子	"有人说他是石匠"
3		特写	用斧头凿木头	"有人说他是木匠"
4		近景	人物的侧脸	"然而，他不做家具，也不砌墙"
5	38秒	近景	手握锤子，敲打在錾子上	"就同石头、木头打交道了"
6		特写	用斧头凿木头	
7		特写	人物侧脸的专注表情	"起初大概是因为好玩，后来却成了他拆不开、放不下，棒打不回头的爱好和职业了"
8		特写	手握锤子，敲打在錾子上	
9		中景	人物半身像，字幕：雕塑家刘焕章	

（2）"间接入题"式

这是一种新鲜活泼的开头方式。在引出主题时，采用迂回渐进的方式，从远处说起。但这只不过是入题的由头，到一定的时候，笔锋与画面一转，引入新意，进入正题。请看《话说运河》第一集《一撇一捺》开头的解说词：

　　各位观众，请仔细看一下中国的地图，这是山海关，万里长城从这里向西南延伸到中国的腹地，高高低低，途经七个省市自治区。这是北京城，京杭运河从这里伸向东南的大海之滨，深深浅浅，流经四个省、两个市。我们从地图上粗略地看，长城跟运河，它所组成的图形真是非常有意思的。它正好是我们中国汉字里一个最最重要的字眼"人"，人类的人，中国人的人。请看，这长城是阳刚雄健的一撇，这运河不正是阴柔深沉的一捺吗？

　　长城和运河是中国人为人类所创造的两大人工奇迹。

　　愚公移山，多么令人可钦可佩，但毕竟是先人编撰的故事。而万里长

255

城和京杭运河，可就不同了。它们是人类历史上由中国人设计并施工的两项最大的建筑工程。

巍峨的长城是我们祖先用自己的骨和肉铸造的。深沉的运河是我们的祖先用自己的血和汗灌注的。

我们的祖先为什么要以如此巨大的代价在如此辽阔的中华大地上书写这个人字？他又是何等可敬可畏、可歌可泣的事业呢？

说来实在话长啊。

我们这套节目暂且按住长城这个话题不表，而单单话说京杭运河的来龙去脉，并且较多地展示运河两岸的风土人情。

这种开头很新鲜、富有吸引力，能引人入胜，很适合于漫谈式结构的片子。以《话说运河》为例，明明是讲述京杭大运河的历史、人文，展示两岸的风土人情，却从一张中国地图说起，从地图上，长城和运河组成的形象说起，再逐渐引出主题。需要注意的是，在运用"间接入题"式这种方法时，要把握好转换的契机，既要标新立异，又要自然而然，切忌生搬硬套、牵强附会。

（3）"寓意"式

在专题节目的创作中，编导也可以借鉴文学创作的某些手法，在电视中用比兴的手法和隐喻的手法造成一定的寓意效果，直接揭示片子的主题。对于那些思想性较强的作品，常常是较好的开头方式。如《莫让年华付水流》的开头解说词，以散文诗一般的语言，阐述了深刻的人生哲理。

人的一生最珍贵的是青年时代！

好啊，年轻的朋友，让知识的甘露滋润曾经荒芜的心田。让那愚昧代替文明、封建代替民主、迷信代替真理的动乱岁月一去不复返吧！

对你们，是充满着热切的希望。

怎能把社会风气的污染现象都归罪于青年？"十年动乱"，纯洁的心灵布满了伤痕。美好的理想成了噩梦一场。这一代青年受害之深也是"史无前例"的。朋友，我何曾不是同你们一样度过那噩梦一般的岁月？

用思考的利剑刺破虚伪与盲从，

用探求的脚步开拓人生的道路……

需要注意的是，寓意的用法一定要贴切、适度、合理，运用过多，会造成辞藻的堆砌和生硬的套路感。

（三）拍摄和后期编辑阶段

编导是节目质量的核心，是内容的有效组织者。节目质量的好坏是编导创作理念和创作意图的直接反映，拍摄和后期编辑过程中，不仅要把握好画面所表现的内容和主题，还要综合考虑声音（音乐、同期声、配音）、构图、照明等因素。在进行构图时，既要把自己的构图想法清楚明了地告诉相关的工作人员，同时，也要听取团队中其他工作人员的意见。

在具体的拍摄过程中，有几个问题是规划阶段较难考虑周全的，因此，编导在拍摄的过程中要注意以下三个问题：

1. 注意细节

在拍摄中，编导可能会发现在前期策划阶段没有关注的人物和事物，抑或拍摄中遇到的突发情况，这些都是在拍摄阶段的新发现和细节，能够进一步强化节目的主题、思想和主旨。成功的细节堪称节目的"戏眼"，一部作品没有一两个或几段有血有肉的细节描写，必然缺乏深度，缺乏感情的冲击力。

2. 处理好情感

专题节目中，大都会对具体人物进行展现，比如，通过人物的经历、际遇、遭遇，引发观众的共鸣。在拍摄的过程中，编导可能会被具体的"人"与"事"所感染，情感介入的情况不可避免。但介入情感的情形，必须以不干扰节目的主旨为界限，处理好被摄人物的客观感情与编导主观感情之间的关系。是否能够恰当地处理好两者之间的关系，关系到节目立场的公正性。对于客观感情的拍摄不可能是纯客观的，必然会有编导主观的感情因素，这就需要把握住"适度"原则，主观感情的介入要做到藏而不露。

3. 同期声

同期声的运用，在专题节目中越来越受到重视。同期声采访涉及技术和艺术的双重性，就其技术属性而言，在增加现场感的效果外，不会产生艺术的效果，不会使片子的质量有一个质的变化和提高。要寻求节目质量的提高，必须做好前期的策划工作，特别是做好同期声采访的准备工作。在同期声采访中，要根据访谈对象的具体情况、具体问题、具体人物背景做出不同的策划。同期声的采用有助于增强电视节目与电视观众的交流，但是在同期声采访中要注意以下几点：

第一，不是所有的同期声都是需要的。在实际采访过程中，电视摄像机要面对五花八门的事物，有些事物可能突如其来、瞬息万变。因此，要学会选择和甄别。

　　第二，避免冗长。与画面节奏类似，声音的编排也要做到有节奏。声音的节奏是指同期语言声、同期效果声、解说声、音乐声等交替地出现和综合运用。就某一段同期声而言，一般不宜过长，否则将会造成节奏的拖沓和冗长。从人们的听觉感受来说，过长的同期声容易使人感到单调和疲劳。

　　第三，避免杂乱。录制同期声要注意有效同期声和噪声的区别，在实际拍摄中，拍摄环境常常是这两种声音同时并存的，如果不注意加以区分，致使噪声过大，有效同期声就得不到充分的表现，甚至会造成同期声无法使用的情况。

　　第四，避免过度使用同期声。尽管同期声有着诸多的优点，但在电视节目的制作过程中不应一味地为采用同期声而排斥其他手段的运用。

四、电视专题节目策划方案撰写

　　策划方案具体包括如下内容：

　　（一）节目名称

　　（二）节目定位

　　1. 主题定位

　　2. 整体定位

　　3. 形式定位

　　4. 受众定位

　　（三）节目可行性预测

　　（四）节目文案

　　（五）外景拍摄安排和制作要求

　　1. 采访时间安排

　　2. 外拍次数

　　3. 人员设置：撰稿、采访、剪辑

　　4. 拟采访情况

　　（六）节目录制地点安排

　　1. 节目录制地点

　　2. 节目录制时间

　　3. 人员设置：导演、主持人、摄像、导播、舞美、照明、其他

　　4. 工作台本

第三节 电视谈话节目编导

一、电视谈话节目的界定

电视谈话节目的内容，一般是主持人、嘉宾和现场观众对社会、家庭、情感、生活、娱乐等多种话题进行讨论，一般不会提前准备讲话稿件，带有较强的即兴色彩，英文名称是 Talk show，中文翻译为"脱口秀"。有人认为，只要节目以说话为主要形式，就可以称为谈话节目。按照这一定义，有相当多的电视节目都可以归入电视谈话类节目中去。比如电视讲话、电视访谈、电视采访等都是用语言沟通，传达被访者的思想，只是在形式上略有不同。以是否包含谈话元素来判断一种节目形式是不是谈话节目，在标准上显得过于宽泛。还有一种看法认为，电视谈话节目是由谈话人就一个或多个话题进行交谈，并由电视媒介作为传播手段的节目形式。

我们可以对电视谈话节目做出如下界定，电视谈话节目是指以主持人嘉宾或者观众围绕一个共同主题的人际谈话交流过程作为主要内容和形式，并通过电视媒体来展示的节目形态。

二、谈话节目的兴起与发展

（一）国外谈话节目的发展

20 世纪 30 年代末，美国广播公司（ABC）推出了《芝加哥圆桌大学》和《美国城镇空中会议》两档节目，被视为电视谈话节目的雏形。1954 年，美国全国广播公司（NBC）推出了播放至今的《今夜秀》，这被认为是美国脱口秀类节目的开端。在这一时期，美国本土的谈话节目内容大多是社会公共事务和家庭生活。20 世纪 50 年代后期，谈话节目的内容逐渐向娱乐话题转移。这类节目并不局限于单纯的说，而是更加注重各种电视手段和谈话手段的运用。

美国的谈话节目，又分为日间谈话节目与夜间谈话节目两类，日间谈话节目的题材比较通俗，常涉及家庭、生活、服务、教育、软新闻等内容，其目标观众主要是家庭妇女。《奥普拉·温弗瑞秀》就是日间谈话节目的代表，曾在美国电视史上创下了日间谈话节目的最高收视纪录，奥普拉也因此成为美国家喻户晓的脱口秀女王。夜间谈话节目都在晚上 11 点以后播出，以男性为主要收视对象。节目的话题趋于社会性和深度性，将各种时政新闻、重大社会现象及时融入到节目当中，对其进行讽刺和调侃，突出幽默的成分。美国哥伦比亚广播公司（CBS）的《大卫·莱特曼深夜秀》和全国广播公司（NBC）的《杰雷诺今夜秀》都是夜间谈话节目的代表。

（二）中国谈话节目的发展

我国第一档电视谈话节目是上海东方电视台于 1993 年播出的《东方直播室》。与当时国内的其他节目相比，《东方直播室》的突破在于将观众请进了演播室，采取群体谈话的方式，探讨一些热门的社会话题。此后，国内部分电视台借鉴了这种形式，以谈话的方式组织节目内容，陆续推出了一些谈话节目，比如黑龙江电视台的《北方直播室》，广东电视台的《岭南直播室》等。不过，由于这些电视台不是卫星电视台，传播范围和影响力都十分有限。1996年，中央电视台推出了《实话实说》节目，该节目从话题甄选、谈话层次设计、编导前期调查、嘉宾选择、主持人风格定位，到大屏幕的使用、灯光设计、现场乐队伴奏、多机位拍摄和后期编辑等方面，都借鉴了国外流行的脱口秀节目的样式，并在此基础上结合自身特点进行了改造和创新。节目一经播出就受到了观众的喜爱和好评，由此也带来了全国谈话节目的制作风潮。

《实话实说》节目的开播，标志着电视谈话节目正式进入到我国电视观众的视野，也在全国范围内掀起了电视台开播谈话节目的热潮。比如中央电视台的《文化视点》《半边天》，北京电视台的《荧屏连着你和我》，上海电视台的《有话大家说》，都是这一时期电视谈话节目的代表。2000 年以后，谈话节目又出现了新的变化，湖南卫视在 1999 年 9 月推出了一档以择业和创业为主要内容的青年谈话节目《新青年》；中央电视台推出了走精英路线的《对话》和以娱乐明星为谈话嘉宾的《艺术人生》，以及以普通人物为谈话对象的《讲述》；凤凰卫视也推出了以"说出你的故事"为节目核心的《鲁豫有约》，以漫谈为特色的《锵锵三人行》。

（三）国内电视谈话节目兴起的社会背景因素

电视谈话节目在我国的迅速发展有多方面的背景因素。日益宽松自由的社会舆论环境、渴望交流的社会心理转变、以受众为核心的传播观念的转变，都是造成电视谈话节目兴起并迅速发展的重要因素。

1. 社会转型的需求迎来了宽松多元的社会语境

从中华人民共和国成立到改革开放这一时期，我国处在一个高度政治化的社会意识形态中，"以阶级斗争为纲"是唯一的价值标准。改革开放之后，这种状况逐渐发生了改变，计划经济开始向市场经济转变，社会风气也日渐开放，多元文化的格局逐渐打开，电视谈话节目有了容身之地和发展空间。

2. 社会转型提升了受众渴望交流的心理

目前我国正处在社会转型期，文化交流增多，思想碰撞频繁，社会生活变化剧烈，许多旧有观念习俗都受到了较强烈的冲击。在这种情况下，很多人都会迷惘困惑。快节奏的生活带来了巨大的生活压力，而人与人之间的直面交流日益减少，距离感与日俱增，心理压力得不到及时疏解。电视谈话节目则应运而生，除了舒缓压力之外，人们也需要对生活中的种种问题进行探讨，这无疑为电视谈话节目带来了取之不尽的选题。

3. 传播观念的转变

社会转型期给国内的广电传媒领域带来了较大的冲击，传媒机构由传者本位向受者本位逐渐转变，广电行业在业务上进行了一系列的重大改进，不断提高节目的质量，开发新的节目模式，重视节目的包装，在借鉴国外节目的形式和运作方式的过程中，电视谈话节目就作为"他山之石"进入到国内。

4. 受众主体意识的觉醒

受众主体意识的觉醒也是电视谈话节目日渐红火的一个重要条件。电视谈话节目的迅速发展与电视从业人员"受者本位"观念的形成有关。长久以来，受众一直将电视作为国家和政府的喉舌来仰视，受众不仅处于被动地位，更是难以作为主体身份进入大众传媒。而随着受众主体意识的觉醒，公众期待与自己一样的"小人物"出现在电视上，电视谈话节目成功地跨越了"要我说"阶段，进入了"我要说"的阶段，激发了受众对电视谈话节目的肯定与参与的热情。

三、电视谈话节目的分类

中国的电视谈话节目发展至今，经历了照搬国外模式、借鉴节目元素、加入自身特色的本土化过程，也产生了类型繁多的节目样式。因此，谈话节目划分起来也比较复杂。综合来看，大致有如下几种情况：

按照谈话的内容可以分为，时政类谈话节目、娱乐谈话节目和文化类谈话节目。

按照谈话的主题可以分为，事件类谈话节目、观点类谈话节目和人物类谈话节目。

按照嘉宾类型可以分为，明星人物类和普通大众类。

按照谈话方式可以分为访谈类，这一类节目主要有《杨澜访谈录》《名人面对面》《对话》；辩论类，这一类节目主要有《一虎一席谈》《时事辩论会》；叙事类，这一类节目主要有《鲁豫有约》《艺术人生》；漫谈类，这一类节目主要有《锵锵三人行》。

需要指出的是，不同的划分标准会出现许多的交叉重叠，有许多谈话节目具有其中的多个特点。因此，我们认为，不同类别之间没有明显的鸿沟，往往相互渗透，你中有我，我中有你。不同类型的节目具有不同的定位、不同的创作风格以及不同的电视观众，所以不同的谈话节目在制作时的重点是不一样的，娱乐性谈话节目注重营造轻松幽默的谈话氛围，而情感类谈话节目需要根据讨论的话题营造相应的氛围。

四、电视谈话节目的编导要点

电视谈话节目的编导，重在"谈"字上。要完成一期谈话节目，主要由确定谈什么、谁来谈、怎么谈这三个方面展开。而这三个方面也正是谈话节目的基本构成话题、谈话者和谈话方式。

（一）前期准备阶段

1. 筛选话题

话题，也就是谈话的内容，即谈话节目的实质核心。对于不同定位的谈话节目来说，即便请来同一位嘉宾，也不可能谈相同的话题。话题的选择至关重要，怎样的话题能够引起观众的注意？怎样的话题可以让嘉宾产生交流欲望？怎样的话题可以将谈话的现场气氛推向高潮？这都需要编导精心筛选和安排。

话题的处理在很大程度上取决于谈话节目的风格和对受众群的定位。节目的受众不同，他们关心的话题自然也就不同。比如《对话》节目的目标受众群是社会精英人士，他们是社会上具有较强影响力和行动能力的人，审美情趣和思维方式与一般的受众群体有着很大的不同，同时，他们也是一群工作压力大、看电视时间较少的人，这样一群人要么不看电视，要看就会直奔目标，并且会持久关注。因此那些可以扩大知识面、启迪思维、提升认知的话题，往往是这群人士所钟爱的。想要设计这样高质量的话题，仅靠节目组的几个编导和工作人员，肯定是无法完成的。因此，需要策划团队来策划选题。编导会根据策划组策划出来并申报获得通过的选题来敲定相应的谈话方式以及考虑嘉宾和观众的选择。

2. 选择谈话者

在谈话节目中，谈话者由主持人、嘉宾和现场观众构成。不过，现场观众并非电视谈话节目的必备要素，在很多节目中就没有现场观众，比如《新闻1+1》《锵锵三人行》《风云对话》，而有些节目则会根据录制和播出的需要，临时取消现场观众。

（1）主持人

有学者认为，如果将电视谈话节目比喻成商业性的个人神话，那么主持人就是神话的缔造者。谈话节目的形态决定了主持人是谈话节目的灵魂人物。即兴交流充满了不可预测性，交流现场也可能出现种种意外，而主持人是谈话现场唯一能够在第一时间直接掌控节目走向的人，因此，在电视谈话节目中，主持人是节目成败的关键，主持人也是节目的象征和代表。

首先，主持人是谈话的组织者和参与者。主持人发起话题、控制话题、主导话题的进程，要因势利导，有条不紊地调度好发言的逻辑顺序，把现场琐碎而微妙的谈话组合串联起来。其次，主持人还是节目中的信息传播者和背景事件的叙述者。主持人要对事先设置的议题，进行准确叙述。在叙述过程中慎用评论性话语，客观呈现事实，让嘉宾的言论和观众的反馈充分表达出来。再次，主持人还是现场气氛的调节者。主持人要能够激发嘉宾和观众之间的谈话欲望，营造出合适的谈话氛围。在串联嘉宾与观众的对话过程中，起到"润滑剂"的作用。除此之外，主持人还需要在恰当的时候表达自我，以及自己对于谈话的观点和看法。主持人既可以直抒胸臆，直接表明观点，也可以巧妙地利用对话，组织和调动现场气氛来表达自我。对于电视节目品牌而言，主持人就是节目的活字招牌，是节目个性气质的象征。主持人绝不能千人一面，主持人的个性和人格魅力是靠一定的阅历和自信来建构的，如果主持人阅历少，知识面狭窄，就很难激起嘉宾和观众的谈话欲望。

编导就是要与主持人进行沟通，传递意图以及想法，调动好主持人的积极性，发挥好主持人的潜力。

（2）嘉宾

在谈话节目中，嘉宾的地位也是举足轻重的。嘉宾谈话情况的好坏，直接影响着节目的成败。广义上而言，谈话节目的嘉宾指的是被邀请到节目现场参与谈话交流的所有人。而狭义上的嘉宾指的是坐于主演播区内，与主持人共同构成谈话主体的某一个或者某几个人，他们是现场观众和电视机前观众关注的焦点。一般而言，我们所说的嘉宾是狭义上的概念。

编导在选择嘉宾时，需要注意以下几点：

首先，嘉宾要真实表达自己的观点。谈话节目邀请嘉宾的一个重要原因是嘉宾本身具有信息传播功能。比如，嘉宾是某个领域的权威，可以为观众答疑解惑；或者嘉宾与话题的关系密切，可以为观众提供来自现场最权威的信息；又或者嘉宾本身就是热点话题，观众对其本人非常感兴趣。无论是哪种情况，都需要嘉宾真实表达自己，避免传播有误的信息。

其次，嘉宾要能与主持人进行交流。虽然话题是由主持人发起的，谈话过程是由主持人组织、控制的，但是我们并不能完全掌握嘉宾的谈话。事实上，嘉宾是能够以自己的方式控制谈话脉络的，特别是当嘉宾的言谈中产生了某些新观点的时候，主持人必须迅速地做出反应和调整。这时候是嘉宾主导着谈话的方向，正是嘉宾的这种主动性的存在，使得电视谈话节目中充满着变数，能爆发出即兴的效果，给节目增添更多的精彩。因此，我们需要嘉宾与主持人进行互动，而不是被动地回答主持人的问题。

第三，嘉宾与嘉宾、嘉宾与观众之间要进行交流。当节目中出现多个嘉宾的时候，嘉宾与嘉宾之间同样也需要进行交流。谈话节目的魅力在于它是意见表达的公共平台，嘉宾和观众都是主角，观点和见解是从现场嘉宾和观众的讨论中产生的。因此，我们需要所有的谈话参与者都能够充分表达意见，在表达的时候能够形成意见的交锋，用谈话来形成矛盾冲突，增强节目的可看性。

（3）现场观众

现场观众同时具有双重身份，相对于主持人和嘉宾来说，他们是节目的普通观众。但身处谈话场所，又使他们有机会直接参与到谈话中，表达自己的看法。现场观众为传统传播模式中的传者和受者之间架起了一座桥梁，模糊了传者和受者之间清晰无误的界限，从而赋予了普通观众一种不同于以往的深度参与感，这种深度参与使那些接受媒介信息的客体获得了一种新的权力形式和权力意识，不再是被动地坐在电视机前，还可以通过各种方式，尤其是新媒体的传播方式，参与到节目中来。观众参与到节目中，表明受众的媒介素养提高，也表明传播的观念由传者本位向受者本位转变，如今电视谈话节目不仅可以通过现场观众，还可以通过互联网等新媒体进一步扩大观众与谈话嘉宾之间的互动。这种参与使得嘉宾有一种被积极注视的感觉，能够使嘉宾与受众之间进行更深入的交流，也使观众有了主动的发言权，参与的积极性也得到了极大的提高。通过互联网等新媒体加入的现场观众，成为电视谈话节目现场气氛的润滑剂，改变了传统节目的制播模式，提高了节目的客观真实性，有助于提高传播效果。

（二）现场录制阶段

根据节目的录制场地、嘉宾、观众等要素，谈话节目在录制阶段，编导需要注意以下内容：

1. 谈话时间的把控

谈话节目围绕主持人、嘉宾和现场观众进行，主持人作为谈话行为的发起者和主导者，要具有较强的时间观念，编导也需要在节目录制的过程中，提醒主持人注意谈话的进程。对于一档主题鲜明的谈话节目，一旦节目中对于时间的控制失当，将无法让主题在谈话中延续下去，节目内容也将变得冗杂，为后期剪辑增加了难度，以直播方式播出的谈话节目尤其需要把控好时间。当然，一些以直播方式播出的漫谈类谈话节目，比如《锵锵三人行》，乍看之下似乎没有一个明确的谈话主题，主持人窦文涛与嘉宾之间的交流也看似很随意，节目中也并不一定能达成某种共识。但是仔细分析就会发现，这类节目中，主持人处在了话题"引导者"的地位，其作用是引导嘉宾讨论话题，并在合适的情况下转换话题或带领嘉宾进入下一个话题。

2. 谈话内容的把控

电视谈话节目中，主持人和嘉宾之间的谈话行为必须是持续的，要将这段时间持续下去，对谈话内容的把控必不可少。主持人要善于发现嘉宾的特质，善于引导嘉宾进行对话，必要的时候，主持人可以运用一些谈话技巧来激发嘉宾的兴奋点，比如可以通过开玩笑，或是有意地提出一些尖锐的问题刺激嘉宾，也可以通过播放短片、设计现场互动游戏来调动嘉宾的兴奋点。在《鲁豫有约》中，有两期节目的嘉宾是在都灵冬奥会获得银牌的花样滑冰双人滑选手张丹、张昊，以及获得第四名的双人滑选手庞清、佟健。在这两期节目中，获得银牌的两位选手张丹、张昊的访谈时间相对较短，而获得第四名的选手庞清、佟健占据了两期节目中访谈的大多数时间。看完两期节目后不难发现，尽管获得了更好的成绩，但是张丹、张昊两位选手的交流欲望并不强，如果继续将他们作为访谈的重点，谈话将很难再进行下去。于是编导请出了获得第四名的选手庞清、佟健继续进行对话，在对话中，主持人鲁豫在几个问题后突然发难，询问嘉宾"有没有被教练打过"？在得到肯定的答复后，鲁豫又继续追问事情的原因，并请出坐在观众席的教练陈述事情的经过。这一段小插曲，成功地打开了两位运动员的"话匣子"，甚至激起了两位运动员主动地回顾刚接触滑冰项目时的陈年旧事，真正做到了"说出你的故事"。

3. 谈话氛围的把控

在现场录制阶段，很多谈话节目在正式录制前都要进行热场，其形式有讲段子、讲笑话、歌舞、乐队表演，这些热场手段是为了营造符合节目风格的谈话氛围，让现场观众和嘉宾进入谈话节目设定的"情境"中。除了主持人的风格定位能够影响谈话的氛围，节目中音乐和音效的使用，道具的使用，甚至现场短片的风格和内容，都会影响到谈话的氛围。一个好的氛围的营造，需要调动整个节目组的力量，主持人、道具组、布景组、灯光组等都要参与其中。

（三）后期编辑阶段

电视谈话节目以"谈"为主，因此，需要特别注意对声音的编辑，做到以声音为主要依据进行编辑，根据声音来选取和调整画面。在保持声音连贯的基础上，确保画面的连贯，做到剪辑逻辑通顺，自然流畅。进行编辑时，还应该确保谈话的主题贯穿始终，做到主题明确，删繁就简。

第四节　电视生活服务类节目编导

一、电视生活服务类节目的界定

中央电视台的《为您服务》是我国首档具有服务意识的节目，该节目创办于1979年8月12日，开始时主要是以介绍节目、回答观众问题为主，每周播出一次，时长约为15分钟。1982年至1983年进行了重新改版，改版后节目每周播出一次，时长为20分钟，并逐渐发展为成熟的服务性节目，并以"想观众之所想，急观众之所急，为观众排忧解难"为宗旨，树立较强的受众意识，从选题开始，就坚持立足于普通观众，深入了解观众的需要，以及在日常生活中所遇到的困难。1981年2月12日，中央电视台创办了《生活之友》节目，内容以介绍各种地方菜的烹调方法为主。1982年以后，又陆续播出了"家庭种花""童装的改制和修补""怎样调试彩色电视机"等内容。1983年以后，《生活之友》节目开始固定播出，选取观众感兴趣的问题做成节目，为观众提供了生活上的指导。此后，各地方电视台纷纷开办生活服务类节目。广义的生活服务类节目应该涵盖社会生活的方方面面，无论如何发展，"服务"始终是节目的宗旨。电视生活服务类节目必须要有"服务意识"，也就是电视在传播过程中，自觉适应时代、社会要求和观众需要的意识。具体而言，生活服务类电视节目指的是通过深入了解广大社会成员的日常生活需求，对其在日常生活中遇到的疑难问题进行详尽解答和指导的电视节目。在目前社会的发展进程中，将指导、解析、帮助以及信息化服务高度集中于一身，本就是生活服务类节目最显著的制作特点之一。

二、电视生活服务类节目的分类

一般而言，电视生活服务类节目可以根据其指导和帮助的生活领域的不同而划分为各种不同的组成类型。如以养生保健为主的健康类服务节目，以美容潮流为主的时尚类服务节目，以美食为主的饮食类节目，以及有关购物、家居、生活常识或出行等节目，服务范围涵盖衣、食、住、行等方方面面。电视上的生活服务类节目可以说是五彩缤纷，我们这里将生活服务类节目分为两大类型。

（一）民生类节目

民生类节目主要是指能够体现广大民众声音，并且能够为人民群众提供所需要的信息和其他方面帮助的节目。与其他类型的生活服务节目相比，民生类节目主要有以下两个方面的特点：第一，民生类节目面对的群体比较广泛，只要是百姓群众，都可作为被服务的对象。而其他服务类节目有特定的服务受众。第二，民生类节目的内容包括所有日常生活中的琐碎事，同时也包括人民群众关心的社会热点话题，以及物质、精神、教育、心理、文化等方方面面的服务。

民生类节目可以分为专题服务类和综合类：专题服务类的有美食节目、旅游节目、健康节目、美容节目等。综合类节目最具有代表性的是中央电视台财经频道的《生活》和《为您服务》，它们的制作内容比较广泛，服务对象也相对专题类节目更加广泛。

（二）社教类节目

社教类节目可以分为教育类和知识、休闲、健康养生类。

教育类节目从对象上可分为两大类：一类是针对学生群体播出的节目；另一类是为社会上不同年龄、不同职业和不同文化程度的人开办的节目，旨在提高人们的文化水平、科学素养和生活技能。教育类节目的主要功能是传授知识和培养技能。改革开放后，我国面临着对外交流的迫切需求，中央电视台开办了大量的教育类节目，其中以《跟我学》系列最具代表性。从 1978 年至 1991年，中央电视台先后播出了大量的外语教学节目，包括《跟我学英语》《跟我学德语》《跟我学俄语》《跟我学日语》《跟我学法语》等一系列外语教学节目。此后《跟我学》系列扩展到了体育领域，推出了包括《花样滑冰》《游泳》《网球》在内的多个体育教学节目。

知识、休闲、健康养生类节目是集知识、休闲、娱乐于一体的生活服务类节目。处在信息化社会的受众往往会有这样的体会，即信息固然重要，然而获得信息的渠道和方法也同样重要。随着信息数量增加、知识更新加快，有的受众会产生一种手足无措的焦虑感。对此，电视媒体应该有选择地进行推介和引导。中央电视台的《读书时间》挑选时下一些热门书籍，进行重点介绍，使观众找准阅读点，加深对书籍知识和内容的理解和消化。《健康之路》《中华医药》《万家灯火》等节目发挥了电视媒体作为"专家系统"的功能，及时传播和普及卫生保健知识，在提供知识之余，还发挥着休闲、娱乐作用。

三、电视生活服务类节目的编导要点

生活服务类节目的产生和普及是在当代个人生活水平不断提高的带动和影响下的必然发展趋势。只有深入了解广大人民群众的实际生活需求，才能让节目在社会上获得良好的评价，实现生活服务类节目又好又快的发展。

（一）确立制作理念

1. 组建团队

一档节目的成功离不开背后优秀的节目制作团队。建立强大的电视节目制作团队，需要以丰富的理论知识和经验指导节目的制作，要求制作人员观念和思想与时俱进，能够及时掌握现代元素，捕捉社会热点，将现代社会生活中备受人民群众欢迎的制作方式应用到节目制作当中。

2. 重视策划

重视生活服务类节目的策划，将"创新"作为节目策划的宗旨。每一期节目都要注重选题，保证选题的时效性。团队成员需要通过各种渠道对当前备受关注的话题进行调研，整理调研结果，选择大众热衷的话题作为节目内容。

（二）注重内容的个性化和趣味性

1. 注重个性化

一档同质化的生活服务类节目，不仅无法调动观众观看的积极性，同时还将使节目失去了服务的作用。平庸的节目无法达到服务的目的，个性化是一档成功的生活服务类节目吸引收视群的重要特征。在这方面比较出色的节目有河北卫视的《家政女皇》，该节目以中年人群为收视对象，节目内容涉及养生、保健、美食等方面，在节目中以教授方法为主。《家政女皇》节目创造性地引入了"情景剧"这一戏剧形式，把戏剧元素加入到节目的制作过程中，增强节目的可看性。节目通过这些情景剧，将生活中的小妙招生动、形象地展示给观众，把娱乐的元素巧妙地融入到节目里。这种"寓教于乐"的服务方式不但能够吸引大批的观众，也加深了观众对节目的好印象。

2. 提升趣味性

在社会文化不断发展的影响下，传统教育灌输形式的电视节目已经无法满足现今社会成员的需求，注重平民化、提升趣味性的节目制作方式将成为生活服务类节目发展的重要方向，相关工作人员需要将竞赛、文娱、访谈等一系列表现形式应用到节目制作中。在媒介融合的大环境下，电视生活服务类节目若想获得长久的发展，就必须不断创新，提升节目的趣味性，才能在媒介融合大背景下实现质的飞跃。

（三）制作形式以服务为主

观众收看节目时，偏爱娱乐性和趣味性较强的节目，但生活服务类节目在制作中要把握好"度"，做到适度地融入娱乐元素，而不能让娱乐元素喧宾夺主。生活服务类节目的方向要以服务为主、娱乐为辅，达到较好的节目传播效果。例如，在制作过程中，要求主持人或者嘉宾采用幽默的语言，增强娱乐效果，避免节目过于刻板。或者采用演绎的方式对现实问题进行呈现，或者用幽默的肢体语言来演绎生活中的现象，增加节目的生动性，调动观众观看的积极性。

第五节　电视综艺节目编导

一、电视综艺节目的发展

（一）电视综艺节目的产生

1936 年 11 月 3 日，英国广播公司（BBC）转播了在伦敦郊外的亚历山大宫举办的一场文艺表演，这一天也被公认为电视的诞生日。也就是说，电视自诞生之日起就烙上了文艺的印记。而综艺节目是伴随着电视文艺节目的发展而出现的，1948 年 6 月，美国全国广播公司（NBC）播出了一档综艺节目，被看作是电视综艺节目的诞生。这档节目主要把滑稽表演、乡村歌曲、流行音乐、歌舞、杂技等艺术形式混合编排播出，成为了电视史上的一个突破。

（二）我国电视综艺节目的发展

我国的电视综艺节目，是伴随着我国电视文艺发展起来的。1958 年北京电视台（中央电视台的前身）开始试播，这标志着我国电视事业的开始。在试播的当天晚上，北京电视台就安排播出了诗歌朗诵、舞蹈等文艺节目和纪录片节目。也就是说，我国的电视文艺是伴随着电视事业起步而诞生的。1960年，北京电视台的演播室编排播出了综合性春节综艺晚会，包括诗朗诵、相声、戏曲、歌舞等节目，这也成为后来流行的大型综艺晚会的雏形，是我国电视综艺的开端。此后，北京电视台又做出了更多尝试，比如举办三次《笑的晚会》，而随后到来的十年"文革"令刚刚起步的电视事业受到了重挫。

直到 20 世纪 80 年代，综艺节目才有了突飞猛进的发展。1983 年以后，以中央电视台《春节联欢晚会》为代表的大型综艺节目出现在荧屏之上。20世纪 90 年代，《综艺大观》《正大综艺》《曲苑杂坛》三档综艺节目出现，而《综艺大观》由于囊括了歌舞、小品、相声、杂技等多种艺术样式和表演形式，又被称作"小春晚"，很长一段时间以来，《综艺大观》都被看作是栏目化播出的联欢晚会，节目主持人倪萍更是受到全国观众的喜爱。《正大综艺》引入了板块形式，逐步形成了《世界真奇妙》《是真是假》等游戏类型的节目板块，又在各板块之间穿插一些嘉宾表演，因此有人将其看作是大陆电视游戏节目的开端。20世纪90年代后期，以《快乐大本营》《欢乐总动员》《非常周末》等为代表的游戏类综艺娱乐节目开始盛行，以歌舞、小品、相声等表演为主的传统综艺娱乐节目开始退出电视综艺节目的中心地带，并逐步走向边缘化。2000年前后，以博彩类、益智类为主的综艺娱乐节目开始出现，中央电视台的《幸运52》《开心辞典》、江苏电视台城市频道的《无敌智多星》、上海东方电视台的《今天谁会赢》、重庆电视台的《期期开心》、广东电视台的《步步为赢》都是此类节目的典型代表。从2005年开始，一种更为新颖的电视节目模式被引进我国，由湖南卫视发轫，并迅速向全国蔓延开来，以《超级女声》为代表的表演类真人秀节目，很快成为电视的领军者，至今这类节目依旧活跃在荧屏之上。如今，电视综艺节目的类型越来越多样化，并且还呈现出不断发展、不断融合、不断分化的态势，歌舞类、表演类、相亲类、游戏类综艺节目中，都可以看到真人秀模式的印记。

二、电视综艺节目的概念

综艺，顾名思义具有包容性的含义和特点，既具有文艺形态，将音乐、舞蹈、戏曲、戏剧、杂技、曲艺等表演形式融合串联，又将知识问答、游戏、竞赛等明显具有对抗性和竞技性的环节加入到节目中，给观众提供消遣和娱乐。电视综艺利用先进的电视技术手段和舞台表现形式为观众制造出强烈的感官刺激，比如运用声音、灯光效果营造气氛，运用化妆效果进行视觉造型，运用镜头蒙太奇手段进行时间、空间的自由变换。因此，我们认为，电视综艺节目是将文化艺术形式（如文学、音乐、舞蹈、戏曲、曲艺、杂技、魔术等）融入电视化的技术手段加以再创作的节目样式，具有综合性、娱乐性、大众性和互动性的特点。

三、电视综艺节目的特征与类型

（一）电视综艺节目的特征

电视综艺节目是综艺与电视相结合的产物，具有很强的综合性、娱乐性、大众性和互动性。

1. 综合性

事实上电视本身就是一个综合性很强的传播媒介，所有类型的电视节目都有综合性特征，电视综艺节目的综合性是其中最富有特色也最为明显的。从内容和形式上来说，电视综艺节目几乎无所不包，它几乎包含了各种文艺表演的样式。从文化格调上看，既可以是精英文化，也可以是大众文化。从传播功能上看，电视综艺节目以娱乐性为主，但仍兼具艺术性、教育性和服务性的功能。

电视综艺节目的综合性，主要体现在对社会生活的开放态度上：改革开放以后，人民群众的社会生活发生了翻天覆地的变化，物质文化需求也不断发生改变。受众的多层次性，带来了综艺节目内容与主题的多元化。电视综艺节目的传播对象是广大人民群众，大众的观念、兴趣、审美的多层次，决定了所传播的内容与主体必须呈现出极大的包容性，综艺节目的内容多元化需要多样化的表现手段，电视娱乐功能极大地拓展，为电视综艺节目的样式设定提供了更多空间，为观众带来心理上的快乐和生理上的放松。

2. 娱乐性

电视是一种大众传播媒介，观众看电视的目的主要是接收消息、娱乐消遣、增加知识。电视综艺节目显然就是用来满足观众娱乐消遣需求的，不论是以歌舞、相声、小品、曲艺表演为主的晚会节目，还是以寓教于乐为手段的游戏节目，都能够令忙碌了一天的人们得到很好的放松，缓解身心压力。娱乐是人的正常需求，但人们对于电视综艺节目娱乐作用的认识有些偏差，由于在过去一直过度强调电视的宣教作用，一些电视从业人员认为讲求娱乐，不如讲求宣传、教育来得理直气壮。但随着市场化建设的逐步开展，大众消费观念的转变，以及大众文化的日渐盛行，综艺节目的娱乐手段不断得以丰富。

3. 大众性

电视综艺节目的大众性是从它的文化属性上来说的。相对于精英文化来说，大众文化是一种运用现代化的技术手段生产出来的，以大众传播媒介为载体，以现代都市大众为传播对象的，具有浓郁商业性的文化产品。大众文化带有强烈的民族性，是一种自下而上的文化形态。电视综艺节目的大众性有两个层面的含义：一是受众层面的多样化，如前面所述，综艺节目的受众是多层次的，其传播对象是广大人民群众，是不同层次的受众群体；二是内容形式的通俗化，大众文化本身就带有较强的通俗性特征。在众多电视节目中，综艺节目不论从内容构成，还是创作手法上来说，都是最讲求通俗性的。

4. 互动性

电视综艺节目的叙述方式是具有开放性的，能够让观众觉得节目具有交流感。不论是直播节目还是录播节目，总会在很多细节上让观众产生一种"现在正在发生""现在正在进行"的感受。这样做可以在情感上与观众进行及时沟通，保证观众在观看节目时心情跟随节目而起伏波动。这种在观看节目过程中的心理投入或情感投入，正是综艺节目与观众进行互动的方式之一。"受众本位"观念对电视媒体的冲击性是显而易见的，尤其在综艺节目上，这种反应最为明显。自20世纪80年代开始，现场观众就出现在了我国的电视综艺节目中，虽然一开始只是作为看客，而并非主角。到了20世纪90年代，尤其是《正大综艺》等节目播出以后，现场观众与现场嘉宾的互动逐渐变得频繁。电视观众的主体意识也逐渐凸显出来，普通观众逐渐成为舞台上的主角。中央电视台的《幸运52》《开心辞典》将观众带入了舞台中央，与明星嘉宾、主持人同起同坐，而场外的助手，也成为节目中不可缺少的环节。综艺节目不再只是明星才能涉足的领域。到了2005年电视选秀风靡之后，综艺节目更是从被动的"要我秀"变成了主动的"我要秀"，原先的普通电视观众不仅成为了电视舞台的"主角"，还成为了决定"主角"是去是留的"评判者"，还没有哪一档电视节目能像综艺节目这样赋予受众如此强大的自主权，并与受众产生如此强烈的互动效应。进入媒体融合时代，这种互动性得到进一步强化。

（二）电视综艺节目的类型

1. 栏目化和非栏目化的综艺节目

在我国，电视综艺节目有栏目化和非栏目化两种形态。

栏目化的综艺节目是指在专有的固定栏目内播出的综艺节目，有固定的播出时间和播出频道，有固定的内容形式和固定的主持人，比如《综艺大观》《正大综艺》《快乐大本营》《非常周末》《欢乐总动员》《星光大道》，这些节目都有比较稳定的栏目形象和相对固定的受众群体。

非栏目化的综艺节目，是指不以固定栏目的形式、不安排固定的时间来播出，而是在录制和经过后期编辑之后，选择某个时间播出，或者以直播的形式播出的综艺节目。这样的节目，在播出时间、播出频道、时间长度、主持人、包装形式和内容设计上都不是固定的，大多数时候是按照某一主题的需要，进行策划和安排，比如晚会类节目大多属于非栏目化的综艺节目。

近些年来，一些电视频道的节目引入了季播模式，即在某一段时间内，对节目进行集中、不间断的播出，保持日播或者周播的频率。比如《蒙面唱将猜猜猜》《智勇大冲关》《五一七天乐》《国庆七天乐》等节目，这些节目与栏目化的综艺节目不同，节目的播出时间、节目时长、主持人、嘉宾等在每次播出的时候都会有所调整，以满足观众不断更新的需求，但它们的播出与完全非栏目化的综艺节目相比，又有一定的规律可循，算是一种介于二者之间的节目编排方式。事实上，季播的形式在欧美等发达国家十分普遍，美国的电视经营者根据本国受众的生活习惯，逐渐形成了"演季"的概念，在每年的9月中旬到来年的4月下旬集中播映最新制作的电视节目和电视剧。而经过本土化改造后的中国式季播节目模式，与美国的电视"演季"又有所不同，中国的电视综艺节目演季多集中在寒暑假、春节等长假期间，这更符合中国人的生活习惯。

2. 录播和直播的综艺节目

按照制播方式的不同，又可分为录播的综艺节目和直播的综艺节目。

录播的综艺节目是指先录制后播出的综艺节目，节目在录制之后还需要进行编辑、制作、合成等包装和加工工作。这种方式可以弥补在录制过程中出现的错漏，是很多综艺节目的常规制作方式。直播的综艺节目是现场直播与同步录制同时进行的综艺节目，采用现场演绎，现场收音，现场合成文字、灯光、声音效果的方式。这样的综艺节目不存在后期问题，现场感较强。很多节庆综艺晚会都采用直播的方式，比如中央电视台一年一度的《春节联欢晚会》《中秋晚会》，部分省级卫视的《新年歌会》节目都属于直播的综艺节目。不过，也正是因为不能后期补救，直播的综艺节目对前期策划和现场拍摄各个环节的要求都非常严格，特别是细节必须落到实处，务求滴水不漏，万无一失。

四、电视综艺节目的编导要点

按照目前综艺节目的发展来看，综艺节目大致可以分为综艺晚会类、游戏类和益智类综艺节目。

（一）综艺晚会的编导

从20世纪60年代开始，以声乐、舞蹈、杂技、曲艺表演为主要内容的综艺晚会陆续出现在我国的电视屏幕上。20世纪80年代以后，这类节目逐步成熟起来，并成为综艺节目中的佼佼者。以《春节联欢晚会》为代表的电视晚会，以《正大综艺》《曲苑杂坛》为代表的日常性综艺节目，以《同一首歌》《中华情》为代表的歌舞类综艺节目是其中的典型。这种类型的综艺节目，在主题化和艺术化追求方面具有较强的表现力，一方面以宏大叙事的社会性主题突出电视文艺的宣教功能；另一方面强调艺术诉求和审美体验。

在节目形态上，综艺晚会的突出特征是以明星加表演为核心要素。演艺界的明星是节目的主角，明星的舞台表演构成节目的主要内容，而节目之间的串联则由主持人来完成。在综艺晚会类节目中，电视观众主要充当看客和他者的身份。在初期，综艺晚会大多是由电视台或者由主办单位、广告商投资，节目制作者不太需要考虑经费问题，因此市场化程度比较低。以表演为主的综艺节目是在电视开始普及后诞生和发展起来的，这一时期我国电视体制改革刚刚起步，对电视属性的认知还不太全面，宣教功能成为电视的主要社会功能，娱乐对于电视工作者和广大观众来说，是比较陌生的词汇。当时的综艺节目更像是舞台演出，电视手段发挥得不够充分。

但随着电视体制改革的深入，电视双重属性的提出，这种明星加表演的单一形态节目越来越无法满足观众逐渐提升的品位和日益多元化的需求，综艺晚会的黄金时期也随之结束。2004 年，《综艺大观》这个中央电视台老牌综艺节目因收视率不断走低而被末位淘汰，退出荧屏成为历史。而《正大综艺》也在经历过数次改版、停播、再改版之后，完全颠覆了早期的旅游外景片加猜谜语、知识抢答加歌舞表演的节目形态，先后改版为《墙来了》《吉尼斯中国之夜》《谢天谢地，你来啦！》等，加入了游戏、竞技、舞台表演等多种元素。

1. 策划和准备阶段

（1）主题和中心思想策划

从 1984 年起，春节联欢晚会开始制定明确的主题思想，并一直沿用至今，长期以来，春节联欢晚会的主题，都是团结欢乐祥和。主题是一档晚会的基调和灵魂，既要把握浓烈的民族传统氛围，又要把晚会放在宏观时代背景中。晚会主题直接关系着节目创作、演员选择、风格色彩等方面，一台大型的、综合性的文艺晚会，如果没有明确的主题贯穿晚会的始终，就会显得东拼西凑，杂乱无章，即使好的节目，也不能够给观众留下深刻印象。整台晚会的主题，应该作为策划的首要问题，去精心考虑研究，晚会主题的策划定位，特别是重大节庆晚会的策划定位，需要强调时代的主题内涵，避免大同小异，千篇一律，缺乏生气。

还是以春节联欢晚会为例，农历春节是我国的传统节日，春节联欢晚会顺应了人们在春节期间渴望团圆的心理，以团结欢乐祥和为主题，并不断地赋予主题以时代内涵、历史内涵。一台晚会需要有一个鲜明的主题，只有主题鲜明，才会对晚会起到统摄作用，才能达到让观众过目不忘的效果。1998 年抗洪救灾晚会的主题是我们万众一心；2008 年汶川大地震赈灾晚会的主题是爱的奉献；中华人民共和国成立 60 周年的晚会，主题是祖国万岁。以上几台晚会，把鲜明而响亮的主题确定为晚会的名称，起到了非常好的效果。

晚会的主题要能体现丰富的中心思想，有 30 多年历史的春节联欢晚会，都是表达团结欢乐、祥和稳定的氛围。2005 年春节联欢晚会的主题是盛世大联欢，突出"盛世"这一中心思想，是对改革开放以来，我国国民经济与社会发展所取得巨大成就的高度概括。2006 年春节联欢晚会主题是天地人和万事兴，突出"和"这一中心思想，与党和国家在 2005 年提出的构建和谐社会紧密相关。

对于主题和中心思想的策划，可以从以下三点出发：首先，通过社会潮流与热点，提炼出具有一定前瞻性的主题。要善于从社会发展的宏大主题中，提炼出具有一定高度和前瞻性的晚会主题，通过捕捉社会潮流热点来表达这些主题，这是晚会主题策划是否到位，以及晚会是否能够取得成功的基本保障。其次，把握节庆日和主题日的特点，提炼出与时俱进的主题。电视台所举办的晚会，多与我国的传统节日、法定假日，以及国际主题日息息相关，如晚会有央视的春节联欢晚会、元旦晚会、元宵晚会、3·15 晚会、中秋晚会、国庆晚会等，这些传统节日和法定节假日，有着各自不同的内涵与特点，表达着不同层次、不同方面的内在诉求，比如春节以团圆和普天同庆为主题，中秋晚会以思乡团圆为主题，3·15 晚会以保护消费者的权益为主题等。通过观众对各类节假日和主题日的不同诉求，提炼与时俱进的主题，才能博得观众的共鸣。再次，晚会主题要能表达主办方或承办方的意愿，提炼出适合电视的主题。很多的晚会节目，不仅由电视台主办，一些政府机构、行业系统、社会团体、大型企业文化公司也会承办这类晚会，借机宣传行业系统，提升行业、机构或活动的知名度。策划的时候，要考虑到主办方的目的与意愿，将其行业系统、团体企业和公司的诉求转化为普遍可接受的适合电视表现的主题，使其目的与意愿转化为晚会各种艺术形式所要承载的内容，挖掘出适合电视表达、晚会表现的内容和精神，使主题变得更鲜明，更具有可操作性。

（2）晚会结构、形式和内容策划

晚会的结构主要分为两大类，一类是直线式的结构，另一类是板块式的结构。一般而言，春节联欢晚会、中秋晚会等传统节日晚会都会在一个统一的主题之下按照直线式的结构进行节目的编排。晚会中的歌曲、舞蹈、小品、相声、杂技等节目可以在晚会时间段的各个时间内进行编排，但是，这些文艺表演都必须统归到一个明确的主题之下。而重大纪念日和主题日晚会，大多会采用板块式的结构进行编播。尽管节目有一个统一的主题，但是这个主题会衍生出数个不同的分主题，而这些分主题往往就会成为每个板块的主题。《纪念中国人民抗日战争暨世界反法西斯战争胜利 70 周年文艺晚会》的主题是"胜利与和平"。这场历时 90 分钟的晚会，共由四个板块构成，每个板块又有对应的分主题，分别是《胜利》《浴血中华》《正义力量》《和平梦想》。每一个板块都着力细化其分支内容。开场式《胜利》以一名抗战老兵走向英雄雕像拉开了晚会的序幕，共庆中国人民抗日战争暨世界反法西斯战争胜利 70 周年辉煌盛典。《浴血中华》将时空拉回到抗日战争爆发的 1931 年 9 月 18 日，中华民族独立奋起抗争，揭开了世界反法西斯战争的序幕，开始了长达 14 年的英勇抗战，并着重展现了中国共产党在中华民族最危险的时候，促成了抗日民族统一战线的建立，树起抗日先锋的旗帜。《正义力量》着力展现了中国共产党成为中国人民抗日战争的中流砥柱，为争取最后胜利发挥了重大作用。《和平梦想》表现了中国人民铭记历史、缅怀先烈、珍爱和平、开创未来，中华民族自强不息、与时俱进、共同唱响中华民族实现伟大复兴的中国梦。

晚会的表现形式，也是策划阶段的重点，一台晚会，以什么样的形式进行，以什么样的手法展现，都关系到晚会最终的呈现效果。在策划阶段，要根据晚会的主题、举办的场地是室内还是室外、举办晚会的最终时间、出席晚会的嘉宾等因素，来策划晚会的形式。在策划晚会形式的时候，也需要将晚会的串联方式纳入策划，节目中是由主持人串联，还是由嘉宾串联，晚会各板块的串联方式都要在前期的策划中有所体现。

电视晚会的内容，可以是单一形式的文艺表演，也可以是综合性的文艺汇演。单一的文艺表演主要有音乐、戏曲、曲艺、戏剧、舞蹈、文学等，综合性的文艺汇演主要是将不同类型的单一文艺表演组合在一起，通过主持人或嘉宾的串接，构成一台完整的晚会节目。晚会的内容应根据晚会的主题和形式进行具体策划。

（3）灯光、舞美设计

根据节目播出的形式进行灯光舞美设计。录播的晚会节目，由于有充裕的时间，在灯光和舞美的设计上，可以安排多个完全不同的场景效果，一旦对于录制的效果不满意，还可以对灯光和舞美进行重新设计、规划和安排。现场直播的晚会节目，在灯光效果和舞美效果上不允许有半点失误，因为播出的镜头一旦失误，将没有办法进行弥补，所以必须熟悉节目的内容，通过实地的排练制定出切实可行的灯光和舞美方案。

根据直播或录制的场地进行舞美设计。直播或录制的场地情况是影响灯光舞美设计的重要因素，设计人员要根据场地所提供的客观条件，进行设计和构思，针对演播室、剧场、体育馆、露天场所，甚至演播室的大小、剧场的样式等客观情况，设计出切实可行的灯光、舞美方案。

根据具体的表现要素进行灯光和舞美设计。导演的舞台调度、晚会的风格特点，乃至节目中展现的时间、天气、季节等要素，甚至演员的表演内容和台词都是灯光和舞美设计的依据。在进行设计时，要充分考虑到灯光效果和舞美设计搭配的问题，为表演的顺利、氛围的营造和摄像画面的美感提供保障和支持。

2. 创作和彩排阶段

组织节目的创作是晚会编导最重要的工作之一，节目的创作是确保晚会质量的基础，是整档晚会的重要组成部分。当前，晚会的节目创作，最主要的是歌词、曲艺、小品脚本的创作，晚会的导演不仅需要组织、策划的才能，还需要有多方面的艺术鉴赏才能，对节目脚本提出修改和指导意见。节目的创作者必须紧跟时代发展的步伐，甚至需要具有前瞻性和独到的眼光，晚会脚本的艺术构思，必须为晚会的主题服务，以契合晚会的整体风格和基调。在创作的内容上，要符合广大电视观众的欣赏水平和审美趣味。

在电视晚会正式直播或者录制之前，为了保证节目的顺利进行，通常都需要由晚会导演组织节目进行彩排，彩排的目的，主要是对节目进行调整或改进，使节目能够达到播出的水准。同时，也可以使演员熟悉舞台，避免演出时出现错误。另外也可以使导播、摄像、舞美、道具、灯光、音响等各个环节的工作人员熟悉节目的流程，为正式的直播或录播做好准备。

3. 直播或录制阶段

在晚会节目的直播或录制阶段，晚会导播的工作是整台晚会成功与否的关键环节。导播可以是导演兼任，也可以是专职导播。导播的工作，关系到整场晚会的艺术构思和现场表演能否完美地呈现在银幕上。在晚会现场，导播要指挥各部门协调工作，亲自操作切换台。在晚会进行的过程中，电视导播必须对节目呈现的每个细节提出处理意见，并迅速指挥各部门付诸行动，包括大量画面的选择、切换的节奏处理、字幕效果的呈现和特技效果的运用，电视导播的工作是艺术创作和技术创作相结合的特殊创造，在晚会的录制或直播前，应预先设计好工作方案并确定导播台本。在录制或直播中，按照预先设计的工作方案和导播台本进行工作。

（二）游戏类综艺节目的编导

20 世纪 90 年代后期，在以表演为主的综艺晚会收视呈现疲态之后，以游戏竞技为主的综艺节目几乎在一夜之间红遍大江南北，迅速掀起了综艺节目发展的第二波热潮，把国内的电视综艺节目从晚会时代推向了娱乐时代。

1997 年，《快乐大本营》的播出获得巨大成功，并迅速吸引了全国各电视台对综艺节目的关注和参与，在短时间内，以快乐为宗旨、以游戏为内容的综艺节目纷纷出现在电视荧屏上，其中比较有影响的如《欢乐总动员》《非常周末》《开心100》《超级大赢家》等。

与综艺晚会相比，游戏类综艺节目具有更加广泛的参与性和更为丰富的娱乐性。在节目形态上，这类综艺节目以明星加游戏、明星加竞技为主要内容，明星们不仅是节目的参与者，还是节目的主持人。尽管仍有一定比重的文艺表演，但已经不再是节目的核心，而成为了游戏竞技之余的点缀。艺术性和审美性追求在很大程度上被消解，表演变成了才艺展示，幽默、搞笑、耍宝都可以被称为才艺，原本端庄高雅的艺术家表演圣坛被改造成明星和百姓进行比赛的游乐园。紧张刺激的比赛、丰厚的奖品、幽默搞笑的明星成为吸引受众的法宝。游戏类综艺节目呈现出的是某种平民化的市井生活趣味，观众可以获得感性的宣泄和猎奇化、世俗化欲望的满足。在运作方式上，游戏类综艺节目具有更强的开放性，也是我国内地电视节目进行制播分离运作的最初尝试。

游戏类综艺节目的编导，要牢牢把握住节目核心元素的建构，游戏类综艺节目的核心元素，可以概括为游戏规则、参与性两个方面。

1. 游戏规则

在游戏类综艺节目中，游戏规则有相当重要的地位，在节目中处于核心地位。

（1）游戏规则要简单明了，易于理解

在游戏类节目中，节目的规则要简单明了，以方便电视观众和参赛选手理解规则。规则问题也是很多该类型的节目容易出现问题的地方，有些游戏节目在节目策划阶段并没有完善游戏规则，导致在节目录制过程中，出现了一些具有争议性的结果。这就要求编导在策划阶段预先设想可能发生的情况，并且在试录阶段，亲自参与游戏，反复验证游戏结果，确保正式录制节目时游戏环节的畅通。比如江苏卫视的游戏类综艺节目《老公，看你的》，游戏环节都要经过反复的验证，在确保安全可行的情况下，才会在演播室内进行录制。

（2）游戏规则的设置需要考虑喜剧效果

综艺节目以娱乐为主要目的，游戏类综艺节目具有天然的竞争性和对抗性，是游戏、竞技和综艺的融合，《正大综艺·墙来啦》节目中设置了一系列与"穿墙"有关的游戏，诸如双人墙、接力墙、旱地游泳、左右墙、真假墙、天桥风云、三人墙、终极墙等游戏竞技环节，制造出令观众捧腹的喜剧效果。《冲吧！汪汪汪》是一档让孩子训练宠物狗跨越种种障碍物赢得比赛的节目。在节目的游戏环节，一些小选手对于顽皮的、不听指令的宠物狗毫无办法、手足无措，令游戏环节冲淡了竞争性，变得妙趣横生。

（3）游戏规则要考虑场地和资源因素

在设置游戏的时候，需要考虑到节目录制的场地因素和节目组所掌握的资源。游戏节目的录制场地可以在演播室中进行，也可以在体育馆、半开放的体育场、大型影棚，甚至是户外环境下录制，比如《正大综艺·墙来啦》《老公，看你的》《疯狂的麦咭》《真的，很好玩》等节目录制场地均设置在演播室、大型影棚等室内场地，在游戏规则的制定上需要将室内因素考虑进去；而《智勇大冲关》《男生女生向前冲》这一类将自身定位成"户外水上冲关"的游戏节目，其游戏规则必须更加贴近和符合户外竞技的要求。有些游戏节目的录制场地则兼顾了室内和户外，比如《冲吧！汪汪汪》这档节目，对于宠物狗的训练环节放置在室内进行，而比赛环节则设置在户外，因此，针对不同的场地因素，在游戏规则的制定以及游戏环节的实施上都需要有所改变。

（4）要善于设置游戏的悬念

与文学作品、电视剧一样，综艺节目也需要情节的起伏，所谓"文似看山不喜平"，游戏类综艺节目的游戏环节、竞技环节如果太过于平实，缺乏看点，则不会引起观众的兴趣。一档好的游戏类综艺节目，在游戏环节的设置上，也需要合理的插入悬念，比如在引出游戏的时候，可以通过特殊的道具、特别的来宾引出将要进行的游戏项目。在游戏内容进入竞争激烈的白热化阶段，同样可以设置悬念，引发观众的好奇心，使游戏环节的进行更加生动有趣。

（5）游戏规则要考虑奖惩制度

1990 年，《正大综艺》的播出在国内电视史上具有划时代的意义。此前没有任何一档国内电视节目，会对节目中的嘉宾实施象征性的奖励和惩罚，在《正大综艺》中，嘉宾通过抢答方式参与游戏，答对的嘉宾会获得分数上的奖励，而答错的嘉宾则会获得一面画着"叉号"的牌子。在《男生女生向前冲》节目中，选手顺利闯过一定的关卡，就会获得相应的物质奖励，一旦失误落水，则被判出局。游戏节目是一种带有竞技、比赛行为的电视节目样式，最终会选出获胜者，而获胜者的判定需要依赖相应的规则判定。

2. 参与性

（1）设置互动，提升参与性

电视综艺节目的叙事方式是具有开放性的，面对镜头，面对摄像机，观众普遍具有直接交流的感受。在"受者本位"理念的驱使下，嘉宾与嘉宾之间的互动，嘉宾与主持人之间的互动，嘉宾、主持人与观众间的互动，也越来越频繁，互动带来了交流感，提升了观众对节目的参与性。

（2）制造氛围，调动积极性

游戏类综艺节目的运作具有更强的开放性，游戏、竞赛环节的设置要能调动现场参与者的积极性，使节目呈现的效果更具有观赏性。节目氛围的营造可以依靠主持人或嘉宾的串场、游戏环节的设置等，良好的氛围，可以带动参与者的情绪，使其进一步融入节目中，甚至激发出"非角色表演"的本能。观众也不可能喜欢平淡无奇的节目，通过主持人、嘉宾的台词，或者游戏环节的设置，可以有意识地营造出紧张感、对抗感和悬念感，有些节目在开始营造出紧张感和悬念感，在节目结尾却呈现出"反转"结局，成功地制造了节目的看点。

（三）益智类综艺节目的编导

2000 年前后，随着人们对游戏节目的审美疲劳，以竞猜为形式、以博彩为看点的益智类节目逐渐成为综艺节目新的增长点。这一类节目最早兴起于美国，是从 20 世纪三四十年代广播电台的智力竞赛节目转化而来的。从 20 世纪 50 年代以后转而在电视上播出。在我国，20 世纪 90 年代的《正大综艺》《第二起跑线》《芝麻开门》等节目，都有引入竞猜这一游戏元素。不过，以物质奖励刺激收视率和观众参与，既强化益智也强化博彩的节目，还是从《幸运52》和《开心辞典》开始的。1998 年 11 月 22 日，中央电视台二套推出了由李咏主持的《幸运52》，这是中央电视台以 40 万英镑的价格从英国引进的节目模式。《幸运52》在英国原版节目《Go Bingo》的基础上，进行了升级改造，并针对中国观众的欣赏口味对其加以本土化改造。《幸运52》中的博彩成分打破娱乐类、知识竞赛类节目的界限，有机地将游戏与知识普及融为一体，更加符合中国的国情。随后，中央电视台又推出了模仿美国《谁想成为百万富翁》节目的《开心辞典》。《开心辞典》同样进行了本土化改造，而其最大的成功之处就在于将电视手段的卖点和社会文化心理的卖点区别对待，保留电视手段的卖点，在社会文化心理上做文章，引入"家庭梦想"概念，成功消解了此类模式中的博彩成分。随着节目的进一步发展，为家庭圆梦的理念，逐渐扩展到"捐助希望工程""保护环境""支持奥运"等一系列公益性活动的领域，成功地将大众文化与主流意识形态结合在一起，更好地诠释了电视媒体舆论引导和经济创收的双重角色。2006 年，央视再度推出了一档新节目《购物车》，选手通过看商品猜价格的游戏方式博取丰厚奖品。在节目中，"益智"成分被最大化地降低，成为一种可有可无的点缀，发展为直接的、公开的、刺激的金钱游戏。

以《幸运52》为代表的益智类综艺节目与《正大综艺》这一类的智力竞赛节目的不同之处在于：首先，它是真正的博彩类节目。尽管沿袭了知识问答博取奖励的形式，但是环节设计更加简约。节目性质由过去那种象征性的答题表演，演变成一场以高额物质奖励为驱动的真正意义上的智力较量。艺术性追求已经降到最低，而博彩性和互动性则成为节目的本质特征，正所谓"玩的就是心跳"。其次，参与者由演艺明星逐步变为普通平民。尽管综艺晚会和游戏类综艺节目中已经出现了普通大众的身影，但前者只是观众，是看客，对节目的参与度有限，而后者虽然可能登台却仍然只是节目的配角。在益智类节目中，普通观众已经成为镜头聚焦的主角，成为了电视镜头前真正的主人。

第六节　电视真人秀节目编导

一、真人秀节目概述

真人秀诞生于欧美。1999 年，荷兰 Veronica 电视台播出了真人秀节目《老大哥》。节目中，一群陌生人聚在一间屋子里，二十四小时不间断被拍摄。他们的每一句话、每一个动作都可能被放在电视上播出。几乎同年，《幸存者》在瑞典和美国开播，十几个参与者被送到荒岛，依靠极其基本的工具维持生存，最终胜出者将赢得一百万美元的奖金。这两档真人秀节目因为真实呈现了现实世界中人性的阴暗面而瞬间风靡全球。时至今日，真人秀依然展现出了强大的生命力，并在全球范围内掀起了真人秀热潮。

在国内，广东电视台的自办节目《生存大挑战》于 2000 年 6 月开播，是国内首个独立制作的真人秀节目，是我国"真人秀"节目的雏形。第二届《生存大挑战》节目借鉴了国外经典真人秀节目的模式，节目中引入了淘汰机制和竞技环节等真人秀元素，以引起挑战者之间的竞争为节目的看点。此后，国内的真人秀节目形式逐渐趋于多元化。由生存挑战型和人际考验型，逐渐发展到职业应试型、身份置换型、游戏比赛型、男女选配型、才艺表演型，题材也从隐私暴露、残酷竞争和奇观化生存环境扩展到日常生活、才艺表演、艺术设计等方面，其中以才艺表演为主的表演选秀模式所引起的狂热浪潮令内地电视人始料未及。

作为一种新的节目形态，由于国情、文化传统和观众收视习惯不同，处于兴起阶段的国内真人秀节目引发了众多非议，比如湖南经济电视台制作的《完美假期》、重庆卫视推出的《第一次心动》等节目被相关部门叫停，浙江卫视推出的《夺宝》，以及中央电视台推出的《金苹果》等节目也受到了争议，但真人秀节目成为国内电视业界的一个新潮流，并在质疑声中不断发展。

才艺表演形式的真人秀，通过为普通人提供舞台表演和展示自我的机会，满足他们的表演欲望和挑战自我的渴望，给予了他们一次圆梦的机会。这类节目的原生态展现方式、强烈的对抗性、天然的悬念感、平民化的叙事风格都与真人秀一脉相承，在极短的时间内，掀起了选秀的热潮。我国的选秀热起源于2005年湖南卫视的《超级女声》，几乎一夜之间，节目的参与者李宇春成为了广大青少年竞相追捧的平民偶像。而随后，央视的《梦想中国》和《星光大道》、上海东方卫视的《加油，好男儿》和《我型我秀》相继开播。2006年，选秀的态势依然有增无减，在全国范围内掀起了海选、区选、预赛、决赛的浪潮。直至今日，《超级女声》所带来的狂热效应仍然没有完全消散，它带动了一大批相似节目的诞生，比如东方卫视的《舞林大会》、北京卫视的《红楼梦中人》、浙江卫视的《我爱记歌词》、江苏卫视的《谁敢来唱歌》，以及近几年的《中国达人秀》《中国梦想秀》《中国好声音》等。值得注意的是，这些后起之秀不论在形态上，还是在运作上，都已经与《超级女声》有了很大不同，从形态上来看，《舞林大会》注重使用明星元素，《我爱记歌词》《谁敢来唱歌》都淡化了竞赛的色彩，注重娱乐效应；从运营上来看，《中国好声音》被业界人士誉为一档真正意义上制播分离的节目。《超级女声》的出现使得选秀成为一种基本节目形式，可与其他节目深度结合，对日渐式微的各种综艺类型节目起到了强大的收视刺激作用，比如湖南卫视《快乐大本营》的特别节目《闪亮新主播》，以新主持人的海选、新老主持人的PK为卖点，成为经典品牌重振收视雄风的制胜法宝。

2006年，是真人秀节目发展非常迅速的一年，很多电视台纷纷主打真人秀牌，推出形式多样的真人秀及其衍生形态的节目。比如，《我型我秀》就以开设"新生训练营"海选为节目进行造势，并衍生出了另一档真人秀节目《加油，好男儿》。随后，中央电视台的《梦想中国》也拉开帷幕，在规模和声势上都超过了前一年，除了在北京、上海，还首次在网上设置赛区，随后湖南卫视的《2006超级女声》在长沙揭开帷幕，广东电视台也联合制作公司推出多档真人秀。

2007年，国家广电总局颁布了相关规定，要求对真人秀节目进行严格规划审查，并规范真人秀节目市场，以评委言行举止失态、内容格调低下等原因叫停和批评了不少真人秀节目，同时进一步规范对婚恋交友类电视节目的管理。如今，国内的真人秀节目主要以演唱类为热点，《中国好声音》在2012年夏天异军突起，到了2013年，更是有13档音乐选秀类节目在暑期档竞争，不断刷新真人秀节目的收视纪录。

二、真人秀节目编导的基本原则

真人秀节目的编导，一般来说，要考虑以下几个最基本的原则。

娱乐性。就真人秀节目而言，娱乐主要来自节目中营造的悬念，给观众带来的惊奇、刺激和紧张感。

真实性。能够真实地呈现人物性格和人物关系，人物的性格暴露越充分，人物关系越紧张，就越具有真人秀的效果。

完整性。真人秀节目的编导需要突出创意性，要考虑到主持人、参与者、嘉宾、观众的配合，也要考虑到游戏规则与人物表现的配合，同时还要考虑到单独的每一集与节目整体的配合，视觉的空间关系与镜头的节奏关系的配合，服装、化妆、道具、环境之间的配合，以及娱乐性与伦理性的平衡。

原创性。原创性并不是电视节目绝对的原则，但在一定程度上，原创性可以增加真人秀的新鲜感，引起更多的关注。电视节目的编导要敢于突破原有经验和常规思维模式的限制，适度地采用逆向思维、求异思维。

三、真人秀节目的形态特征

电视真人秀，在英语中对应的是"Reality TV"（真实电视）。由此可以看出，真人秀的本意是记录真实发生的事件，但是真人秀并不完全真实，它包含着表演的成分，由此，我们把该形态的节目特征归纳为以下几点。

（一）普通人参与

真人秀节目的参与者通常是普通人，这是该类节目异常火爆的重要因素。各节目的宣传语都会向观众们传递这样的信息——只要有自信，任何人都可以参与到节目中来。尽管最后站在决赛舞台上的选手都像明星一般光彩照人，但他们和所有报名的人一样从海选一路走来，观众对他们有着深刻的认同感，他们追求的梦想道路，和千千万万的电视观众是一样的。

（二）通过游戏规则制造冲突矛盾

生存类真人秀节目规则借鉴了国际性体育赛事的规则，通过比赛环节、淘汰环节产生最后的胜利者，游戏规则通常是以淘汰形式最终留下唯一胜利者，获得价值不菲的奖品。选秀类真人秀的游戏规则则是以才艺表演的形式，通过评委和观众的层层筛选、投票，决出最后的冠军。

（三）注重真实和公开隐私

真人秀节目以真实为卖点，但是需要指出的是，这样的一种真实并不是真正意义上的真实，而是在一种虚拟的生存环境中展开的真实体验。竞技的舞台和节目流程都由制作者设计并掌控，观众看到的是主观意志下的真实。于是，银幕中选手的行为便有了天然的表演成分。不管他们如何表演，我们看到的一切表象都是真实的。真人秀节目吸引观众的一个主要因素，就是真实记录了选手参赛的全过程，观众不仅能够看到选手在舞台上的表现，还可以了解到他们私下的生活习惯、生活状态，满足了受众普遍存在的对隐私的好奇心理。比如，国内以《超级女声》为首的多个选秀类真人秀节目，都会在节目中或者衍生的节目中播放选手日常生活的画面，他们的言行举止、生活习惯、赛前准备，甚至与家人之间的电话视频通信都被暴露在电视银幕上。

（四）表演成为不可缺少的形式

这里的表演具有双重含义。首先，作为才艺展示的表演，是选秀类节目的主要组成部分。选手通过唱歌、舞台表演，或者个人魅力，来换取晋级的资格。其次，在拟态环境中，摄像机前的选手会由于希望表现出自己优秀的一面，下意识地进行表演。在镜头前，由于摄像机的暗示作用，他们可能会有一些超出常人的表现。在观众的眼中，这样的一种表现常常会和作秀联系在一起。

（五）最大程度地体现了观众的参与性

真人秀节目的选手来自大众群体，某种程度上，他们是观众的化身。观众通过选手在真人秀中的经历，进行移情和代入，实现深层的娱乐体验。真人秀节目讲求时效性，很多真人秀节目都采用直播或部分直播的方式，比赛的进程和观众的收看是同步的，这使得观众对于未知的比赛内容格外关注，引起观众的收视热情。观众参与性的最大体现，则是观众可以通过投票的方式直接决定选手的去留。目前，很多真人秀节目都采用观众投票产生冠军的做法，在决赛中，票数最高的选手将成为最后的冠军。观众仿佛在选秀节目中被主办方授予了至高无上的生杀大权，观众通过手机短信、网络投票等方式，为自己心仪的选手投票，并有可能改变节目的结局，这是以往电视节目中未曾出现的。

四、电视真人秀节目的编导要点

电视真人秀节目的编导要点主要包括策划阶段、拍摄阶段和后期编辑阶段。

（一）电视真人秀的策划阶段

1. 搜集点子

搜集点子是一个很短的过程，但也是一个非常关键的阶段。更多的是需要灵感和直觉，一个好的点子，可能是灵感的乍现，稍纵即逝。在搜集点子的阶段，首先，需要编导展开大胆的想象。电视真人秀节目的策划，要敢于突破惯性思维的束缚和限制，可以采用发散思维、求异思维、逆向思维等多种思维方式，特别是要敢于突破现有节目的瓶颈。一般情况下，我们在考虑问题的时候常常会先入为主，给自己限定一个范围，比如说已经有什么样的节目？已经设计过什么样的节目流程？这样就限制了自己的思路。其次，丰富的经验对于策划是非常重要的，这种经验不仅仅在于节目的制作经验，更重要的是社会经验和阅历经验。但有时候，经验也会对创新产生反作用。电视节目编导只有跳出已有的经验范围，才能产生新的创意，很多好的创意在开始的时候，很可能会觉得不可思议，甚至根本不可能实施，但创新往往来自于这些奇思妙想，不妨把所有的想法都写下来，并且进一步的思考，常常会获得意想不到的惊喜。

2. 头脑风暴

头脑风暴是一个管理学常用的词，当一群人围绕着特定的兴趣领域产生新观点的时候，这种情境就叫头脑风暴。在真人秀节目的策划中，常常需要召开策划会，邀请各方面的人士，让他们针对前期提出的点子，提出自己的想法。一般情况下，除了需要邀请该领域的策划人、制作人和专家学者之外，还应该找一些与节目内容相关的专家和实践者。比如野外真人秀节目的策划，可以找一些探险方面的专家，还可以找一些对节目所在环境比较熟悉的人士。商业类的真人秀节目，则可以咨询商界人士，甚至是在校大学生的意见。在头脑风暴阶段，强调的不仅仅是要独立思考，更重要的是相互启发。每个人的想法不一定需要有多么的完善，也不需要在逻辑上有多么的严密，重要的是在思维和智慧的碰撞中闪现火花，头脑风暴可以综合多个人的不同想法，使前期的点子更丰满更完整。

3. 论证可行性

有了好的创意，并经过头脑风暴形成一定的初步方案后，考察和论证就显得非常重要。以野外真人秀为例，通过实地环境考察，可以设计一些与当地情况相符合的游戏，比如湖南卫视的《爸爸去哪儿》就根据拍摄地的环境，设置了不同的住宿环境和融入了拍摄风情的游戏任务。实地考察，也需要对节目的可行性和安全性进行充分的论证，并为节目的展开做一些必要的准备工作，地形地势、风土人情、天气状况，甚至道路、水源等，均需要纳入考虑的范畴之列。这个阶段的工作做得越细致，在后面的节目拍摄和操作中，出现的困难和意外的可能性就会越小。

4. 形成策划方案

结合前期调查结果，经过实际论证以后，就可以逐渐形成策划文案。一套详尽的策划方案，不仅要经过专家论证，而且需要与媒体的管理者、经营者，以及相关的法律、伦理方面的专家进行沟通，平衡各方面的意见，最终形成一套比较完善的策划方案和工作台本。电视真人秀不需要像影视剧本一样做到非常的细致，但是节目的规则和发展趋势是必须要把握好的。一旦有疏忽之处，就会出现场面失控，甚至无法正常拍摄的尴尬局面，浪费人力物力。要避免上述这种情况，就需要对节目进程进行有效的掌控，在节目的创意中进行周密的设计。在策划案中，包括节目样式、节目概述、淘汰规则、游戏规则，拍摄和编辑方案等都要详细说明，其中淘汰规则和游戏规则的设计尤其重要。

（二）电视真人秀拍摄阶段

在策划完成以后，电视真人秀就要准备开始拍摄工作了。一般来说，只有当策划方案得到论证和认可之后，正式的准备程序才能够真正启动。真人秀的拍摄阶段分为筹备拍摄阶段和实际拍摄阶段两个部分。

1. 筹备拍摄阶段

真人秀节目的成本一般会高于其他类型的电视节目，与在演播室内录制的电视节目相比，真人秀节目的制作方式更加复杂，准备工作也相对繁琐。筹备拍摄阶段的工作主要包括：

（1）合作机构和资金的准备

合作，可以降低和分担投资制作风险，集中优势资源，提高专业化制作水平。真人秀节目的合作伙伴包括电视节目策划专家、投资商、广告公司、广告赞助商、播出机构、发行销售机构，以及相关的媒体、场地道具服装、奖品提供商等。良好的合作平台和合作机制，往往是节目成功的前提。充足的资金，则是真人秀节目是否能够开拍和运作的有效保障。真人秀节目需要通过对未来收视率的预售和未来广告的预售来获得资金的支持，策划方案必须要以市场规模和预计广告收益两种方式来说服投资方和广告商，以获得充足的资金来源。

（2）场地和设备的准备

真人秀节目往往对场地有特殊的要求。有些真人秀节目选择室内场地，有些真人秀节目选择户外场地，有些则是两种类型的场地兼而有之。在选择和设计场地时，需要考虑三个因素，即场地的特殊性、氛围感和适用性。场地的特殊性，要求场地能为节目创造出神秘感和完整感。场地的氛围感，则要求场地要有一种与真人秀节目内容相匹配的特殊氛围，甚至能够营造出一种仪式感，营造出让参与者迅速进入某种情感状态的氛围。场地的适用性，则要求场地的选址、面积大小、硬件条件要便于电视节目的制作。

（3）制作团队的准备

大型真人秀节目，需要庞大的制作团队，即便是一般的真人秀节目，制作人员也会超过 50 人，包括制片组、编导组、摄像灯光组、录音组、美工组、后勤组、选手组等。目前很多电视真人秀节目的制作班底大多是从纪录片、影视剧和综艺节目的制作人员中转过来的，在很多方面还带有这三种电视节目的风格。而如何把握好这些原有的风格，并融合成一种新型的风格，就需要不同的组别进行不断的磨合和尝试。

（4）节目参与者的准备

大多数情况下，真人秀的参与者通过选拔产生，为此要设计有效的选拔程序。通过这种程序，挑选出既具有代表性，又富有表现力的参与者，同时，还需要存在各种对立、差异、联合的可能。参与者在很大程度上决定了节目的成败。

参与者的征集主要分为两个阶段，即征集参与者信息的发布和参与者报名。一些涉及特殊行业的真人秀节目，还会有参与者调查问卷。信息的发布是将征集参与者的信息通过电视、报刊、广播和网络等媒体，让大众知道并积极参与节目。征集信息一般包括节目简介、奖项设置、报名条件、报名方法等内容。现在，真人秀节目在选拔参赛者时，往往会附上一个提前准备好的节目宣传片，宣传片的内容要突出节目的宣传标语和特色。

在完成了参与者的报名征集工作后，下一阶段就是对报名者进行选拔。主要是依据报名表、报名者的个人资料、调查问卷进行选拔，必要时还需要进行面试。由于不同的真人秀节目有不同的需求，这些节目选择参赛者的具体要求也各不相同，并没有一个统一的选择标准，一般会通过资料筛选、面试、上镜、培训等方式，发掘普通参与者身上与该真人秀节目契合的特质。

（5）工作台本和工作流程的准备

真人秀节目由于拍摄机位多、环节复杂、工序繁多，在拍摄之前需要制作比较详细的工作台本。当然，对于不同的真人秀节目，也不能一概而论，在一些偏重游戏性、环节性的节目中，特别是在野外实景拍摄中，出现难以预知的天气环境的时候，更多是需要工作提示的准备和对现场导演灵活调度的要求。除了台本外，良好的工作准备也是拍摄真人秀节目的必要保障，很多真人秀节目的拍摄时间较长，现场需要的设备和调度人员非常多，如果没有一套完善的流程管理，则无法保障节目拍摄的正常进行。国外的电视真人秀节目经过多年的发展，已经产生了一套标准化的节目制作流程和团队运作机制。目前，国内许多电视节目的制作和创作水平依然不太稳定，节目的质量常常会因时、因地、因人而异，整体专业化水平依旧有待提高。

2. 实际拍摄阶段

经过细致的策划和论证之后，真人秀节目就进入了实际拍摄阶段。很多真人秀节目都是由外景拍摄、现场交流、后期采访和互动环节组成。因此，实际拍摄阶段也包括前期拍摄、现场记录、演播室拍摄和后期采访等不同拍摄环节。真人秀的实际拍摄有以下几点要求：

（1）拍摄中大量采用记录的手法

真人秀节目在拍摄中常采用记录的手段，针对不同的真人秀节目会选择不同的设备。比如，在室内真人秀节目中，主要使用监视器和摄像头进行拍摄。将监视器和摄像头放置在参与者所在生活空间的各个角落，将参与者在空间内发生的一切忠实地记录。这种方法的好处是可以将所有细节都完整地记录下来，为后期剪辑准备大量的素材。比如《老大哥》《完美假期》都是采用这种方法。这类结构的缺陷也是显而易见的，将所有的内容实时记录下来，需要大量的储存设备，素材量也十分巨大，重点不突出，为后期编辑增加了极大的工作量。而监视器和摄像头的位置相对固定，机位和景别比较单一，在后期剪辑中常常难以找到合适的镜头。室外真人秀节目对摄像师的要求较高。摄像师不仅要敏锐地把握住具有较强表现力的信息，而且要保持机位和景别的丰富性和多样性。对于野外拍摄的真人秀节目，可以根据拍摄的需要，选择适当的机器，比如《荒野求生》由于拍摄者需要跋山涉水，或是潜入水中，或是攀登悬崖，或是经受烈日酷暑、冰天雪地等不同的气候和环境，会配备轻便的微型摄像设备。

（2）记录参与者的行动、状态和心理

真人秀节目注重细节的刻画，由于参与者处在相对封闭或固定的空间，一些细节在镜头下很容易被放大。针对参与者行为、状态的拍摄，能够表现出人物的心理波动和性格特征，制造差异性、冲突性和紧张感。真人秀节目的"真"，更多是通过节目中人物的"真性情"展现出来的，而这种"真性情"的塑造，离不开大量的细节展现。

（3）将"细节"和"故事"有效的结合

真人秀节目中，"细节"来自于镜头真实的记录，而"故事"则考验的是编导们把握全局的能力。在真人秀节目的拍摄团队中，可能有来自纪录片和综艺节目两个不同组类的摄像人员。针对这种情况，节目导演需要针对两类不同节目的拍摄方式布置拍摄任务，有拍摄纪录片背景的摄像大多具有敏锐的洞察力，善于抓拍细节；而有从事综艺节目拍摄经验的摄像，则会强调拍摄的整体感，注重节目效果的表现。

真人秀节目的拍摄主体是作为参与者的"人"。在拍摄时，不仅要拍摄参与者在竞技中的表现，还要针对参与者的个性等细节，如表情、语言等进行刻画。在景别的选择上，通过大全景和远景表现人物与环境之间的关系，通过全景和中景表现人物的动作和行为，通过近景和特写刻画人物的表情和神态。在拍摄环境时，也可以通过航拍的手法，在视觉上形成一种把控全局般的视觉感官。

3. 后期编辑阶段

真人秀节目在拍摄阶段主要强调细节的捕捉，在进入后期编辑的阶段，最重要的是将丰富、零散的拍摄素材，编辑为具有目的性、情节性、戏剧性的线性故事结构。也就是说，真人秀节目在后期编辑的时候，最重要的就是从大量的素材中，挑选出那些具有冲突性的素材，强化节目的故事性，使开放的素材成为封闭的叙事，实现记录性和戏剧性的统一。真人秀节目的编辑与影视剧的编辑有相似性，都是选择那些能够有效表达含义的画面和声音，按照一定的目的建立事件、情感和意义的完整性。

（1）完整叙述事件的过程

真人秀节目内容是具有叙事性的，必须符合叙事蒙太奇的规则，叙述完整的故事情节，使镜头组合为场面，场面组合为段落，段落组合为事件，事件组合为故事。在编辑过程中，还可以使用闪回和插入等技术手段，完成事件的回顾，并突出重点内容。展示节目的环境、交代人物、讲清故事是后期编辑中必须完成的任务，真人秀的素材有许多是从不同时间和空间角度，使用不同的艺术和技术手段拍摄的画面和声音，这就要求编辑者具有选择画面、把握节奏的能力，将事件的主要发展元素，以他们的自然序列串联在一起，通过对各种基本元素的排列组合，完成一个完整的叙事。同时，在编辑阶段，要保证真人秀节目中的时空具有完整性，这就要求编辑者熟悉轴线运动、视线匹配、动作衔接、空间一致、节奏一致等相应的剪辑规则。

（2）强化戏剧性和感情效果

在后期编辑时，要充分利用各种剪辑手法，强化节目的戏剧性效果。比如可以采用平行蒙太奇和交叉蒙太奇，将各种不同或相同的时空内发生的相对独立的情节进行并列叙述，推进情节和人物关系的发展，起到扩展信息量、制造悬念、加快节奏、强化戏剧冲突、强化对比的节目效果。也可以采用对比剪辑，将拍摄的不同空间的不同人物或相同人物的画面剪辑在一起，制造变化性和冲突性，形成强烈的对比效果。在《爸爸去哪儿》中，经常出现将人物前后言行不一致的画面剪辑在一起的手法，用来塑造人物的性格，使节目透出风趣幽默的效果。同样，在后期编辑时可以通过对镜头的组合创造情感。比如，通过画面的组接来刻画参与者的情感关系，并结合各种隐喻、象征、烘托等手段，唤起观众的情绪。在后期编辑中，还可以加入声音和音乐效果，动画效果，特技效果，甚至调整原有的速度，对情感效果进行强化。

（3）形成统一的节奏和风格

观众通过观看播放的声音和画面来感受真人秀节目，因此，编辑也需要按照视听习惯进行剪辑。在剪辑时，要避免同景别、同机位的画面相连接，也应该避免将同一场景内越轴拍摄的镜头组接在一起，并尽量减少相同运动方向、相同构图方式的镜头直接组合在一起。观众观看真人秀节目时的情绪和节奏感，在很大程度上受到剪辑效果的影响，这就要求在剪辑的时候，节目自始至终都要保持统一的风格和标准。节目的内容可以不断创新，但是风格和理念则应该保持相对的稳定。

第七节　电视纪录片编导

一、电视纪录片的界定

纪录片伴随着电影的诞生而产生，与电影故事片不同的是，非虚构是其最重要特质。1895 年，法国的路易·卢米埃尔兄弟制作的 12 部有名的短片就是最早的纪录片，包括《工厂的大门》《火车进站》《水浇园丁》等。从当代纪录片的观念看，最早的完整意义上的纪录片，是 1922 年美国人罗伯特·弗拉哈迪拍摄的表现爱斯基摩人生活的《北方的纳努克》。

我国的纪录片发展也走过了 80 年历史，现今，我国的纪录片创作正在蓬勃发展，正在向纪录片大国的目标而努力。

关于什么是纪录片，国外和国内都有许多界定。如英国的约翰·格里尔逊"把所有根据自然素材制作的影片都归入纪录影片范畴，是否使用自然素材被当做区别纪录片与故事片的关键标准"。美国南加州大学、南伊利诺斯州立大学等五所大学联合编辑的《电影术语辞典》如此定义："纪录片，一种排除虚构的影片。它具有一种吸引人的有说服力的主题或观念，但它是从现实生活中汲取素材，并用剪辑和音响来增进作品的感染力。"

朱景和称"纪录片是非虚构非表演的影视纪实艺术"。高鑫认为电视纪录片是指"运用新闻镜头，真实地纪录社会生活，客观地反映生活中的真人、真事、真情、真景，着重展现生活原生形态和完整过程，排斥虚构和扮演的新闻性电视节目"。

现在纪录片创作手法日新月异的发展，对搬演的认识已有颠覆性改变。

什么是纪录片？很难给其下一个完整、准确的定义，我们把上面的内容做一下概括来理解纪录片：必须是对世界的真实记录和客观反映；绝对不容许虚构；采用纪实手法拍摄。

石长顺先生概括了纪录片的几个基本特征，可以帮助我们更好地认识什么是纪录片：一是无假定性的真实。相对于艺术的真实而言，纪录片所面对的客体对象必须是现实生活中真实存在的事物和人物，不容许虚构事件。它的基本手法是采访摄影，记录真实环境、真实时间里发生的真人真事。二是形声一体化的表现结构。在现实世界中，客观事物的存在与运动都以形声一体化的完整形态进行，摄像机以一种特殊的记录形态，再现了客观事物直观的形声结构和运动过程。它强调记录行为空间的原始面貌，强调记录形态一体化的行为活动，使得纪录片中人和事物的活动具有了一种符合人的日常生活经验的逼真感。三是情境化的叙事方式。即纪录片的图像符号所表现的抽象内容具有一种"可经历"的情景意义。所谓"情境"，包含三大要素，即人物活动的具体时空环境；人物面临的具体事件或情况，即过程；由此构成的特定人物关系。①

二、纪录片与专题片的区别

纪录片与专题片容易混淆，为此也有过激烈争论，国内关于专题片与纪录片的关系争论有四种观点：一是等同说，认为专题片即纪录片，纪录片即专题片，同一个片种，两个名称。二是从属说，纪录片从属于专题片，专题片从属于纪录片。三是畸变说，把我国专题片说成是外国纪录片在中国的"怪胎"，认为我国专题片过于直露，主观介入太强，改变了外国纪录片客观纪实的传统，是对纪录片的异化。四是独立说，认为专题片与纪录片分别是各自独立的两个片种。经过多次学术探讨，最终明确：一方面《中国电视专题节目分类条目》不再使用专题片的名称，而是明确提出，电视专题是电视专题节目的一部分，被涵盖于其中的报道类，是报道类节目中的主要形式。另一方面，报道类根据其叙述表达方式的差异，可分为纪实型、创意型、政论型、访谈型和讲话型五种。这五种类型基本包括了以前被认为是专题片和电视专题的电视片。这样的分类也比较繁杂，不容易被接受，其实自从提出这样的划分之后，

① 石长顺. 电视专题与专栏——当代电视实务教程［M］. 上海：复旦大学出版社，2015：140-141.

人们依旧习惯使用纪录片、专题片的概念。如何区分专题片与纪录片？这样的表述似乎更容易让人理解，即专题片追求艺术加工，情感抒发，主观意念强；而纪录片追求客观，排斥主观。在《中国广播电视协会全国性评奖评选章程实施细则（试行）》中，对专题片作如下界定："以声画对位的解说词为主要表达方式的议叙结合"的节目；对纪录片的界定是："以声画合一的现场实景为主体拍摄的纪实风格"的节目。这样的界定应该更好区分，另外，在以下几个方面可以把纪录片与专题片区分开来：

1. 创作思维不同

纪录片是客观地"再现"社会生活，创作者的思想隐蔽渗透在对生活的展现之中。专题片则允许采用"表现"的手段，艺术地表现社会生活，可直接表现创作者对生活的看法和主张，具有较强的主观意识。

2. 表现手法不同

纪录片多采用长镜头或同期声展现生活的真实，多反映"一般现在时"的生活，较多运用跟拍、抓拍、偷拍等拍摄方法。专题片多运用象征、联想、烘托、对比等艺术手法，甚至允许在一定程度上的扮演、补拍和摆拍。

3. 结构方式不同

纪录片是以"时间"变化为依据的"纵向结构"。专题片是以"空间"变化为依据的"横向结构"，往往依主题的需求而选材，材料与材料之间都是破碎的，不连贯的材料组合。

三、电视纪录片的编导要点

（一）精心选题

即先确定纪录片要拍什么？这是确保创作取得成功的第一步，是先决条件，因此，要精心选题，进行创意策划，找到一个好题材、好故事。题材的选择途径是：通过各种渠道，广泛获取纪录片的选题线索；深入开展调研，认真分析论证选题的可行性；撰写选题策划书并上报，全面分析选题的价值与意义。进行选题时，可以考虑以下几个因素：

1. 现实性

纪录片是现实社会、现实生活的折射，选择拍摄题材时，要把握时代的脉搏，紧跟现实的脚步，反映生活的变迁。要关注社会，关注科教，关注自然，关注民生。《大国崛起》《互联网时代》《一带一路》《辉煌中国》《创新中国》《大国重器》《超级工程》《河西走廊》《平衡》《山坳里的中国》等纪录片，无不是紧密结合现实社会的发展变化，是对现实、对时代、对当下的记录与呈现，打上鲜明的时代印记。《我们这五年》《我们的青春》《中国表情》《零零后》等纪录片"立足现实生活，洞悉社会热点与痛点，反映了社会深层次的文化内涵，成为'中国梦'的最好的注解"。① 因此，拍摄反映现实生活、把握时代情绪的现实题材纪录片，是纪录片编导的重要使命与义不容辞的责任。

2. 独特性

选题也要打好个性牌，追求差异化，拍人所未拍，在人们平时不注意的领域开拓，或者在人们熟悉的题材里寻找新视角，表现新主题。题材要有鲜明的地域特色、民族特色，比如纪录片《第三极》《你所不知道的中国》《世界上的另一个我》《我从新疆来》《犴达罕》《生门》《人间世》等。也可以拍摄边缘题材、冷门题材。《你所不知道的中国》关注大家不太熟知的神奇中国和文明中国，解读不一样的中国骄傲。《世界上的另一个我》表现的是"90后"一代人的集体写真和青春对话，但纪录片设定了主角，到世界许多地方寻找与"我"同年同月同日生的人，通过"另一个我"的故事，来反映"90后"的人生故事、成长故事，纪录片具有国际视野，选题视角很独特。《最后的山神》表现的是鄂伦春族的生活故事，《犴达罕》则是聚焦鄂温克族，两部片子都是对独特的少数民族文化的深入开掘。《生门》《人间世》分别关注的是产妇与家人在医院生产过程中经历的种种考验，以及每个人都会遇到的看病问题。《最后的棒棒》关注了特殊群体"棒棒"的生存状态。

3. 丰富性

纪录片要有一定的容量，无论拍摄主体是什么，都要有内容可以表现和挖掘，比如拍摄主体是人，那么选择的人物一定要有丰富的人生经历，有突出的业绩或成就，有多姿多彩的故事，这样才能保证不会因为素材搜集困难而影响创作，也不会影响对人物形象的塑造。即便是讲述老百姓的故事，拍摄普通人、小人物，也要有不一样的人生或丰富的内心世界，这样拍摄出来的人物才有张力，才有吸引力和感染力。如拍摄伟人的纪录片《毛泽东》《周恩来》《邓小平》等，以及《让历史告诉未来》《大国崛起》《复兴之路》等纪录片，无不是题材重大，容量巨大，叙事宏大，内容丰富，资料翔实。拍摄小人物的如《三节草》《俺爹俺娘》等纪录片的主人公也都是人生阅历丰富，即便拍摄野生动物的纪录片如《帝企鹅日记》等也让我们看到相爱相守、勇气以及生命之美等丰富的意蕴。

4. 知识性

---

① 张延利. 国产纪录片迎来新一轮行情［N］. 光明日报，2018-04-05（8）.

　　纪录片选题要在文化传承、知识传播、科学普及、自然保护、生态和谐等方面肩负重任，坚定文化自信，重视人与自然的和谐，保护好、传承好、利用好中华民族的优秀传统文化，将其发扬光大。如《舌尖上的中国》《如果国宝会说话》《世界遗产在中国》《记住乡愁》《航拍中国》《寻找手艺》《了不起的匠人》《孔子》《百年巨匠》《本草中国》《京剧》《茶·一片树叶的故事》《大黄山》《春晚》《家风》《寻味顺德》《森林之歌》等，都是同时具备知识性和观赏性的纪录片。比如《如果国宝会说话》通过 100 件国宝述说古人的创造力，让受众认识读懂中国文化，获得了文物知识、历史知识、文化知识。《百年巨匠》把近代艺术大师、画坛巨匠的故事呈现给受众，让受众温习了一遍近现代中国文化史。《本草中国》以"本草"为切入口，以温暖真实的力量和纪录片隐遁的中医药传承人的故事，深度解密中医药文化的奥秘精髓和悠远历史，让受众了解更多的中医药文化知识。

　　（二）确定结构

　　选择好拍摄题材以后，就进入实际创作阶段，制定创作计划和拍摄大纲，其中未来的成片结构是需要最先考虑的问题，常见的结构形式有：

　　1. 时间顺序式

　　即按照时间的顺序、事物发展的过程以及人们对事物认识的逻辑顺序来安排层次。以时间为线索来安排结构层次，叙事清晰，例如《半个世纪的乡恋》，这是一部反映和表现韩国慰安妇李天英老人的人生经历和情感世界的纪录片。定居中国的李天英老人回自己的家乡韩国探亲的故事，是按老人踏上归程的顺序展开。按照事物发展过程的顺序安排结构，特别适用于文献纪录片，例如《复兴之路》《互联网时代》等。以时间顺序为经、以空间变换为纬，纵横交错地安排层次。例如，《我们的留学生活》即采用纵横交叉式结构方式，将同一时间不同地点发生的多个留日学生的故事交织安排在一起。

　　2. 以小见大式

　　以小见大，也就是在宏大的叙事中，向小人物聚焦，通过小人物的故事，折射出大主题。黄山题材本身是大的选题，但《大黄山》的编导却在每一集中，"别具匠心地选择了当下小人物为切入点，将其与黄山的历史传说相勾连，深入浅出，完美地实现了纪录片的故事化表达，让观众在不知不觉听故事的节奏中了解了黄山的前世今生"。① 例如，片中刻画了制作火轮的项元林、放绳工李培生、徽派木雕技艺传承人洪建华等普通人，来表现黄山历史与文化

----

① 程丹. 纪录片《大黄山》创新性创作刍议 [J]. 当代电视, 2014 (7)：43.

的绚丽多彩。

3. 平行对比式

就是同时讲述两个或多个故事,各个故事是平行关系,或相互对照、相互映衬,但是都为同一个主题服务。例如,《沙与海》就是两条平行的线,互不交叉,一条线记录的是宁夏与内蒙古交界处的一户沙漠人家的故事,一条线讲述的是辽宁黄海之滨的一户海岛之家的故事,但编导把两条线结构在一起,构成了一部片子。沙漠上的刘泽远一家、海岛上的刘丕成一家,远隔千山万水,两家互不相识,也没有任何关系,但放到一起,也不显得牵强,纪录片很好地表现了他们各自独有的生活方式,但有一点是相通的,那就是该片展现的中国普通人的生存状态,表现了中国人不怕艰苦、挫折,具有坚韧不拔精神的性格特征。《舌尖上的中国》也是采用平行叙事的典范,"有些故事是根据食物的类别、主题表达的需要而采取平行叙事的手法,在夹叙夹议之中,在不同类型的故事之后之中,平行推进人物行为走向"。①

此外还有主线串珠式,即把几部分不同的材料用一条或若干条主线依序串连在一起,从事物的不同侧面表现同一个主题。板块式,即先确立一个明确的主题,然后将几大块相对独立的内容并列组织在一起说明这个主题。

(三) 重视拍摄

选题确定、批准后,拍摄是纪录片的主要创作环节,拍摄前要做好一切准备工作,包括案头准备,广泛搜集相关资料,然后联系拍摄对象,让拍摄对象有思想准备,商定采访拍摄时间、地点。做好拍摄前的一切准备,还包括创作成员的确定、设备的租借、经费的筹措、行程的安排等。做好采访策划、拍摄计划以及应变预案等的制定,做到"大军未到,粮草先行"。应把片子的立意问题、风格定位问题、提问的问题、表现手法问题等都考虑清楚。有时在正式拍摄前,要进行先期采访,到拍摄现场进行查看,做到心中有数。

进行解说词写作、拍摄脚本写作,然后进入实地拍摄阶段,这是最主要的环节。一是记录画面。如何把画面拍得好、拍得美,涉及摄像机的操作形式、机位、镜头语言、声音采制等。纪录片编导要懂镜头,指导拍摄者注意构图、用光;运用长镜头与蒙太奇手法;善于抓拍,减少干预,捕捉突发事件并记录下来,抓拍生动细节,记录稍纵即逝的精彩瞬间。不同内容、不同风格的纪录片,要选用不同的摄影风格。除了要记录现场画面外,还需要拍摄空镜头,当然空镜头大量使用,要有指向,一般而言空镜头的作用是:介绍环境或背景,

---

① 尚文静.《舌尖上的中国》是如何讲故事的 [J]. 当代电视, 2014 (9):57.

交代时空；抒发人物情绪、推进故事情节、营造节奏、引领思考等。许多获奖纪录片都特别重视摄影，有的编导还亲自担任摄影，如纪录片《忠贞》《平衡》《背篓电影院》《空山》的主创者彭辉就是集编导、摄影、撰稿、剪辑于一身。《最后的山神》编导孙曾田本身就是摄影专业出身，因此在他的作品中，画面拍摄特别考究。画面拍摄还涉及再现拍摄，特别是文献纪录片、历史题材纪录片，为了弥补画面不足，生动还原历史事件、历史人物，就需要运用情景再现的拍摄手法。关于情景再现是否应该在纪录片中出现，还曾有过激烈的争论，周兵在拍摄《故宫》等纪录片时率先使用，并逐步得到认可，现在已经被普遍接受。情景再现拍摄主要是使用电影的拍摄手法，与纪实拍摄有很大不同。通过情景再现来拍摄历史人物，一般多采用拍背影、侧影，多做镜头虚焦处理。二是记录声音。编导要指导成员搞好声音的采制，注意声音与画面的紧密关系。纪录片的声音包括现场录制的同期声、自然音响，也包括演播室完成的效果音响以及后期时配的解说词、音乐等。同期声是拍画面的同时采集下来的语言素材，包括采访中的问答、拍摄现场拍摄主体与其他人物的对话、人物自己的叙述、现场自然音响等。编导一定要注意同期声的采制，真实电影更应该重视同期声，像《犴达罕》这样的纪录片，完全不用解说词，更要做好声音的录制。解说词是附加画面之外的语言，以解说员播讲的形式表现出来的，常用于介绍和议论，表达创作者的理性思维及其主观情感。解说词有先写完再拍，也有拍摄完毕或初剪完毕后再写。此外，这一环节还包括采访提问，涉及提问的环境选择、提问的时机把握、提问的方法技巧等。

（四）强化后期

后期制作是纪录片创作的最后一个环节，也非常重要，纪录片编导要把后期制作当作一项重要工作来认真完成，编导要全程参与、指导剪辑，否则质量难以保证，预期效果也难以达成。后期制作就是把拍摄回来的声画素材，按照一定的结构剪辑在一起，并利用多种元素，通过多种编辑手段使之成为一个供人观赏的作品。具体而言，要审看素材，做好记录；制定编辑大纲，进行纸上剪辑；选择切入点，注意节奏的把握；初步剪辑，精细剪辑；制作动画，制作声音；包装合成，送审作品。纪录片中动画制作环节也越来越受到重视，其中历史文献纪录片由于没有画面，除了真实再现之外，就是通过动画等手段模拟再现，如在《大国崛起》里就是依靠模拟再现手法，表现航海时代的兴盛场景，彼时的海船、港口等都是用动画呈现的。《河西走廊》也是用模拟的方式，再现了河西走廊在丝绸之路上的历史地位、价值，让观众形象、直观地走近河西走廊，认识河西走廊。

纪录片创作是一项具有复杂性、变化性、不可控性等特点的艺术活动，特别是创作理念不断发展变化，创作技术日新月异，需要编导灵活运用多种创作手法，探索新的表现形式，善于运用新媒体技术，努力提高作品质量，不断实现创新与突破。

◎ **思考与练习**

 1. 电视新闻节目的界定。

 2. 如何把握新闻节目的选题？

 3. 电视专题节目如何界定？

 4. 电视专题节目有哪些类型？

 5. 电视专题节目编导需要注意哪些问题？

 6. 电视专题节目有哪些结构形式？

 7. 电视谈话节目如何界定？

 8. 电视谈话节目有哪些类型？

 9. 电视谈话节目的编导需要把握哪些内容？

 10. 电视生活服务类节目如何界定？

 11. 电视生活服务类节目有哪些类型？

 12. 试析电视生活服务类节目的编导要点。

 13. 电视综艺节目如何界定？

 14. 电视综艺节目有哪些类型？

 15. 如何对综艺晚会进行内容策划？

 16. 游戏类综艺节目的编导需要考虑哪些元素？

 17. 电视真人秀节目的界定？

 18. 电视真人秀节目经历了怎样的发展过程？

 19. 如何把握真人秀节目的形态特征？

 20. 真人秀节目的编导需要经过哪几个阶段？

 21. 如何区分纪录片与专题片？

 22. 纪录片的编导要点有哪些？

第九章　视听新媒体编导

第一节　新媒体对编导的新要求

一、新媒体的概念及基本特征

（一）新媒体的概念

随着互联网的发展，新媒体诞生了。20世纪70年代，"New Media"一词逐渐在美国流行，并扩展到全世界。"新"是一个相对的概念，广播相较于报纸，电视相较于广播，都是"新媒体"。如今我们迈入了互联网时代，传播技术发生了革命性的改变，报纸、广播、电视等媒体形态都成了"旧媒体"，即"传统媒体"，而网络媒体成了新媒体。联合国教科文组织对新媒体下的定义："以数字技术为基础，以网络为载体进行信息传播的媒介。"美国《连线》杂志将"新媒体"定义为"所有人对所有人的传播"。

新媒体主要是指利用数字技术、网络技术、移动技术，通过互联网、无线通信网、卫星等渠道以及电脑、手机、数字电视机等终端向用户提供信息和娱乐服务的传播形态和媒体形态。简而言之，新媒体就是能为大众同时提供个性化内容的媒体，使传播者和接收者融会成对等的交流者，而交流者相互间可以同时进行个性化交流的媒体。

（二）新媒体的基本特征

1. 数字化

传统媒体的传播系统都是模拟的，而新媒体运用数字化技术，把文字、声音、图形、图像等模拟信息转换成0和1的计算机可读信息，这种信息的载体叫"比特"，这是新媒体技术的基础。新媒体通过全方位的数字化过程，将所有的信息缩减成二进制元编码，并且可以采用同样的生产、分配与储存的过程。现代信息技术的突飞猛进必然将改变人类的工作、学习、娱乐方式，即人类的生存方式。①

一方面，与传统媒体相比，新媒体的数字化特征拓展了传输手段以及接收终端。与此同时，新媒体也打破了报纸、广播、电视等媒介之间的壁垒，最大限度地实现了传播形式的兼容，为媒介融合提供了可能。另一方面，数字信号的传递速度是每秒 30 万公里，新媒体的更新速度因此达到了按秒计算，信息的采集、制作、传播速度几乎实现了同步，信息传播的时效性大大提高。

2. 交互性

传统媒体是单向式的传播，尽管传统媒体也注意到了受众参与的重要性，通过读者来信、热线直播等方式来拉近媒体和受众之间的距离，但其效果还是很有限。

新媒体时代，互联网的发展打破了传统媒体时代传播者和受众的界限，电脑、手机等数码产品的发展又使得每一个"受众"都能变成"传播者"，每一个人都可以接收、发布、评论、回复各种信息，信息的传播者和受众之间能够进行实时的交流，传播方式也由单向线性传播发展到双向甚至多向交流。曾经的"点对面"传播转化为"点对点"传播，"所有人对所有人传播"成为现实。受众不再仅仅是信息的接受者，同时也是信息的传播者。

如今，网站、微博、微信，以及各类 APP 已经成人们掌握资讯最常用的方式，也是人们展现自我、相互交流的重要平台，正如同新浪微博的口号一样：随时随地发现新鲜事。

3. 个性化

传统媒体时代，媒体传播什么，受众就接收什么。而在新媒体时代，受众可以自主选择自己感兴趣的内容来看。新媒体实现了信息传播与收阅的个人化。以网络环境为基础，在大数据的支持下，基于信息用户的信息使用习惯、偏好和特点向用户提供满足其各种个性化需求的服务，这也将会是新媒体的发展趋势。

所以，新媒体的时代是一个"受众个性化"的时代，新媒体时代的新闻是随选的，看似大众，其实分众。现在新媒体越来越主动地运用大数据，推送用户所需要的内容。未来，大规模的个体信息定制将成为可能，媒体将变得更加智慧，更能满足人们个性化的需求。

互联网时代出现了许多视听新媒体，和传统媒体相比，无论是采编方式还是传播方式，都发生了许多变化。因此，传统媒体的节目编导需要适应这

---

① ［美］尼葛洛庞蒂. 数字化生存［M］. 胡泳，等，译. 海口：海南出版社，1997.

种变化。

二、新媒体对编导的新要求

(一) 政治素养与职业道德修养要更高

1. 提高政治素养

随着科技的高速发展，新媒体已经逐渐成为人们获取新闻的一个重要途径。新闻工作的本质属性是党、政府和人民的喉舌。舆论导向如何，对党的事业兴衰成败、社会进步安宁、国家稳定发展，都有重要影响。而新媒体的报道氛围相对宽松，其舆论导向是否正确，取决于新媒体编辑自身的政治素养，编辑必须加强对自身的约束。

新媒体从选题到策划，从制作专题到编排网页、管理论坛，以及约稿、选稿、改稿等业务活动都由编辑完成，有时甚至一个任务从头到尾都由一个编辑独立完成，所以网络新闻及视听作品的整个采编、推送过程与新媒体编辑的政治素养密切相关。新媒体有着强大的交互性，网民自由地发表评论，观点也十分多元，这就需要新媒体编辑具有很强的政治敏锐性，以及高度责任感，要以马克思主义新闻观作为向导，在思想上、政治上与党中央保持一致，并做到以下三点：第一，维护国家利益，把握新闻报道的度。第二，维护社会稳定，处理敏感的话题。第三，维护不同群体的利益要求。

2. 树立新闻职业道德

在中国，新闻工作者的宗旨是为广大人民群众、为社会主义、为工人阶级而工作。新闻职业道德是在共产主义道德原则指导下的先进的道德规范。

《中国新闻工作者职业道德准则》提出了六条准则：全心全意为人民服务，坚持正确的舆论导向，遵守宪法、法律和纪律，维护新闻的真实性，保持清正廉洁，发扬团结协作精神。其中"维护新闻的真实性"是新媒体编辑尤为要注意的。真实是新闻的生命。新闻工作者要坚持发扬实事求是的作风，加强调查研究，报实情、讲真话，不得弄虚作假，不得为追求轰动效应而捏造、歪曲真实。采写和发表新闻要客观公正。不得从个人或小团体利益出发，利用自己掌握的舆论工具发泄私愤，或作不公正的报道。如有失实，应主动承担责任，及时更正。

(二) 专业素质要更强

1. 知识结构要更合理

新媒体编导要掌握文、史、哲等基础知识，有一定的文学修养和语言文字功底，有正确的历史观，要能够辩证全面地看问题。此外社会学、心理学、逻辑学、美学以及相关的法律常识等也是编导要掌握的基础知识。此外还要不断掌握各类新知识，不断进行知识更新。包括编导在内的新媒体采编人员，要具备更合理的知识结构，掌握大量基础知识。

2. 以受众为中心的传播理念

传统媒体以媒介为中心的"我传播什么，你接受什么"的传播理念已经不能适应当下人们接受信息的要求了。新媒体时代的编导要转变工作理念，以受众为中心，做到"你需要什么，我传播什么"。从"推动式传播"转变为"拉动式传播"。受众不再是单纯的信息接受者，而且还是信息的发布者和传播者，并能与网络媒介或其他受众形成互动。因此，编导在节目创作中应具有这种互动意识，利用网络让受众参与到节目的创作中来，成为节目内容的一个重要元素

3. 掌握最新的媒介技术

数字媒体技术的发展得益于不同媒介信息数字化的发展，正是图像、声音、文本、视频等信息实现了数字化的转换，不同媒介之间的融合才成为可能。在数字化过程中，离不开各种多媒体技术的支持。这些多媒体软件不断地从专业化向业余化、大众化转变，操作也日趋简单，从而降低了不同媒介之间的技术门槛，使得不同的信息交流汇总越发容易。如今的新媒体编导既要有文字功底还要掌握摄影、图像后期处理、录音、剪辑等方面的知识，学会运用Photoshop、Edius、Dreamwaver 等多种软件，实现创作手段的现代化。

4. 具备媒介融合的视野

数字技术的发展打破了媒介之间的界限，为媒介融合提供了可能，而内容融合又是媒介融合的主要途径，从物理形态上看，内容融合可分为文字、视频、音频等；从媒介载体看，可分为报纸、广播、电视、互联网等。而视听新媒体时代的信息传播实现了多媒介之间的内容融合，它整合了报纸、广播、电视、网络四大媒介的优势于一身，既能进行文字报道，又兼具图像和声音，因此编导在创作中要以媒介融合的视野进行节目的策划和制作，以使最终的节目满足新媒体时代传播的需要。

第二节　IPTV 编导

电视自发明以来一直是人们生活中重要的部分，传统的电视是单向的传播方式，它限制了观众与电视服务提供商之间的互动，也限制了节目的个性化和即时化。如果一位电视观众对正在播送的所有频道内容都没有兴趣，他将别无

选择。这不仅对该电视观众来说是一个时间上的损失，对有线电视服务提供商来说也是一个资源的浪费。比如一位观众错过了前天晚上的节目，想起来时想即刻收看，这样的情况，对于传统电视来说是不可能的，但是利用网络电视，一切就变得可行。

一、IPTV 的基本概念

"理解未来电视的关键，是不再把电视当电视看。"十年前尼古拉·尼葛洛庞帝曾这样预测未来电视。随着互联网的发展，具有源地址和目的地址的数据包能够独立地穿越路由器和其他主机构成的网络。这使得网络传输变得相对简单，互联网和电视终端的融合找到了新的发展方向。

IPTV（Internet Protocol TV），即互联网协议电视，也叫交互式网络电视。是利用宽带网的基础设施，以家用电视机为主要终端设备，集互联网、多媒体、通信等多种技术于一身，通过互联网络协议向家庭用户提供包括电视节目在内的多种交互式数字媒体服务。

目前，用户在家中主要有两种方式可以享受 IPTV 服务：（1）计算机，（2）网络机顶盒+普通电视机。机顶盒是一种互联网和电视机之间的连接设备，是一种 3C 概念的产品。IP 机顶盒可以提供包括视频点播（VOD）、网络广播（TV/RADIO ON IP）、电子节目指南（EPG）、数字权限管理（DRM）以及各种交互式服务和多媒体服务在内的功能。

二、IPTV 的业务构成

IPTV 可提供的业务主要有三类：电视类业务、通信类业务、增值业务。

IPTV 有很灵活的交互特性，因为具有 IP 网的对称交互先天优势，其节目在网内，可采用广播、组播、单播多种发布方式。可以非常灵活地实现电子菜单、节目预约、实时快进、快退、终端账号及计费管理、节目编排等多种功能。另外，基于互联网的其他内容业务也可以展开，如网络游戏、电子邮件、电子理财等。

有线数字电视采用广播方式，如果要实现视频点播必须将原来的 HFC 广播网络进行双向改造。一般情况下，只开通有关生活资讯的交互频道。如果数字电视要支持视频点播时，也是通过 CALBEMODEM 进入的 IP 网络来支持，实际上就是 IPTV，杭州的数字 IPTV 系统正是这个模式。从提供的内容服务上看，有线数字电视不如 IPTV。

事实上，目前 IPTV 主要提供的业务依然基于传统的影视节目，即以直播电视（Live TV）、视频点播（VOD）、时移电视（TVOD）业务为主，当然还有大量可开发的增值业务空间。Live TV 是 IPTV 系统的基本业务，也是目前运营商广泛推广 IPTV 应用的关键业务。VOD 是 IPTV 系统的增值业务，改变了"你播我看"的电视被动接受方式，让用户可以根据自己的喜好来选择观看的节目。通过流媒体系统的支持，用户可以迅速在海量的内容中找到自己希望观看的节目和内容。由于内容是用户定制的，只能基于单播提供，带宽较高。此外系统可以将多个 VOD 节目轮播成一个虚拟频道，通过组播方式发送给用户，减轻运营宽带商的带宽压力和适应部分用户被动欣赏电视的习惯，并可在 VOD 节目中间插播广告以增加收入。TVOD 是 IPTV 系统的特有业务，在业界首次推出"时移"电视概念，用户可以通过菜单方式对实时电视节目进行点播，或按照需求在某个时间点播相应的节目，还可以随心所欲地对直播电视进行暂停、2-64 倍速前进或者后退，并提供长时间的"时移"网络存储能力，真正解放了电视用户，极大地满足了用户的需求。IPTV 的这些不同于传统电视的新功能吸引了大量用户，并逐步改变着用户的消费习惯和消费心理。

三、IPTV 的传播特点

（一）内容丰富

IPTV 除了可以收看电视台的直播以外，还可以收看很多网络电视的节目，观众可以随时观看，不受时间限制。IPTV 采用的播放平台能根据用户的选择配置多种多媒体服务功能，包括数字电视节目、可视 IP 电话、DVD 播放、互联网游览、电子邮件，另外还有多种在线信息咨询、娱乐、教育及商务功能。

电信 ITV 是中国电信推出的新一代网络互动电视服务，集互联网、多媒体、通信等多种技术为一体，向用户提供点播、回看、时移、信息等多种交互服务的新媒体业务。安装 ITV 后，普通电视机即可变身为具有强大功能的互动性电视，不仅能收看多路直播频道，更能进行海量的电视剧、电影、综艺等节目的点播。特有回看功能，可以随时回看几天内的节目，而电视具备的暂停、快进、后退功能，让观众不会错过喜爱的节目，享受到更专业更具个性的收视体验。

（二）具有交互性

IP 网络的先天特征是点对点，即交互。通过 IP，用户实现了与内容的互动，受众从被动地观看电视变成主动地选择电视节目，这完全突破了传统媒体的限制。IPTV 的互动性，可以分为以下三种类型：第一类为视频节目的内容本身没有因为互动而受到影响，用户只能控制播放时间及播放进度；第二类为节目剧情在播放中受到互动影响，用户可以决定剧情的发展；第三类互动的形式是，受众不仅与节目互动，而且能够与其他受众进行互动。

（三）满足观众的个性化需求

传统的电视是单向传播的模式，电视台播什么，观众就看什么，不会根据某个观众的特殊需求来播放节目。传统电视播出模式的限制，导致其没有办法满足观众的个性化需求。观众的个性化需求主要有两方面含义：一是观众需要得到自己想要的信息，没必要接收自己不感兴趣的信息。二是观众可以在任何时间、任何地点接收信息，不再受到时空限制。网络电视借助有线与无线的互联网接入技术，除了电视台直播以外，还有回看和点播等服务，用户也可以选择在任何时间、任何地点点播节目库中的任何一部节目，按照自己的需求、自己的兴趣爱好选择内容，不再接收广告等不需要或不喜欢的信息，真正实现信息接收的个性化。

另外，IPTV 还具有书签的功能，这次没看完的节目，想下次接着看的，可以在退出时用书签记录，下次再打开这个节目的时候，就可以直接从记录的书签处观看，非常人性化。

四、IPTV 对编导的新要求

（一）内容精细化

随着 IPTV 的用户越来越多，一些高级的经营方式就成为可能。过去我们只需把内容安全地放出来就行了，但在精细运营的时候，需要运营商把内容快速地点播出来。互联网电视内容主要以电影、电视剧、广电直播为主，其他内容形态如音乐 MV、游戏、文字资讯、网页等内容为辅。但是目前市场上面临的竞争主要是小米盒子等一系列 OTT TV,[①] 其使用和工作方式与手机、电脑基本一致。并且 OTT TV 用户的年轻化趋势十分明显，主要集中在 25 岁至 35 岁之间的年轻人群体。智能电视时间碎片化、主观选择性强、交互体验好，自然更受习惯了都市的快节奏生活、深受互联网影响的年轻人的喜爱。

同时 OTT TV 自带的巨大流量，吸引了大量广告商。据统计，汽车、快消、电商、手机等在 OTT 大屏投放的商家，在 2017 年贡献了 23 亿元的广告收入，同比增长 130%。而目前 IPTV 免费内容的主要收入就是电商、广告、游戏，后期会加入家庭医疗、家庭教育、家庭养老，以及智慧家居。除了免费

---

① OTT TV 是"Over The Top TV"的缩写，是指基于开放互联网的视频服务，终端可以是电视机、电脑、机顶盒、PAD、智能手机等。

的内容以外，IPTV 还有收费节目，这就涉及增值运营，这个时候运营的精细化，运营的手段、变现率、用户留存率就变得非常重要，势必要引入一些互联网行业非常有效的运营手段。

（二）数据价值化

如今我们已经进入到一个靠数据说话的时代，大数据技术对电视业最为直接也是最见成效的影响体现在收视测量的变革上。正如维克托·迈尔-舍恩伯格、肯尼思·库克耶所指出的，大数据时代最为显著的特征就是"全数据"或"全样本"成为统计的依据，而不再依赖于传统的随机抽样。纵观收视测量发展的历史，经历了由第一代电话调查、第二代日记卡固定样组测量、第三代测量仪器记录到现在建立在大数据基础上的第四代收视测量颠覆了以往的抽样调查方法，通过对机顶盒的升级，能够对观众开关机顶盒、转换频道、使用增值业务等操作行为进行精确到秒的准确记录，不但最大限度保证了数据采集和传输的安全性，而且可以实现"全样本"测量。此外，据统计显示，在晚间黄金时段，很多微博上的热搜帖子都会与电视节目相关。尼尔森公司通过对140 家无线和有线电视公司的调查，证实了基于微博内容的电视收视率报告对于传统的收视率测量是一个很好的补充。①

在大数据的背景下，IPTV 的编导要注重用户数据分析，要能贴近用户，知道他们的观看喜好，做到智能化洞察。根据数据报告来进行版面的编排，推送符合当下潮流的，符合大部分观众喜欢的剧集或者节目。同时，通过大数据，还可以制定营销策略，抓住不同人群的心，推送他们可能会喜欢的广告，从而实现精准化营销。

（三）服务本地化

IPTV 的区域化电视运营特征日趋明显。要发挥地方运营的本地化服务优势，将 IPTV 从视频的入口转变为智能生活的平台。首先，要建立社会主义核心价值的舆论宣传平台，提升品牌形象，争取相关行业主管部门、企事业单位的政策扶持。其次，要加强和本地企业之间的合作。吸引其在宣传片拍摄、宣传片广告投放等业务范畴内进行深度合作，用平台资源置换市场渠道，在聚合内容的同时产生更多的赢利点。前期目标是通过宣传推广互动平台的本地化特点，实现与各行业的信息联动，后期再基于一定的商业模式，形成更多的赢利点。再次，以电视为基点，本地社区为服务节点，构建智慧社区。以电视屏作为信息的传递屏，以满足用户的生活服务为基础，将用户链接到本地社区中。

---

① 史安斌，刘滢．大数据对电视业的四大颠覆，http：//m.xmtnews.com/p/440.html.

五、IPTV 编导的运营方法

对于新媒体内容的运营，就是要从内容做起。传统媒体的内容是不够的，除了购买电视剧之外，我们需要抛弃固有的观念，做到全覆盖的内容引入。

所谓全覆盖的内容引入，主要包括三个方面：首先是指年龄层全覆盖，即要涵盖母婴、幼儿、少儿、青年、老年等人观看的视频内容；其次是类型的全覆盖，即要覆盖电影、电视剧、综艺、新闻、教育、动漫、生活、美食、旅游、健康、体育等内容；最后是多屏全覆盖，即要覆盖电视屏、电影院线、视频网站的各类内容。只有拥有了海量视频作为基础，才有可能进行全混合的内容运营，从而对用户进行精准的精细化运营。

（一）主题化运营

这是一个常见的 IPTV 运营方式，简单说来就是合并同类项，将内容相近、风格相似、受众相同的内容聚集在一起，呈现给观众。挖掘用户的长尾需求，给用户推荐喜欢的系列节目。例如，可以整理出古装宫斗题材电视剧大合集，还有仙侠剧、职场生存剧等不同的主题。还可以根据不同的影视公司总结出相似类型系列推荐，如"漫威系列电影""迪士尼系列电影"等。这样观众喜欢某种题材，就会觉得搜索起来很方便，也会带动相关题材视频的点播率。

（二）热点响应运营

这是一种新的影视内容编排方式，即根据时下发生的热点事件，推送相关的影视作品，或策划相关新闻专题紧跟热点，比如娱乐圈中一些上了热搜头条的热点事件，就可以策划一个相关新闻报道的专题，从而满足受众八卦的心态，再者可以延伸到相关明星主演的影视剧的推送。

（三）节假日运营

这是一个十分常规的运营方式，根据各类节假日，如国庆、春节之类的节日，或者暑假、寒假这样的假期等，以及各类纪念日，如抗战胜利纪念日等，策划相关话题的专题，或者整合相关影视剧专题。例如，暑假可以在首页推出孩子们喜欢的动画片系列，国庆期间可以重点推出谍战片系列。

（四）关联运营

这就是俗称的新带老、热带冷的运营方法，用新开播的电视剧带动老牌内容，用点击率高、有话题性的节目带动冷门的内容，如用新开播的《如懿传》带动以前的古装剧《甄嬛传》，这样的关联，非常地相近并且合理。人们看完了新剧，还意犹未尽的时候，看到相似的节目推荐，很有可能就会点进来。另外，对于内容相近的节目，如时尚、美妆、健身类节目可以放在一起推荐，满足爱美女性的需求。

第三节 网络电视编导

一、网络电视及其主要类型

(一) 什么是网络电视

网络电视(Web TV),是指采用 IP 协议,通过互联网以计算机为终端的多媒体传播,是一种通过互联网传播电视节目、视音频资源以及提供多种交互式服务的多媒体应用。网络电视整合了电视媒介与互联网的优势,是对传统媒介的进一步发展。网络电视以流媒体技术为基础,彻底改变了传统互联网以文字内容为主导的传播模式,由单纯对静态文字、图片的传播,发展为对动态的音频、视频以及交互式服务的传播。

(二) 网络电视的制作模式

根据网络电视建设主体的不同,网络电视可分为以下几个类型。

1. 传统媒体建立的网络电视

这一类型主要依托传统电视媒介的节目资源优势而建立,以"芒果 TV"为代表,它依托湖南广播电视传媒集团的海量节目资源,向受众提供湖南卫视所有电视栏目以及钻石独播剧场等精彩剧集高清视频点播服务,使传统电视在网络中得到直接的延伸和再生。

凭借湖南广电丰富优质的制作与传播资源,以"内容驱动,移动优先"为战略布局,全面推动芒果独播优势,积极开展自制内容运营,同时逐步挖掘自身对湖南卫视全部电视节目内容和相关品牌资源在互联网、无限等领域的全球独家开发、经营(含转授权)权利。湖南卫视知名综艺节目《我是歌手》(图1)深受大众所喜爱,不方便在电视上收看的观众会去网络上搜索节目视频来观看,而湖南卫视的官方视频网络媒体芒果 TV 就享有这个节目的全网独播权,网络视频的播放率非常高。湖南卫视也率先推出自己的客户端,芒果视频 PC 端、移动端正获得越来越多年轻用户的喜欢。

2. 门户网站建立的网络电视

门户网站是中国网民接触较早的新媒体,国内四大门户网站新浪、腾讯、搜狐、网易也纷纷推出了自己的网络电视,这类网站凭借认知度和庞大的网民数量,保证了网络电视的关注度。以腾讯视频为例,它是一个在线视频媒体平台,同时也是一款视频播放器,其内容涵盖电影、电视剧、综艺、新闻、音乐

图1　湖南卫视《我是歌手》在芒果TV上播出

等最新最热的分类和内容。它和国内多家传统媒体形成合作伙伴关系，购买了很多电视剧、综艺节目的播放版权，并且很多视频网站可以凭借自身庞大的用户群，其登录方式可以直接检测QQ或者微博账号快捷登录，让用户的分享和互动变得非常方便，很多观众在观看视频之后都会愿意在评论区域发表自己对该视频的看法，评论区域已经不仅仅是简单的点赞、留言，还出现了深度解读和精华短评的区域，给观众提供更宽广的平台参与到视频节目里，充分调动了观众互动的积极性。

3. 视频分享网站建立的网络电视

这一类网络电视以优酷网、土豆网、B站等视频分享网站为代表，它们主要是分享来自传统电视媒介及其他网络电视中的节目资源，同时这类网络电视也是网民原创视频传播的主要渠道，有一定的视频点击率和影响力，给广大热衷于原创视频、富有创造力的网民提供了一个很好的平台。艺术家安迪·沃霍尔曾经对他所能预见的互联网世界，作出过两个相互关联的预言：“每个人都可能在15分钟内出名”，“每个人都能出名15分钟”。这个“15分钟定律”在今天得到了很好的印证，从互联网平台里走出来的平民明星越来越多了，而这样的视频原创平台也为草根阶层铺平了道路。

（三）网络电视的节目来源

1. 对已有电视节目资源的网络化利用

这一类节目在网络电视中占有一定的比例，网络电视以传统电视媒介海量的节目源为依托，通过对节目的数字化、网络化转换，达到视频资源整合的目的，丰富了网络电视节目资源。如东方宽频提供的电视节目，全部来自所属文广传媒集团旗下的东方卫视；凤凰宽频的节目内容的主体部分大多来自凤凰卫视的中文台。

2. 网络自制节目

网络自制节目是由网站自身策划、拍摄、后期剪辑制作出来的栏目，其节目种类较多，比如网络自制剧、网络微电影、网络访谈、脱口秀及综艺节目等统称为网络自制节目。

2012年3月16日，高晓松的谈话节目《晓说》在优酷网开播，谈古论今，话题丰富多元，受到广大观众的喜爱。近年来，以互联网为载体的网络视频迅速成为视频行业的新宠。从过去向电视台购买节目，到如今很多重要的比赛、大型综艺节目以及众多网络自制的剧集都是在互联网平台上制作，并且发行、播出的，比如，腾讯视频的自制选秀类综艺节目《创造101》（图2），制作精良，收视率火爆，在节目播出期间，跟节目相关的词汇经常上热搜，掀起了近年来互联网选秀节目的高潮。

网络自制节目灵活性强，不像电视那样受具体播出时间和篇幅限制；既有强大的互动性，也具备快速反应能力，同时还能结合网络特点和网络语言，形成更符合网络生态的节目。

图2 腾讯视频自制的选秀综艺节目《创造101》

3. 网民原创

互联网时代，网民既是接收者也是重要的传播者，随着中国互联网视频时代的到来，一个全新的文化突围而出，一个叫"拍客"的群体诞生了，他们是资讯的分享者与传播者，奇趣事件的见证者，他们思想敏锐，崇尚思考，他们代表了当今互联网新锐的用户群体。优酷和酷6等视频分享网站，通过对网民原创视频的分享，为这类节目的传播提供了平台，赢得了极高的点击率，

"舌尖上的泡面"便是其中一个有趣的例子。

二、网络电视的传播特点

作为一种新兴的传播媒介，网络电视具备如下一些传播优势。

（一）交互性

交互性是网络电视最大的特点，网络电视克服了传统电视线性传播的局限性，通过网络电视，受众可以随时点播自己想要观看的节目，不需要等待着电视台的播放时间，受众由被动接受转为主动选择。同时，受众还可以通过网络与电视媒介或其他受众进行沟通，发表自己的看法，缩短与电视媒介之间的距离。

除了普通视频分享网站有专门的评论区以外，更是有很多视频网站推出了"弹幕"的交互模式，如哔哩哔哩网站（图3），字幕会以滚动的方式实时出现在视频画面上，保证所有观看者都能注意到，从而实现观看者间的互动，甚至可以一起表达对作品的赞叹或批评，增加观看乐趣。

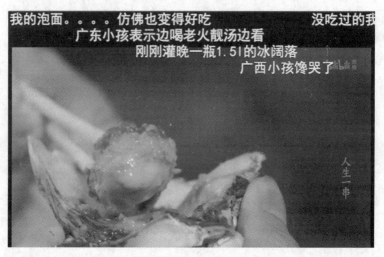

图 3　哔哩哔哩网站的"弹幕"

（二）个性化

网络电视的传播在满足大众需求的前提下更具个性化，网络电视继承了互联网服务的个性化特点，采用点对点的传播方式，根据每个受众的需求来提供服务，这一特征使其成为一种能够满足个性化需求的媒介，受众可以根据自己的需要随意点播喜欢的节目。有的网络电视如 PPTV，会根据观众的搜索与观看纪录，推出"猜你喜欢"的列表，这样个性化的服务，可以让受众主动接收自己所需要的信息，从而提高了信息接收的有效性，真正满足受众在不同领域的个性化需求。

（三）实时性

网络电视集网络的即时性、电视的直观性、广播的覆盖性、通信的快速性、报纸的信息性等多种媒介的传播优势于一身，兼具文本、图形、图像、声音、动画等多种表现形式，以数字技术平台为基础，进行多媒体传播。当新闻事件发生时，网络电视克服了报纸时效性差的缺点，能够和电视一样进行现场报道，同时，还能够结合文字、图片等信息在第一时间发布消息，并进行更加深入的报道，满足受众多层次的需求。

（四）便捷性

现代人们生活节奏越来越快，对许多人来讲，想看视频节目，仅靠家中的电视已经难以满足需要了。网络电视就不同了，具有很强的便捷性，人们可以在机场、办公室、咖啡厅等任何可以上网的地方，观看自己想看的内容，不再受到时间、地点的限制。

三、网络电视对编导的新要求

（一）"内容为王"的传播理念

网络电视的出现改变了传统电视媒介的节目编排方式和节目形态，网络电视的交互性、即时点播等特点打破了传统电视媒介线性的节目编排方式。同时，网络电视的传播不仅提供原有的各种电视节目类型，还可以为受众提供大量个性化、专业性节目内容和各种信息服务，比如电影短片、纪录短片、视频剪辑、广告短片等，由于具有短、快、精、随时点播等特点，颇受广大受众喜爱。网络电视使传统的电视媒介由单一媒介播出平台向多元化交互式播出终端转变。

例如，爱奇艺的自制节目《奇葩说》（图4）秉持着"年轻人为年轻人创造内容"的理念，每期都会提出一个辩题供辩手辩论，这些话题符合当下年轻人的关注点是这档网络自制节目火爆的主要原因。社交媒体上关于《奇葩说》话题的阅读量已经飙升至十亿，这似乎引爆了一个电视台和视频网站从未关注过的市场，开创了互联网综艺时代的到来。

（二）了解受众的需求

传统媒体是"我传播什么，你接受什么"，这种以媒介为中心的"推动

图 4 爱奇艺自制节目《奇葩说》

式"传播模式已经不再适合高速发展的现代社会，网络电视则是以受众为中心，是"你需要什么，我传播什么"的"拉动式"传播。受众不再是单纯的信息接收者，而且还是信息的发布者和传播者，并且能够与电视媒介或其他受众形成互动。因此，编导在节目创作中应具有这种与观众互动的意识，利用网络让受众参与到节目的创作中来，成为节目内容的一个重要元素。

（三）要有市场竞争意识

得用户者得天下，好的用户体验对视频播放量、独立访问用户数量和用户访问时长这三项指标都会同步促进，从而提升平台的营销价值。在经过多年摸爬滚打之后，网络电视逐步发展壮大，开始从拼带宽、抢用户、比流量、购版权，逐步过渡到追求资本市场认可和对利润的追求。变现不仅是为了资本认可和利润，更重要的是公司持续循环发展的基础，因此，视频网站的变现能力正成为真刀实枪评估其综合竞争力的重要指标。收入变现包括流量和品牌议价能力两部分。目前广告主在视频网站投放广告关注的是该网站的流量和用户覆盖，流量一方面为视频网站带来了品牌效应，另一方面也带来了可观的广告收益。因此，能有效地将流量变现为真金白银，就成为视频网站的重要成绩单。网络电视的出现对编导的节目制作水平提出了更高的要求，如何制作出更具吸引力的电视节目，如何能更好地实现"经济文化两手抓，两手都要硬"，无疑是编导所面临的一大挑战。

（四）创办衍生节目

网络电视的节目要从网络电视建设主体的特点出发，发掘自身的传播优势，创办具有自己特色的节目。当一档节目火了以后，要及时地推出与之相关的衍生节目，来扩大或者延续节目的影响力。

爱奇艺在《奇葩说》第三季开始之前还推出了为其海选的先导节目《奇

蕊来了》，完整呈现《奇葩说》第三季选手的选拔过程。作为《奇葩说》这一纯网大 IP 下孵化的一朵新奇葩，在爱奇艺强大平台实力的助推下，《奇葩来了》成功延续了"奇葩系"的 IP 价值。之后的第三季《奇葩说》也由此也获得了更高的期待价值。开创了选秀节目海选独立成篇、单独招商先例的《奇葩来了》，用数据和口碑证明了系列衍生产品的价值。

后来，又衍生出了《奇葩大会》，同样由爱奇艺出品的观点分享类节目，打造了一个史无前例的先锋青年观点集会，华人世界里，先行、勇敢、新锐的青年聚集在这里，放肆分享，自由表达，带来自己最真实的生命体验和人生观点。从最开始的《奇葩说》，到现在的奇葩系列，一直秉持着"内容为王"的理念，用优质的内容吸引了大量的铁粉。

四、网络电视的运营方法

（一）筛选优质内容

在内容建设上，首先要尽可能地内容全覆盖，做到全年龄层覆盖、类型覆盖、多屏全覆盖。面广，受众范围就广。在收购版权内容上，要注意投资回报比，尽可能地提高回报率。这就要求对精品内容进行精准占有，注重优质内容的筛选和推送。在尽可能内容全覆盖的同时还要注意对独家内容的占有。除了购买独家版权之外，还要重视自制内容的开发，如今各大视频网站都在制作自己的综艺节目、网络剧、网络电影等，并且很多节目都取得了很好的收视率。

（二）提升用户体验

除了内容建设之外，战略高度也很重要。作为视频网站平台，要不断升级用户与内容连接的交互体验。在用户体验层面，要给用户带来更加多元化的体验感。可以通过竞猜互动、粉丝衍生品等增加社交互动体验。与此同时，还通过实时弹幕等互动方式，让用户全程参与和享受直播的快乐。

爱奇艺以"用户体验"为生命，采取人性化观影模式，坚持"悦享品质"（Always Fun，Always Fine）理念。在产品技术上，要能保证在线观影清晰、流畅。在网站架构和功能上，通过改良播放窗口、提供"关灯"调节功能等措施不断提升观看质量。在节目选择上，用户可按各式不同的分类、排行选择。在用户使用后，通过观看习惯分析，精准提供适合的视频类型以及相关影评。这种模式使爱奇艺能因人而异、有针对性地提升用户体验。

（三）创新广告形式

广告是网络电视最主要的盈利模式，目前国内主流的视频网站都加大了广告的研发力度，各种新颖的广告形式不断涌现，吸引了很多广告业务。广告形式的创新应该从用户体验上进行创新。

如今的广告不再仅仅局限在视频开播前的那段时间了，会结合着视频本身来进行推销。如电视剧《延禧攻略》里的广告专门制作成一个小剧场，把产品和剧情结合起来，请电视剧里的人物来演，穿插在电视剧里，生动有趣，观众容易接收，效果非常好。另外，要尽可能缩短广告时长，广告过长会降低播放的完整程度，也会影响用户对整个视频网站的用户体验。

（四）实现权益的跨平台互通

视频网站的运营中会员这一块非常重要。除了免看广告以外，把优质的、热门的内容做成会员特权观看，会吸引更多的人加入会员。另外，会员权益的跨平台互通也是大势所趋，既能提升用户体验，又能实现网站的盈利。例如，优酷对会员就提出了"三通"战略，即在用户、数据、服务方面与阿里全方位打通。用户方面，目前已实现淘宝、支付宝账号登录优酷会员，双方开始会员权益的互推，未来双方账户将全面打通；服务方面，以优酷会员为核心，串联各行业合作伙伴的服务，未来可能享受多家院线、餐饮品牌、专享菜品、定制路线等优惠和福利；数据方面，通过大数据和云计算，了解每个用户的娱乐习惯和内容喜好，对用户进行个性化、定制化的娱乐服务及内容推送。此外，爱奇艺和京东也达成了"联盟"，腾讯视频的会员在腾讯旗下的游戏里也有游戏服装等特权。

第四节　手机电视编导

一、什么是手机电视

手机电视，指以手机等便携式手持终端为设备，传播视听内容的一项技术或应用，手机电视具有电视媒体的直观性、广播媒体的便携性、报纸媒体的滞留性以及网络媒体的交互性。手机电视是一种新型的数字化电视形态，为手机增加了丰富的音频和视频内容。

作为新兴媒介，手机为电视这一传统媒介的传播提供了新平台。受众的手机只需要装有支持流媒体视频的专用软件，通过广电网络、计算机网络或电信网络就可以随时随地接收电视节目。

手机电视是一种新型的数字化电视形态，面对新兴的手机电视媒介发展，电视节目制作者需要根据新媒介特性创造新的节目形态。传统电视节目必须符合手机媒介的特质，进行改进和重构，形成适应手机传播的节目形态。

二、手机电视的传播特点

（一）移动性

手机电视开辟了一种全新的，不受时间、空间限制的信息传播渠道，使观众能够随时随地收看节目。传统的电视受众必须要固定在有电视设备及能够接收到信号的区域，活动空间及行为受到限制，而手机电视可以随身携带，能在家或办公室以外的地方接收信息。在公交车、地铁上我们随处可见在看手机里的视频的"低头族"。手机电视让等候的时间变得不再难熬，实现了受众随时随地欣赏音频、视频的愿望。

（二）实时性

依靠现代通信网络和终端的传递，只要手机电视网络运行畅通就能接收到同步的信息，并可以对信息进行选择和保留以后反馈给对方，使得所制作节目的有效利用率变高。这些优势使得手机电视在传播具有突发性且时效性强的新闻节目、特定事件、体育节目时，都能大显身手。当有突发性事件发生时，受众不必上网，也不必坐到电视机前，直接利用手中的手机即可了解到最新的报道。

（三）交互性

手机传播是一种开放的互动式传播。"手机电视能不能火，关键要看能不能实行交互性。"早在 2006 年，当时信息产业部电信研究院总工程师蒋林涛就如此断言，"电视将要发生一个革命，单纯的广播式将会被互动式所取代，用户从一个完全被动的接受将变成要主动的收取。"事实上，与传统单项广播式的电视业务不同，手机电视本身的载体和网络特征，就决定了互动性将是其最大亮点。对用户来说，个性化的内容点播和更加丰富的交互体验是手机电视非常重要的特色功能。手机电视的受众能够充分参与到节目制作中，主动表达自己的想法，还能主动参与互动活动。

（四）多媒体性

手机电视传播体现了多媒体传播的特点，其传播融合了多种媒体的特性，手机电视是通过文字、图片、影像、声音等任何一种或几种的组合来进行的传播活动。这种具有立体效应的多媒体传播组合可以更加真实地反映所报道的对象，满足受众多层次、多角度的需求。同时，手机电视节目既可以根据手机媒介特点专门制作，也可以从传统电视、网络视频等媒介中寻找题材，集传统媒介之所长，发挥自己的传播优势。

（五）个性化

传统的电视收视一般都是一家人共同观看，而手机电视则带有更强的私密性，这是手机电视独有的收视方式。从某种意义上说，手机电视更是一种私用的媒体，或是带有极端个人化的媒体。个性化内容的提供可以吸引更多的手机电视用户，手机电视具有强大的用户交互性能，能使用户和运营商建立一对一的有利关系。可以更方便地为用户提供个性化产品，同时用户也可在强大的数据库中自行选择产品。大众传播是面对成千上万人的信息传递，而手机电视的传播人群则是小群体，带有个人服务的特点。

三、手机电视编导要适应变革需要

（一）节目内容的变革

在任何媒体的发展策略当中，内容都是最为重要的，手机电视也不例外。当用户对其使用的新鲜感过了以后，便会开始追求实用性，也就是希望能从这种新媒体当中获得更多更精彩的内容。如何在短时间内吸引到观众的注意力，是对手机电视节目的挑战。在叙事上，手机电视节目不追求故事结构的庞大、不追求叙事空间的张力、不追求故事情节的多层渲染和铺张，而以明快的手法交代叙事为目的。适宜手机播放的节目以简短的资讯和娱乐类节目为主，因此编导要在内容的精短上多下工夫。

（二）节目形态的变革

从手机电视的视觉效果看，手机电视对节目形式提出了新的要求，主要表现在时长和画面两个方面。

由于手机电池续航能力有限，手机是以满足通信需要为前提的，因此留给观众收看手机电视的电量是有限的，节目的时间"短"成为其最重要的特征。从手机电视对观众的吸引力看，由于手机屏幕分辨率低、屏幕小，容易引起视觉疲劳。手机电视的移动性决定了它的收视干扰因素多、收视时间破碎，再加上资费因素，因此手机电视单个节目内容不宜过长，要在短的时间内把画面交代清楚，让受众能够在第一时间内获取信息。

从镜头的拍摄来说，手机电视所能达到的视觉效果是非常有限的，屏幕狭小的视觉空间使得它不适合表现宏大场面，也很难带来强烈的视觉冲击。手机屏幕的有限画面空间要求在前期拍摄时取景、灯光、字幕等都要做相应调整，远景、全景等大景别应尽量少用，多用中景、近景、特写等小景别，节目的光线设置应较为明亮，避免灰暗，对比度以突出为好，字幕的大小应以受众能看清楚为宜等，这些都是编导需要考虑的。

（三）节目编排的变革

由于手机电视节目播出的时间限制，必须对传统电视节目重新编排，较普遍的方式是把传统节目分解成片段，去掉大部分元素，保留一两个情节点，做成短片用于手机电视的传播。对于一些手机与电视直播节目相互补充的节目，例如体育比赛等传统电视已经播放过的内容可以通过手机回放，特别是对一些精彩瞬间进行回放，可以有效补充传统电视媒介的不足。①

四、手机视频新闻的编辑方法

手机视频新闻是手机电视众多业务中的一个类别，从内容构成上，网络视频已有的内容理论上可以全部"迁移"到手机终端，达到内容丰富、结构清晰、栏目齐全的效果。

手机视频新闻以电视媒体或视频网站的新闻和资讯为基础，既有网络视频新闻的延伸，也有手机终端的特色。我们以腾讯手机视频客户端为例，来看看手机视频新闻的内容构成。

手机视频新闻具有手机媒体的一般特性，如移动性、个性化、交互性等，此外还要达到手机终端的播放要求，如时长要短，内容要精，同时还要满足视频新闻的传播特点，要有新闻性和实时性。因此，手机视频新闻是符合用户随时随地收看个性化节目的需求的。

（一）栏目设置

虽然手机终端越来越大屏化，但考虑到不同终端的适配需要，设置手机视频新闻栏目依然采用简洁明了的原则，以大众化、普通性的一般栏目为基础，以有特色和个性的栏目为亮点，做到少而精。一般的手机屏幕能放下的栏目也就四五个，但可以设置通过点击或滑动选取更多栏目的选项。然而是否能够让用户有兴趣选择更多的栏目观看，就需要编辑发挥自己的主观能动性对界面进行设计和编排了。

（二）内容编辑

视频新闻编辑的工作流程当中，除了节目录制、数字化、流媒体化和上传环节以及技术自动完成外，编导、剪辑、编辑、审核都需要编辑参与，编辑在其中发挥着重要作用。

当前，在手机端收看视频新闻以流量计费为主要方式，考虑到手机屏幕小、资费成本高以及收视环境复杂等因素，在选择、编辑与制作点播类视频新

---

① 杨尚鸿. 编与导：电视编辑学原理 [M]. 北京：北京师范大学出版社，2011.

闻时要有一定的针对性。在内容上，偏向于新闻性、娱乐性，强调热点新闻的时效性，娱乐新闻的可视性，精心制作单条视频新闻的标题和摘要，通过标题和摘要来引导用户点击视频。对于没有字幕的视频新闻还应该考虑加上字幕，以方便用户在嘈杂的移动环境中收看。在时长上不宜过长，长时间的新闻文件比较大，不利于下载，即使下载了，也会占用较大流量而影响用户的收看。如果新闻很重要，不能压缩在限定的时间里，可以将新闻切割，做成连续报道的形式。

（三）策划专题

在面对重大新闻、突发新闻时，还可以根据新闻价值和用户关注度编辑、制作出可点播的视频新闻专题。专题的制作较为简单，主要是将多来源、多片段的同类视频集中到一起，形成一个图片加文字的新闻列表，方便集中浏览某一类新闻的视频。同时还要为专题制作一个手机版的题图，形成一种强势效应。

手机视频新闻现在还处在起步、发展阶段，编辑和制作手机视频新闻要充分考虑到手机终端的特点、视频新闻的传播规律和手机用户的心理特征。多样化的终端导致用户在收看同一视频时会有不同的视听体验，视频新闻强调以画面和影像来取悦用户，而用户在手机端又极易形成短平快的收视心理。因此，要站在不同用户、不同收视终端的角度来审视手机视频新闻的编辑，最终达到手机视频传播规律与用户收视心理的平衡。

五、短视频对编导的新要求

随着新媒体的飞速发展，在碎片化的信息时代，人们已经习惯了用手机来接收资讯，这种新的观看模式对视频本身又有了新的要求。手机上的微信以及微博等，每天都传播大量的短视频，太长的视频人们不太会有耐心看完，所以视频时长不能太长，短视频的模式应运而生，并且还出现了很多短视频的手机应用软件，如梨视频、抖音等。当下的短视频大致分两种，一种是资讯短视频，一种是网红短视频，资讯短视频的特征是拍别人，网红短视频的特征是拍自己。如何创作好短视频，以及如何运营短视频媒体是编导们遇到的一个新的挑战。

（一）把握好视频的内容来源

传统媒体的编辑流程是固化的，这种生产方式决定了内容是有限的，生产者也是有限的，即主要是媒体工作者。移动互联网和自媒体兴起以后，任何人都可以随时随地用自媒体发布信息。渐渐地，人们发现自己面对的资讯非常丰富，但是好的内容越来越少，信息过载现象随之出现了。在这种情况下，就需要有人去把关，资讯的生产者虽然很多，但需要设一定专业门槛，让有专业能力，甚至经过专业培训的人来为客户筛选内容，从而进行智能推进。

这个过程其实就是"去中心化——再中心化"，这也是新传播革命的特征。以梨视频的拍客网络来说，目前核心拍客 15000 人遍布 520 个城市，背后有一个最高效拍客管理系统，这一套系统组成全球最大拍客网络。梨视频的核心价值即通过建立庞大、有序的拍客系统，以及购入国内外素材的版权来获得海量的资讯供给，再由编辑筛选和剪辑来提供"更善意"、"不偏激"、更符合年轻人对于内容资讯需求的短视频，呈现"细节中国"。

（二）在短时间内讲好一个故事

短视频的核心功能即讲故事。从 2017 年 2 月开始，梨视频转型为"用讲故事的方式传递中国声音"的平台。在手机屏幕上切换视频比用遥控器切换电视频道容易太多，所以这个观看时间数据是短视频应用后台考核非常重要的指标。作为编导，当然希望观众能把视频整段看完，而不是看几秒就关掉。完播率在很大程度上证明了视频的质量是否过关，节奏把握得好能让观众一口气看完，如果节奏拖沓则会影响完播率。

编导需要从以下四个方面进行努力：第一，选题。短视频的选题要能吸引人的眼球，并且要具有话题性。第二，形式。短视频的形式，即视频内容的叙事方式、是否用字幕、时间的长短、是否具有代入感等，都会影响观众的观看体验。第三，内容。优选的短视频内容要有一定的意义，对于资讯短视频而言，内容的真实性尤为重要，就网红短视频而言，其内容的健康及趣味性较为重要。第四，时长。手机接收终端和碎片化的信息时代决定了短视频的特点：短。短视频要能做到短小精悍，突出主题。

（三）推送个性化

不管在国内还是国外，资讯一定会大规模分发。公众在什么地方，资讯就在什么地方。比方说重庆的白领，北京暴雨的新闻他们可能不会很关心，但是某网红奶茶店在重庆开新店、某个品牌新出了一个爆款的包，他们就有可能会关心。

人工智能最大的优势，体现在对海量数据的分析和处理，能在最恰当的时间推荐给最需要的用户，大幅提高信息分发的效率。在信息分发行业，人工智能可以实现分众化、差异化传播，有助于舆情应对。

通过大数据的分析，对个人阅读喜好的识别，来实现相关内容的推送。另外，还可以实现商业广告的精准投放，让广告投放到合适的、有相应需求的人群中。

（四）建立良好的审核机制

短视频在发展的同时，也暴露了许多问题。抖音、快手等短视频平台不时会出现一些低俗不良的信息，给社会带来负面的影响。短视频覆盖范围的极速扩张，对社会的影响力也越来越大，平台在满足用户观看、创作、沟通等需求的同时，也应对平台内视频负有监管责任，引导用户形成正确价值观，因此视频的审核工作就显得尤为重要。要建立良好的审核机制，努力做到有标准必落实、有问题必重视、有违规内容必查删，营造健康的网络氛围。

◎ 思考与练习

1. 比较 OTT TV 和 IPTV 之间的区别。
2. 网络自制节目存在着哪些优势和不足？
3. 分析网络电视对编导的新要求。
4. 手机电视编导应如何适应变革的需要？
5. 选择一款当下热门的短视频 APP，分析其受欢迎的原因。
6. 你对短视频审核机制的建立有什么建议？
7. 短视频对编导提出哪些新要求？

参 考 文 献

1. 陆晔，赵民．当代广播电视概论［M］．上海：复旦大学出版社，2005.

2. 郭镇之．中外广播电视史［M］．上海：复旦大学出版社，2005.

3. 项仲平，程晋，李欣．广播电视编导教程［M］．北京：高等教育出版社，2015.

4. 魏珑．电视编导［M］．杭州：浙江大学出版社，2007.

5. 李燕临．电视编导艺术［M］．北京：国防工业出版社，2011.

6. 陈立强．电视编导实用教程［M］．北京：中国传媒大学出版社，2012.

7. 广播影视业务教育培训丛书编写组．广播影视数字化普及读本［M］．北京：中国国际广播出版社，2007.

8. 高鑫，周文．电视专题（修订版）［M］．北京：中国广播电视出版社，2008.

9. 石长顺．电视专题与专栏——当代电视实务教程（修订版）［M］．上海：复旦大学出版社，2009.

10. 石屹．纪录片创作论［M］．重庆：西南师范大学出版社，2007.

11. 石屹．一撇一捺：陈汉元访谈［M］．上海：上海人民出版社，2008.

12. 石屹．广播电视新闻业务［M］．北京：北京大学出版社，2014.

13. 金元浦．中国文化概论（第三版）［M］．北京：中国人民大学出版社，2015.

14. 孙机．中国古代物质文化［M］．北京：中华书局，2014.

15. 覃光广，等．文化学辞典［M］．北京：中央民族学院出版社，1988.

16. 高鑫．电视艺术美学［M］．北京：文化艺术出版社，2005.

17. 叶朗．美学原理［M］．北京：北京大学出版社，2009.

18. 严三九．中国新闻精品导读［M］．杭州：浙江大学出版社，2005.

19. 郭宝新．中国广播电视新闻奖 2003 年度社教佳作赏析［M］．北京：新华出版社，2005.

20. 王廷信．艺术导论［M］．北京：高等教育出版社，2017.

21. 石长顺. 电视文本解读 [M]. 武汉：武汉大学出版社，2008.

22. 柳邦坤. 当代新闻采访与写作教程（第二版）[M]. 武汉：武汉大学出版社，2017.

23. 曾海燕. 三侃电视：电视编导的专业思维与修养 [M]. 北京：中国广播电视出版社，2008.

24. 颜纯钧. 电视编导概论 [M]. 上海：上海三联书店出版社，2009.

25. 沈国芳，颜纯钧. 影视写作教程 [M]. 北京：高等教育出版社，2010.

26. 徐航州，李智. 电视写作 [M]. 北京：中国传媒大学出版社，2017.

27. 高超，杨开源，柯婧. 影视媒体文案写作 [M]. 重庆：重庆大学出版社，2017.

28. 李林，刘万军. 电视编导实务 [M]. 北京：中国传媒大学出版社，2013.

29. 童宁. 电视节目结构方法 [M]. 北京：中国广播电视出版社，2004.

30. 姚治兰. 电视写作教程 [M]. 北京：中国传媒大学出版社，2010.

31. 王蕊，李燕临. 电视节目摄制与编导 [M]. 北京：国防工业出版社，2008.

32. 吕萌，左靖. 当代广播电视概论（第2版）[M]. 合肥：合肥工业大学出版社，2012.

33. 董旸. 广播节目策划与制作 [M]. 北京：中国传媒大学出版社，2007.

34. 杜桦. 广播节目编导 [M]. 北京：中国传媒大学出版社，2009.

35. 危羚，王萍，赵慧. 广播节目编辑与制作 [M]. 北京：中国传媒大学出版社，2013.

36. 邓年生，余欢欢，刘枫，肖文. 电视专题与专栏 [M]. 武汉：华中科技大学出版社，2014.

37. 王玉生. 广播电视新闻采写 [M]. 杭州：浙江大学出版社，2008.

38. 曾祥敏. 广播电视新闻采访报道 [M]. 北京：高等教育出版社，2012.

39. 肖峰. 广播新闻业务教程 [M]. 武汉：武汉大学出版社，2010.

40. 王光祖. 影视艺术教程 [M]. 北京：高等教育出版社，1992.

41. 王晓红. 电视画面编辑 [M]. 北京：中国传媒大学出版社，2002.

42. 张凤铸. 影视艺术新论 [M]. 北京：北京广播学院出版社，2000.

43. 苗棣. 中国广播电视节目概论 [M]. 南京：南京师范大学出版社，2010.

44. 项仲平，王国臣. 广播电视文艺编导 [M]. 杭州：浙江大学出版社，2003.

45. 赵淑萍. 广播电视新闻采访与写作 [M]. 北京：北京师范大学出版社，2007.

46. 程道才. 广播新闻写作 [M]. 北京：中国广播电视出版社，1999.

47. 周小普. 广播新闻与音响报道 [M]. 北京：中国人民大学出版社，2001.

48. 成文胜. 广播新闻 [M]. 北京：中国人民大学出版社，2013.

49. 萧峰. 广播新闻业务教程 [M]. 武汉：武汉大学出版社，2010.

50. 杜桦. 广播节目编导 [M]. 北京：中国传媒大学出版社，2009.

51. 张彩. 世界广播发展研究 [M]. 北京：中国传媒大学出版社，2007.

52. 柯泽. 广播电视节目策划与创新 [M]. 北京：中国传媒大学出版社，2011.

53. 孟建，黄灿. 当代广播电视概论 [M]. 北京：中国传媒大学出版社，2011.

54. 王雪梅. 中国广播文艺理论研究 [M]. 北京：中国传媒大学出版社，2011.

55. 黄炜. 新闻采访写作 [M]. 上海：上海大学出版社，2005.

56. 张海潮. 中国电视节目分类体系 [M]. 北京：中国传媒大学出版社，2007.

57. 袁靖华. 电视节目模式创意 [M]. 北京：中国广播电视出版社，2010.

58. 王振业，方毅华，张晓红. 广播电视新闻性节目规范研究 [M]. 北京：中国广播电视出版社，2002.

59. 周勇. 理解电视：从理论到方法的路径 [M]. 北京：中国广播电视出版社，2012.

60. 项仲平. 电视栏目与频道策划研究 [M]. 北京：中国广播电视出版社，2007.

61. 杨伟光. 中国电视专题节目界定：研讨论文集锦 [M]. 上海：东方出版社，1996.

62. [美] 吉妮·格拉汉姆·斯克特. 脱口秀——广播电视谈话节目的威

力与影响 ［M］. 苗棣，译，北京：新华出版社，1999.

63. ［美］赫伯特·霍华德，迈克尔·基夫曼，巴巴拉·穆尔. 广播电视节目编排与制作 ［M］. 戴增义，译，北京：新华出版社，2000.

64. 高鑫. 电视专题片创作 ［M］. 北京：中国广播电视出版社，1997.

65. 郑保章. 电视专题与电视栏目 ［M］. 北京：中国广播电视出版社，2007.

66. 石长顺. 电视栏目解析 ［M］. 武汉：华中科技大学出版社，2003.

67. 张海潮. 中国电视——电视媒体竞争优势 ［M］. 北京：北京广播学院出版社，2001.

68. 胡智锋. 中国电视策划与设计 ［M］. 北京：中国广播电视出版社，2003.

69. 胡智锋. 电视节目策划学 ［M］. 上海：复旦大学出版社，2012.

70. 张健. 当代电视节目类型教程 ［M］. 上海：复旦大学出版社，2011.

71. 徐舫州. 电视节目分类学 ［M］. 杭州：浙江大学出版社，2006.

72. 郭镇之. 中国电视史 ［M］. 北京：文化艺术出版社，2004.

73. 尹鸿，冉儒学，陆虹. 娱乐旋风——认识电视真人秀 ［M］. 北京：中国广播电视出版社，2006.

74. 苗棣，等. 美国经典电视栏目 ［M］. 北京：中国广播电视出版社，2006.

75. 苗棣，毕啸南. 解密真人秀——规则、模式与创作技巧 ［M］. 北京：中国广播影视出版社，2015.

76. ［英］大卫·麦克奎恩. 理解电视——电视节目类型的概念与变迁 ［M］. 苗棣，等，译，北京：华夏出版社，2003.

77. ［英］索尼娅·利文斯通. 理解电视——受众解读的心理学（第2版）［M］. 龙耘，译，北京：新华出版社，2006.

78. 陈犀禾. 当代美国电视 ［M］. 上海：复旦大学出版社，1998.

79. 项仲平，张忠仁. 广播电视文艺编导 ［M］. 杭州：浙江大学出版社，2014.

80. 刘萍. 电视文艺编导教程 ［M］. 武汉：武汉大学出版社，2015.

81. 王艳玲. 电视文艺概论 ［M］. 广州：暨南大学出版社，2013.

82. 吴保和. 电视文艺节目策划与创作 ［M］. 北京：中国戏剧出版社，2003.

83. 王建辉. 电视文艺创作教程 ［M］. 北京：北京大学出版社，2015.

84. 晏青 . 电视文艺理念与形态［M］. 广州：暨南大学出版社，2016.

85. 张凤铸，胡妙德，关玲 . 中国当代广播电视文艺学［M］. 北京：中国传媒大学出版社，2007.

86. 高鑫 . 电视艺术理论［M］. 北京：中国传媒大学出版社，2012.

87. 关玲，韩莹，张晗 . 中国广播电视文艺大系：1977-2000 电视综艺节目卷［M］. 北京：中国广播电视出版社，2008.

88. 于忠广，张丽 . 电视新闻［M］. 北京：中国人民大学出版社，2015.

89. 朱菁 . 电视新闻学［M］. 杭州：浙江大学出版社，2007.

90. 叶子 . 电视新闻：与事件同步［M］. 北京：北京师范大学出版社，1999.

91. 曾祥敏，周逵 . 电视新闻学［M］. 北京：中国传媒大学出版社，2012.

92. 张晓锋，周海娟 . 电视新闻策划［M］. 北京：北京师范大学出版社，2010.

93. 王群，曹可凡 . 谈话节目主持概论［M］. 北京：中国传媒大学出版社，2007.

94. 周占武 . 谈话的力量：中国新闻类电视谈话节目研究［M］. 北京：中国广播影视出版社，2017.

95. 王国臣 . 电视综艺节目编导［M］. 杭州：浙江大学出版社，2011.

96. 马宁 . 电视综艺节目导演教程［M］. 北京：学苑出版社，2015.

97. 浙江卫视《中国好声音》栏目组 . 梦工厂——音乐电视真人秀节目运作秘笈［M］. 北京：中国人民大学出版社，2013.

98. 吕琪 . 真实的建构与消解——美国电视真人秀中的身体与社会［M］. 成都：四川大学出版社，2016.

99. 李翔 . 电视真人秀体验式传播研究［M］. 北京：中国传媒大学出版社，2017.

100. 赵玉明 . 中国广播电视通史［M］. 北京：中国传媒大学出版社，2006.

101. 刘习良 . 中国电视史［M］. 北京：中国广播电视出版社，2007.

102. 赵玉明，王福顺 . 广播电视辞典［M］. 北京：北京广播学院出版社，1999.

103. 李良荣 . 网络与新媒体概论［M］. 北京：高等教育出版社，2014.

104. 宫承波 . 新媒体概论［M］. 北京：中国广播电视出版社，2007.

105. 杨尚鸿. 编与导：电视编导学原理 [M]. 北京：北京师范大学出版社，2011.

106. 詹新惠. 新媒体编辑 [M]. 北京：中国人民大学出版社，2013.

107. ［英］维克托·迈尔-舍恩伯格，肯尼思·库克耶. 大数据时代：生活、工作与思维的大变革 [M]. 盛杨燕，周涛，译，杭州：浙江人民出版社，2013.

108. ［美］尼葛洛庞帝. 数字化生存 [M]. 胡泳，等，译，海口：海南出版社，1997.

后　记

　　《广播电视编导概论》是国内高校广播电视编导专业普遍开设的专业基础课程，但目前国内同类书籍罕见，我 2014 年申请立项出版本书时，还没有同类书籍，也可以说是填补空白的，但由于种种原因，立项以后，编写进度迟缓，从申请到最终完稿，整整历时四年，现已有《广播电视编导教程》出版。国内电视编导、影视编导方面的书籍很多，但包含广播的也只有前面提到的这一册，因此，本书的编写与出版极有价值，也是非常及时的。

　　本书可以作为广播电视编导专业的基础课教材，也可用于广播电视学、播音与主持艺术、影视导演等专业基础课教材，还可以为广播电视媒体编导及相关从业人员作为学习广播电视编导基础理论时使用，适用范围较广。编写的意图和思路是对广播电视编导工作性质、任务、职责进行阐述；对广播电视编导应该具备的观念、思维进行探究；对广播电视编导应该具备的基本业务工作进行介绍；对各类广播电视节目编导及视听新媒体的节目编导进行分析。主要是宏观阐述，它是对广播电视编导工作进行总体论述的，详细论述则会有诸如《广播节目编导》《电视纪录片创作》《电视栏目与电视专题》《电视节目策划》《电视专题片编导》《电视摄像》《电视节目制作》《广播节目制作》《视听新媒体编导》等书。本书具有前瞻性、概括性、基础性、综合性、新颖性等特点，无论是学理层面，还是实践层面，都作了具有一定开创意义的探索。

　　我曾在城市广播电视台工作十年，调入高校后一直从事广播电视的教学工作，应该说具有一定的业界与学界工作经验，因此也努力把我的理念传递给编写成员，灌输到本书里。由我制订了编写计划，并几易其稿，反复推敲后确定框架，然后组建了编写团队，团队成员既有广播电视编导专业教师，也有广播电视学专业教师，有的擅长广播电视节目生产的前期工作，专业理论根底扎实，也有的对广播电视技术颇有研究，实践经验丰富，这为本书的编写打下了良好基础。本书各章节编写分工为：柳邦坤，第一章、第二章、第八章第七节；陈文华，第三章，第四章第二节、第四节；杨惠，第五章、第六章；汪弘扬，第四章第一节、第三节；周笑，第九章；赵新，第七章；龙俊达，第八章。由我负责全书的统稿工作，无论是编写，还是统稿，都是非常耗时耗力的工作，终于在金风送爽的收获季节完工、交稿了，这是值得欣慰的。

　　本书得到我所在大学教务处的教材立项支持；得到了"十三五"江苏省高等学校重点教材建设立项支持；得到了武汉大学出版社的支持，在此表达诚挚谢意。本书编写过程中，参考了国内学者的研究成果，书后附上参考文献，但也恐有遗漏，在此向专家学者表达衷心感谢。本书难免会有错讹和缺点，敬请读者提出批评指正。

柳邦坤

2018 年 9 月